Ma vie

tome 2

Richard Wagner

Writat

Cette édition parue en 2024

ISBN : 9789359942681

Publié par
Writat
email : info@writat.com

Contenu

PARTIE III

1850-1861

MINNA avait eu la chance de trouver près de Zurich un logement qui correspondait tout à fait aux souhaits que j'avais exprimés avec tant d'insistance avant de partir. La maison était située dans la paroisse d'Enge, à une bonne quinzaine de minutes à pied de la ville, sur un terrain dominant le lac, et était une ancienne hôtellerie appelée « Zum Abendstern », appartenant à une certaine Frau Hirel, qui était une agréable vieille dame. Le deuxième étage, assez indépendant et très calme, nous offrait un logement modeste mais adéquat pour un loyer modeste.

Je suis arrivé tôt le matin et j'ai trouvé Minna toujours au lit. Elle voulait savoir si j'étais revenu simplement par pitié ; mais je réussis rapidement à lui faire promettre qu'elle ne ferait plus jamais référence à ce qui s'était passé. Elle fut bientôt redevenue elle-même lorsqu'elle commença à me montrer les progrès qu'elle avait faits dans l'aménagement des chambres.

Depuis quelques années, notre situation était devenue plus confortable, malgré le fait qu'à cette époque diverses difficultés surgissaient à nouveau, et notre bonheur domestique semblait assez assuré. Pourtant, je n'ai jamais réussi à maîtriser une tendance inquiète à m'écarter de tout ce qui était considéré comme conventionnel.

Nos deux animaux de compagnie, Peps et Papo, ont largement contribué à rendre notre logement plus convivial ; tous deux m'aimaient beaucoup et se montraient parfois même trop envahissants dans leurs manifestations d'affection. Peps restait toujours allongé derrière moi dans le fauteuil pendant que je travaillais, et Papo, après avoir crié à plusieurs reprises en vain « Richard », venait souvent en voltigeant dans mon bureau si je restais trop longtemps loin du salon. Il s'installait ensuite sur mon bureau et fouillait vigoureusement les papiers et les stylos. Il était si bien dressé qu'il ne poussait jamais le cri ordinaire d'un oiseau, mais exprimait ses sentiments uniquement en parlant ou en chantant. Dès qu'il entendait mon pas dans l'escalier, il se mettait à siffler un air, comme par exemple la grande marche du finale de la Symphonie en do mineur, le début de la Huitième Symphonie en fa majeur, ou encore un morceau brillant. de l'ouverture de Rienzi. Peps, notre petit chien, quant à lui, était une créature très sensible et nerveuse. Mes amis l'appelaient « Peps le pétulant », et il y avait des moments où nous ne pouvions pas lui parler, même de la manière la plus amicale, sans provoquer des paroxysmes de hurlements et de sanglots. Ces deux animaux ont bien sûr beaucoup contribué à accroître la compréhension mutuelle entre moi et ma femme.

Malheureusement, il y avait une source perpétuelle de querelle, née du comportement de ma femme envers la pauvre Nathalie. Jusqu'à sa mort, elle a honteusement caché à la jeune fille le fait qu'elle était sa mère. Nathalie a donc toujours cru qu'elle était la sœur de Minna et ne comprenait donc pas pourquoi elle n'aurait pas les mêmes droits que ma femme, qui la traitait toujours avec autorité, comme le ferait une mère stricte, et semblait penser elle-même avait raison de se plaindre du comportement de Nathalie. Apparemment, ces derniers avaient été très négligés et gâtés juste à l'âge critique, et privés de toute formation appropriée. Elle était de petite taille et encline à devenir grosse, ses manières étaient maladroites et ses opinions étroites. Le caractère précipité de Minna et ses railleries continuelles rendaient la jeune fille, qui était naturellement très bon enfant, têtue et méchante, de sorte que le comportement des « sœurs » provoquait souvent les scènes les plus haineuses dans notre paisible maison. Cependant, je n'ai jamais perdu patience face à ces incidents, mais je suis resté complètement indifférent à tout ce qui se passait autour de moi.

L'arrivée de mon jeune ami Karl fut une agréable diversion dans notre petite maison. Il occupait un petit grenier au-dessus de nos chambres et partageait nos repas. Parfois, il m'accompagnait dans mes promenades et, pendant un certain temps, il parut assez satisfait.

Mais je remarquai bientôt chez lui une inquiétude croissante. Il n'avait pas tardé à reconnaître, aux scènes désagréables qui redevenaient quotidiennes dans notre vie conjugale, à quel point le soulier me pinçait que j'avais bien gentiment chaussé à sa demande. Cependant, lorsqu'un jour je lui ai rappelé qu'en venant à Zurich j'avais d'autres objectifs en vue que le désir d'une vie domestique tranquille, il est resté silencieux. Mais je vis qu'il y avait une autre raison particulière à son inquiétude ; il avait l'habitude d'arriver tard aux repas, et même alors, il n'avait pas d'appétit. Au début, j'étais inquiet, craignant qu'il n'apprécie notre simple repas, mais j'ai vite découvert que mon jeune ami était si passionnément accro aux sucreries que je craignais qu'il ne finisse par ruiner sa santé en essayant de vivre de grandes quantités. de confiserie. Mes remarques semblaient l'ennuyer, à mesure que ses absences de la maison devenaient plus fréquentes, je pensais que probablement sa petite chambre ne lui offrait pas le confort dont il avait besoin, et je n'ai donc fait aucune objection lorsqu'il nous a quittés et a pris une chambre en ville.

Comme son malaise semblait encore s'accroître et qu'il ne paraissait pas du tout heureux à Zurich, j'étais heureux de pouvoir lui proposer un petit changement et de le persuader d'aller passer des vacances à Weimar, où a eu lieu la première représentation de Lohengrin devait avoir lieu vers la fin du mois d'août.

À peu près au même moment, j'engageais Minna à m'accompagner pour notre première ascension du Righi, exploit que nous accomplissions tous les deux avec beaucoup d'énergie à pied. J'ai été très attristé à cette occasion de découvrir que ma femme présentait des symptômes de maladie cardiaque, qui ont continué à se développer par la suite. Nous passâmes la soirée du 28 août, pendant que se déroulait la première représentation de Lohengrin à Weimar, à Lucerne, à l'auberge Schwan, à regarder l'horloge tourner les aiguilles et à marquer les différentes heures auxquelles la représentation commençait vraisemblablement. , s'est développé et a pris fin.

Je me sentais toujours un peu angoissé, mal à l'aise et mal à l'aise chaque fois que j'essayais de passer quelques heures agréables en compagnie de ma femme.

Les rapports reçus sur cette première représentation ne m'en donnèrent aucune impression claire ou rassurante. Karl Ritter revint bientôt à Zurich et me fit part de défauts de mise en scène et du choix malheureux d'un chanteur pour le rôle principal, mais il remarqua que dans l'ensemble tout s'était plutôt bien passé. Les rapports que Liszt m'a envoyés étaient des plus encourageants. Il ne semblait pas juger utile de faire allusion à l'insuffisance des moyens dont il disposait pour une entreprise aussi audacieuse, mais préférait s'arrêter sur l'esprit de sympathie qui régnait dans la société et sur l'effet qu'il produisait sur les personnages influents qu'il avait. invité à être présent.

Bien que tout ce qui concernait cette importante entreprise ait fini par prendre un aspect brillant, l'effet direct sur ma situation à l'époque fut très faible. Je m'intéressais plus à l'avenir du jeune ami qui avait été confié à mes soins qu'à toute autre chose. Lors de sa visite à Weimar, il séjournait avec sa famille à Dresde et, après son retour, exprima le désir anxieux de devenir musicien et éventuellement d'obtenir un poste de directeur musical dans un théâtre. Je n'avais jamais eu l'occasion de juger ses dons dans ce domaine. Il avait toujours refusé de jouer du piano en ma présence, mais j'avais vu sa mise en musique d'un poème allitératif de son cru, Die Walkure, qui, bien qu'assez maladroitement mis en place, me frappait par son respect précis et habile des règles de composition. .

Il s'est révélé être le digne élève de son maître, Robert Schumann, qui m'avait dit longtemps auparavant que Karl possédait de grands dons musicaux et qu'il ne se souvenait pas d'avoir jamais eu un autre élève doué d'une oreille aussi fine et d'une telle une installation prête pour l'assimilation. Je n'avais donc aucune raison de décourager la confiance du jeune homme dans ses capacités pour la carrière de directeur musical. Comme la saison d'hiver approchait, je demandai au directeur du théâtre l'adresse de M. Kramer, qui venait pour la saison, et j'appris qu'il était toujours occupé à Winterthour.

Sulzer, qui était toujours prêt quand on avait besoin d'aide ou de conseils, organisa une rencontre avec Herr Kramer lors d'un dîner au « Wilden Mann » à Winterthour. Lors de cette réunion, il fut décidé, sur ma recommandation, que Karl Ritter serait nommé directeur musical du théâtre pour l'hiver prochain, à partir d'octobre, et la rémunération qu'il recevrait était vraiment très équitable. Comme mon protégé était certes débutant, je devais garantir sa capacité en m'engageant à remplir ses fonctions en cas de troubles survenant au théâtre à cause de son inefficacité. Karl semblait ravi. A l'approche du mois d'octobre, l'ouverture du théâtre est annoncée « sous des auspices artistiques exceptionnels ». J'ai pensé qu'il était conseillé de connaître l' opinion de Karl.

En guise de début, j'avais choisi Der Freischutz, afin qu'il puisse débuter sa carrière avec un opéra connu. Karl n'avait pas le moindre doute sur sa capacité à maîtriser une partition aussi simple, mais lorsqu'il a dû surmonter sa réserve en jouant du piano devant moi, alors que je voulais parcourir tout l'opéra avec lui, j'ai été étonné de voir que il n'avait aucune idée d'accompagnement. Il a joué l'arrangement pour pianoforte avec l'insouciance caractéristique d'un amateur qui n'attache aucune importance à l'allongement d'une mesure par un doigté incorrect. Il ne connaissait absolument rien à la précision rythmique ou au tempo, éléments essentiels de la carrière d'un chef d'orchestre. Je me sentais complètement déconcerté et je ne savais absolument pas quoi dire. Cependant, j'espérais toujours que le talent du jeune homme pourrait éclater tout à coup, et j'attendais avec impatience une répétition d'orchestre, pour laquelle je lui ai fourni une paire de grandes lunettes. Je n'avais jamais remarqué auparavant qu'il était aussi myope, mais lorsqu'il lisait, il devait garder son visage si près de la musique qu'il lui aurait été impossible de contrôler à la fois l'orchestre et les chanteurs. Quand je le vis, jusqu'alors si confiant, debout au pupitre du chef d'orchestre, regardant fixement la partition, malgré ses lunettes, et faisant dans l'air des signes insignifiants comme un homme en transe, je compris aussitôt que le moment était venu d'exécuter mon devoir. la garantie était arrivée.

Ce fut néanmoins une tâche assez difficile et éprouvante que de faire comprendre au jeune Ritter que je serais obligé de prendre sa place ; mais rien n'y faisait, et c'est moi qui devais inaugurer la saison d'hiver de Kramer sous des « auspices artistiques si exceptionnels ». Le succès de Der Freischulz me plaçait dans une position particulière tant à l'égard de la troupe que du public, mais il était tout à fait hors de question de supposer que Karl puisse continuer à assurer seul la direction musicale du théâtre.

Curieusement, cette expérience éprouvante coïncida avec un changement important dans la vie d'un autre jeune ami, Hans von Bulow, que j'avais connu à Dresde. J'avais rencontré son père à Zurich l'année précédente, juste après son deuxième mariage. Il s'est ensuite installé au bord du lac de

Constance et c'est de là que Hans m'a écrit pour me faire part de son regret de ne pas pouvoir effectuer sa visite tant désirée à Zurich, comme il l'avait promis auparavant.

D'après ce que j'ai pu comprendre, sa mère, divorcée de son père, faisait tout ce qui était en son pouvoir pour l'empêcher d'embrasser la carrière d'artiste et essayait de le persuader d'entrer dans le service civil ou diplomatique, selon le cas. il avait étudié le droit. Mais ses penchants et ses talents le poussent vers une carrière musicale. Il semblait que sa mère, en lui donnant la permission d'aller rendre visite à son père, l'avait particulièrement exhorté à éviter toute rencontre avec moi. Lorsque j'appris plus tard que son père lui avait également conseillé de ne pas venir à Zurich, j'étais sûr que ce dernier, bien qu'il ait été en bons termes avec moi, tenait à agir conformément aux souhaits de sa première épouse dans ce domaine. question sérieuse de l'avenir de son fils, afin d'éviter toute nouvelle dispute alors que les frictions du divorce étaient à peine apaisées. Plus tard, j'appris que ces déclarations, qui suscitaient en moi un profond ressentiment contre Eduard von Bulow, n'étaient pas fondées ; mais le ton désespéré de la lettre de Hans, montrant clairement que toute autre carrière lui répugnerait et serait une source constante de misère, semblait être une raison suffisante pour mon intervention. Ce fut une des occasions où mon indignation facilement excitée me mettait à l'activité. Je lui ai répondu de manière très complète et lui ai souligné avec éloquence l'importance vitale de ce moment de sa vie. Le ton désespéré de sa lettre m'a permis de lui dire très clairement qu'il ne s'agissait pas d'un cas dans lequel il pouvait exprimer à la hâte ses vues sur l'avenir, mais que c'était une question qui touchait profondément tout son cœur et son âme. Je lui ai dit ce que je ferais moi-même dans son cas, c'est-à-dire s'il ressentait réellement une impulsion irrésistible et irrésistible de devenir artiste et préférerait endurer les plus grandes difficultés et les plus grandes épreuves plutôt que d'être contraint de suivre une voie qu'il ressentait. était une mauvaise, il devrait, malgré tout, se résoudre à accepter immédiatement la main secourable que je lui tendais. Si, malgré l'interdiction de son père, il désirait encore venir vers moi, il ne devrait pas hésiter, mais exécuter son désir dès la réception de ma lettre.

Karl Ritter fut ravi lorsque je lui confiai le devoir de remettre personnellement la lettre à la villa de campagne de Bulow. Arrivé, il demanda à voir son ami à la porte et partit faire une promenade avec lui, au cours de laquelle il lui remit ma lettre. Alors Hans, qui, comme Karl, n'avait pas d'argent, décida aussitôt, malgré la tempête et la pluie, de raccompagner Karl à pied à Zurich. Alors un jour, ils arrivèrent complètement fatigués et entrèrent dans ma chambre, ressemblant à des vagabonds, avec sur eux les signes visibles de leur folle expédition. Karl rayonnait de joie devant cet exploit, tandis que le jeune Bulow était submergé d'émotion.

Je compris immédiatement que j'avais pris une très lourde responsabilité sur mes épaules, mais je sympathisais profondément avec ce jeune surmené et ma conduite à son égard était guidée par tout ce qui s'était passé longtemps après.

Il fallut d'abord le consoler et stimuler sa confiance par notre gaieté. Son rendez-vous fut rapidement fixé. Il devait partager le contrat de Karl au théâtre et jouir des mêmes droits ; tous deux devaient recevoir un petit salaire et je devais continuer à me porter garant de leurs capacités.

A cette époque, ils répétaient une comédie musicale, et Hans, sans aucune connaissance du sujet, prit place au pupitre du chef d'orchestre et maniait la baguette avec une grande vigueur et une habileté remarquable. Je me sentais en sécurité à son égard et tout doute quant à ses capacités de directeur musical s'est dissipé sur-le-champ. Mais ce fut une tâche assez difficile de surmonter les appréhensions de Karl à son sujet, en raison de l'idée enracinée dans son esprit qu'il ne pourrait jamais devenir un musicien pratique. Une timidité croissante et une antipathie secrète à mon égard se manifestèrent bientôt et devinrent plus visibles chez ce jeune homme, en dépit du fait qu'il était certainement doué. Il était impossible de le maintenir plus longtemps à son poste ni de lui demander de diriger à nouveau.

Bulow se heurta également bientôt à des difficultés inattendues. Le directeur et ses collaborateurs, gâtés par ma direction lors de l'occasion déjà mentionnée, étaient toujours à la recherche d'un nouveau prétexte pour réquisitionner mes services.

J'ai en effet repris la direction à quelques reprises, en partie pour donner au public une impression favorable de la troupe d'opéra, qui était vraiment très bonne, et en partie pour montrer à mes jeunes amis, notamment Bulow, qui était si éminemment adapté pour un chef d'orchestre, les points les plus essentiels que doit connaître le chef d'orchestre.

Hans était toujours à la hauteur, et je pouvais en toute conscience dire que je n'avais pas besoin de le remplacer chaque fois qu'il était appelé à diriger. Cependant une des artistes, une chanteuse très prétentieuse, un peu gâtée par mes éloges, l'agaça tellement par ses manières qu'elle parvint à me forcer à reprendre le relais. Lorsque, quelques mois plus tard, nous nous rendîmes compte de l'impossibilité de poursuivre indéfiniment cet état de choses et que nous étions las de toute cette affaire, la direction consentit à nous libérer de nos ennuyeuses tâches. Vers cette époque, Hans se vit offrir le poste de directeur musical à Saint-Gall sans aucune condition particulière à son engagement. J'envoyai donc les deux garçons tenter leur chance dans la ville voisine et gagnai ainsi du temps pour de nouveaux développements.

Après tout, Herr Eduard von Bulow était parvenu à la conclusion qu'il serait plus sage de s'en tenir à la décision de son fils, bien qu'il ne l'ait pas fait sans manifester beaucoup de mauvaise humeur à mon égard. Il n'avait pas répondu à une lettre que je lui avais écrite pour expliquer ma conduite dans cette affaire, mais j'ai appris par la suite qu'il avait rendu visite à son fils à Zurich pour rafistoler une réconciliation.

Je suis allé plusieurs fois à Saint-Gall pour voir les jeunes gens, car ils y restaient pendant les mois d'hiver. Je trouvai Karl perdu dans de sombres pensées : il avait de nouveau reçu un accueil défavorable lorsqu'il dirigeait l'Ouverture d'Iphigénie de Gluck et se tenait à l'écart de tout le monde. Hans était occupé à répéter avec une troupe très pauvre et un orchestre horrible, dans un théâtre hideux. Voyant toute cette misère, j'ai dit à Hans que pour le moment il avait suffisamment appris pour passer pour un musicien pratique ou même pour un chef d'orchestre expérimenté.

Il s'agissait maintenant de lui trouver un domaine qui lui permettrait d'exprimer pleinement ses talents. Il m'a dit que son père allait l'envoyer chez Freiherr von Poissl, directeur du Théâtre de la Cour de Munich, avec une lettre d'introduction. Mais sa mère intervient bientôt et souhaite qu'il aille à Weimar pour poursuivre sa formation musicale auprès de Liszt. C'était tout ce que je pouvais désirer ; Je me sentais grandement soulagé et recommandai chaleureusement le jeune homme que j'aimais beaucoup à mon distingué ami.

Il quitta Saint-Gall à Pâques 1851 et pendant la longue période de son séjour à Weimar, je fus libéré de la responsabilité de veiller sur lui.

Pendant ce temps, Ritter restait dans une retraite mélancolique, et ne pouvant décider s'il devait ou non retourner à Zurich, où il se souviendrait désagréablement de ses débuts malheureux, il préférait pour le moment rester isolé à Saint-Gall.

Le séjour de mes jeunes amis à Saint-Gall avait été agréablement agrémenté l'hiver précédent d'une visite à Zurich, où Hans se présentait comme pianiste à l'un des concerts de la société musicale de cette ville. J'y ai également participé activement en dirigeant une symphonie de Beethoven, et ce fut pour nous un grand plaisir de nous encourager mutuellement.

On m'avait demandé de participer à nouveau aux concerts de cette société pendant l'hiver. Mais je ne le faisais qu'occasionnellement, pour diriger une symphonie de Beethoven, à condition que l'orchestre, et plus particulièrement les instruments à cordes, soient renforcés par des musiciens compétents venus d'autres villes.

Comme j'exigeais toujours trois répétitions pour chaque symphonie et que beaucoup de musiciens devaient venir de très loin, notre travail acquit un caractère tout à fait imposant et solennel. J'ai pu consacrer le temps habituellement occupé par une répétition à l'étude d'une symphonie et j'ai donc eu le loisir de peaufiner les moindres détails de l'exécution, d'autant plus que les difficultés techniques n'étaient pas d'un caractère insurmontable. Ma facilité à interpréter la musique atteignait alors un degré de perfection que je n'avais pas atteint jusqu'alors, et je le reconnaissais à l'effet inattendu que produisait ma direction.

L'orchestre comptait quelques musiciens vraiment talentueux et intelligents, parmi lesquels je peux citer Fries, un hautboïste, qui, partant d'une place subalterne, avait été nommé joueur de premier plan. Il devait pratiquer avec moi, comme le ferait un chanteur, les parties les plus importantes attribuées à son instrument dans les symphonies de Beethoven. Lorsque nous avons produit pour la première fois la Symphonie en ut mineur, cet homme extraordinaire a joué le petit passage marqué adagio au point d'orgue du premier mouvement d'une manière que je n'ai jamais entendue égalée. Après que j'aie quitté la direction de ces concerts, il a quitté l'orchestre et s'est lancé dans le commerce de la musique.

L'orchestre pouvait en outre se vanter d'avoir un certain Herr Ott-Imhoff, un homme très cultivé et aisé qui appartenait à une famille noble et qui avait rejoint l'orchestre en tant que mécène et musicien amateur. Il jouait de la clarinette avec un son doux et charmant qui manquait quelque peu d'esprit. Je dois aussi mentionner le digne Herr Bar, joueur de cornet, que j'ai nommé chef des cuivres, car il exerçait une grande influence sur cette partie de l'orchestre. Je ne me souviens pas avoir jamais entendu les accords longs et puissants du dernier mouvement de la Symphonie en do mineur exécuté avec une puissance aussi intense que par ce musicien à Zurich, et je ne peux que comparer ce souvenir avec les impressions que j'ai eues lorsque, à mes débuts, Les jours parisiens, l'orchestre du Conservatoire a interprété la Neuvième Symphonie de Beethoven.

Notre production de la Symphonie en do mineur a fait une grande impression sur le public, en particulier sur mon ami intime Sulzer, qui jusqu'alors se tenait à l'écart de toute sorte de musique. Il est devenu si furieux lorsqu'un journal m'a attaqué qu'il a répondu à la critique gratuite dans un poème satirique composé avec l'habileté d'un Platen.

Comme je l'ai déjà dit, Bulow fut invité au cours de l'hiver à donner un récital de pianoforte lors d'un concert au cours duquel je promis de produire la Sinfonia Eroica.

Avec son audace habituelle, il choisit l'arrangement pour piano de Liszt de l'Ouverture de Tannhauser, une œuvre aussi brillante que difficile, et donc une entreprise quelque peu hasardeuse. Cependant, il a fait sensation et j'ai moi-même été stupéfait par son exécution. Je ne lui avais pas prêté jusqu'alors l'attention qu'elle méritait, et elle m'inspirait la plus grande confiance dans son avenir. J'ai souvent eu l'occasion d'admirer son talent magistral à la fois comme chef d'orchestre et comme accompagnateur.

Durant cet hiver, outre les occasions de la vie de mon jeune ami déjà brièvement évoquées, il y eut de fréquentes occasions de montrer ses capacités. Mes connaissances se réunissaient dans ma maison et formaient un tout petit club dans le but de s'amuser mutuellement, ce qui cependant n'aurait guère été un succès sans l'aide de Bulow.

Je chantais des passages convenables de mon opéra, que Hans accompagnait avec une expressivité qui me ravissait beaucoup. Dans une occasion comme celle-ci, je lis également à haute voix des extraits de mes manuscrits. Par exemple, au cours d'une série de soirées successives, j'ai lu l'intégralité de mon œuvre plus longue, Oper und Drama, écrite au cours de cet hiver, et j'ai été favorisée par un public sans cesse croissant et remarquablement attentif.

Maintenant qu'après mon retour j'avais acquis une certaine paix et tranquillité d'esprit, je commençai à songer à reprendre mes études plus sérieuses. Mais d'une manière ou d'une autre, la composition de La Mort de Siegfried ne semblait pas m'attirer. L'idée de m'asseoir délibérément pour écrire une partition qui ne devait jamais aller plus loin que le papier sur lequel elle était écrite me décourageait encore une fois ; tandis que je me sentais de plus en plus poussé à jeter les bases sur lesquelles il serait peut-être un jour possible de présenter un tel ouvrage, même s'il fallait atteindre le but par des moyens détournés. Pour atteindre cet objectif, il me semblait avant tout nécessaire de contacter les amis, tant au pays qu'à l'étranger, qui s'intéressaient à mon art, afin de leur exposer plus clairement les problèmes qui exigeaient une solution qui, bien que suffisamment précise à mon avis. , était à peine encore entré dans leur tête. Une occasion singulièrement favorable s'est présentée un jour où Sulzer m'a montré un article sur « l'Opéra » dans l'Encyclopédie moderne de Brockhaus. Le brave homme était pleinement convaincu que je trouverais dans les opinions exprimées dans cet article une base préliminaire pour mes propres théories. Mais un rapide coup d'œil suffisait pour me montrer immédiatement combien elles étaient entièrement erronées, et je m'efforçais de faire remarquer à Sulzer la différence fondamentale entre les opinions acceptées, même par des gens très sensés, et mes propres conceptions du fond du sujet. Trouvant naturellement impossible, même avec toute l'éloquence dont je disposais, d'élucider mes idées d'un seul coup, je me mis à préparer un plan méthodique pour traiter le sujet en détail dès mon retour chez moi. C'est ainsi que je fus amené à écrire ce livre qui fut publié sous le titre d'Oper und Drama, tâche qui m'occupa pleinement pendant plusieurs mois, en fait jusqu'en février 1851.

Mais j'ai dû payer très cher le labeur épuisant consacré à la conclusion de ce travail. D'après mes calculs, il ne fallut que quelques jours de persévérante industrie pour achever mon manuscrit, lorsque mon perroquet, qui me surveillait habituellement sur ma table à écrire, tomba gravement malade. Comme il s'était déjà complètement remis de plusieurs attaques similaires, je ne me sentais pas très anxieux. Bien que ma femme me priât d'aller chercher un vétérinaire qui habitait dans un village assez éloigné, je préférais rester à mon bureau et je remettais mes déplacements du jour au lendemain. Enfin, un soir, le manuscrit si important fut terminé, et le lendemain matin, notre pauvre Papo gisait mort sur le sol. Mon chagrin inconsolable face à cette mélancolique perte était entièrement partagé par Minna, et par notre affection mutuelle pour ce précieux animal de compagnie, nous étions une fois de plus tendrement unis d'une manière susceptible de conduire à notre bonheur domestique.

Outre nos animaux de compagnie, nos amis zurichois plus âgés nous étaient également restés fidèles, malgré la catastrophe qui s'était abattue sur ma vie de famille. Sulzer était sans aucun doute le plus digne et le plus important de ces amis. La profonde différence qui nous séparait tous deux d'intelligence et de tempérament ne semblait que favoriser cette relation, car chacun surprenait constamment l'autre ; et comme les divergences entre nous étaient radicales, elles donnaient souvent lieu à des expériences des plus exaltantes et des plus instructives. Sulzer était extraordinairement excitable et de santé très délicate. C'est tout à fait à l'encontre de son propre désir originel qu'il était entré au service de l'État et, ce faisant, il avait sacrifié ses propres désirs à l'accomplissement consciencieux d'un devoir au sens le plus extrême du terme, et maintenant, grâce à sa connaissance de Pour moi, il était entraîné plus profondément dans la sphère du plaisir esthétique qu'il ne le considérait comme justifiable. Il se serait probablement livré moins librement à ces excès si j'avais pris mon art un peu moins au sérieux. Mais comme j'insistais à attacher au destin artistique de l'humanité une importance qui dépassait de loin les simples objectifs de citoyenneté, je l'ai parfois complètement bouleversé. Pourtant, d'un autre côté, c'était justement ce sérieux intense qui l'attirait si fortement vers moi et mes spéculations. Cela non seulement donnait lieu à une conversation agréable et à une discussion calme entre nous, mais aussi, en raison de l'humeur ardente des deux côtés, provoquait parfois de violentes explosions, de sorte que, les lèvres tremblantes, il saisissait son chapeau et son bâton et s'enfuyait sans un mot. d'adieu. Mais telle était la valeur intrinsèque de cet homme, qu'il était sûr de revenir le lendemain soir à l'heure habituelle, alors que nous avions tous deux l'impression que rien ne s'était passé entre nous. Mais lorsque certaines affections corporelles l'obligeaient à rester plusieurs jours à l'intérieur, il était difficile d'accéder à lui, car il était enclin à devenir furieux lorsqu'on s'informait de sa santé. Dans ces occasions, il n'y avait qu'un seul moyen de le mettre de bonne humeur, c'était de dire qu'on l'appelait pour lui demander une faveur. Là-dessus, il fut agréablement surpris et non seulement se déclarait prêt à rendre service de toutes les manières qui étaient en son pouvoir, mais il adoptait une attitude vraiment joyeuse et bienveillante.

Un contraste remarquable lui était présenté par le musicien Wilhelm Baumgartner, un garçon joyeux et jovial, sans aucune aptitude à la concentration, qui avait juste assez appris le piano pour pouvoir, en tant que professeur à tant d'heures, gagner ce dont il avait besoin. pour gagner sa vie. Il avait le goût du beau, pourvu qu'il ne s'élève pas trop haut, et possédait un cœur vrai et loyal, plein d'un grand respect pour Sulzer, qui malheureusement ne pouvait le guérir du goût du cabaret.

Outre cet homme, il y en avait deux autres qui, dès le début, faisaient également partie de notre cercle. Tous deux étaient amis du couple dont j'ai déjà parlé ; ils s'appelaient Hagenbuch, un digne et respectable secrétaire cantonal adjoint ; et Bernhard Spyri, avocat et alors rédacteur en chef de l'Eidgenossische Zeitung. Ce dernier était un homme singulièrement bon caractère, mais pas surchargé d'intelligence, c'est pourquoi Sulzer le traitait toujours avec une considération particulière.

Alexandre Müller disparut bientôt de notre milieu, à mesure qu'il devenait de plus en plus absorbé par les calamités domestiques, les infirmités corporelles et la corvée mécanique de donner des leçons à l'heure. Quant au musicien Abt, je ne m'étais jamais senti particulièrement attiré par lui, malgré son Schwalben, et il nous quitta trop vite pour se faire une brillante carrière à Brunswick.

Mais entre-temps, notre cercle zurichois s'est enrichi de toutes sortes d'apports extérieurs, principalement dus aux naufrages politiques. A mon retour, en janvier 1850, j'avais déjà rencontré Adolph Kolatschek, un homme simple, mais d'apparence assez sympathique, bien qu'un peu ennuyeux. Il s'imaginait né pour être rédacteur en chef et avait fondé un mensuel allemand qui devait ouvrir un champ à ceux qui avaient été extérieurement conquis dans les récents mouvements pour poursuivre leur combat dans le domaine intérieur de l'esprit. Je me sentais presque flatté d'avoir été choisi par lui comme auteur et informé qu'« une puissance comme la mienne » ne devait pas être absente d'une union de forces spirituelles telle que devait être établie par son entreprise. Je lui avais auparavant envoyé de Paris mon traité sur Kunst und Klima ; et il accepta maintenant avec plaisir quelques extraits assez longs de mon Opéra et Drame encore inédit, pour lesquels il me paya en outre une belle somme. Cet homme m'a laissé une impression indélébile car c'est le seul exemple que j'ai rencontré d'un éditeur vraiment plein de tact. Un jour, il me remit à lire le manuscrit d'une critique sur mon Kunstwerk der Zukunft, écrite par un certain Herr Palleske, en me disant qu'il ne l'imprimerait pas sans mon consentement exprès, bien qu'il ne me pressât pas de le donner. C'était un article superficiel, sans aucune véritable compréhension du sujet, et rédigé dans les termes les plus arrogants. Je sentais que si elle paraissait dans ce journal particulier, elle exigerait certainement de ma part des répliques gênantes et fastidieuses, dans lesquelles je devrais reformuler ma thèse originale. Comme je n'étais nullement enclin à m'engager dans une telle controverse, j'ai accepté la proposition de Kolatschek et lui ai suggéré de rendre le manuscrit à son auteur pour publication ailleurs.

Grâce à Kolatschek, j'ai également appris à connaître Reinhold Solger, un homme vraiment excellent et intéressant. Mais cela ne convenait pas à son esprit agité et aventureux de rester enfermé dans le petit et étroit monde suisse de Zurich, de sorte qu'il nous quitta bientôt et se rendit en Amérique du Nord, où j'ai entendu dire qu'il allait donner des conférences et dénoncer la situation politique. en Europe. Il est dommage que cet homme de talent n'ait jamais réussi à se faire un nom par des œuvres plus importantes. Ses contributions à notre journal mensuel, pendant la brève période de son séjour à Zurich, comptent certainement parmi les meilleures jamais écrites sur ces sujets par un Allemand.

Au début de l'année 1851, Georg Herwegh nous rejoignit également et je fus ravi de le rencontrer un jour chez Kolatschek. Les vicissitudes qui l'avaient amené à Zurich me sont parvenues ensuite à ma connaissance d'une manière quelque peu offensante et agressive. Pour le moment, Herwegh affichait une fanfaronnade aristocratique et se donnait des airs de fils délicatement nourris et luxueux de son temps, auxquels une interpolation assez libérale de jurons français ajoutait au moins une certaine distinction. Néanmoins, il y avait quelque chose dans sa personne, avec son œil vif et brillant et sa gentillesse, qui était bien fait pour exercer une influence attrayante. Je me sentais presque flatté par son acceptation immédiate de mon invitation à mes soirées informelles, qui étaient peut-être des réunions assez agréables, car Bulow nous divertissait avec de la musique, même si pour moi personnellement, elles n'apportaient aucune subsistance mentale. Ma femme racontait que, lorsque je commençais à lire mon manuscrit, Kolatschek s'endormait aussitôt, tandis que Herwegh accordait toute son attention à son punch. Lorsque plus tard, comme je l'ai déjà dit, je lisais mon Oper und Drama douze soirs consécutifs à nos amis zurichois, Herwegh restait à l'écart, parce qu'il ne voulait pas se mêler à ceux pour qui de telles choses n'avaient pas été écrites. Pourtant mes relations avec lui devinrent progressivement plus cordiales. Non seulement j'ai respecté son talent poétique, récemment reconnu, mais j'ai aussi appris à prendre conscience des qualités délicates et raffinées de son intellect richement cultivé et, au fil du temps, j'ai appris que Herwegh, de son côté, commençait à convoiter mon société. Ma poursuite constante de ces intérêts plus profonds et plus sérieux qui m'absorbaient si passionnément semblait éveiller chez lui une sympathie ennoblissante, même pour ces sujets qui, depuis son saut soudain dans la renommée poétique, avaient été, à son grand préjudice, étouffés sous de simples apparences. et des manières triviales, totalement étrangères à sa nature originelle. Il est possible que ce processus ait été accéléré par les difficultés croissantes de sa situation, qu'il considérait jusqu'ici comme exigeant une certaine exposition extérieure. Bref, il fut le premier homme chez qui je rencontrai une compréhension sensible et sympathique de mes projets et de mes opinions les plus audacieux, et je me sentis bientôt obligé de croire son affirmation selon laquelle il s'occupait uniquement de mes idées, dans lesquelles, certainement, aucun un autre homme est entré aussi profondément que lui.

Cette familiarité avec Herwegh, dans laquelle se mêlait certainement un élément d'affection, fut encore stimulée par des nouvelles qui me parvinrent concernant un nouveau poème dramatique que j'avais esquissé pour le printemps prochain. Les préparatifs de Liszt à la fin de l'été de l'année précédente pour la production à Weimar de mon Lohengrin avaient rencontré plus de succès qu'avec des ressources aussi limitées, cela n'avait semblé possible jusqu'ici. Ce résultat n'a naturellement pu être obtenu que grâce au zèle d'un ami doté de dons aussi riches et variés que Liszt. Bien qu'il n'ait pas été en mesure d'attirer rapidement sur la scène de Weimar les chanteurs que réclamait Lohengrin, et qu'il ait été contraint sur de nombreux points de se contenter de simplement suggérer ce qui devait être représenté, il s'efforçait maintenant, par diverses méthodes ingénieuses, de rendre ces suggestions clairement compréhensibles. Tout d'abord, il prépare un récit détaillé de la production du Lohengrin. Rarement une description écrite d'une œuvre d'art n'aura gagné pour elle des amis aussi attentifs et suscité d'emblée leur appréciation enthousiaste, comme le fut ce traité de Liszt, qui s'étendait jusque dans les détails les plus insignifiants. Karl Ritter s'est distingué en fournissant une excellente traduction allemande de l'original français, publié pour la première fois dans l'Illustrirte Zeitung. Peu de temps après, Liszt publia également Tannhauser en français, accompagné d'une préface similaire sur son origine, et ces brochures furent le principal moyen d'éveiller, maintenant et longtemps après, surtout dans les pays étrangers, non seulement un intérêt étonnamment sympathique pour ces œuvres, mais aussi une compréhension intime de ceux-ci, telle qu'elle n'aurait pu être atteinte par la simple étude de mes arrangements pour pianoforte. Mais, loin de s'en contenter, Liszt s'arrangea pour attirer l'attention des esprits extérieurs à Weimar sur mes opéras, afin, avec une aimable contrainte, de les imposer à l'attention de tous ceux qui avaient des oreilles pour entendre et des yeux pour voir. . Bien que ses bonnes intentions n'aient pas réussi à convaincre Franz Dingelstedt, qui ne s'est engagé qu'à rédiger un rapport confus sur Lohengrin dans l'Allgemeine Zeitung, son éloquence enthousiaste a néanmoins complètement et définitivement captivé Adolf Stahr pour mon travail. Son analyse détaillée de Lohengrin dans le National-Zeitung de Berlin, dans laquelle il revendiquait une grande importance pour mon opéra, ne resta pas sans influence permanente sur le public allemand. Même dans le cercle restreint des musiciens professionnels, ses effets ne semblent pas avoir été sans importance ; car Robert Franz, que Liszt entraînait presque de force à une représentation de Lohengrin, en parlait avec un enthousiasme indubitable. Cet exemple a donné lieu à de nombreuses autres revues et, pendant un certain temps, il a semblé que la presse musicale, par ailleurs stupide, défendrait énergiquement ma cause.

J'aurai bientôt l'occasion de décrire ce qui a finalement donné à ce mouvement une direction tout à fait différente. Entre-temps, Liszt se sentait enhardi par ces signes bienveillants pour m'encourager à reprendre mon activité créatrice, interrompue depuis quelque temps. Son succès avec Lohengrin lui donna confiance dans sa capacité à exécuter une entreprise encore plus hasardeuse, et il m'invita à mettre en musique mon poème de la Mort de Siegfried pour une production à Weimar. Sur sa recommandation, le directeur du théâtre de Weimar, M. von Ziegesar, m'a proposé de conclure avec moi un contrat définitif au nom du Grand-Duc. Je devais terminer les travaux dans un délai d'un an et, pendant cette période, je devais recevoir un paiement de quinze cents marks (L75).

Ce fut une curieuse coïncidence que vers cette époque, et également par l'intermédiaire de Liszt, le duc de Cobourg m'invita à arranger l'instrumentation d'un opéra de sa propre composition, pour lequel il m'offrit la somme de deux mille sept cents marks (L135). Malgré ma position de hors-la-loi, mon noble patron et futur employeur m'a proposé de me recevoir dans son château de Coburg, où, dans une retraite tranquille avec lui et Frau Birchpfeiffer, l'auteur du livret, je pourrais exécuter l'œuvre. Liszt n'attendait naturellement rien de plus de ma part qu'une excuse décente pour décliner cette offre et m'a suggéré d'invoquer « une dépression physique et mentale ». Mon ami me dit plus tard que le duc avait désiré ma collaboration avec lui dans sa partition à cause de mon habile usage des trombones. Lorsqu'il m'a demandé, par l'intermédiaire de Liszt, quelles étaient mes règles pour leur manipulation, je lui ai répondu qu'avant de pouvoir écrire quoi que ce soit pour les trombones, je devais d'abord avoir quelques idées en tête.

D'un autre côté, j'étais très tenté d'accepter la proposition de Weimar. Encore las de mon travail épuisant sur Oper und Drama et inquiet de beaucoup de choses qui avaient un effet déprimant sur mon moral, je m'assis pour la première fois depuis plusieurs mois devant mon piano à queue Hartel, qui avait été sauvé de la catastrophe de Dresde. , pour voir si je pouvais me mettre à composer la musique de mon lourd drame héroïque. J'ai esquissé rapidement la musique du Chant des Nornes ou Filles du Rhin, qui, dans cette première ébauche, n'était qu'ébauchée. Mais quand j'ai essayé de transposer en chanson le premier discours de Brunhilda à Siegfried, mon courage m'a complètement fait défaut, car je ne pouvais m'empêcher de me demander si était encore née la chanteuse capable de dynamiser cette figure féminine héroïque. L'idée de ma nièce Johanna m'est venue à l'esprit, que j'avais d'ailleurs déjà destinée à ce règne lorsque j'étais encore à Dresde en raison de ses divers charmes personnels. Elle était maintenant entrée dans la carrière de prima donna à Hambourg, mais, à en juger par tous les rapports que j'avais reçus, et surtout par l'attitude qu'elle adoptait ouvertement à mon égard dans ses lettres à sa famille, je ne pouvais que conclure que mes modestes espoirs de faire appel à ses talents pour moi était vouée à la déception. J'étais en outre troublé par le fait qu'une deuxième prima donna de Dresde, Mme. Gentiluomo Spatzer, qui avait jadis ravi Marschner avec les dithyrambiques de Donizetti, planait perpétuellement devant mon esprit comme un substitut possible à Johanna. Enfin, furieux, je me levai du piano et jurai que je n'écrirais plus rien pour ces écolières sottes et exigeantes. Chaque fois que je voyais la possibilité de me rapprocher à nouveau du théâtre, j'étais envahi d'un dégoût indescriptible que, pour le moment, je ne parvenais pas à surmonter. C'était une petite consolation de découvrir qu'une mauvaise santé physique pouvait être à l'origine de ce trouble mental. Au printemps de cette année, j'avais souffert d'une curieuse éruption cutanée qui s'étendait sur tout mon corps. Pour cela, mon médecin m'a prescrit une cure de bains de soufre, à prendre régulièrement chaque matin. Même si le remède m'excitait tellement les nerfs que je fus obligé plus tard d'adopter des mesures radicales pour restaurer ma santé, en attendant, la promenade matinale régulière jusqu'à la ville et retour, entourée du vert frais et des fleurs du début du printemps du mois de mai. , a agi comme un joyeux stimulant sur mon état mental. J'ai alors conçu l'idée du poème de Junger Siegfried, que je me proposais de publier comme une comédie héroïque, en guise de prélude et de complément à la tragédie de Siegfrieds Tod. Emporté par ma conception, j'essayais de me persuader que cette pièce serait plus facile à réaliser que l'autre drame plus sérieux et plus terrible. C'est avec cette idée en tête que j'informai Liszt de mon projet et proposai à la direction de Weimar de composer une partition pour Junger Siegfried, qui n'était pas encore écrite, en échange de quoi j'accepterais sans équivoque leur proposition de m'accorder une année de salaire de quinze cents marks. Ils y consentirent sans tarder, et je m'installai dans le grenier évacué l'année précédente par Karl Ritter, où, à l'aide du soufre et de la fleur de mai, et dans la plus grande humeur, je me proposai d'achever le poème. de Junger Siegfried, comme déjà souligné dans ma conception originale.

Il me faut maintenant rendre compte des relations cordiales que j'avais entretenues, depuis mon départ de Dresde, avec Theodor Uhlig, le jeune musicien de l'orchestre de Dresde, que j'ai déjà décrites et qui s'étaient alors développées en une véritable relation. association productive. Son caractère indépendant, voire quelque peu inculte, s'était transformé en un dévouement chaleureux, presque sans limites, inspiré à la fois par la sympathie pour mon sort et par une compréhension approfondie de mes œuvres. Il avait également été du nombre de ceux qui étaient venus à Weimar pour entendre mon Lohengrin et m'avait envoyé un récit très détaillé de la représentation. Comme Hartel, le marchand de musique de Leipzig, avait accepté volontiers ma demande de publier Lohengrin à condition que je n'exigerais aucune part aux bénéfices, j'ai confié à Uhlig la préparation de l'arrangement pour pianoforte. Mais ce sont plutôt les questions théoriques abordées dans mes ouvrages qui formaient le lien principal qui nous unissait par une correspondance sérieuse. Ce qui m'a particulièrement touché chez cet homme, que de par sa formation je pouvais considérer comme un simple instrumentiste, c'était qu'il avait saisi avec une compréhension claire et un accord parfait ces mêmes tendances que de nombreux musiciens d'une culture apparemment plus large que la sienne considéraient avec une horreur presque désespérée, comme étant dangereuse pour la pratique orthodoxe de leur art. Il acquit aussitôt la facilité littéraire nécessaire pour exprimer son accord avec mes vues et en donna la preuve tangible dans un long traité sur la « musique instrumentale », paru dans le mensuel allemand de Kolatschek. Il m'a également envoyé un autre ouvrage strictement théorique sur la « Structure du thème et de la phrase musicale ». Il montra en cela l'originalité de ses idées sur les méthodes de Mozart et de Beethoven, à un point qui n'avait d'égale que la minutie avec laquelle il maîtrisait la question, notamment lorsqu'il discutait de leurs différences si caractéristiques. Ce traité clair et exhaustif m'a paru admirablement adapté pour former la base d'une nouvelle théorie de l'art supérieur du phrasé musical, par laquelle la construction la plus obscure de Beethoven pourrait être expliquée et élaborée en un système compréhensible qui permettrait des applications ultérieures. Ces traités attirèrent l'attention de Franz Brendel, l'astucieux éditeur de la Neue Zeitschrift fur Musik, sur leur brillant jeune auteur. Il fut invité par Brendel à rejoindre l'équipe de son journal et réussit bientôt à changer l'attitude d'indécision de son chef. Les objectifs de Brendel étant dans l'ensemble tout à fait honorables et sérieux, il fut rapidement et définitivement amené à adopter ces vues qui, à partir de cette époque, commencèrent à faire sensation dans le monde musical sous le titre de « Nouvelle tendance ». Je me suis alors senti obligé de contribuer à son article dans un article qui fera date sur ces lignes. J'avais remarqué depuis un certain temps que des slogans aussi grossiers que "Floraisons ornementales juives" (Mélismes), "Musique de synagogue", et autres, étaient utilisés sans aucune rime ni raison autre que celle d'exprimer une irritation insignifiante. La question ainsi soulevée quant à l'importance du Juif moderne dans la musique m'a incité à examiner de plus près l'influence juive et ses caractéristiques qui lui sont propres. C'est ce que j'ai fait dans un long traité sur le « Judaïsme en musique ». Bien que je ne souhaitais pas cacher mon identité d'auteur à toutes les enquêtes, j'ai néanmoins jugé opportun d'adopter un pseudonyme, de peur que mon effort très sérieusement projeté ne soit dégradé à une affaire purement personnelle et que sa véritable importance ne soit ainsi viciée. . L'agitation, voire la véritable consternation, créée par cet article défie la comparaison avec toute autre publication similaire. L'animosité sans précédent avec laquelle, jusqu'à ce jour, j'ai été poursuivi par toute la presse européenne ne peut être comprise que par ceux qui ont pris en compte cet article et l'épouvantable émotion qu'il a provoqué lors de sa parution. publication. Il faut aussi se rappeler que presque tous les journaux d'Europe sont aux mains de Juifs. En dehors de ces faits, il serait impossible de comprendre l'amertume sans réserve de cette persécution durable, qui ne peut être expliquée de manière adéquate par le simple fait d'une aversion théorique ou pratique pour mes opinions ou mes œuvres artistiques. Le premier résultat de l'article fut une tempête qui éclata sur le pauvre Brendel, qui était entièrement innocent et, en fait, à peine conscient de son offense. Cela se transforma bientôt en une persécution sauvage qui ne visait rien de moins que sa ruine. Un autre résultat immédiat fut que les quelques amis que Liszt avait amenés à se déclarer immédiatement en ma faveur se réfugièrent dans un silence discret. Comme il parut bientôt opportun, dans l'intérêt de leurs propres productions, de témoigner directement de leur éloignement de moi, la plupart d'entre eux passèrent dans les rangs de mes ennemis. Mais Uhlig me tenait d'autant plus à cœur. Il a renforcé la faible volonté d'endurance de Brendel et a continué à l'aider avec des contributions à son article, certaines profondes et d'autres pleines d'esprit et très pertinentes. Il fixa plus particulièrement son regard sur l'un de mes principaux adversaires, un homme nommé Bischoff, que Hiller avait découvert à Cologne et qui le premier inventa pour moi et mes amis le titre de Zukunftsmusiker (« Musiciens du futur »). Avec lui, il entra dans une controverse prolongée et quelque peu divertissante. Les bases étaient désormais posées pour le problème de la soi-disant Zukunftsmusik (« Musique du futur »), qui allait devenir un scandale européen, bien que Liszt ait rapidement adopté lui-même le titre avec une fierté et une bonne humeur. Il est vrai que j'avais en quelque sorte suggéré ce nom dans le titre de mon livre, Kunstwerk der Zukunft ; mais cela ne s'est transformé en un cri de guerre que lorsque « Le Judaïsme en Musique » a déclenché les écluses de la colère contre moi et mes amis.

Mon livre, Oper und Drama, a été publié au cours du second semestre de cette année et, dans la mesure où il a été remarqué par les principaux musiciens de l'époque, il n'a naturellement contribué qu'à alimenter la colère qui s'enflammait contre moi. Cette fureur, cependant, prenait plutôt le caractère de calomnie et de méchanceté, car notre mouvement avait entre-temps été réduit par un grand connaisseur en pareilles choses, Meyerbeer, à un système clairement défini, qu'il maintenait et pratiquait d'une main sûre jusqu'à sa mort déplorée. .

Uhlig avait découvert mon livre Oper und Drama au début du tumulte furieux contre moi. Je lui avais présenté le manuscrit original, et comme il était joliment relié en rouge, j'ai eu l'idée d'y écrire, en guise de dédicace, les mots : « ROUGE, mon ami, est MA théorie », par opposition à le dicton gothique : « Grey, mon ami, n'est que théorie ». Ce cadeau suscita une correspondance exaltante et des plus délicieuses avec mon jeune ami vif et perspicace, qu'après deux longues années de séparation, j'éprouvais sincèrement le désir de revoir. Ce n'était pas chose facile pour le pauvre violoniste, dont le salaire était à peine celui d'un chambriste, de répondre à mon invitation. Mais il essaya volontiers de surmonter toutes les difficultés et déclara qu'il viendrait au début de juillet. Je décidai d'aller le rencontrer jusqu'à Rorschach, sur le lac de Constance, afin que nous puissions faire une excursion à travers les Alpes jusqu'à Zurich. J'ai fait un agréable détour par le Toggenburg, à pied comme d'habitude. C'est ainsi que, joyeux et reposé, j'atteignis Saint-Gall, où je cherchai Karl Ritter, qui, depuis le départ de Bulow, y était resté seul dans une curieuse retraite. Je devinais la raison de sa retraite, bien qu'il affirmât avoir eu des relations très agréables avec un musicien saint-gallois nommé Greitel, dont je n'ai plus jamais entendu parler. Bien que très fatigué après ma longue promenade à pied, je ne pus m'empêcher de soumettre le manuscrit de mon Jungfr Siegfried, que je venais de terminer, au jugement vif et critique de ce jeune homme intelligent, qui fut donc le premier à l'entendre. J'ai été plus que satisfait de l'effet qu'il a eu sur lui et, de bonne humeur, je l'ai persuadé d'abandonner son étrange retraite et de m'accompagner à la rencontre d'Uhlig, afin que nous puissions tous les trois traverser le Santis pour un long et agréable séjour à Zurich. . Mon premier regard sur mon hôte, alors qu'il débarquait dans le port familier de Rorschach, me remplit aussitôt d'inquiétude pour sa santé, car il ne révélait que trop clairement sa tendance à la phtisie. Pour l'épargner, je voulus renoncer à l'ascension projetée en montagne, mais il protesta avec empressement que de pareils exercices en plein air ne pouvaient que lui faire du bien après la pénibilité de son misérable violon. Après avoir traversé le petit canton d'Appenzell, nous avons dû affronter la traversée pas facile du Santis. C'était également ma première expérience de voyage sur un vaste champ de neige en été. Après avoir atteint la cabane de notre guide, qui était perchée sur une pente accidentée, où nous nous sommes régalés de plats extrêmement frugaux, nous avons dû gravir le sommet rocheux imposant et escarpé qui forme le sommet de la montagne, à quelques centaines de pieds au-dessus de nous. Ici, Karl refusa brusquement de nous permettre, et pour le sortir de sa mollesse, je dus lui renvoyer le guide, qui, à notre demande, réussit à l'emmener, à moitié de force. Mais maintenant que nous devions grimper de pierre en pierre le long de la falaise escarpée, j'ai vite commencé à réaliser à quel point j'avais été stupide en obligeant Karl à partager notre périlleuse aventure. Son vertige le stupéfiait évidemment, car il regardait devant lui comme s'il ne voyait pas, et nous devions le retenir entre nos alpenstocks, nous attendant à chaque instant à le voir s'effondrer et tomber dans l'abîme. Lorsque nous atteignîmes enfin le sommet, il tomba insensé sur le sol, et je comprenais maintenant pleinement quelle terrible responsabilité j'avais assumée, car la descente encore plus dangereuse restait à faire. Dans une agonie de peur qui, tout en me faisant oublier complètement mon propre danger, me remplit de la vision de mon jeune ami étendu brisé sur les rochers en contrebas, nous atteignîmes enfin la maison du guide en toute sécurité. Comme Uhlig et moi étions toujours déterminés à descendre le versant escarpé de l'autre côté de la montagne, ce qui, selon le guide, n'était pas sans danger, je résolus de laisser le jeune Ritter dans la cabane, car l'angoisse indescriptible que je venais d'endurer sur son mon nom avait été un avertissement pour moi. Il devait ici attendre le retour de notre guide, et prendre avec lui le chemin peu dangereux par lequel nous étions venus. Nous nous séparâmes donc, car il devait revenir en direction de Gall, tandis que nous parcourions tous les deux la belle vallée du Toggenburg, et le lendemain par Rappersweil jusqu'au lac de Zurich, et ainsi chez nous. Ce n'est que plusieurs jours plus tard que Karl a soulagé nos inquiétudes à son sujet en arrivant à Zurich. Il resta avec nous peu de temps, puis partit, souhaitant probablement échapper à la tentation de poursuivre l'alpinisme, ce que nous avions certainement prévu. J'ai eu de ses nouvelles plus tard, alors qu'il s'était installé quelque temps à Stuttgart, où il semblait se porter bien. Il se lie bientôt d'amitié avec un jeune acteur et vit avec lui une grande intimité.

J'étais sincèrement ravi des relations étroites que j'avais maintenant avec le doux jeune chambriste de Dresde, dont la force de caractère virile et les capacités mentales extraordinaires me le rendaient très apprécié. Ma femme a dit que ses cheveux dorés bouclés et ses yeux bleu vif lui faisaient penser qu'un ange était venu rester avec nous. Ses traits avaient pour moi un intérêt particulier et, compte tenu de son sort, pathétique, en raison de sa ressemblance frappante avec le roi Friedrich August de Saxe, mon ancien patron, qui était encore en vie à cette époque, et semblait confirmer une rumeur qui était parvenue jusqu'à moi. moi qu'Uhlig était son fils naturel. C'était amusant d'entendre ses nouvelles de Dresde, de tout ce qui concernait le théâtre et la situation des affaires musicales dans cette ville. Mes opéras, qui avaient fait sa gloire, avaient désormais complètement disparu du répertoire. Il m'a donné un excellent exemple de l'opinion que mes défunts collègues avaient à mon égard en racontant l' incident suivant. Lorsque Kunst und Revolution et Kunstwerk der Zukunft parurent et furent discutés entre eux, l'un d'eux dit : « Ha ! il risque de s'inquiéter longtemps avant de pouvoir à nouveau écrire chef d'orchestre devant son nom. Pour illustrer les progrès réalisés dans le domaine de la musique, il raconta comment Reissiger, devant diriger un jour la Symphonie en la majeur de Beethoven, que j'avais précédemment exécutée, s'était tiré d'un soudain dilemme. Beethoven, comme on le sait, marque le grand final du dernier mouvement par un forte prolongé, qu'il ne fait que rehausser d'un semper piu forte. À ce moment-là, Reissiger, qui avait dirigé la Symphonie avant moi, estimant que l'occasion était favorable, avait introduit un piano, afin au moins d'assurer un crescendo efficace. J'avais naturellement ignoré cela et j'avais demandé à l'orchestre de jouer de toutes ses forces tout au long du concert. Maintenant que la direction de cette œuvre était revenue entre les mains de mon prédécesseur, il lui était difficile de restaurer son malheureux piano ; mais, sentant qu'il devait sauver son autorité compromise, il fixa pour règle qu'on jouât le mezzo forte au lieu du forte.

Mais la nouvelle la plus douloureuse qu'il me donna fut celle de l'état d'abandon complet dans lequel mes malheureuses publications d'opéra étaient tombées entre les mains du marchand de musique de cour Meser, qui, voyant qu'il fallait continuellement payer de l'argent, alors que rien n'arrivait. , se considérait comme un agneau sacrificiel que j'avais attiré à l'abattoir. Pourtant il refusa fermement toute inspection de ses livres, soutenant qu'il protégeait ainsi mes biens, puisque tout ce que je possédais ayant été confisqué, il serait autrement saisi sur-le-champ. Un sujet plus agréable que celui-ci était celui de Lohengrin. Mon ami avait terminé l'arrangement du piano et était déjà occupé à corriger les épreuves du graveur.

Par sa défense enthousiaste de la cure thermale, Uhlig a acquis sur moi une influence dans une autre direction, et qui a été de longue durée. Il m'a apporté sur le sujet un livre d'un certain Rausse, qui m'a beaucoup plu, surtout par ses principes radicaux, qui avaient quelque chose de Feuerbach. Son rejet audacieux de toute la science médicale, avec tous ses charlatanismes, combiné à sa défense des processus naturels les plus simples au moyen d'une utilisation méthodique d'eau fortifiante et rafraîchissante, a rapidement gagné ma fervente adhésion. Il soutenait, par exemple, que tout médicament véritable ne peut agir sur notre organisme que dans la mesure où il est un poison et n'est donc pas assimilé par notre système ; et prouva en outre que les hommes affaiblis par une absorption continue de médicaments avaient été guéris par le célèbre Priesnitz, qui avait effectivement chassé le poison contenu dans leur corps en l'expulsant à travers la peau. Je pensais naturellement aux bains de soufre désagréables que j'avais pris au printemps et auxquels j'attribuais mon état d'irritabilité chronique et sévère. Ce faisant, je n'avais probablement pas tort. Pendant longtemps après cela, j'ai fait de mon mieux pour expulser ce poison et tous les autres poisons que j'avais pu absorber au cours du temps, et par un régime d'eau exclusif, restaurer mon état de santé originel. Uhlig affirmait qu'en persévérant consciencieusement dans une cure d'eau, il était parfaitement sûr de pouvoir renouveler entièrement sa propre santé corporelle, et ma propre foi en elle grandissait également de jour en jour.

Fin juillet, nous avons commencé une excursion à travers le centre de la Suisse. De Brunnen, sur le lac des Quatre-Cantons, nous sommes allés via Beckenried jusqu'à Engelberg, d'où nous avons traversé le sauvage Surenen-Eck et avons appris cette fois à glisser assez facilement sur la neige. Mais en traversant un torrent de montagne gonflé, Uhlig eut le malheur de tomber à l'eau. Pour apaiser mon inquiétude à son sujet, il s'écria aussitôt que c'était une très bonne manière de réaliser la cure thermale. Il ne se souciait pas du séchage de ses vêtements, il les étendait simplement au soleil, et, pendant ce temps, il se promenait calmement, en pleine nature, en plein air, protestant que cette nouvelle forme d'exercice lui ferait du bien. Nous passâmes l'intervalle à discuter du problème important de la construction du thème de Beethoven, jusqu'à ce que, par plaisanterie, je lui dise que je voyais le conseiller Carns de Dresde arriver derrière lui avec un groupe, ce qui l'effraya un instant. Ainsi, le cœur léger, nous atteignîmes la vallée de la Reuss près d'Attinghausen, et le soir nous nous promenâmes jusqu'à Amsteg, et le lendemain matin, malgré notre grande fatigue, nous visitâmes immédiatement la vallée de Madran. Là, nous gravissons le glacier Hufi, d'où nous bénéficions d'une vue splendide sur un impressionnant panorama de montagnes, délimité à cet endroit par la chaîne de Tody. Nous retournâmes le même jour à Amsteg, et comme nous étions tous deux très fatigués, je dissuadai mon compagnon de tenter l'ascension du col du Klausen jusqu'à la vallée de Schachen, que nous avions prévue pour le lendemain, et je l'engageai à prendre la voie la plus facile. retour à la maison via Fluelen. Lorsque, au début du mois d'août, mon jeune ami, toujours calme et très posé, entreprit son voyage de retour à Dresde, je ne pus déceler chez lui aucun signe d'épuisement. Il espérait à son arrivée alléger un peu le lourd fardeau de la vie en assumant la direction de la musique entr'acte au théâtre, qu'il se proposait d'organiser artistiquement, et se libérer ainsi du service oppressant et démoralisant de l'opéra. . C'est avec un chagrin sincère que je l'accompagnai jusqu'à la malle-poste, et lui aussi parut saisi d'un soudain pressentiment. En fait, c'était la dernière fois que nous nous rencontrions.

Mais pour le moment nous entretenions une correspondance active, et comme ses communications étaient toujours agréables et divertissantes, et constituèrent pendant longtemps presque mon seul lien avec le monde extérieur, je le priai de m'écrire de longues lettres aussi souvent que possible. Comme les frais de port étaient chers à cette époque et que les lettres volumineuses pesaient lourdement sur nos poches, Uhlig eut l'ingénieuse idée d'utiliser le colis postal pour notre correspondance. Comme on ne pouvait envoyer ainsi que des paquets d'un certain poids, une traduction allemande du Figaro de Beaumarchais, dont Uhlig possédait un exemplaire ancien, jouissait de la singulière destinée de servir de lest à nos lettres d'aller et de retour. Chaque fois donc que nos épîtres s'étaient gonflées jusqu'à la longueur voulue, nous les annoncions par ces mots : « Figaro apporte une nouvelle aujourd'hui.

Uhlig, quant à lui, trouvait beaucoup de plaisir dans la Mittheilung an meine Freunde (« Une communication à mes amis »), que, immédiatement après notre séparation, j'écrivis comme préface à une édition de mes trois opéras, le Fliegender Hollander, Tannhauser et Lohengrin. Il fut également amusé d'apprendre que Hartel, qui avait accepté la publication du livre contre dix louis d'or, protesta si vigoureusement contre certains passages de cette préface, qui blessaient son orthodoxie et ses sentiments politiques, que je songeai sérieusement à donner le réserver à une autre entreprise. Cependant il finit par me persuader de céder, et j'apaisa sa tendre conscience par quelques menues modifications.

Avec cette préface complète, qui m'avait occupé pendant tout le mois d'août, j'espérais que mon excursion dans le domaine de la littérature serait terminée une fois pour toutes. Cependant, dès que j'ai commencé à réfléchir sérieusement à la reprise de la composition de Junger Siegfried, que j'avais promise pour Weimar, j'ai été saisi de doutes déprimants qui équivalaient presque à une réticence positive à tenter cette œuvre. Comme je ne parvenais pas à discerner clairement la raison de cet abattement, j'en conclus que sa source résidait dans mon état de santé, et je résolus donc un jour de mettre à exécution mes théories sur les avantages de la cure thermale, que j'avais toujours exposées avec beaucoup d'enthousiasme. enthousiasme. Je me renseignai sur un établissement thermal voisin et informai ma femme que je partais pour Albisbrunnen, qui était située à environ trois milles de notre demeure. Nous étions alors vers le milieu de septembre, et j'étais décidé à ne revenir que lorsque je serai complètement rétabli.

Minna a été très effrayée lorsque j'ai annoncé mon intention et a considéré cela comme une nouvelle tentative de ma part d'abandonner ma maison. Je la suppliai cependant de se consacrer pendant mon absence à meubler et à aménager notre nouvel appartement le plus confortablement possible. Bien que petit, celui-ci était idéalement situé au rez-de-chaussée du Vordern Escher Hauser im Zeltweg. Nous avions décidé de retourner en ville, à cause du grand inconvénient de la situation de nos quartiers actuels, surtout en hiver. Bien sûr, tout le monde était étonné à l'idée que j'entreprenne une cure thermale si tard dans la saison. Néanmoins, je réussis bientôt à trouver un autre patient. Je n'ai pas eu la chance d'avoir Herwegh, mais le destin a eu la bonté de m'envoyer Hermann Muller, ancien lieutenant des gardes saxonnes et ancien amant de Schroder-Devrient, qui s'est avéré un compagnon des plus joyeux et des plus agréables. Il lui était devenu impossible de conserver sa position dans l'armée saxonne, et bien qu'il ne fût pas exactement un réfugié politique, toute carrière lui était fermée en Allemagne, et pourtant il rencontra toute la considération d'un patriote exilé lorsqu'il arriva en Allemagne. Suisse pour tenter de prendre un nouveau départ dans la vie. Nous nous étions souvent vus à mes débuts à Dresde et il s'est vite senti chez lui dans ma maison, où ma femme l'accueillait toujours chaleureusement. Je le persuadai facilement de me suivre prochainement à Albisbrunnen pour y subir un traitement approfondi d'une infirmité dont il souffrait. Je m'y installai aussi confortablement que possible et j'espérais d'excellents résultats. La guérison elle-même était supervisée de la manière superficielle habituelle par un docteur Brunner, que ma femme, lors d'une de ses visites à cet endroit, baptisa aussitôt le « Juif de l'eau », et qu'elle détestait sincèrement. Tôt, à cinq heures du matin, j'étais enveloppé et maintenu en sueur pendant plusieurs heures ; après cela, j'ai été plongé dans un bain glacial à une température de quatre degrés seulement ; puis on m'a obligé à faire une marche rapide pour rétablir ma circulation dans l'air froid de la fin de l'automne. De plus, j'étais soumis à un régime hydrique ; aucun vin, café ou thé n'était autorisé ; et ce régime, en compagnie lugubre de rien que d'incurables, avec des soirées ennuyeuses seulement égayées par des tentatives désespérées de parties de whist, et l'interdiction de toute occupation intellectuelle, aboutissait à l'irritabilité et aux nerfs à rude épreuve. J'ai mené cette vie pendant neuf semaines, mais j'étais déterminé à ne pas céder jusqu'à ce que je sente que tous les types de drogues ou de poisons que j'avais jamais absorbés dans mon organisme avaient été remontés à la surface. Comme je considérais que le vin était le plus dangereux, je présumais que mon organisme contenait encore de nombreuses substances non assimilées que j'avais absorbées lors de divers dîners chez Sulzer, et qui devaient s'évaporer dans une transpiration abondante. Cette vie si pleine de privations, que je menais dans des chambres misérablement meublées en commun et avec les aménagements rustiques habituels d'une pension suisse, éveillait en moi par contraste un désir insurmontable d'un foyer douillet et confortable ; en effet, au fil de l'année, ce désir est devenu un désir passionné. Mon imagination se représentait sans cesse la manière et le style dans lesquels une maison ou une habitation devait être aménagée et aménagée, afin de garder mon esprit agréablement libre pour la création artistique.

C'est à ce moment-là que sont apparus les symptômes d'une possible amélioration de ma situation. Karl Ritter, malheureusement pour lui, m'a écrit de Stuttgart alors que j'étais à l'hydroélectricité, me décrivant ses propres tentatives privées pour obtenir les bienfaits d'une cure thermale - non pas au moyen de bains, mais en buvant de grandes quantités d'eau. J'avais découvert qu'il était très dangereux de boire de grandes quantités d'eau sans subir le reste du traitement, alors j'ai supplié Karl de se soumettre au traitement régulier, de ne pas avoir une peur efféminée des privations et de venir immédiatement à Albisbrunnen. Il me prit au mot et, à ma grande joie, arriva quelques jours plus tard à Albisbrunnen. Théoriquement, il était enthousiasmé par l'hydropathie, mais il s'y opposa bientôt dans la pratique ;

et il dénonça l'utilisation du lait froid comme indigeste et contre les préceptes de la nature, car le lait maternel était toujours chaud. Il trouvait les compresses froides et les bains froids trop excitants et préférait se soigner de manière confortable et agréable dans le dos du médecin. Il découvrit bientôt une misérable confiserie dans le village voisin, et lorsqu'il fut surpris en train d'acheter des pâtisseries bon marché en cachette, il fut très en colère. Il devint bientôt tout à fait malheureux et aurait voulu s'enfuir, si un certain sentiment d'honneur ne l'en avait empêché. La nouvelle lui parvint ici de la mort subite d'un riche oncle, qui avait laissé une fortune considérable à tous les membres de la famille de Karl. Sa mère, en nous faisant part, ainsi qu'à moi, de l'amélioration de sa situation, déclara qu'elle pouvait désormais m'assurer les revenus que les deux familles de Laussot et de Ritter m'avaient offerts il y a quelque temps. J'ai ainsi obtenu un revenu annuel de deux mille quatre cents marks aussi longtemps que j'en avais besoin, et je me suis associé à la famille Ritter.

Cette tournure heureuse et encourageante des événements m'a décidé à terminer mon esquisse originale des Nibelungen et à la présenter dans nos théâtres sans tenir aucun compte de la praticabilité de ses diverses parties. Pour ce faire, j'ai senti que je devais me libérer de toutes obligations envers la direction du théâtre de Weimar. J'avais déjà tiré de cette source six cents marks de salaire, mais Karl était enchanté de mettre cette somme à ma disposition pour que je la restitue. J'ai renvoyé l'argent à Weimar avec une lettre exprimant mes plus vifs remerciements à la direction pour sa conduite à mon égard, et en même temps j'ai écrit à Liszt, lui donnant les détails les plus complets de mon grand projet et lui expliquant comment je me sentais absolument obligé de l'exécuter.

Liszt, dans sa réponse, me dit combien il était ravi de savoir que j'étais désormais en mesure d'entreprendre une œuvre aussi remarquable, qu'il jugeait en tous points digne de moi ne serait-ce qu'en raison de son surprenante originalité. Je commençai enfin à respirer librement, car j'avais toujours eu le sentiment que c'était une illusion de ma part que de prétendre qu'il serait possible de produire Junger Siegfried avec les moyens limités dont dispose même le meilleur théâtre allemand.

Ma cure thermale et l'établissement thermal me devenaient de plus en plus désagréables ; J'avais envie de mon travail et le désir de m'y remettre me rendait très malade. J'essayais obstinément de me cacher que le but de ma guérison avait complètement échoué ; en réalité, cela m'avait fait plus de mal que de bien, car même si les mauvaises sécrétions n'étaient pas revenues, tout mon corps semblait terriblement émacié. Je pensais que j'en avais assez du remède, et je me consolais avec l'espoir d'en tirer profit à l'avenir. J'ai donc quitté l'établissement thermal à la fin du mois de novembre. Muller devait me suivre dans quelques jours, mais Karl, désireux d'être cohérent, était déterminé à rester jusqu'à ce qu'il perçoive en lui un résultat semblable à celui que j'avais éprouvé ou prétendu avoir éprouvé. J'ai été très satisfait de la façon dont Minna avait aménagé notre nouveau petit appartement à Zurich. Elle avait acheté un grand et luxueux divan, plusieurs tapis pour le sol et divers petits luxes délicats, et dans l'arrière-boutique, mon bureau de commun était recouvert d'une nappe verte et drapé de doux rideaux de soie verte, le tout mes amis admiraient énormément. Cette table, à laquelle je travaillais continuellement, voyagea avec moi à Paris, et lorsque je quittai cette ville, je la présentai à Blandine Ollivier, la fille aînée de Liszt, qui la fit transporter dans la petite maison de campagne de Saint-Tropez, appartenant à son mari. , où, je crois, il en est encore aujourd'hui. J'étais très heureux de recevoir mes amis zurichois dans ma nouvelle maison, beaucoup plus commodément située que l'ancienne ; seulement j'ai gâché longtemps toute mon hospitalité par mon agitation fanatique en faveur d'un régime hydrique et par mes polémiques contre les méfaits du vin et d'autres boissons enivrantes. J'ai adopté ce qui semblait presque un nouveau type de religion : lorsque j'ai été acculé par Sulzer et Herwegh, ce dernier se piquant de ses connaissances en chimie et en physiologie, sur l'absurdité de la théorie de Rausse sur les qualités toxiques contenues dans le vin. , j'ai trouvé refuge dans le motif moral et esthétique qui me faisait considérer la jouissance du vin comme un substitut mauvais et barbare à l'état d'esprit extatique que seul l'amour devrait produire. Je soutenais que le vin, même s'il n'était pas consommé en excès, contenait des qualités produisant un état d'ivresse qu'un homme recherchait pour élever son moral, mais que seul celui qui éprouvait l'ivresse de l'amour pouvait élever son moral dans le sens le plus noble du terme. mot. Cela a conduit à une discussion sur les relations modernes entre les sexes, à la suite de quoi j'ai commenté la manière presque brutale avec laquelle les hommes se tenaient à l'écart des femmes en Suisse. Sulzer a déclaré qu'il ne s'opposerait pas du tout à l'ivresse résultant des rapports sexuels avec des femmes, mais qu'à son avis, la difficulté résidait dans l'obtention de cette ivresse par des moyens équitables. Herwegh était enclin à se rallier à mon paradoxe, mais il remarquait que le vin n'y était pour rien, que c'était simplement un aliment excellent et fortifiant, qui, selon Anacréon, s'accordait très bien avec l'extase de l'amour. À mesure que mes amis m'étudiaient de plus près, ainsi que mon état, ils pensèrent qu'ils avaient des raisons de s'inquiéter de mes extravagances stupides et obstinées. J'avais l'air terriblement pâle et maigre ; Je ne dormais presque pas et je trahissais dans tout ce que je faisais une étrange excitation. Bien que finalement le sommeil m'ait presque entièrement abandonné, je prétendais toujours que je n'avais jamais été aussi bien ni aussi joyeux de ma vie, et je continuais, les matins les plus froids de l'hiver, à prendre mes bains froids, et tourmentais ma femme à mort en lui faisant me montrer je sors avec une lanterne pour la promenade prescrite tôt le matin.

J'étais dans cet état lorsque les exemplaires imprimés d'Oper und Drama me parvinrent, et je les dévorai plutôt que de les lire avec une joie excentrique. Je pense que la délicieuse conscience de pouvoir maintenant me dire et prouver à la satisfaction de tous, et même de Minna, que je m'étais enfin complètement libéré de ma odieuse carrière de chef d'orchestre et de compositeur d'opéra, a provoqué cette attitude immodérée. excitation. Personne n'avait le droit de m'imposer les exigences qui m'avaient rendu si malheureux il y a deux ans. Les revenus que les Ritter m'avaient assurés à vie, et dont le but était de me donner les mains absolument libres, contribuaient aussi à mon état d'esprit actuel et me donnaient confiance dans tout ce que j'entreprenais. Même si mes projets pour le moment semblaient exclure toute possibilité de réalisation, grâce à l'indifférence d'un public inartiste, je ne pouvais cependant m'empêcher de nourrir intérieurement l'idée que je ne devrais pas toujours m'adresser uniquement au papier sur lequel j'écrivais. Je m'attendais à ce qu'une grande réaction s'installe d'ici peu à l'égard du public et de tout ce qui touche à notre vie sociale, et je pensais que dans mon travail audacieusement planifié, il y avait juste le matériel nécessaire pour répondre aux conditions changeantes et aux besoins réels du nouveau. public dont le rapport à l'art serait complètement modifié selon les exigences. Comme ces attentes audacieuses étaient nées dans mon esprit à la suite de mes observations sur l'état de la société en général, je ne pouvais naturellement pas en dire grand-chose à mes amis. Je ne m'étais pas trompé sur la signification de l'effondrement général des mouvements politiques, mais je sentais que leur véritable faiblesse résidait dans l'expression insuffisante mais sincère de leur cause, et que le mouvement social, loin de perdre du terrain par sa défaite politique, avait, au contraire, gagné en énergie et en expansion. J'ai fondé mon opinion sur l'expérience que j'avais vécue lors de ma dernière visite à Paris, lorsque j'avais assisté, entre autres, à une réunion politique du soi-disant parti social-démocrate. Leur conduite générale m'a fait une grande impression ; la réunion a eu lieu dans une salle provisoire appelée Salle de la Fraternité au Faubourg Saint-Denis ; six mille hommes étaient présents, et leur conduite, loin d'être bruyante et tumultueuse, me fit sentir la concentration d'énergie et d'espoir de ce nouveau parti. Les discours des principaux orateurs de l'extrême gauche de l'Assemblée nationale m'ont étonné par leurs envolées oratoires ainsi que par leur confiance évidente dans l'avenir. À mesure que ce parti extrême se renforçait peu à peu contre tout ce que faisait le parti réactionnaire alors au pouvoir, et que tous les vieux libéraux s'étaient ralliés publiquement à ces sociaux-démocrates et avaient adopté leur programme électoral, il était facile de voir qu'à Paris, au en tout cas, ils auraient une majorité nette aux prochaines élections de 1852, et surtout à la nomination du président de la République. Mes propres opinions à ce sujet étaient partagées par la France entière, et il semblait que l'année 1852 était destinée à voir une réaction très importante, naturellement redoutée par l'autre partie, qui attendait avec une grande appréhension la catastrophe prochaine. La situation des autres Etats européens, qui réprimaient toute impulsion louable avec une stupidité brutale, m'a convaincu qu'ailleurs aussi cette situation ne durerait pas longtemps, et chacun semblait attendre avec de grandes attentes la décision de l'année suivante.

J'avais discuté de la situation générale avec mon ami Uhlig, ainsi que de l'efficacité du système de cure par l'eau ; il revenait tout juste de répétitions d'orchestre au théâtre de Dresde et avait beaucoup de mal à accepter un changement radical dans les affaires humaines ou à y croire. Il m'a assuré que je ne pouvais pas concevoir à quel point les gens étaient misérables et méchants en général, mais j'ai réussi à lui faire croire que l'année 1852 serait enceinte de grands et importants événements. Nos opinions à ce sujet ont été exprimées dans la correspondance qui a été une fois de plus assidûment transmise par le Figaro.

Chaque fois que nous devions nous plaindre d'une méchanceté ou d'une circonstance fâcheuse, je lui rappelais toujours cette année, si grande de destin et d'espoir, et en même temps je lui insinuais que nous ferions mieux d'attendre avec beaucoup de calme le moment où le grand « bouleversement » " devrait avoir lieu, car ce n'est qu'à ce moment-là, lorsque personne d'autre ne saura quoi faire, que nous pourrons intervenir et commencer.

J'ai peine à exprimer à quel point cet espoir s'était emparé de moi profondément et fermement, et je ne peux qu'attribuer toutes mes opinions et déclarations confiantes à l'excitation accrue de mes nerfs. La nouvelle du coup d'État du 2 décembre à Paris me paraissait absolument incroyable, et je pensais que c'était sûrement la fin du monde. Lorsque la nouvelle fut confirmée et que des événements dont personne ne croyait qu'ils pourraient jamais se produire s'étaient apparemment produits et semblaient susceptibles d'être permanents, j'abandonnai tout cela comme une énigme qu'il était indigne de moi de résoudre, et me détournai avec dégoût de la contemplation. de ce monde intrigant. Comme souvenir ludique de nos espoirs de l'année 1852, j'ai suggéré à Uhlig que dans notre correspondance de cette année-là nous ignorions son existence et que nous datations nos lettres de décembre '51, en conséquence de quoi ce dit mois de décembre semblait d'une durée éternelle. .

Peu de temps après, j'ai été submergé par une dépression extraordinaire dans laquelle, d'une manière ou d'une autre, la déception suscitée par la tournure des événements politiques et la réaction provoquée par ma cure d'eau exagérée ont presque ruiné ma santé. J'apercevais le retour triomphal de tous les signes décevants de la réaction qui excluait de la vie intellectuelle tout idéal élevé et dont j'avais espéré que les chocs et les fermentations des dernières années nous auraient libérés à jamais. J'avais prédit que le temps approchait où nous serions intellectuellement si pauvres que la parution d'un nouveau livre écrit par Heinrich Heine ferait sensation. Quand, peu de temps après, parut le Romancero de la plume de ce poète tombé dans un abandon presque complet et très bien noté par la critique des journaux, j'éclatai de rire ; En fait, je suppose que je fais partie des très rares Allemands qui n'ont jamais regardé ce livre, dont on dit d'ailleurs qu'il possède un grand mérite.

J'étais alors obligé de prêter une grande attention à ma condition physique, car elle me causait de nombreuses inquiétudes et nécessitait un changement complet de mes méthodes. J'ai introduit ce changement très progressivement et avec la coopération de mes amis. Mon cercle de connaissances s'était considérablement élargi cet hiver, même si Karl Ritter, qui s'était enfui d'Albisbrunnen une semaine après mon propre départ et avait tenté de s'installer dans notre quartier, s'était enfui à Dresde, trouvant Zurich beaucoup trop lente pour sa jeunesse d'esprit. . Une certaine famille du nom de Wesendonck, qui s'était établie à Zurich peu de temps auparavant, chercha ma connaissance et s'installa dans le même quartier du Hintern Escherhauser où j'avais vécu lors de mon arrivée à Zurich. Ils y avaient pris possession de cet appartement sur la recommandation du célèbre maréchal von Bieberstein, qui s'y installa après moi à la suite de la révolution de Dresde. Je me souviens, le soir d'une fête là-bas, que j'avais fait preuve d'une excitation incontrôlée lors d'une discussion avec le professeur Osenbruck. Je l'ai tourmenté avec mes paradoxes persistants tout au long du dîner, à tel point qu'il m'a franchement détesté et a ensuite soigneusement évité d'entrer en contact avec moi.

La connaissance des Wesendonck fut le moyen de me donner l'entrée dans une maison charmante, dont le confort contrastait beaucoup avec la série habituelle de maisons à Zurich. Herr Otto Wesendonck, qui avait quelques années de moins que moi, avait amassé une fortune considérable grâce à un partenariat dans une entreprise de soierie à New York et semblait soumettre tous ses projets aux souhaits de la jeune femme qu'il avait épousée un quelques années auparavant. Ils étaient tous deux originaires du pays du Bas-Rhin et, comme tous les habitants de ces régions, avaient les cheveux blonds. Comme il fut obligé de s'installer dans une partie de l'Europe qui lui convenait pour le développement de ses affaires à New York, il choisit Zurich, probablement en raison de son caractère allemand, de préférence à Lyon. Au cours de l'hiver précédent, ils avaient tous deux assisté sous ma direction à la représentation d'une symphonie de Beethoven, et sachant quelle sensation cette représentation avait suscitée à Zurich, ils trouvèrent souhaitable de m'inclure dans leur cercle d'amis.

Vers cette époque, j'ai été persuadé d'assumer la direction de l'orchestre augmenté en vue de l'exécution de quelques chefs-d'œuvre musicaux lors de trois concerts qui seraient donnés au début de la nouvelle année sous les auspices de la Société Musicale et à des conditions convenues à l'avance.

J'eus un plaisir infini, en une de ces occasions, de diriger à Egmont une excellente interprétation de la musique de Beethoven. Comme Herwegh avait tellement envie d'entendre un peu de ma propre musique, je donnai l'Ouverture de Tannhauser, comme je le lui disais, entièrement pour lui plaire, et je préparai un programme descriptif comme guide. J'ai également réussi à donner une excellente interprétation de l'Ouverture de Coriolan, pour laquelle j'avais également écrit un programme explicatif. Tout cela fut abordé avec tant de sympathie et d'enthousiasme par mes amis que je fus incité à accéder à la demande de Lowe, qui était alors directeur du théâtre, et me supplia de donner une représentation du Fliegender Hollander. Pour le bien de mes amis, j'ai accepté d'entamer des négociations avec la compagnie d'opéra, entreprise qui, bien que de courte durée, était extrêmement répréhensible. Il est vrai que des considérations humaines m'animaient aussi, car la représentation était destinée à Schoneck, un jeune chef d'orchestre dont le réel talent pour son art m'avait complètement séduit.

Les efforts que m'a coûté cette excursion inhabituelle dans les régions des répétitions d'opéra, etc., ont grandement contribué à l'état de surmenage de mes nerfs, et j'ai été obligé, malgré tous mes préjugés enracinés contre les médecins, de rompre la foi avec moi-même et , conformément à la recommandation spéciale du Wesendonck, de me remettre entre les mains du Dr Rahn-Escher, qui, par ses manières douces et apaisantes, réussit au bout d'un certain temps à me remettre dans un état plus sain.

J'avais envie d'être suffisamment rétabli pour pouvoir prendre en main l'achèvement de mon poème combiné des Nibelungen. Avant de trouver le courage de commencer, je pensais attendre le printemps et, en attendant, je m'occupai de quelques bagatelles, entre autres une lettre à Liszt sur la fondation d'une institution Goethe (Goethe Stiftung), exposant mes idées sur la nécessité de fonder un Théâtre national allemand, ainsi qu'une deuxième lettre à Franz Brendel sur la ligne de pensée qui, à mon avis, devrait être suivie en fondant une nouvelle revue musicale.

Je me souviens d'une visite d'Henri Vieuxtemps à cette époque, qui venait à Zurich avec Belloni pour donner un concert en soirée, et il nous ravit encore une fois, moi et mes amis, avec son jeu de violon.

A l'approche du printemps, je fus agréablement surpris par la visite d'Hermann Franck, avec qui j'eus une conversation intéressante sur le cours général des événements depuis que je l'avais perdu de vue.

Il exprima, avec son ton calme, son étonnement devant l'enthousiasme avec lequel je m'étais mêlé à la révolution de Dresde. Comme j'avais mal compris sa remarque, il m'expliqua qu'il me croyait capable d'enthousiasme en tout, mais qu'il ne pouvait guère m'attribuer le mérite d'avoir pris une part sérieuse à quelque chose d' aussi insensé que des affaires insignifiantes de ce genre. J'appris alors pour la première fois quelle était l'opinion dominante sur ces événements tant décriés en Allemagne, et j'étais en mesure de défendre mon pauvre ami Rockel, qui avait été qualifié de lâche, et de mettre en cause non seulement sa conduite mais aussi le mien sous un jour différent de celui sous lequel il avait été considéré jusqu'ici même par Hermann Franck, qui a ensuite exprimé son sincère regret de nous avoir si mal compris.

Avec Rockel lui-même, dont la sentence avait été commuée par la grâce royale en emprisonnement à perpétuité, j'entretenais à cette époque une correspondance dont le caractère montra bientôt que sa vie était plus joyeuse et plus heureuse dans sa captivité forcée que la mienne et son désespoir. malgré la liberté dont je jouissais.

Enfin le mois de mai arriva, et je sentis que j'avais besoin de changer d'air à la campagne pour fortifier mes nerfs affaiblis et réaliser mes projets en matière de poésie. Nous avons trouvé un pied-à-terre assez confortable dans le domaine de Rinderknecht. Celui-ci était situé à mi-hauteur du Zurich Berg et nous avons pu profiter d'un repas en plein air le 22 mai, mon trente-neuvième anniversaire, avec une belle vue sur le lac et les Alpes au loin. Malheureusement, une période de pluie incessante s'établit qui ne s'arrêta guère pendant tout l'été, de sorte que j'eus la plus grande lutte pour résister à son influence déprimante. Cependant, je me mis bientôt au travail, et comme j'avais commencé à réaliser mon grand projet en commençant par la fin et en remontant en arrière, j'ai continué sur les mêmes lignes avec le début comme objectif. En conséquence, après avoir terminé les Siegfried Tod et Junger Siegfried, j'abordai ensuite l'un des principaux sujets, la Walkure, qui devait suivre le prélude introductif de l'Or du Rhin. J'ai ainsi achevé le poème de la Walkure à la fin du mois de juin. En même temps, j'écrivais dans un journal suisse la dédicace de la partition de mon Lohengrin à Liszt, ainsi qu'un snobisme rimé à une attaque non provoquée contre mon Fliegender Hollander. Un incident très désagréable à propos de Herwegh me poursuivit jusqu'à ma retraite à la campagne. Un jour, un certain Herr Haug, qui se présentait comme un ancien général romain du temps de Mazzini, se présenta à moi dans le but de former une sorte de conspiration contre lui, au nom, disait-il, de la famille profondément offensée des « malheureux poète lyrique » ; cependant, il n'a pas réussi à obtenir de mon aide. Un incident bien plus agréable fut une longue visite de Julia, la fille aînée de ma vénérée amie Frau Ritter, qui avait épousé Kummer, le jeune chambriste de Dresde, dont la santé semblait si complètement compromise qu'ils allaient consulter un célèbre médecin thermal qui pratiquait à seulement quelques kilomètres de Zurich. J'avais maintenant une bonne occasion d'abuser de cette cure d'eau dont mes jeunes amis étaient si avides, et qui avaient toujours cru que j'en étais aussi parfaitement fou. Mais nous laissâmes le chambriste à son sort, et nous réjouissâmes de la longue et agréable visite de notre aimable et charmante jeune amie.

Comme j'étais très satisfait du succès de mon travail et que le temps était exceptionnellement froid et pluvieux, nous avons décidé de retourner fin juin dans notre confortable résidence d'hiver à Zurich. J'étais résolu à y rester jusqu'à l'apparition d'un véritable temps d'été, alors que j'avais l'intention de faire une promenade à pied à travers les Alpes, ce qui, je le sentais, serait d'un grand avantage pour ma santé. Herwegh avait promis de m'accompagner, mais comme il en était apparemment empêché, je partis seul à la mi-juillet, après avoir convenu avec mon compagnon de voyage de me rencontrer en Valais. J'ai commencé ma randonnée à Alpnach, au bord du lac des Quatre-Cantons, et mon projet était de parcourir des sentiers peu fréquentés jusqu'aux principaux points de l'Oberland bernois. J'ai travaillé assez dur, visitant par exemple le Faulhorn, qui à l'époque était considéré comme une montagne très difficile à gravir. Lorsque j'arrivai à l'hospice du Grimsel près du Hasli Thal, j'interrogeai l'hôte, un homme noble et majestueux, sur l'ascension du Siedelhorn. Il m'a recommandé comme guide un de ses serviteurs, un homme rude et sinistre, qui, au lieu d'emprunter les sentiers en zigzag habituels pour gravir la montagne, m'a conduit en ligne droite, et je soupçonnais plutôt qu'il avait l'intention de se fatiguer. moi dehors. Au sommet du Siedelhorn, j'étais ravi d'apercevoir, d'un côté, le centre des Alpes, dont les dos géants seuls nous étaient tournés ; et de l'autre côté, un soudain panorama sur les Alpes italiennes, avec le Mont Blanc et le Mont Rose. J'avais pris soin d'emporter avec moi une petite bouteille de champagne, à l'instar du prince Puckler lors de l'ascension de Snowdon ; malheureusement, je ne pouvais penser à personne dont je pourrais boire à la santé. Nous descendîmes alors de vastes champs de neige, sur lesquels mon guide glissait avec une hâte folle sur son alpenstock ; Je me contentai de m'appuyer avec précaution sur la pointe de fer du mien et de descendre d'un pas modéré.

J'arrivai à Obergestelen, mort de fatigue, et j'y restai deux jours pour me reposer et attendre l'arrivée de Herwegh. Au lieu de venir lui-même, cependant, il m'arriva une lettre qui m'entraîna de mes hautes communications avec les Alpes à la considération banale de la situation désagréable dans laquelle se trouvait mon malheureux ami à la suite de l'incident que j'ai déjà décrit. Il craignait que je ne m'étais laissé prendre à son adversaire et que, par conséquent, je n'eusse formé de lui une opinion défavorable. Je lui ai dit de se rassurer sur ce point et de me revoir, si possible, en Suisse italienne. Je pars donc pour l'ascension du glacier du Gries, et la montée du col vers le versant sud des Alpes, en compagnie de mon sinistre guide seul. Pendant l'ascension, un spectacle extrêmement triste se présentait à mes yeux ; une épidémie de piétin s'était déclarée parmi les vaches des Hautes-Alpes, et plusieurs troupeaux me dépassèrent en file indienne en se dirigeant vers la vallée, où ils allaient être soignés. Les vaches étaient devenues si maigres qu'elles ressemblaient à des squelettes et se traînaient pitoyablement sur les pentes, et la campagne souriante aux grasses prairies semblait prendre un plaisir sauvage à contempler ce triste pèlerinage. Au pied du glacier qui se dressait à pic et à pic devant moi, je me sentais si déprimé et mes nerfs tellement épuisés que je dis que je voulais faire demi-tour. Je fus alors accueilli par les grossiers sarcasmes de mon guide, qui semblait se moquer de ma faiblesse. La colère qui en résulta me raidit les nerfs et je me préparai aussitôt à escalader le plus rapidement possible les parois abruptes de glace, de sorte que cette fois ce fut lui qui eut du mal à me suivre. Nous accomplissâmes la marche sur l'arrière du glacier, qui dura près de deux heures, dans des difficultés qui inquiétaient même ce natif du Grimsel, du moins pour son propre compte. De la neige fraîche était tombée, qui masquait en partie les crevasses et empêchait de reconnaître les endroits dangereux. Le guide, bien sûr, devait me précéder ici pour examiner le chemin. Nous arrivons enfin à l'ouverture de la haute vallée qui donne sur la vallée de Formazza, à laquelle conduit une tranchée abrupte, couverte de neige et de glace. Ici, mon guide recommença son jeu dangereux consistant à me conduire tout droit sur les pentes les plus raides au lieu de faire un zigzag sûr ; De cette façon, nous atteignîmes une moraine escarpée, où je vis un danger si inévitable devant nous, que j'insistai pour que mon guide revienne avec moi à une certaine distance, jusqu'à ce que nous trouvions un sentier que j'avais remarqué et qui n'était pas si raide. Il fut obligé de céder, à contre-courant. J'ai été profondément impressionné par les premiers signes de cultivation que nous avons vus lors de notre descente des terres sauvages désolées. La première prairie peu abondante accessible au bétail s'appelait Bettel-Matt et la première personne que nous rencontrâmes fut un chasseur de marmottes. Le paysage sauvage fut bientôt égayé par le tourbillon merveilleux et la fuite en avant d'une rivière de montagne appelée la Tosa, qui se brise en un endroit en une superbe cascade à trois branches distinctes. Après que la mousse et les roseaux eurent, au cours de notre descente continue, cédé la place à l'herbe et aux prairies, et que les arbustes eurent été remplacés par des pins, nous arrivâmes enfin au but de notre journée, le village de Pommath, appelé Formazza par la population italienne, située dans une charmante vallée. Ici, pour la première fois de ma vie, j'ai dû manger de la marmotte rôtie. Après avoir payé mon guide et l'avoir renvoyé sur son chemin de retour, je me mis seul le lendemain matin à poursuivre ma descente de la vallée, bien que je n'eusse que partiellement récupéré de ma fatigue, faute de sommeil. Ce n'est qu'en novembre de cette année, que la Suisse entière fut plongée dans la consternation par la nouvelle que l'auberge du Grimsel avait été incendiée par l'hôte lui-même, qui espérait par ce moyen obtenir le renouvellement du bail des autorités, que j'ai appris que ma vie avait été en danger sous la direction de cet homme. Dès que son crime fut découvert, l'hôte se noya dans le petit lac au bord duquel est située l'auberge. Mais le domestique qu'il avait soudoyé pour allumer le feu fut arrêté et puni. Je savais par son nom que c'était le même homme que le digne aubergiste m'avait donné pour compagnon dans mon voyage solitaire à travers le col du glacier, et j'appris en même temps que deux voyageurs de Francfort avaient péri sur le même passage il y a peu de temps. avant mon propre voyage. Je compris alors que j'avais échappé d'une manière vraiment remarquable au danger mortel qui me menaçait.

Je n'oublierai jamais mes impressions de mon voyage à travers la vallée qui descend continuellement. J'ai été particulièrement étonné par la végétation méridionale qui s'étend soudainement devant l'homme en descendant d'un passage rocheux escarpé et étroit par lequel la Tosa est confinée. J'arrivai à Domodossola dans l'après-midi, dans un éclat de soleil, et je me rappelai ici une charmante comédie d'un auteur dont j'ai oublié le nom, que j'avais vu autrefois jouer avec un raffinement digne de Platen, et sur laquelle mon attention s'était portée. été dessiné par Eduard Devrient à Dresde. La scène de la pièce se déroulait à Domodossola et décrivait exactement les impressions que j'avais moi-même reçues en descendant des Alpes du Nord vers l'Italie et qui éclataient soudain sous le regard. Je n'oublierai jamais non plus mon premier dîner italien simple mais extrêmement bien servi. Bien que trop fatigué pour marcher davantage ce jour-là, j'étais très impatient d'arriver aux bords du Lac Majeur et je m'arrangeai donc pour me conduire dans une chaise à un cheval, qui devait m'emmener le soir même jusqu'à Baveno. J'étais si content en jouant aux quilles dans mon petit véhicule, que je me reprochai de manquer de considération en ayant grossièrement décliné l'offre de compagnie que me faisait un officier de passage au Vetturino par l'intermédiaire du chauffeur. J'admirais la délicatesse des décorations des maisons et les visages agréables des habitants des jolis villages que je traversais. Une jeune maman, qui se promenait et chantait en filant le lin, avec son bébé dans les bras, m'a également fait une impression inoubliable. Peu après le coucher du soleil, j'ai aperçu les îles Borromées s'élevant gracieusement du lac Majeur, et encore une fois, je ne pouvais pas dormir d'excitation à la pensée de ce que je pourrais voir le lendemain. Le lendemain matin, la visite des îles elles-mêmes me ravit tellement que je ne comprenais pas comment j'avais pu tomber sur quelque chose d'aussi charmant, et je me demandais ce qui en résulterait. Après m'être arrêté seulement un jour, j'ai quitté les lieux avec le sentiment que je devais maintenant fuir quelque chose auquel je n'appartenais pas et j'ai contourné le lac Majeur, passé Socarno, jusqu'à Bellinzone, où je me trouvais de nouveau sur le sol suisse; de là je me rendis à Lugano, avec l'intention, si je suivais mon plan initial de voyage, d'y rester quelque temps. Mais je souffris bientôt de la chaleur intense ; même se baigner dans le lac brûlé par le soleil n'était pas rafraîchissant. Outre les meubles sales, dont le Denksopha («canapé pensant») des Nuées d'Aristophane, j'étais somptueusement logé dans un bâtiment somptueux qui, en hiver, servait de siège du gouvernement du canton du Tessin, mais en été était utilisé comme hôtel. Cependant je retombai bientôt dans l'état qui m'avait troublé si longtemps et qui m'empêchait de prendre du repos, à cause de mon extrême tension nerveuse et de mon excitation, chaque fois que je me sentais disposé à me reposer agréablement. J'avais emporté pas mal de livres avec moi et je me proposais de me divertir avec Byron. Malheureusement, il m'a fallu un grand effort pour prendre quelque plaisir à ses œuvres, et la difficulté d'y parvenir s'est accrue lorsque j'ai commencé à lire son Don Juan. Au bout de quelques jours, je commençai à me demander pourquoi j'étais venu et ce que je voulais faire ici, quand soudain Herwegh m'écrivit que lui et plusieurs amis avaient l'intention de me rejoindre à cet endroit. Un instinct mystérieux me fit télégraphier à ma femme de venir aussi. Elle a répondu à mon appel avec un empressement surprenant et est arrivée à l'improviste au milieu de la nuit, après avoir traversé en chaise de poste le col du Saint-Gothard. Elle était si fatiguée qu'elle tomba aussitôt dans un profond sommeil sur le Denksopha, dont la tempête la plus violente dont je me souvienne ne parvint pas à la réveiller. Le lendemain, mes amis zurichois arrivèrent.

Le principal compagnon de Herwegh était le Dr François Wille. J'avais appris à le connaître quelque temps auparavant chez Herwegh : ses principales caractéristiques étaient un visage très marqué lors des duels d'étudiants et une grande tendance aux remarques spirituelles et franches. Il résidait depuis peu près de Meilen, au bord du lac de Zurich, et il me demandait souvent de lui rendre visite là-bas avec Herwegh. Nous y avons vu un peu des us et coutumes d'une maison hambourgeoise, entretenue dans un style assez prospère par sa femme, la fille de Herr Sloman, un riche armateur. Bien qu'en réalité il soit resté étudiant toute sa vie, il s'est fait une place et s'est constitué un large cercle de connaissances en rédacteur en chef d'un journal politique de Hambourg. C'était un brillant causeur et il était considéré comme une bonne compagnie. Il semble avoir rejoint Herwegh dans le but de surmonter l'antipathie de ce dernier pour l'escalade alpine et sa réticence à l'entreprendre. Lui-même s'était préparé à franchir le col du Saint-Gothard avec un professeur Eichelberger, ce qui avait rendu Herwegh furieux, car il déclarait que les promenades à pied n'étaient autorisées que là où il était impossible de conduire, et non sur ces grandes routes. Après avoir fait une excursion dans les environs de Lugano, au cours de laquelle j'en ai eu profondément marre du son enfantin des cloches des églises, si courant en Italie, j'ai persuadé mes amis de m'accompagner dans les îles Borromées, que j'avais très envie de revoir. . Pendant le voyage en bateau à vapeur sur le Lac Majeur, nous rencontrâmes un homme d'aspect délicat, avec une longue moustache de cavalerie, qu'on surnommait en privé avec humour le général Haynau, et la méfiance avec laquelle nous affections de le traiter nous fut une source d'amusement.

Nous découvrîmes bientôt qu'il s'agissait d'un noble hanovrien extrêmement bon enfant, qui voyageait depuis quelque temps en Italie pour son plaisir et qui pouvait nous donner des informations très utiles sur les relations avec les Italiens. Ses conseils nous furent d'un grand service lors de notre visite aux îles Borromées, où mes connaissances se séparèrent de ma femme et de moi pour revenir par la route la plus proche, alors que nous comptions continuer plus loin à travers le Simplon et à travers le Valais jusqu'à Chamounix.

A cause de la fatigue que m'avait occasionnée ma tournée jusqu'ici, je sentais qu'il me faudrait un certain temps avant de recommencer une pareille. J'avais donc hâte de découvrir de manière aussi approfondie que possible ce qu'il y avait de mieux à voir en Suisse, maintenant que j'en avais l'occasion. De plus, j'étais à ce moment-là, et même depuis quelque temps, dans cette humeur impressionnable dont je pouvais espérer des résultats importants pour moi-même d'un paysage nouveau, et je n'aimais pas manquer le Mont Blanc. Sa visite s'est accompagnée de grandes difficultés, parmi lesquelles on peut citer notre arrivée de nuit à Martigny, où, à cause de l' encombrement des hôtels, on nous a refusé partout un hébergement, et ce n'était qu'à cause d'une petite intrigue. entre un postillon et une servante que nous trouvâmes refuge clandestin pour la nuit dans une maison particulière dont les propriétaires étaient absents.

Nous avons consciencieusement visité la Mer de Glace du Val de Chamounix et la Flégère, d'où j'ai obtenu une vue des plus impressionnantes sur le Mont Blanc. Cependant mon imagination était moins occupée de l'ascension de ce pic que du spectacle que j'eus en traversant le col des Géants, car la grande élévation que nous atteignîmes ne m'attirait pas tant que la sauvagerie ininterrompue et sublime de celui-ci. Depuis quelque temps, j'ai caressé l'intention d'entreprendre une nouvelle aventure de ce genre. En descendant la Flégère, Minna fait une chute et se tord la cheville ; la conséquence en fut si douloureuse qu'elle nous détourna de toute autre aventure. Nous nous voyions donc obligés de nous dépêcher de rentrer chez nous via Genève. Mais même de cette expédition plus importante et plus grandiose, et presque la seule que j'aie jamais entreprise uniquement pour me récréer, je reviens avec un étrange sentiment d'insatisfaction, et je ne peux résister au désir de quelque chose de décisif au loin, qui donnerait un nouveau souffle. direction de ma vie.

En rentrant chez moi, je trouvai l'annonce d'un tournant nouveau et tout à fait différent dans mon destin. Il s'agissait d'enquêtes et de commandes émanant de divers théâtres allemands désireux de produire Tannhauser. Le premier à postuler fut le Théâtre de la Cour de Schwerin. La plus jeune sœur de Rockel, qui épousa ensuite l'acteur Moritz (que j'avais connu dès ma plus tendre enfance), était maintenant venue en Allemagne comme jeune chanteuse depuis l'Angleterre, où elle avait fait ses études. Elle avait raconté avec tant d'enthousiasme l'impression produite sur elle par Tannhauser à Weimar à un fonctionnaire du théâtre nommé Stocks, qui occupait le poste de trésorier, qu'il avait étudié l'opéra très assidûment et avait maintenant incité la direction entreprendre de le produire. Les théâtres de Breslau, Prague et Wiesbaden suivirent bientôt ; à la dernière, mon vieil ami Louis Schindelmeisser faisait office de chef d'orchestre. Peu de temps après, d'autres théâtres emboîtèrent le pas ; mais j'ai été très étonné lorsque le Théâtre de la Cour de Berlin s'est renseigné par l'intermédiaire de son nouveau directeur, Herr von Hulsen. De ce dernier incident, je me suis senti en droit de supposer que la princesse héritière de Prusse, qui avait toujours eu pour moi des sentiments amicaux, encouragés par mon fidèle ami Alwine Frommann, avait de nouveau été intensément intéressée par la représentation de Tannhauser à Weimar et avait donné l'impulsion de ces développements inattendus.

Tandis que je me réjouissais des commandes des petits théâtres, celles de la plus grande scène allemande m'inquiétaient. Je savais qu'au premier il y avait des chefs d'orchestre zélés, dévoués à moi, et certainement excités par le désir de faire jouer l'opéra ; à Berlin, en revanche, les choses étaient bien différentes. Le seul autre chef d'orchestre, outre Taubert, que j'avais connu auparavant comme un homme sans talent et en même temps très vaniteux, était Heinrich Dorn, dont je gardais les souvenirs les plus désagréables de mes premières années et de notre séjour commun à Riga. . Je ne me sentais guère attiré par l'un ou l'autre, et je ne percevais aucune possibilité d'entreprendre la direction de mon propre travail ; et d'après ma connaissance de leurs capacités ainsi que de leur mauvaise volonté, j'avais toutes les raisons de remettre en question toute interprétation réussie de mon opéra sous leur direction. Étant exilé, je ne pouvais pas me rendre personnellement à Berlin pour superviser mon travail. J'ai donc immédiatement demandé à Listz la permission de le nommer comme mon représentant et alter ego, ce qu'il a accepté volontiers. Lorsque j'ai ensuite fait de la nomination de Liszt une de mes conditions, le directeur général de Berlin a soulevé des objections, estimant que la nomination d'un chef d'orchestre de Weimar serait considérée comme une grossière insulte envers les chefs d'orchestre de la cour prussienne. renoncez à l'exiger. De longues négociations s'ensuivirent alors en vue de trouver un compromis, ce qui entraîna un retard considérable dans la production de Tannhauser à Berlin.

Cependant, alors que Tannhauser se répandait rapidement dans les théâtres bourgeois allemands, je devenais en proie à un grand malaise quant à la qualité de ces représentations, et je ne parvenais jamais à m'en faire une idée très précise. Comme ma présence était partout interdite, j'eus recours à un pamphlet très détaillé qui devait servir de guide à la production de mon œuvre et donner une idée juste de mon dessein. J'ai fait imprimer à mes frais et relié avec goût cet ouvrage assez volumineux, et à chaque théâtre qui avait commandé la partition d'opéra, j'en ai envoyé un certain nombre d'exemplaires, étant entendu qu'ils seraient remis au chef d'orchestre, le régisseur et les principaux interprètes pour lecture et conseils. Mais depuis lors, je n'ai jamais entendu parler d'une seule personne qui ait lu cette brochure ou qui y ait prêté attention. En 1864, alors que tous mes exemplaires personnels étaient épuisés, grâce à ma distribution minutieuse, je trouvai à mon grand plaisir, parmi les archives du théâtre, plusieurs exemplaires envoyés au Théâtre de la Cour de Munich, tout à fait intacts et non coupés. . J'étais donc dans l'agréable position de pouvoir procurer des exemplaires du pamphlet manquant au roi de Bavière, qui désirait le voir, ainsi qu'à moi et à quelques amis.

C'était une singulière coïncidence que la nouvelle de la diffusion de mon opéra dans les théâtres allemands se synchronise avec ma résolution de composer une œuvre dont j'avais été si décidément influencé par la nécessité d'être absolument indifférent à nos propres théâtres ; Pourtant, cette tournure inattendue des événements n'a en rien affecté la manière dont j'ai traité mon projet. Au contraire, en respectant mon projet, j'ai pris confiance et j'ai laissé les choses suivre leur cours, sans chercher d'aucune manière à promouvoir les représentations de mes opéras. Je laissais les gens faire ce qu'ils voulaient, et je regardais avec surprise, tandis que des récits continus parvenaient à mes oreilles de succès remarquables ; aucun d'eux, cependant, ne m'a incité à modifier mon jugement sur nos théâtres en général ou sur l'opéra en particulier. Je suis resté inébranlable dans ma détermination à produire mes drames des Nibelungen comme si la scène lyrique actuelle n'existait pas, car le théâtre idéal de mes rêves devait nécessairement venir tôt ou tard. J'ai donc composé le livret de l'Or du Rhin en octobre et novembre de la même année, et j'ai ainsi conclu tout le cycle du mythe des Nibelungen tel que je l'avais développé. En même temps, je réécrivais Junger Siegfried et Siegfrieds Tod, surtout ce dernier, de manière à les mettre en rapport avec l'ensemble ; et ce faisant, d'importantes amplifications ont été apportées à Siegfrieds Tod, qui étaient en harmonie avec le but désormais reconnu et évident de l'ensemble de l'œuvre. J'ai donc été obligé de trouver à cette dernière pièce un nouveau titre adapté au rôle qu'elle joue dans le cycle complet. Je l'ai intitulé Gotterdammerung et j'ai changé le nom de Junger Siegfried en Siegfried, car il ne traitait plus d'un épisode isolé de la vie du héros, mais avait pris sa place parmi les autres personnages marquants dans le cadre de l'ensemble. La perspective de devoir laisser pendant quelque temps ce long poème entièrement inconnu de ceux à qui je pouvais espérer qu'il s'intéressait était pour moi une source de grand chagrin. Comme les théâtres me surprenaient de temps en temps en m'envoyant les redevances habituelles sur Tannhauser, je consacrais une partie de mes bénéfices à faire imprimer pour mon propre usage un certain nombre d'exemplaires de mon poème. J'ai fait en sorte que seulement cinquante exemplaires de cette édition de luxe soient radiés. Mais une grande tristesse m'envahit avant d'avoir achevé cette agréable tâche. Il est vrai que j'ai rencontré de tous côtés des marques d'intérêt sympathique pour l'achèvement de ma grande œuvre lyrique, bien que la plupart de mes connaissances considéraient tout cela comme une chimère, ou peut-être comme un caprice audacieux. Le seul qui y entra avec un certain cordialité et un réel enthousiasme était Herwegh, avec qui j'en discutais fréquemment et à qui je lisais généralement à haute voix les parties achevées. Sulzer était très ennuyé par le remodelage de Siegfrieds Tod, car il le considérait comme une œuvre belle et originale, et pensait qu'elle serait privée de cette qualité si je décidais de la modifier dans une certaine mesure. Il m'a donc prié de lui laisser le manuscrit de la version antérieure pour qu'il le garde en souvenir ; sinon, il aurait été entièrement perdu. Afin d'avoir une idée de l'effet de l'ensemble du poème lorsqu'il est rendu en séquence complète, j'ai décidé, quelques jours seulement après l'achèvement des travaux, à la mi-décembre, de rendre une courte visite à la famille Wille dans leur maison de campagne. , afin de le lire à haute voix à la petite compagnie présente. Outre Herwegh, qui m'accompagnait, le groupe était composé de Mme Wille et de sa sœur, Mme von Bissing. J'avais souvent diverti ces dames avec de la musique à ma manière particulière lors de mes agréables visites à Mariafeld, à environ deux heures de marche de Zurich. J'y avais obtenu un public dévoué et enthousiaste, au grand dam de Herr Wille, qui avouait souvent qu'il avait horreur de la musique ; néanmoins, il finit sur son ton jovial en prenant l'affaire avec bonne humeur.

J'arrivai vers le soir, et nous attaquâmes aussitôt le Rheingold, et comme il ne paraissait pas très tard et que j'étais censé être capable de tous les efforts, je continuai avec la Walkure jusqu'à minuit. Le lendemain matin, après le petit-déjeuner, ce fut le tour de Siegfried et le soir, je terminai par Gotterdammerung. Je pensais avoir toutes les raisons d'être satisfait du résultat, et les dames surtout étaient si émues qu'elles n'osèrent aucun commentaire. Malheureusement, l'effort me laissait dans un état d'excitation presque douloureuse ; Je ne parvenais pas à dormir et, le lendemain matin, j'étais si peu enclin à la conversation que j'ai laissé mon départ précipité sans explication. Herwegh, qui me raccompagnait seul, parut deviner mon état d'esprit et le partagea en gardant un pareil silence.

Mais je désirais maintenant avoir le plaisir de confier l'ensemble de l'œuvre achevée à mon ami Uhlig, à Dresde. J'entretenais avec lui une correspondance régulière, il avait suivi le développement de mon projet et en connaissait parfaitement toutes les phases. Je ne voulais pas lui envoyer la Walkure avant que le Rheingold ne soit prêt, car ce dernier devrait venir en premier, et même alors, je ne voulais pas qu'il voie le tout avant de pouvoir lui envoyer un exemplaire joliment imprimé. Mais au début de l'automne, je discernais dans les lettres d'Uhlig des raisons de ressentir une inquiétude croissante quant à son état de santé. Il se plaignait de l'augmentation de ses accès de toux graves, et éventuellement d'un enrouement complet. Il pensait que tout cela n'était qu'une simple faiblesse, qu'il espérait surmonter en revigorant son système avec un traitement à l'eau froide et de longues promenades. Il trouvait le travail du violon au théâtre très épuisant, mais s'il faisait une marche de sept heures à travers la campagne, il se sentait invariablement beaucoup mieux. Cependant, il ne parvenait pas à se débarrasser de ses crises de poitrine ni de son enrouement, et avait du mal à se faire entendre même lorsqu'il parlait à une personne assez proche de lui. Jusqu'alors, je n'avais pas voulu alarmer le pauvre garçon et j'avais toujours espéré que son état nécessiterait qu'il consulte un médecin, qui lui prescrirait naturellement un traitement rationnel. Maintenant, cependant, comme je n'entendais continuellement de lui que des assurances de sa confiance dans les principes de la cure thermale, je ne pouvais plus me contenir, et je le suppliai d'abandonner cette folie et de se remettre entre les mains d'un homme sensé. médecin, car dans son état, ce dont il avait le plus besoin, ce n'était pas de force, mais d'une attention très attentive. Le pauvre homme en fut extrêmement alarmé, car il déduisit de mes remarques que je craignais qu'il ne soit déjà dans un stade avancé de phtisie. « Que vont devenir ma pauvre femme et mes enfants, écrit-il, si tel est réellement le cas ? Malheureusement, il était trop tard ; avec les dernières forces qui lui restaient, il essaya de m'écrire à nouveau, et finalement mon vieil ami Fischer, le chef de chœur, exécuta les instructions d'Uhlig, et quand celles-ci n'étaient plus audibles, il dut se pencher près de ses lèvres. La nouvelle de sa mort suivit avec une effroyable rapidité. Elle eut lieu le 3 janvier 1853. Ainsi, outre Lehrs, un autre de mes amis vraiment dévoués fut emporté par la phtisie. Le bel exemplaire de l'Anneau du Nibelungen que je lui avais destiné se trouvait devant moi, non coupé, et je l'envoyai à son plus jeune garçon, qu'il avait baptisé Siegfried. J'ai demandé à sa veuve de me prêter toutes les brochures de nature théorique qu'il aurait pu laisser derrière lui, et je suis entré en possession de plusieurs brochures importantes, parmi lesquelles le plus long essai sur la « structure thématique ». Bien que la publication de ces ouvrages entraînerait beaucoup de peine en raison de la nécessité de les réviser, je demandai à Hartel de Leipzig s'il voulait payer à la veuve une somme raisonnable pour un volume des écrits d'Uhlig. L'éditeur déclara qu'il ne pouvait pas entreprendre de le publier gratuitement, les ouvrages de cette nature étant tout à fait peu rémunérateurs. Il était évident pour moi, dès cette époque, à quel point tous les musiciens qui s'intéressaient vivement à moi s'étaient fait détester dans certains milieux.

La mort mélancolique d'Uhlig a donné à mon entourage un coup de fouet en ce qui concerne mes théories sur les remèdes par l'eau. Herwegh fit comprendre à ma femme qu'elle devait insister pour que je prenne un verre de bon vin après tous les efforts que j'ai endurés aux répétitions et aux concerts auxquels j'assistais tout l'hiver. Peu à peu aussi, je me suis réhabitué à apprécier des stimulants aussi doux que le thé et le café, mes amis s'apercevant entre-temps avec leur joie que je redevenais un homme parmi les hommes. Le Dr Rahn-Escher devint alors un ami et un visiteur bienvenu et réconfortant qui, pendant de nombreuses années, comprit parfaitement la gestion de ma santé, et en particulier les inquiétudes nées de l'état de surmenage de mes nerfs. Il vérifia bientôt la sagesse de son traitement, lorsqu'à la mi-février j'eus entrepris de lire à haute voix ma tétralogie quatre soirs consécutifs devant un auditoire plus nombreux. J'avais attrapé un gros rhume après la première soirée et le matin de la deuxième lecture, je me suis réveillé avec un enrouement sévère. J'informai immédiatement le médecin que mon refus de donner la lecture serait un problème grave pour moi et je lui demandai ce qu'il me conseillait de faire pour me débarrasser de l'enrouement le plus rapidement possible. Il me recommanda de me tenir tranquille toute la journée et, le soir, d'être conduit bien enveloppé au lieu où devaient avoir lieu les lectures. Une fois là-bas, je devais prendre deux ou trois tasses de thé faible, et tout irait bien ; alors que si je m'inquiétais de ne pas tenir mes fiançailles, je pourrais devenir encore pire. Et en effet, la lecture de cet ouvrage émouvant s'est déroulée de manière capitale, et j'ai pu d'ailleurs continuer les lectures les troisième et quatrième soirs, et je me sentais parfaitement bien. J'avais réservé pour ces réunions une grande et belle salle à l'hôtel Baur au lac et j'avais la heureuse expérience de la voir de plus en plus remplie chaque soir, bien que je n'y ai invité qu'un petit nombre de connaissances, leur donnant ainsi la possibilité d'amener tous les amis qui, selon eux, s'intéresseraient réellement au sujet et ne viendraient pas par simple curiosité. Ici aussi, le verdict semblait tout à fait favorable, et c'est de la part des universitaires et des fonctionnaires gouvernementaux les plus sérieux que j'ai reçu l'assurance de la plus grande appréciation ainsi que des remarques aimables, démontrant que mon poème et les idées artistiques qui y étaient liées avaient été pleinement compris. À cause du sérieux particulier avec lequel ils exprimaient leurs opinions, qui dans ce cas étaient si sûrement unanimes, l'idée m'est venue d'essayer dans quelle mesure cette impression favorable pouvait être utilisée pour servir les buts supérieurs de l'art. Conformément aux opinions superficielles généralement répandues sur le sujet, tout le monde semblait penser que je pourrais être amené à conclure des accords avec le théâtre. J'ai essayé de réfléchir à la manière dont il serait possible, en adoptant des principes solides, de transformer le théâtre zurichois mal équipé en un théâtre très développé, en adoptant des principes solides, et j'ai exposé mon point de vue au public dans une brochure intitulée

"Un théâtre à Zurich". L'édition, composée d'une centaine d'exemplaires, fut vendue, et pourtant je n'ai jamais remarqué la moindre indication d'un quelconque résultat de la publication ; le seul résultat fut que, lors d'un banquet de la Société Musicale, mon excellent ami, Herr Ott-Imhoff, exprima son total désaccord avec les déclarations prononcées par diverses personnes, selon lesquelles mes idées étaient toutes très grandes, mais malheureusement tout à fait impraticables. Il manquait néanmoins à mes propositions la seule chose qui les aurait valorisées à ses yeux, à savoir mon consentement à prendre personnellement la direction du théâtre, puisqu'il ne confiait la réalisation de mes idées qu'à moi-même. Cependant, comme j'étais obligé de déclarer sur-le-champ que je n'aurais rien à voir avec un pareil projet, l'affaire tomba, et au fond de mon cœur je ne pus m'empêcher de penser que les braves gens avaient tout à fait raison.

Pendant ce temps, l'intérêt sympathique pour mes œuvres augmentait. Comme je dus maintenant refuser fermement de céder au désir de mes amis de voir jouer au théâtre mes principales œuvres, je demandai qu'on me permette d'arranger une sélection de pièces caractéristiques, qui pourraient facilement être jouées en concert, dès que je pourrait obtenir le soutien nécessaire. Une liste de souscription fut donc diffusée et eut le résultat satisfaisant d'inciter plusieurs mécènes de renom à s'inscrire pour garantir leurs dépenses. J'ai dû m'engager à engager un orchestre adapté à mes besoins. Des musiciens talentueux venus de loin et d'ici furent convoqués et, après d'interminables efforts, je commençai à sentir que quelque chose de vraiment satisfaisant allait être réalisé.

J'avais pris des dispositions pour que les artistes restent à Zurich une semaine entière, du dimanche au dimanche. La moitié de ce temps était exclusivement consacrée aux répétitions. La représentation devait avoir lieu le mercredi soir, et les vendredis et dimanches soirs, il devait y avoir des répétitions. Les dates étaient les 18, 20 et 22 mai, mon quarantième anniversaire tombant à cette dernière date. J'ai eu la joie de voir toutes mes instructions exécutées avec précision. De Mayence, Wiesbaden, Francfort et Stuttgart, et de l'autre côté, de Genève, Lausanne, Bâle, Berne et des chefs-lieux de Suisse, des musiciens choisis arrivèrent ponctuellement le dimanche après-midi. Ils furent immédiatement dirigés vers le théâtre, où ils durent arranger leurs places exactes dans la tribune d'orchestre que j'avais conçue auparavant à Dresde — et qui s'est avérée excellente ici aussi — de manière à pouvoir commencer à répéter le lendemain matin sans retard ni interruption. Comme ces personnes étaient à ma disposition tôt le matin et le soir, je leur faisais apprendre une sélection de pièces des Fliegender Hollander, Tannhauser et Lohengrin. J'ai eu plus de mal à essayer de les former à un chœur, mais cela aussi s'est avéré très satisfaisant. Il n'y avait rien en matière de chant solo, à l'exception de la Ballade de Senta du Hollander, chantée par la femme du chef d'orchestre Heim d'une voix bonne, quoique inexpérimentée, et avec une fougue qui ne laissait rien à désirer. En fait, les représentations ne pouvaient guère être qualifiées de concerts publics, mais plutôt de divertissements familiaux. J'avais le sentiment de répondre à un désir sincère d'un cercle plus large de connaissances en leur faisant découvrir la véritable nature de ma musique, rendue aussi intelligible que les circonstances le permettaient. Comme il était en même temps désirable qu'ils en aient quelque connaissance du fond poétique, j'invitai ceux qui comptaient assister à mes concerts à venir trois soirs à la salle de concert de la Société Musicale pour m'entendre lire à haute voix le livret des trois opéras dont ils allaient entendre des extraits. Cette invitation rencontra une réponse enthousiaste et je pouvais désormais espérer que mon public viendrait mieux préparé que jamais auparavant à écouter les sélections de mes opéras. Ce qui m'a le plus plu lors des représentations de ces trois soirées, c'est que j'ai pu pour la première fois jouer moi-même quelque chose de Lohengrin et ainsi me faire une idée de l'effet de ma combinaison des parties instrumentales dans l'ouverture de ce morceau. travail.

Entre les représentations, il y eut un banquet qui, à l'exception d'un banquet ultérieur à Pesth, fut le seul événement de ce genre jamais organisé en mon honneur. J'ai été sincèrement et profondément touché par le discours du vieux président de la Société Musicale, Herr Ott-Usteri. Il attira l'attention de tous ces musiciens venus de tant d'endroits sur l'importance de leur réunion, ses objectifs et ses résultats, et leur recommanda comme guide fiable dans leur voyage de retour la conviction à laquelle ils étaient tous sans aucun doute parvenus : avec laquelle ils étaient entrés en contact étroit et authentique, une nouvelle création merveilleuse dans le domaine de l'art.

La sensation produite par ces concerts nocturnes se répandit dans toute la Suisse dans des cercles toujours plus larges. Les invitations et les demandes de nouvelles répétitions affluaient de villes lointaines. On m'a assuré que je pourrais bien répéter les trois représentations la semaine suivante sans aucune crainte de voir une diminution du public. Lorsque ce projet a été discuté, et que j'ai plaidé ma propre fatigue, et exprimé aussi le désir de conserver à ces concerts leur caractère unique en ne les laissant pas devenir banals, j'ai été très heureux d'avoir le soutien puissant et intelligent de mon ami Hagenbuch, qui à cette occasion était infatigable. La fête fut terminée et les invités furent renvoyés à l'heure convenue.

J'avais espéré pouvoir accueillir Liszt parmi les visiteurs, car il avait célébré une « semaine Wagner » à Weimar au mois de mars précédent en interprétant trois opéras dont je n'avais donné ici que des extraits. Malheureusement, il n'a pas pu partir à ce moment-là, mais en guise de réparation, il m'a promis une visite au début du mois de juillet. De mes amis allemands, seule la fidèle Mme. Julie Kummer et Mme. Emilie Ritter est arrivée à temps. Comme ces deux dames étaient parties pour Interlaken au début de juin, et que moi aussi commençais à ressentir un grand besoin de changement, je partis avec ma femme, vers la fin du mois, pour de courtes vacances. La visite fut gâchée de la façon la plus lamentable par une pluie continue ; et le 1er juillet, alors que nous commencions désespérément notre voyage de retour à Zurich avec nos amies, un temps d'été magnifique s'installa et dura un temps considérable. Avec un enthousiasme affectueux, nous attribuâmes immédiatement ce changement à Liszt, qui arriva en Suisse de la meilleure humeur immédiatement après notre retour à Zurich. S'ensuivit alors une de ces semaines délicieuses, pendant lesquelles chaque heure de la journée devient un souvenir précieux. J'avais déjà loué des appartements plus spacieux au deuxième étage de ce qu'on appelle le Vorderen Escher Hausern, dans lequel j'occupais auparavant un appartement beaucoup trop petit au rez-de-chaussée. Mme Stockar-Escher, qui était copropriétaire de la maison, m'était dévouée avec enthousiasme. Elle était elle-même pleine de talent artistique, étant une excellente aquarelliste amateur, et avait pris grand soin de réaménager la nouvelle demeure aussi luxueusement que possible. L'amélioration inattendue de ma situation, provoquée par les demandes constantes de mes opéras, me permit d'assouvir mon désir de confort domestique, qui s'était réveillé depuis mon séjour à l'établissement thermal, et qui, après avoir été refoulé, était devenu tout un plaisir. désir passionné.

J'avais l'appartement si joliment meublé avec des tapis et des meubles décoratifs que Liszt lui-même fut surpris et admiratif lorsqu'il pénétra dans ma « petite élégance », comme il l'appelait. Maintenant, pour la première fois, j'ai eu le plaisir de mieux connaître mon ami en tant que collègue compositeur. Outre nombre de ses célèbres pièces pour piano, qu'il venait d'écrire récemment, nous avons parcouru avec beaucoup d'ardeur plusieurs nouvelles symphonies, et notamment sa Symphonie de Faust. Plus tard, j'ai eu l'occasion de décrire en détail les impressions que j'avais reçues à cette époque dans une lettre que j'écrivais à Marie von Wittgenstein et qui fut ensuite publiée. Ma joie pour tout ce que j'entendais de Liszt était aussi profonde que sincère et, surtout, extraordinairement stimulante. Je pensais même à recommencer à composer après le long intervalle qui s'était écoulé. Quoi de plus plein de promesses et de plus important pour moi que cette rencontre tant désirée avec cet ami qui s'était consacré toute sa vie à sa pratique magistrale de la musique et qui s'était aussi consacré si absolument à mes propres œuvres et à en diffuser la bonne compréhension. Ces journées presque incroyablement délicieuses, avec l'inévitable afflux d'amis et de connaissances, furent interrompues par une excursion au lac de Lucerne, accompagné uniquement de Herwegh, à qui Liszt eut la charmante idée d'offrir une « potion de communion » avec lui et moi. des trois sources du Grutli.

Après cela, mon ami nous a quitté, après m'avoir fixé un autre rendez-vous à l'automne.

Même si je me sentais très inconsolable après le départ de Liszt, les fonctionnaires de Zurich veillaient à ce que je puisse bientôt bénéficier d'une diversion, d'un genre auquel j'étais jusqu'alors étranger. Il s'agissait de la remise d'un chef-d'œuvre de calligraphie sous la forme d'un « Diplôme d'honneur », qui m'a été décerné par la Société chorale de Zurich, et qui était enfin prêt. Celui-ci devait m'être remis accompagné d'une imposante procession aux flambeaux, à laquelle devaient participer les différents éléments de la population zurichoise qui, soit en tant qu'individus, soit en tant que membres de sociétés, étaient favorablement disposés à mon égard. C'est ainsi qu'un beau soir d'été, un grand groupe de relayeurs s'est approché du Zeltweg, au son d'une musique forte. Ils offraient un spectacle comme je n'en avais jamais vu auparavant et produisirent sur mon esprit une impression unique. Après le chant, la voix du président de la Société Chorale s'est fait entendre s'élever de la rue. J'ai été tellement affecté par l'incident que mon optimisme invincible a rapidement dominé toute autre sensation. Dans mon discours de remerciement, j'ai clairement indiqué que je ne voyais aucune raison pour laquelle Zurich elle-même ne serait pas le lieu choisi pour donner une impulsion à la réalisation des aspirations que je chérissais pour mes idéaux artistiques, et qu'elle pourrait le faire selon des principes civiques appropriés. Je crois que cela a été interprété comme faisant référence à un développement particulier des sociétés chorales d'hommes, et elles ont été très satisfaites de mes prévisions audacieuses. En dehors de cette confusion dont j'étais responsable, la cérémonie de ce soir-là et ses effets sur moi furent très gais et bienfaisants.

Mais je ressentais toujours la réticence et la peur particulières à l'idée de reprendre la composition, que j'avais éprouvées auparavant après de longues pauses dans la production musicale. Je me sentais aussi très épuisé par tout ce que j'avais fait et vécu, et par le désir toujours récurrent de rompre complètement avec tout le passé, qui me hantait malheureusement depuis mon départ de Dresde, ainsi que par le désir et l'aspiration à de nouvelles choses. et un environnement inédit, nourri par cette anxiété, acquit maintenant une vigueur nouvelle et tourmentante. Je sentais qu'avant de me lancer dans une tâche aussi gigantesque que la musique de mon drame des Nibelungen, je devais faire un dernier effort pour voir si je ne pourrais pas, dans un environnement nouveau, atteindre une existence plus en harmonie avec mes sentiments que je ne l'avais fait. pourrait éventuellement aspirer après tant de compromis. J'avais prévu un voyage en Italie, ou dans les régions qui m'étaient ouvertes en tant que réfugié politique. Les moyens de réaliser mon souhait ont été facilement mis à ma disposition grâce à la bonté de mon ami Wesendonck, qui depuis lors m'est dévoué. Cependant, je savais qu'il était déconseillé de faire ce voyage avant l'automne et, comme mon médecin m'avait recommandé un traitement spécial pour renforcer mes nerfs, ne serait-ce que pour profiter de l'Italie, j'ai décidé d'abord d'aller à St. Moritz Bad, dans le Engadine. J'ai commencé dans la seconde quinzaine de juillet, accompagné de Herwegh. Curieusement, j'ai souvent constaté que ce que d'autres pouvaient noter dans leur journal comme une simple visite ou une expédition banale prenait pour moi le caractère d'une aventure. Cela s'est produit lors de notre voyage vers le Bad , lorsque, en raison du fait que les voitures étaient bondées, nous avons été retenus à Coire sous une pluie incessante. Nous fûmes obligés de passer le temps à lire dans une auberge des plus inconfortables. J'ai mis la main sur le Divan occidental-ostlichen de Goethe, pour la lecture duquel j'avais été préparé par l'adaptation de Hafiz par Daumer. Jusqu'à ce jour, je ne pense jamais aux paroles de Goethe pour expliquer ces poèmes sans rappeler ce misérable retard dans notre voyage vers l'Engadine. Nous ne nous entendions pas beaucoup mieux à Saint-Moritz ; L'actuel Kurhaus n'existait pas encore, et nous avons dû nous contenter des aménagements les plus rudes ; cela me dérangeait particulièrement à cause de Herwegh, car il n'y était pas allé pour sa santé, mais simplement pour son plaisir. Cependant, nous avons rapidement été réconfortés par les belles vues sur les grandes vallées, qui étaient assez nues à l'exception des alpages, qui se sont présentées à nos yeux lors de notre descente des pentes abruptes vers les vallées italiennes. Après avoir retenu le maître d'école de Samaden comme guide du glacier Rosetch, nous nous lançâmes dans des expéditions plus sérieuses. Nous attendions avec confiance une jouissance exceptionnelle en pénétrant ainsi au-delà des précipices du grand Mont Bernina, auquel nous avons donné la palme de la beauté au-dessus du Mont Blanc lui-même. Malheureusement, l'effet fut perdu pour mon ami, à cause des efforts énormes qu'exigeait l'ascension et la traversée du glacier. Une fois de plus, mais cette fois plus encore, j'ai ressenti l'impression sublime du caractère sacré de ce lieu désolé et le calme presque engourdissant que la disparition de toute végétation produit sur la vie palpitante de l'organisme humain. Après deux heures d'errance au fond du sentier glaciaire, nous prenons un repas que nous avions emporté avec nous, et du champagne glacé dans les fissures, pour nous fortifier pour notre fatiguant retour. J'ai dû parcourir la distance presque deux fois, car, à mon grand étonnement, Herwegh était dans un état de nervosité tel que j'ai dû faire plusieurs allers-retours, lui montrant le chemin de haut en bas avant qu'il ne se décide à le suivre. Je me rendis alors compte de la nature particulièrement épuisante de l'air dans ces régions, lorsque, sur le chemin du retour, nous nous arrêtâmes à la première maison du berger et nous fîmes rafraîchir avec un lait délicieux. J'en avalai de telles quantités que nous en fûmes tous deux parfaitement étonnés, mais je n'en ressentis aucune gêne.

Les eaux, qu'elles soient à usage interne ou externe, sont connues pour être puissamment imprégnées de fer, et en les prenant j'ai eu la même expérience que les occasions précédentes. Avec mon système nerveux extrêmement excitable, ils étaient pour moi une source de plus de problèmes que de soulagement. Mes heures de loisirs étaient occupées par la lecture des Wahlverwandtschaften de Goethe, que je n'avais pas lu depuis mon plus jeune âge. Cette fois, j'ai complètement dévoré le livre du début à la fin, et il est également devenu une source de discussions animées entre Herwegh et moi. Comme Herwegh possédait une connaissance approfondie des caractéristiques de notre grande littérature poétique, il se sentait obligé de défendre le personnage de Charlotte contre mes attaques. Ma véhémence sur le sujet montrait à quel point j'étais encore une créature étrange à plus de quarante ans et, au fond de mon cœur, je dus admettre que Herwegh jugeait objectivement le poème de Gothe plus correctement que moi, car je me sentais toujours déprimé par une sorte d'esclavage moral. , à quoi Herwegh, s'il en avait jamais fait l'expérience, se soumettait placidement, en raison de ses relations particulières avec sa femme forte d'esprit. Lorsque le temps fut écoulé et que je réalisai que je n'avais pas grand-chose à espérer du traitement, nous retournâmes à Zurich. Nous étions vers la mi-août et je commençais maintenant à attendre avec impatience mon voyage en Italie. Enfin, au mois de septembre, qu'on m'avait dit tout à fait propice pour visiter l'Italie, je me mis en route via Genève, plein d'idées indescriptibles sur ce qui m'attendait et sur ce que je pourrais voir comme l'issue de ce voyage. ma recherche. Une fois de plus, au milieu de toutes sortes d'aventures étranges, j'atteignis Turin en voiture postale spéciale via le Mont Cenis. Ne trouvant rien qui puisse m'y retenir plus de deux jours, je me précipitai vers Gênes. Là en tout cas, les merveilles tant désirées semblaient à portée de main. La grande impression que m'a produite cette ville dépasse, encore aujourd'hui, toute envie de visiter le reste de l'Italie. Pendant quelques jours, je fus dans un rêve de délices ; mais mon extrême solitude au milieu de ces impressions me fit bientôt sentir que j'étais étranger dans ce monde et que je n'y serais jamais chez moi. Absolument inexpérimenté dans la recherche systématique des trésors de l'art, je me suis livré dans ce nouveau monde à un état d'esprit particulier que l'on pourrait qualifier de musical, et mon idée principale était de trouver quelque chose de tournant. point qui pourrait m'inciter à y rester dans une tranquille jouissance. Mon seul objectif était encore de trouver un refuge où je pourrais jouir de la paix agréable propre à quelque nouvelle création artistique. Cependant, après avoir consommé des glaces sans réfléchir, j'eus bientôt une attaque de dysenterie, qui produisit la lassitude la plus déprimante après ma précédente exaltation. Je voulais fuir le bruit terrible du port près duquel je logeais et rechercher le calme le plus absolu ; et pensant qu'un voyage à Spezia me serait bénéfique, j'y suis allé en bateau une semaine plus tard. Même cette excursion, qui n'a duré qu'une nuit, s'est transformée en une aventure éprouvante, grâce à un violent vent contraire. La dysenterie s'aggrava à cause du mal de mer, et, épuisé, à peine capable de faire un pas de plus, je me dirigeai vers le meilleur hôtel de Spezia, qui, à ma grande horreur, était situé dans une rue étroite et bruyante. .

Après une nuit passée dans la fièvre et l'insomnie, je me forçai le lendemain à faire une longue marche à travers le pays vallonné et couvert de pinèdes. Tout avait l'air morne et désolé, et je ne pensais pas à ce que je devrais y faire. De retour dans l'après-midi, je m'étendis, mort de fatigue, sur un canapé dur, en attendant l'heure de sommeil tant désirée. Cela n'est pas venu ; mais je tombai dans une sorte d'état de somnolence, dans lequel j'eus soudain l'impression de sombrer dans une eau qui coule rapidement. Le son précipité s'est transformé dans mon cerveau en un son musical, l'accord de mi bémol majeur, qui résonnait continuellement sous des formes brisées ; ces accords brisés semblaient être des passages mélodiques au mouvement croissant, et pourtant la pure triade de mi bémol majeur ne changeait jamais, mais semblait, par sa continuité, conférer une signification infinie à l'élément dans lequel je m'enfonçais. Je me suis réveillé soudainement terrorisé de ma somnolence, avec l'impression que les vagues se précipitaient au-dessus de ma tête. J'ai tout de suite reconnu que l'ouverture orchestrale de l'Or du Rhin, qui devait rester longtemps latente en moi, bien qu'elle n'ait pas pu trouver une forme définitive, m'avait enfin été révélée. J'ai alors rapidement réalisé ma propre nature ; le courant de la vie ne devait pas me parvenir de l'extérieur, mais de l'intérieur. Je décidai de retourner immédiatement à Zurich et de commencer la composition de mon grand poème. J'ai télégraphié à ma femme pour lui faire part de ma décision et pour que mon étude soit prête.

Le soir même, je prenais place dans le car qui me dirigeait vers Gênes en longeant la Riviera du Levant. J'eus encore l'occasion d'acquérir des impressions exquises du pays au cours de ce voyage, qui dura toute la journée suivante. C'était surtout la coloration des merveilles qui se présentaient à mes yeux qui me faisait tant de plaisir : le rougeur des rochers, le bleu du ciel et de la mer, le vert pâle des pins ; même le blanc éclatant d'un troupeau de bétail m'a si puissamment influencé que je me suis murmuré avec un soupir : « Comme il est triste de ne pouvoir rester pour jouir de tout cela et satisfaire ainsi ma nature sensuelle.

A Gênes, je me sentis de nouveau si agréablement stimulé que je crus soudain que je n'avais cédé qu'à quelque stupide faiblesse et que je résolus d'exécuter mon plan initial. Je préparais déjà mon voyage à Nice le long de la célèbre Riviera di Ponente, dont j'avais tant entendu parler, mais à peine avais-je décidé de mes anciens projets, que je compris que ce qui me rafraîchissait et me revigorait n'était pas le renouveau de ma joie pour l'Italie, mais la détermination de reprendre mon travail. Et en effet, dès que je me décidai à modifier ce plan, l'ancien état réapparut avec tous les symptômes de la dysenterie. Je me compris alors, et renonçant au voyage jusqu'à Nice, je revins directement par la route la plus proche, via Alexandrie et Novare.

Cette fois, je passai les îles Borromées avec une indifférence suprême et revins à Zurich par le Saint-Gothard.

Une fois revenu, la seule chose qui aurait pu me rendre heureux aurait été de commencer immédiatement mon grand travail. Mais pour le moment, je comprenais qu'elle serait sérieusement interrompue par mon rendez-vous avec Liszt, qui devait être à Bâle au début d'octobre. J'étais inquiet et ennuyé d'être si instable, et je passais mon temps à rendre visite à ma femme qui, pensant que je serais absent plus longtemps, prenait les eaux à Baden am Stein. Comme j'étais facilement incité à tenter une expérience de ce genre si seulement la personne qui la recommandait était suffisamment optimiste, je me laissai persuader de prendre une série de bains chauds, et le processus augmenta considérablement mon excitation.

Enfin arriva l'heure de la rencontre à Bale. À l'invitation du grand-duc de Bade, Liszt avait organisé et dirigé à Karlsruhe un festival musical dont le but était de donner au public une interprétation adéquate de nos œuvres respectives. Comme je n'étais pas encore autorisé à entrer sur le territoire de la confédération germanique, Liszt avait choisi Bale comme lieu le plus proche de la frontière badoise et avait amené avec lui quelques jeunes gens qui avaient été ses fervents admirateurs à Karlsruhe, pour me donner un bon accueil. accueillir.

J'arrivai le premier, et le soir, assis seul dans la salle à manger de l'hôtel, « Zu den drei Konigen », l'air de la fanfare de trompettes (de Lohengrin) annonçant l'arrivée du roi, chanté par un fort bien que peu nombreux, des chœurs de voix masculines me parvenaient du vestibule adjacent. La porte s'ouvrit et Liszt entra à la tête de sa joyeuse petite troupe qu'il me présenta. J'ai également revu Bulow, pour la première fois depuis son aventureuse visite hivernale à Zurich et à Saint-Gall, et avec lui Joachim, Peter Cornelius, Richard Pohl et Dionys Pruckner.

Liszt m'a dit qu'il attendait la visite de son amie Caroline von Wittgenstein et de sa jeune fille Marie le lendemain. L'esprit joyeux et joyeux qui régnait lors de cette réunion (qui, comme tout ce que Liszt promouvait, malgré sa nature intime, était caractérisé par un magnifique non-conformisme) s'est élevé jusqu'à un degré d'hilarité presque excentrique à mesure que la nuit avançait. Au milieu de notre humeur folle, Pohl me manqua soudain. Je savais qu'il était un champion de notre cause pour avoir lu ses articles sous le pseudonyme de « Hoplit ». Je me suis enfui et je l'ai trouvé au lit, souffrant d'un mal de tête épouvantable. Ma sympathie eut un tel effet sur lui qu'il se déclara subitement guéri. Sautant du lit, il me permit de l'aider à s'habiller à la hâte, et rejoignant de nouveau nos amis, nous restâmes assis jusqu'à ce que la nuit soit très avancée et nous amusâmes pleinement. Le lendemain, notre bonheur fut complet lorsque arrivèrent les dames qui, pendant les jours suivants, formèrent le centre de notre petite fête. À cette époque, il était impossible à quiconque rencontrant la princesse Caroline de ne pas être fasciné par ses manières lumineuses et par la manière charmante avec laquelle elle s'inscrivait dans tous nos petits projets.

Elle s'intéressait autant aux questions les plus importantes qui nous concernaient qu'aux détails accidentels de notre vie par rapport à la société, et elle avait le pouvoir magnétique de tirer le meilleur de ceux avec qui elle côtoyait. Sa fille donnait une tout autre impression. Elle avait à peine quinze ans, avait un air plutôt rêveur sur son jeune visage et était au stade « où la féminité et l'enfance se rencontrent », me permettant ainsi de lui faire le compliment de l'appeler « l'enfant ». Lors de nos discussions animées et de nos éclats de gaieté, ses yeux sombres et pensifs nous regardaient si calmement que nous sentions inconsciemment que, dans son innocence, elle comprenait involontairement la cause de notre gaieté. A cette époque, je souffrais de la vanité de vouloir réciter mes poèmes à haute voix (ce qui d'ailleurs ennuyait beaucoup Herwegh), et par conséquent ce n'était pas une tâche difficile de me décider à lire mon drame des Nibelungen. Comme l'heure de notre séparation approchait, j'ai décidé de ne lire que Siegfried.

Lorsque Liszt fut obligé de partir à Paris pour rendre visite à ses enfants, nous l'accompagnâmes tous jusqu'à Strasbourg. J'avais décidé de le suivre à Paris, mais la princesse comptait aller de Strasbourg à Weimar avec sa fille.

Pendant les quelques heures libres de notre court séjour à Strasbourg, on me demanda de lire quelques-uns de mes travaux aux dames, mais je ne trouvai pas d'occasion convenable. Cependant, le matin de notre départ prévu, Liszt vint dans ma chambre pour me dire que ces dames avaient finalement décidé de nous accompagner à Paris, et ajouta en riant que Marie avait amené sa mère à changer ses projets, car elle souhaitait entendre le reste des poèmes des Nibelungen. La prolongation de notre voyage, avec tous ses incidents délicieux, était tout à fait conforme à mon goût.

Nous étions vraiment désolés de nous séparer de nos jeunes amis. Bulow me dit que Joachim, qui se tenait plutôt à l'écart, ne pouvait pas oublier mon formidable article sur le « judaïsme » et qu'il se sentait par conséquent timide et gêné en ma présence. Il a également déclaré que lorsque Joachim lui avait demandé (Bulow) de lire une de ses compositions, il avait demandé avec une certaine méfiance douce si je pouvais y trouver « quelque chose de juif ».

Ce trait touchant du caractère de Joachim m'a incité à lui dire quelques mots particulièrement amicaux en me séparant et à l'embrasser chaleureusement. Je ne l'ai jamais revu [Note de bas de page : ceci a été écrit en 1869.] et j'ai entendu, à mon grand étonnement, qu'il avait adopté une attitude hostile à l'égard de Liszt et de moi-même, presque immédiatement après notre départ. Les autres jeunes gens furent victimes, à leur retour en Allemagne, d'une expérience très drôle quoique désagréable, celle d'entrer en contact avec la police de Baden. Ils étaient entrés dans la ville en chantant le même air joyeux de la fanfare de Lohengrin, et ils avaient bien du mal à rendre compte d'eux-mêmes de manière satisfaisante aux habitants.

Notre voyage à Paris et notre séjour là-bas furent semés d'incidents importants et laissèrent des traces indélébiles de notre amitié exceptionnellement dévouée. Après bien des difficultés, nous trouvâmes des chambres pour les dames à l'Hôtel des Princes, et Liszt nous proposa alors d'aller nous promener sur les boulevards, qui à cette heure étaient déserts. Je présume que nos sentiments à cette occasion ont dû différer autant que nos souvenirs. Lorsque j'entrai dans le salon le lendemain matin, Liszt remarqua, avec son petit sourire caractéristique, que la princesse Marie était déjà dans un grand état d'excitation à l'idée de nouvelles lectures. Paris ne m'attirait pas beaucoup, et comme la princesse Caroline désirait attirer le moins d'attention possible et que Liszt était fréquemment appelé pour des affaires privées, nous reprenâmes notre lecture là où nous l'avions laissée à Bale, le même jour. premier matin de notre séjour à Paris, avant même de sortir de l'hôtel. Les jours suivants, je n'eus le droit d'arrêter ma lecture que lorsque l'Anneau du Nibelungen fut complètement terminé. Finalement, Paris retint notre attention, mais pendant que ces dames visitaient les musées, je fus malheureusement obligé de rester dans ma chambre, torturé par des maux de tête nerveux sans cesse renaissants. Liszt, cependant, m'incitait de temps à autre à les rejoindre dans leurs excursions. Au début de notre séjour, il avait engagé une loge pour une représentation de Robert le Diable, parce qu'il voulait que les dames voient le grand Opéra dans les conditions les plus favorables. Je crois que mes amis ont partagé la terrible dépression dont je souffrais à cette occasion. Liszt, cependant, devait avoir d'autres raisons de partir. Il m'avait demandé de porter une tenue de soirée et parut très heureux de l'avoir fait lorsqu'à l'entracte il m'invita à aller faire une promenade avec lui dans le hall. Je voyais qu'il était sous l'influence de certains souvenirs de soirées délicieuses passées dans ce même foyer, et que le spectacle lugubre de cette nuit avait dû le rendre sombre. Nous retournâmes tranquillement vers nos amis, sachant à peine pourquoi nous avions commencé cette expédition monotone. L'un des plaisirs artistiques que j'ai le plus apprécié a été un concert donné par la Société des Quatuors Morin-Chevillard, au cours duquel ils ont joué les Quatuors de Beethoven en mi bémol majeur et do dièse mineur ; l'excellente interprétation de cette œuvre m'a impressionné à peu près de la même manière que l'avait fait autrefois l'exécution de la Neuvième Symphonie par l'orchestre du Conservatoire. J'ai eu encore l'occasion d'admirer le grand zèle artistique avec lequel les Français maîtrisent ces trésors de la musique, qui encore aujourd'hui sont si grossièrement maniés par les Allemands.

C'était la première fois que je faisais une véritable connaissance intime du quatuor en do dièse mineur, car je n'en avais jamais saisi la mélodie auparavant. Si donc je n'avais rien d'autre pour me rappeler de mon séjour à Paris, celui-ci aurait été un souvenir impérissable. J'ai aussi emporté avec moi d'autres impressions tout aussi significatives. Un jour, Liszt m'a invité à passer une soirée avec lui et ses enfants, qui vivaient très tranquillement sous la garde d'une gouvernante à Paris.

C'était toute une nouveauté pour moi de voir Liszt avec ces jeunes filles et de le voir dans ses relations sexuelles avec son fils, alors un garçon en pleine croissance. Liszt lui-même semblait se sentir étrange dans sa position paternelle, qui, pendant plusieurs années, ne lui apportait que des soucis, sans aucun des plaisirs qui en découlaient.

A cette occasion, nous avons repris notre lecture du dernier acte de Gotterdammerung, qui nous a amené à la fin tant attendue de la tétralogie. Berlioz, qui nous consultait à cette époque, supportait ces lectures avec une patience tout à fait admirable. Nous avons déjeuné avec lui un matin avant son départ et il avait déjà emballé sa musique pour sa tournée de concerts à travers l'Allemagne. Liszt joua différentes sélections de son Benvenuto Cellini, tandis que Berlioz les chantait dans son style particulièrement monotone. J'ai aussi rencontré le journaliste Jules Janin, qui était une grande célébrité à Paris, même si j'ai mis longtemps à m'en rendre compte ; la seule chose qui m'impressionnait chez lui, c'était son français parisien familier, qui m'était tout à fait inintelligible.

Un dîner suivi d'une soirée musicale chez le célèbre facteur de pianoforte Erard reste également dans ma mémoire. Dans cette maison, ainsi que lors d'un dîner donné par Liszt au Palais Royal, j'ai retrouvé ses enfants. Daniel, le plus jeune d'entre eux, m'a particulièrement attiré par son éclat et sa ressemblance frappante avec son père, mais les filles étaient très timides. Je ne dois pas oublier de mentionner une soirée passée chez Mme. Kalergis, une femme d'une individualité exceptionnelle, que j'ai rencontrée ici pour la première fois depuis la première représentation de Tannhauser à Dresde. Lorsqu'au dîner elle me posa une question sur Louis Napoléon, je m'oubliai si loin dans mon excitation et mon ressentiment que je mis fin à toute conversation ultérieure en disant que je ne comprenais pas comment on pouvait attendre de grandes choses d'un homme que personne ne connaissait. une femme pouvait vraiment aimer. Après le dîner, alors que Liszt se mettait au piano, la jeune Marie Wittgenstein remarqua que je m'étais retiré silencieusement et assez tristement du reste de la société ; cela était dû en partie à mon mal de tête, et en partie au sentiment d'isolement qui m'envahissait dans ce milieu. J'ai été touché par sa sympathie et son désir évident de me divertir.

Après une semaine bien fatigante, mes amis quittèrent Paris. Comme on m'avait encore une fois empêché de commencer mon travail, je résolus de ne quitter Paris que lorsque j'aurais ramené mes nerfs à cet état de calme indispensable à l'accomplissement de mon grand projet. J'avais invité ma femme à me rencontrer au retour à Zurich, pour lui donner l'occasion de revoir Paris, où nous avions tant souffert tous les deux. Après son arrivée, Kietz et Anders venaient régulièrement dîner, et un jeune Polonais, le fils de mon vieil et bien-aimé ami, le comte Vincenz Tyszkiewicz, venait également nous voir très souvent.

Ce jeune homme (né dès les premiers jours de mon amitié avec son père) s'était consacré passionnément à la musique, comme tant d'autres le font aujourd'hui. Il avait fait grand bruit à Paris après une représentation de Freischutz au Grand Opéra, en déclarant que les nombreuses coupures et modifications qui avaient été faites étaient une fraude envers le public initié, et il avait poursuivi la direction du théâtre pour obtenir le retour du prix d'entrée, qu'il regrettait d'avoir jamais payé. Il eut également l'idée de publier un journal destiné à attirer l'attention sur la négligence dans la conduite des affaires musicales à Paris, ce qui, à son avis, était une insulte au goût du public.

Le prince Eugen von Wittgenstein-Sayn, jeune peintre amateur ayant appartenu au cercle d'amis intimes de Liszt, peignit une miniature de moi, pour laquelle je dus lui donner plusieurs séances ; cela a été fait sous la direction de Kietz et s'est plutôt bien passé.

J'ai eu une consultation importante avec un jeune médecin nommé Lindemann, ami de Kietz ; il m'a fortement conseillé d'abandonner la cure d'eau et a essayé de me convertir à la théorie toxique. Il avait attiré l'attention de la société parisienne en s'inoculant à l'hôpital devant témoins divers poisons, afin d'en montrer les effets sur le système, expérience qu'il fit d'une manière précise et tout à fait efficace. En ce qui concerne mon propre cas, il a déclaré qu'il serait facile d'y remédier si nous déterminions, par des expériences minutieuses, quelle substance métallique influencerait spécifiquement mon système nerveux. Il me recommanda sans hésiter, en cas d'attaques très violentes, de prendre du laudanum, et à défaut de ce poison il parut considérer la valériane comme un excellent remède.

Fatigué, agité et extrêmement dérangé, je quittai Paris avec Minna vers la fin octobre, sans comprendre du tout pourquoi j'y avais dépensé tant d'argent. Dans l'espoir de contrebalancer cela en poussant mes opéras en Allemagne, je me retirai tranquillement dans l'isolement de mon logement zurichois, bien décidé à ne plus les quitter jusqu'à ce que certaines parties, au moins, de mes drames des Nibelungen soient mises en musique.

Début novembre, j'ai commencé ce travail longtemps reporté. Pendant cinq ans et demi (depuis fin mars 1848), je m'étais tenu à l'écart de toute composition musicale, et comme je me suis très vite trouvé dans l'état d'esprit nécessaire pour composer, ce retour à mon travail peut être comparé au mieux à une réincarnation. de mon âme après qu'elle ait erré dans d'autres sphères. En ce qui concerne la technique, je me suis vite trouvé en difficulté lorsque j'ai commencé à écrire l'ouverture orchestrale, conçue à Spezia dans une sorte de demi-rêve, selon ma manière habituelle de l'esquisser sur deux lignes. J'ai été obligé de recourir à la formule de partition complète ; cela m'a tenté d'essayer une nouvelle façon de dessiner, très hâtive et superficielle, à partir de laquelle j'ai immédiatement écrit la partition complète.

Ce processus entraînait souvent des difficultés, car la moindre interruption dans mon travail me faisait perdre le fil de mon brouillon, et je devais recommencer depuis le début avant de pouvoir le rappeler dans ma mémoire.

Je n'ai pas permis que cela se produise à propos de Rheingold. L'ensemble de cette composition avait été achevé en grandes lignes le 16 janvier 1854, et par conséquent le plan de la structure musicale de cette œuvre en quatre parties avait été tracé dans toutes ses proportions thématiques, puisque c'est dans ce grand prélude que ces Il a fallu poser les bases thématiques de l'ensemble.

Je me souviens à quel point ma santé s'est améliorée pendant la rédaction de cet ouvrage ; et mon environnement à cette époque m'a par conséquent laissé très peu d'impression sur mon esprit.

Durant les premiers mois de la nouvelle année, j'ai également dirigé quelques concerts d'orchestre. Pour faire plaisir à mon ami Sulzer, j'ai réalisé, entre autres œuvres, l'ouverture d'Iphigénie à Aulis de Gluck, après y avoir écrit un nouveau finale. La nécessité de modifier le finale de Mozart m'a incité à écrire un article pour la revue musicale Brendel sur ce problème artistique. Ces occupations ne m'ont cependant pas empêché de travailler à la partition du Rheingold, que j'ai rapidement pointée au crayon sur quelques feuilles isolées. Le 28 mai, j'ai terminé l'instrumentation du Rheingold. Il y avait eu très peu de changements dans ma vie à la maison ; les choses étaient restées les mêmes ces dernières années et tout s'est bien passé. Seule ma situation financière était assez précaire, en raison des dépenses de l'année écoulée pour le mobilier, etc., mais aussi du mode de vie plus luxueux que j'avais adopté, fort de la conviction que mes opéras, désormais mieux connus, apportez-moi un revenu plus important.

Mais les théâtres les plus importants restèrent encore en retrait et, à ma grande honte, tous mes efforts de négociation avec Berlin et Vienne se révélèrent vains. En conséquence de ces déceptions, j'ai éprouvé de grands soucis et soucis pendant la plus grande partie de cette année. J'ai essayé de les contrecarrer par de nouvelles œuvres et, au lieu d'écrire la partition de Rheingold, j'ai commencé la composition de la Walkure. Vers la fin juillet, j'avais terminé la première scène, mais j'ai dû interrompre mon travail à cause d'un voyage dans le sud de la Suisse.

J'avais reçu cette année-là une invitation de la « Eidgenossische Musikgesellschaft » pour animer leur festival musical à Sion . J'avais refusé, mais j'avais en même temps promis que, si possible, je dirigerais la Symphonie en la majeur de Beethoven lors d'un des concerts de gala. En chemin, je comptais rendre visite à Karl Ritter, parti vivre avec sa jeune épouse à Montreux, au bord du lac Léman. La semaine que j'ai passée avec ce jeune couple m'a donné de nombreuses occasions de douter que leur bonheur serait de longue durée.

Karl et moi sommes partis peu de temps après pour le festival musical en Valais. En route, nous fûmes rejoints à Martigny par un jeune homme extraordinaire, Robert von Hornstein, qui m'avait été présenté à l'occasion de ma grande fête musicale de l'année précédente comme un passionné et un musicien. Ce mortel pittoresque était considéré comme un ajout très apprécié à notre groupe, en particulier par le jeune Ritter, et les deux jeunes gens attendaient avec beaucoup d'enthousiasme le régal qui leur était réservé ; Hornstein était venu de Souabe pour m'entendre diriger le festival dans le canton du Valais. Nous sommes arrivés au milieu des festivités musicales et j'ai été terriblement déçu de constater à quel point les préparatifs préliminaires avaient été mal réalisés et peu artistiques. J'étais tellement interloqué, après avoir reçu la pire impression possible du son du très petit orchestre d'une petite église, qui servait à la fois d'église et de salle de concert, et j'étais si furieux à l'idée d'avoir été entraîné dans un tel affaire, que j'ai simplement écrit quelques lignes à Methfessel, le directeur organisateur du festival, venu de Berne, et que j'ai pris congé, sans autre cérémonie. Je m'enfuis par la chaise de poste suivante, qui était sur le point de partir, et je le fis si promptement que même mes jeunes amis ignorèrent mon départ. J'ai volontairement caché le fait de ma fuite soudaine ; J'avais mes propres raisons pour le faire, et comme elles étaient plutôt intéressantes du point de vue psychologique, je ne les ai jamais oubliées.

En revenant dîner ce jour-là, malheureux et déprimé après l'impression décevante que je venais de recevoir, mon agacement fut traité par des éclats de rire stupides et presque insultants de la part de mes jeunes amis. Je présumai que leur gaieté était le résultat de remarques faites à mes dépens avant mon arrivée, car ni mes remontrances ni même ma colère ne pouvaient les inciter à se comporter différemment. Je quittai la salle à manger avec dégoût, payai mon addition et partis sans leur laisser aucune occasion de s'apercevoir de mon départ. J'ai passé quelques jours à Genève et à Lausanne et j'ai décidé de rendre visite à Mme Ritter au retour ; et là j'ai retrouvé les deux jeunes gens. Evidemment, eux aussi avaient renoncé à cette misérable fête, et, complètement interloqués de mon départ brusque, étaient partis presque aussitôt pour Montreux, dans l'espoir d'avoir de mes nouvelles.

Je ne fis aucune mention de leur conduite grossière, et comme Karl m'invita cordialement à rester avec eux quelques jours de plus, j'acceptai, principalement parce que j'étais très intéressé par une œuvre poétique qu'il venait à peine de terminer. Ce poème était une comédie intitulée Alkibiade, qu'il avait effectivement traitée avec un raffinement et une liberté de forme exceptionnelles. Il m'avait déjà parlé à Albisbrunnen de l'esquisse de cet ouvrage et m'avait montré un élégant poignard dans la lame duquel les syllabes Alki avaient été gravées.

Il expliqua que son ami, un jeune acteur qu'il avait laissé à Stuttgart, possédait une arme similaire dont la lame portait les syllabes Biades. Il semblait que Karl, même sans l'aide symbolique des poignards, avait de nouveau trouvé le complément de sa propre individualité « alkibiadésienne », cette fois dans le jeune fou Hornstein, et il est très probable que tous deux, alors qu'ils étaient à Sion, avaient imaginé ils jouaient une scène « alkibiadienne » devant Socrate. Sa comédie m'a montré que son talent artistique était heureusement bien meilleur que ses manières mondaines. Je regrette encore aujourd'hui que cette pièce décidément difficile n'ait jamais été jouée.

Hornstein se comportait désormais correctement et souhaitait se rendre à Lausanne via Vevey. Nous avons fait une partie du voyage ensemble à pied, et son aspect pittoresque avec son sac à dos sur le dos était très amusant, j'ai continué seul mon voyage de Berne à Lucerne, en prenant le chemin le plus court possible jusqu'à Selisberg sur le lac de Lucerne, où se trouvait ma femme. rester pour une cure de lait aigre.

Les symptômes de maladies cardiaques, que j'avais déjà remarqués quelque temps auparavant, s'étaient accrus, et cet endroit lui avait été recommandé comme particulièrement revigorant et bienfaisant. Avec beaucoup de patience, j'ai enduré plusieurs semaines de vie dans une pension suisse, mais ma femme, qui s'était bien adaptée aux habitudes de la maison et semblait très à l'aise, me considérait comme un élément perturbateur.

J'ai trouvé cela une belle épreuve, même si le bel air et mes excursions quotidiennes dans les montagnes m'ont fait beaucoup de bien. J'allai même jusqu'à choisir un endroit très sauvage, où, en imagination, je fis construire une petite maison dans laquelle je pourrais travailler en toute tranquillité.

Vers la fin juillet, nous sommes retournés à Zurich. Je suis retourné à ma Walkure et j'ai terminé le premier acte au mois d'août. J'étais terriblement déprimé par mes soucis à ce moment-là, et comme il m'était plus que jamais nécessaire d'avoir une tranquillité absolue pour mon travail, j'acceptai aussitôt le départ de ma femme, lorsqu'elle m'annonça sa visite prévue chez ses parents. et amis à Dresde et Zwickau. Elle me quitta au début de septembre et m'écrivit son séjour à Weimar, où la princesse Wittgenstein l'avait reçue avec la plus grande hospitalité au château d'Altenbourg. Là, elle a rencontré la femme de Rockel, qui était soignée de la manière la plus altruiste par le frère de son mari. Le fait qu'elle ait décidé de rendre visite à Rockel dans sa prison de Waldheim, dans le seul but de donner de ses nouvelles à sa femme, bien qu'elle détestait profondément cet homme, démontrait un trait fougueux et original dans le caractère de Minna.

Elle m'a parlé de cette visite, disant sarcastiquement que Rockel avait l'air plutôt heureux et brillant, et que la vie en prison ne semblait pas mal lui convenir.

Entre-temps, je me plongeais avec un zèle renouvelé dans mon travail et, le 26 septembre, j'avais terminé une copie au net de la partition de Rheingold. C'est dans le calme paisible de ma maison, à cette époque, que je suis tombé pour la première fois sur un livre qui était destiné à être d'une grande importance pour moi. Il s'agissait de Die Welt as Wille und Vorstellung d'Arthur Schopenhauer . Herwegh m'a recommandé cet ouvrage et m'a dit que, curieusement, il n'avait été découvert que récemment, bien qu'il ait été publié pendant trente ans. Dans une brochure à ce sujet, un certain Herr Frauenstadt avait attiré l'attention du public sur ce livre, auquel je me sentis immédiatement attiré et je commençai aussitôt à l'étudier. Depuis longtemps, je voulais comprendre la vraie valeur de la philosophie. Mes conversations très jeunes avec Lehrs à Paris avaient éveillé mon désir pour cette branche du savoir, dans laquelle je m'étais lancé pour la première fois en assistant aux cours de plusieurs professeurs de Leipzig et, plus tard, en lisant Schelling et Hegel. Il me semblait comprendre la raison de leur insatisfaction à partir des écrits de Feuerbach, que j'étudiais en même temps. Ce qui m'a énormément fasciné dans l'œuvre de Schopenhauer n'était pas seulement son destin extraordinaire, mais aussi la clarté et la précision virile avec lesquelles les problèmes métaphysiques les plus difficiles étaient traités dès le début.

J'avais été très attiré par le travail visant à connaître l'opinion d'un critique anglais, qui avouait franchement qu'il respectait la philosophie allemande en raison de son incompréhension totale, comme en témoignent les doctrines de Hegel, jusqu'à ce que l'étude de Schopenhauer lui ait fait comprendre que l'idée de Hegel le manque de lucidité n'était pas tant dû à sa propre incapacité qu'au style intentionnellement ampoulé dont ce philosophe avait habillé ses problèmes. Comme tout homme passionné par la vie, j'ai moi aussi cherché d'abord les conclusions du système de Schopenhauer. Avec son côté esthétique, j'étais parfaitement content, et j'étais surtout étonné de sa noble conception de la musique. Mais, d'un autre côté, le résumé final concernant la morale m'a alarmé, comme d'ailleurs il aurait surpris n'importe qui dans mon humeur ; car ici l'anéantissement de la volonté et l'abnégation complète sont représentés comme la seule délivrance véritable et définitive de ces liens de limitation individuelle dans l'appréciation et l'attitude face au monde, qui sont maintenant clairement ressentis pour la première fois. Pour ceux qui espéraient trouver une justification philosophique à l'agitation politique et sociale en faveur de la soi-disant « liberté individuelle », il n'y avait certainement aucun soutien à trouver ici, où tout ce qui était exigé était le renoncement absolu à toutes ces méthodes pour satisfaire les revendications. de personnalité. Au début, je ne trouvais naturellement pas ses idées acceptables et je sentais que je ne pouvais pas abandonner facilement cet aspect grec du monde soi-disant « joyeux » avec lequel j'avais envisagé la vie dans mon Kunstwerk der Zukunft. En fait, c'est Herwegh qui , grâce à une explication opportune, m'a finalement ramené à un état d'esprit plus calme quant à mes propres sentiments sensibles. C'est de cette perception de la nullité du monde visible — disait-il — que dérive toute tragédie, et une telle perception a dû nécessairement habiter comme une intuition chez tout grand poète, et même chez tout grand homme. En relisant mon poème des Nibelungen, j'ai reconnu avec surprise que les choses mêmes qui m'embarrassaient tant en théorie m'étaient depuis longtemps familières dans ma propre conception poétique. Maintenant, je pouvais enfin comprendre mon Wotan et je retournais, l'esprit apaisé, à l'étude renouvelée du livre de Schopenhauer. J'avais appris à reconnaître que ma première tâche essentielle était de comprendre la première partie, à savoir l'exposition et l'élargissement de la doctrine kantienne de l'idéalité de ce monde qui nous a semblé jusqu'ici si solidement fondée dans le temps et dans l'espace, et je croyais avoir a fait le premier pas vers une telle compréhension en reconnaissant son énorme difficulté. Pendant de nombreuses années, ce livre ne m'a jamais quitté et, l'été de l'année suivante, je l'avais déjà étudié en entier pour la quatrième fois. L'effet ainsi progressivement produit sur moi fut extraordinaire et exerça certainement une influence décisive sur tout le cours de ma vie. En formant mon jugement sur toutes les matières que j'avais jusqu'ici acquises uniquement par les sens, j'avais acquis à peu près la même puissance que j'avais autrefois acquise en musique - après avoir abandonné l'enseignement de mon ancien maître Weinlich - par une étude approfondie du contrepoint. . Si donc, au cours des années suivantes, j'ai de nouveau exprimé des opinions dans mes écrits occasionnels sur des sujets relatifs à cet art qui m'intéressait si particulièrement, il est certain que les traces de ce que j'ai appris de mon étude de la philosophie de Schopenhauer étaient clairement perceptibles.

À ce moment-là, je fus invité à envoyer au vénéré philosophe une copie de mon
poème des Nibelungen. Au titre, je me suis contenté d'ajouter à la main les mots « Avec révérence », mais sans écrire un seul mot à Schopenhauer lui-même.

Je l'ai fait en partie par sentiment de grande timidité en m'adressant à lui, et en partie parce que je sentais que si la lecture de mon poème n'éclairait pas Schopenhauer sur l'homme à qui il avait affaire, une lettre de ma part, aussi explicite soit-elle, ne suffirait pas. ne l'aide pas beaucoup. J'ai renoncé aussi par ce moyen au vain désir d'être honoré par une lettre autographe de sa main. Mais j'appris plus tard par Karl Ritter et par le Dr Wille, qui rendirent tous deux visite à Schopenhauer à Francfort, qu'il parlait de ma poésie de manière impressionnante et favorable. En complément de ces études, j'ai continué à écrire la musique de la Walkure. Je vivais alors dans une grande retraite, ma seule détente étant de faire de longues promenades dans le quartier, et, comme d'habitude avec moi lorsque je travaillais beaucoup à ma musique, j'éprouvais le désir de m'exprimer en poésie. Cela doit être dû en partie à l'ambiance sérieuse créée par Schopenhauer, qui cherchait à trouver une expression extatique. C'est une telle ambiance qui a inspiré la conception d'un Tristan et Isolde.

Karl Ritter venait de me présenter une esquisse pour le traitement dramatique de ce sujet (que j'avais parfaitement connu grâce à mes études à Dresde) et avait ainsi attiré mon attention sur le matériau de ce poème. J'avais déjà fait part à mon jeune ami de mon opinion sur les défauts de son croquis. Il avait en fait mis un point d'honneur à mettre en avant les phases les plus légères de la romance, alors que c'était sa tragédie omniprésente qui m'impressionnait si profondément que j'étais convaincu qu'elle devait ressortir avec un relief audacieux, quels que soient les détails mineurs. Au retour d'une de mes promenades, je notais les incidents des trois actes sous une forme concise, avec l'intention de les développer plus tard. Dans le dernier acte, j'ai introduit un épisode que je n'ai cependant pas développé finalement, à savoir la visite de Parsifal sur le lit de mort de Tristan lors de sa recherche du Saint Graal. L'image de Tristan languissant, mais incapable de mourir de sa blessure, s'identifiait dans mon esprit à Amfortas dans le Roman du Graal.

Pour le moment, je me suis efforcé de laisser ce poème de côté et de ne laisser rien interrompre mon grand travail musical. Entre-temps, grâce à l'aide d'amis, j'ai réussi à apporter un changement satisfaisant à ma situation financière. Mes perspectives en ce qui concerne les théâtres allemands semblaient également plus brillantes. Minna était à Berlin et, grâce à l'influence de notre vieil ami Alwine Frommann, elle avait eu un entretien avec Herr von Hulsen, le directeur du théâtre de la cour. Après avoir perdu deux années en efforts infructueux, je me sentais enfin plus sûr d'y voir Tannhauser joué sans autre obstacle, tant il était devenu si populaire auprès de tous les théâtres que son échec à Berlin ne pouvait nuire à sa réputation ; cela ne pouvait que nuire à la direction berlinoise.

Au début du mois de novembre, Minna revint de son voyage et, suite aux nouvelles qu'elle m'avait données sur la production de Tannhauser à Berlin, je laissai les choses suivre leur cours, décision qui me causa ensuite un grand ennui, car le rendu de mon œuvre était tout simplement misérable. J'ai cependant reçu une certaine compensation sous forme de redevances, qui constituaient pour moi une source de revenus importante et continue.

La Société Musicale de Zurich a de nouveau suscité mon intérêt pour ses concerts d'hiver. J'ai promis de diriger l'orchestre, mais à condition qu'ils envisagent sérieusement d'améliorer l'orchestre. J'avais déjà proposé à deux reprises la formation d'un orchestre décent, et j'envoyai maintenant un troisième projet au comité, dans lequel je décrivais en détail comment ils pourraient atteindre cet objectif avec un coût relativement faible grâce à la coopération avec le théâtre. Je leur ai dit que cet hiver serait la dernière fois que je m'intéresserais à leurs concerts à moins qu'ils n'acceptent cette proposition très raisonnable. En dehors de ce travail, je pris en charge une société de quatuors, composée des solistes de l'orchestre, soucieux d'étudier la juste interprétation des divers quatuors que j'avais recommandés.

Ce fut pour moi un grand plaisir de voir avec quelle rapidité le public favorisa les efforts de ces artistes, qui d'ailleurs ajoutèrent ainsi pendant un temps considérable un petit supplément à leurs revenus. En ce qui concerne leurs réalisations artistiques, le travail était plutôt lent ; le simple fait qu'ils soient capables de bien jouer de leurs instruments respectifs ne leur a pas fait comprendre immédiatement l'art de jouer ensemble, pour lequel il faut bien plus que de simples proportions et accents dynamiques, accessibles uniquement par le développement individuel d'un talent artistique supérieur. goût dans le traitement de l'instrument par son exposant.

J'étais trop ambitieux à leur égard et je leur ai en fait enseigné le Quatuor en do dièse mineur de Beethoven, ce qui impliquait des ennuis et des répétitions sans fin. J'ai rédigé quelques annotations analytiques pour mieux apprécier ce travail extraordinaire et je les ai fait imprimer sur le programme. Que j'aie fait une impression sur le public ou qu'il ait apprécié le spectacle, je n'ai jamais pu le savoir. Quand je dis que j'ai terminé l'esquisse de toute la musique de la Walkure le 30 décembre de cette année-là, cela suffira à prouver ma vie fatigante et active à cette époque, ainsi qu'à montrer que je n'ai pas permis toute distraction extérieure pour perturber mon plan de travail rigoureux.

En janvier 1855, je commençai l'instrumentation de la Walkure, mais je fus obligé de l'interrompre, à cause d'une promesse que j'avais faite à quelques-uns de mes amis de leur donner la chance d'entendre l'ouverture de Faust, que j'avais écrite à Paris. quinze ans auparavant. Je revis cette composition qui avait été l'occasion d'un changement si important dans mes idées musicales. Liszt avait réalisé cette œuvre à Weimar peu de temps auparavant et m'avait écrit à son sujet dans des termes très favorables, tout en exprimant son souhait que je réécrive de manière plus élaborée certaines parties qui n'étaient que faiblement indiquées. Je me mis donc immédiatement au travail pour réécrire l'ouverture, en adoptant consciencieusement les suggestions délicates de mon clair ami, et je la terminai telle qu'elle fut ensuite publiée par Hartel. J'ai enseigné cette ouverture à notre orchestre et je n'ai pas trouvé l'interprétation mauvaise du tout. Mais ma femme n'aimait pas ça ; elle a dit qu'il lui semblait « qu'on ne pouvait rien en tirer de bon », et elle m'a supplié de ne pas le faire produire à Londres lorsque j'y suis allé cette année-là. J'avais à cette époque une candidature extraordinaire, telle que je n'en ai jamais reçue plus. En janvier, la London Philharmonic Society m'a écrit pour me demander si j'accepterais de diriger leurs concerts pour la saison. Je ne répondis pas tout de suite, car je voulais d'abord obtenir quelques précisions, et fus très surpris de recevoir un jour la visite d'un certain M. Anderson, membre du comité de la célèbre société, venu exprès à Zurich. pour garantir mon acceptation.

Je devais aller à Londres pendant quatre mois pour donner huit concerts pour la Philharmonic Society, pour lesquels je devais recevoir en tout L200. Je ne savais pas trop quoi faire, car, d'un point de vue commercial, cela ne me servait à rien et, en ce qui concerne la direction, ce n'était pas grand-chose dans mon domaine, à moins de pouvoir compter au moins sur quelques productions artistiques de haut niveau.

Une seule chose m'a paru favorable, c'était la perspective de diriger à nouveau un grand et excellent orchestre, après en avoir été privé pendant si longtemps, tandis que le fait d'avoir attiré l'attention de ce monde lointain de la musique me fascinait extrêmement. J'eus l'impression que le destin m'appelait et j'acceptai enfin l'invitation de cet Anglais simple et aimable, M. Anderson, qui, pleinement satisfait du résultat de sa mission, partit aussitôt pour l'Angleterre enveloppé dans un grand manteau de fourrure. , dont je n'ai connu le véritable propriétaire que plus tard. Avant de le suivre en Angleterre, il me fallait me libérer d'un malheur que je m'étais attiré par trop de bonté. Le directeur général du Théâtre de Zurich pour cette année-là, un personnage envahissant et trop zélé, m'avait finalement fait accéder à son souhait de monter Tannhauser, sous prétexte que, comme cette œuvre était désormais jouée dans tous les théâtres d'opéra, ce serait ce serait une très mauvaise chose pour le théâtre de Zurich s'il était le seul à être privé de ce privilège, simplement parce que j'habite en ville. En outre, ma femme s'en mêla, et les chanteurs qui jouaient Tannhauser et Wolfram se mirent aussitôt sous son aile. Elle a vraiment réussi aussi à travailler sur mes sentiments humanitaires à l'égard d'un de ses protégés, un pauvre ténor jusqu'alors très malmené par le chef d'orchestre. J'ai fait expliquer à ces gens leurs rôles à plusieurs reprises, et je me suis donc vu obligé d'assister aux répétitions sur scène pour surveiller leurs performances. En fin de compte, j'ai été poussé à intervenir encore et encore, jusqu'à ce que je me retrouve au pupitre du chef d'orchestre et que je dirige finalement moi-même la première représentation. J'ai un souvenir particulièrement vif de la chanteuse qui incarnait Elizabeth à cette occasion. Elle avait initialement joué des rôles de soubrette et a joué son rôle avec des gants de chevreau blancs, balançant un éventail. Cette fois, j'en avais vraiment assez de telles concessions, et quand, à la fin, le public m'a appelé devant le rideau, je suis resté là et j'ai dit à mes amis avec une grande franchise que c'était la dernière fois qu'ils m'obligeraient à faire une chose pareille. . Je leur ai conseillé à l'avenir de regarder l'état de leur théâtre, car ils venaient d'avoir une preuve très convaincante de sa construction défectueuse, ce dont ils étaient tous très étonnés. J'ai fait une annonce similaire à la « Musikgesellschaft », où j'ai également dirigé une fois de plus – vraiment pour la dernière fois – avant mon départ. Malheureusement, ils ont imputé mes protestations à mon sens de l'humour et n'ont pas été le moins du monde incités à faire des efforts, de sorte que j'ai dû être très sévère et presque grossier l'hiver suivant pour les dissuader une fois pour toutes. de m'imposer d'autres exigences. J'ai donc laissé mes anciens clients de Zurich quelque peu perplexes lorsque je suis parti pour Londres le 26 février.

J'ai parcouru Paris et j'y ai passé quelques jours, pendant lesquels je n'ai vu que Kietz et son ami Lindemann (qu'il considérait comme un charlatan). Arrivé à Londres le 2 mars, je suis d'abord allé voir Ferdinand Prager. Dans sa jeunesse, il avait été l'ami des frères Rockel, qui m'avaient fait un récit très favorable de lui. Il s'est révélé être un garçon d'une générosité inhabituelle, bien que d'une excitabilité insuffisamment équilibrée par son niveau de culture. Après avoir passé la première nuit chez lui, je m'installai le lendemain avec son aide dans une maison de Portland Terrace, dans le quartier de Regent's Park, dont j'avais d'agréables souvenirs lors de mes précédentes visites. Je m'étais promis d'y passer un agréable séjour au printemps prochain, ne serait-ce qu'en raison de sa proximité avec cette partie du parc où de beaux hêtres pourpres ombrageaient le sentier. Mais bien que j'aie passé quatre mois à Londres, il me semblait que le printemps n'arrivait jamais, tant le climat brumeux obscurcissait toutes les impressions que je recevais. Prager n'était que trop empressé de m'escorter lorsque j'allais faire les visites d'usage, dont une à Costa. Je fus ainsi présenté au directeur de l'Opéra italien, qui était en même temps le véritable chef de la musique à Londres ; car il était également directeur de la Société de Musique Sacrée, qui donnait des représentations hebdomadaires presque régulières de Haendel et de Mendelssohn.

Prager m'a également emmené voir son ami Sainton, le chef de l'orchestre de Londres. Après m'avoir réservé un accueil très chaleureux, il me raconta l'histoire remarquable de mon invitation à Londres. Sainton, un Toulousain du Sud, au tempérament naïf et fougueux, vivait avec un pur musicien allemand de Hambourg, nommé Luders, fils d'un musicien de musique, au caractère brusque mais amical. J'ai été très touché lorsque j'ai appris plus tard l'incident qui avait rendu ces deux hommes des amis inséparables. Sainton effectuait une tournée de concerts par Saint-Pétersbourg et se retrouva bloqué à Helsingfors en Finlande, incapable d'aller plus loin, poursuivi comme il l'était par le démon de la malchance. A ce moment, la curieuse silhouette du fils du modeste musicien de musique hambourgeois l'avait abordé dans l'escalier de l'hôtel, lui demandant s'il serait enclin à accepter son offre d'amitié et à prendre la moitié de son argent disponible, comme lui (Luders) l'avait bien sûr fait. remarqué la gêne de la position de l'autre. Dès lors, ils devinrent des amis inséparables, firent des tournées de concerts en Suède et au Danemark, retrouvèrent le chemin des plus étranges au Havre, à Paris et à Toulouse, en passant par Hambourg, et s'installèrent finalement à Londres-Sainton pour prendre un voyage important. poste dans l'orchestre, tandis que Luders se débrouillait tant bien que mal par la corvée de donner des leçons. Maintenant, je les trouvais vivant ensemble dans une jolie maison, comme un couple marié, chacun tendrement soucieux du bien-être de son ami. Luders avait lu mes essais sur l'art, et mon Oper und Drama en particulier l'avait poussé à s'exclamer : « Donnerwetter, il y a quelque chose là-dedans ! Sainton dressa l'oreille à cela, et lorsque le chef des concerts de la Philharmonie (le grand M. Costa lui-même), pour une raison inconnue, se disputa avec la société avant le début de la saison et refusa de diriger leurs concerts plus longtemps, Sainton, à qui M. Anderson, le trésorier, était allé demander conseil dans cette situation délicate, leur recommanda, à l'instigation de Luders, de m'engager. J'ai maintenant entendu dire qu'ils n'avaient pas immédiatement donné suite à cette suggestion. Ce n'est que lorsque Sainton remarqua avec désinvolture qu'il m'avait vu conduire à Dresde que M. Anderson décida de faire le voyage jusqu'à Zurich pour me voir (avec le manteau de fourrure prêté par Sainton à cet effet), à la suite de quelle visite je fus nulle part. Je découvris bientôt aussi que Sainton avait agi dans cette affaire avec la témérité caractéristique de sa nation. Il n'était jamais venu à l'esprit de Costa qu'il serait pris au sérieux dans sa déclaration à la Philharmonic Society, et il était profondément dégoûté par ma nomination. Comme il était à la tête du même orchestre qui était à ma disposition pour les concerts de la Philharmonie, il a su entretenir une attitude d'hostilité à l'égard des entreprises dont j'avais la charge, et même mon ami Sainton a dû souffrir de son animosité sans réalisant réellement la source de la contrariété.

Au fil du temps, je l'ai vu plus clairement, alors qu'il y avait une abondance de matière à des désagréments de toutes sortes dans d'autres domaines. En premier lieu, M. Davison, le critique musical du Times, a adopté une attitude des plus hostiles, et c'est à partir de là que j'ai compris pour la première fois, clairement et définitivement, l'effet de mon essai intitulé « Le judaïsme en musique ». Prager m'avait en outre informé que la position extrêmement puissante de Davison dans le Times l'avait habitué à s'attendre à ce que quiconque venait en Angleterre pour des affaires liées à la musique le favorise par toutes sortes d'attentions délicates. Jenny Lind fut l'une de celles dont la soumission à ces prétentions contribua beaucoup à assurer son succès populaire ; tandis que Sontag considérait que son rang de comtesse Rossi l'élevait au-dessus de telles considérations. Comme j'étais complètement absorbé par le plaisir de manier un bon orchestre complet, avec lequel j'espérais donner de belles interprétations, ce fut un grand coup d'apprendre que je n'avais aucun contrôle sur le nombre de répétitions que je croyais nécessaire pour la concerts. Pour chaque concert, qui comprenait également deux symphonies et plusieurs pièces mineures, les arrangements économiques de la société ne me permettaient qu'une seule répétition. J'espérais néanmoins que l'impression produite par les représentations que je dirigeais pourrait même ici justifier l'exigence d'un effort particulier. Il s'est toutefois avéré absolument impossible de sortir en aucune façon des sentiers battus et, m'en rendant compte, j'ai immédiatement senti que l'accomplissement de la tâche que j'avais entreprise était un fardeau terrible. Lors du premier concert, nous jouâmes l'Héroïque de Beethoven, et mon succès comme chef d'orchestre me parut si marqué que le comité de la société était évidemment disposé à faire un effort particulier pour le second. Ils ont exigé des sélections de mes propres compositions ainsi que de la Neuvième Symphonie de Beethoven et m'ont accordé deux répétitions à titre de faveur exceptionnelle. Ce concert s'est déroulé assez passablement. J'avais rédigé un programme explicatif pour mon Ouverture de Lohengrin, mais les mots « Saint Graal » et « Dieu » étaient barrés avec une grande solennité, car ce genre de choses n'était pas autorisé dans les concerts profanes. J'ai dû me contenter du chœur de l'Opéra italien pour la symphonie, en plus de supporter un baryton dont le flegme anglais et la formation italienne m'ont conduit au désespoir lors de la répétition. Tout ce que j'ai compris de la version anglaise du texte, c'était « Hail thee joy » pour Freudeschoner Gotterfunken. La Société Philharmonique semblait avoir tout misé sur le succès de ce concert qui, en fait, ne laissait rien à désirer. Ils ont donc été horrifiés lorsque le journaliste du Times s'est également prononcé sur cette performance avec un mépris et un dénigrement furieux. Ils ont fait appel à Prager pour me persuader d'offrir quelques attentions à M. Davison, ou du moins d'accepter de rencontrer ce monsieur et de lui être convenablement présenté lors d'un banquet organisé par M. Anderson. Mais Prager me connaissait désormais assez bien pour anéantir leurs espoirs d'obtenir de moi une concession de ce genre. Le banquet a échoué et, comme je l'ai vu plus tard, la société a commencé à regretter ma nomination, se rendant compte qu'elle avait affaire à une personne totalement intraitable et têtue.

Comme les vacances de Pâques commençaient après le deuxième concert, ce qui impliquait une longue pause, je demandai conseil à mon ami pour savoir s'il ne serait pas plus raisonnable d'abandonner tout cela, cette direction des concerts philharmoniques que j'avais si vite découverte pour soyez une entreprise insensée et infructueuse — et retournez tranquillement à Zurich. Prager m'a assuré que l'exécution de cette résolution ne serait en aucun cas considérée comme une réflexion sur la situation, mais simplement comme une impolitesse déplorable de ma part, et que les principales victimes seraient mes amis. Cela m'a décidé et je suis resté, sans, il est vrai, aucun espoir de donner un nouvel élan à la vie musicale à Londres. Le seul incident stimulant s'est produit à l'occasion du septième concert, qui était la soirée choisie par la Reine pour sa visite annuelle à ces fonctions. Elle a exprimé le souhait, par l'intermédiaire de son mari, le prince Albert, d'entendre l'ouverture de Tannhauser. La présence de la cour donnait certainement un agréable air de cérémonie à la soirée, et j'eus aussi le plaisir d'une conversation assez animée avec la reine Victoria et son épouse en réponse à leur ordre. La question se posait de mettre en scène mes opéras, et le Prince Albert objectait que les chanteurs italiens ne pourraient jamais interpréter ma musique. J'ai été amusé lorsque la Reine a répondu à cette objection en disant qu'après tout, un grand nombre de chanteurs italiens étaient en réalité allemands. Tout cela a fait une bonne impression et, de toute évidence, a servi de démonstration en ma faveur, sans toutefois influencer de manière sensible la situation réelle. Les grands journaux annonçaient encore, comme auparavant, que chaque concert que je dirigeais était un fiasco. Ferdinand Hiller croyait en effet avoir le droit de proclamer, pour la consolation de ses amis, que ma journée à Londres touchait à sa fin et que mon bannissement était pratiquement une certitude. C'était à l'occasion du Festival musical rhénan qui se tenait à cette époque. En revanche, j'ai tiré une grande satisfaction d'une scène qui s'est déroulée à la fin du huitième et dernier concert que j'ai dirigé, une de ces scènes étranges qui résultent parfois de l'émotion longtemps refoulée des intéressés. Les membres de l'orchestre avaient tout de suite compris, après mes succès, l'opportunité d'éviter toute expression de sympathie à mon égard s'ils voulaient rester en bonne odeur avec leur chef réel quoique inavoué, M. Costa, et se préserver d'un éventuel conflit imminent. licenciement de sa part. C'est l'explication qui m'a été donnée lorsque les marques d'appréciation que j'avais pris l'habitude de recevoir de la part des joueurs au cours de notre travail commun ont soudainement cessé. Mais maintenant, à la fin de la série, leurs sentiments refoulés éclatèrent et ils se pressèrent de tous côtés autour de moi avec des acclamations assourdissantes, tandis que le public, qui d'habitude quittait la salle bruyamment avant la fin, se formait également en groupes enthousiastes et entourait moi, applaudissant chaleureusement et me serrant la main. Ainsi, les acteurs et les auditeurs se sont réunis pour faire de mes adieux une scène de cordialité difficilement surpassable.

Mais ce sont les relations personnelles nées de mon séjour à Londres qui ont donné l'aspect le plus étrange de ma vie là-bas.

Immédiatement après mon arrivée, Karl Klindworth, un jeune élève de Liszt, qu'on m'avait recommandé comme particulièrement doué, vint me voir. Il est devenu un ami fidèle et intime, non seulement pendant mon séjour à Londres, mais pour toujours. Si jeune qu'il fût, le peu de temps qu'il avait passé à Londres avait suffi pour lui donner une opinion de la vie musicale anglaise, dont je fus bientôt obligé d'admettre la justice, si terrible qu'elle fût. Incapable de s'adapter aux cliques musicales anglaises curieusement organisées, il perdit aussitôt toute perspective raisonnable ou espoir de rencontrer la reconnaissance due à son talent. Il se résigna à se frayer un chemin à travers les mornes déserts de la vie musicale anglaise uniquement en donnant des leçons comme un journalier, étant trop fier pour accorder la moindre attention aux critiques dirigeantes, qui s'étaient immédiatement jetées sur lui en tant qu'élève de Liszt. C'était vraiment un excellent musicien, et en plus un pianiste distingué. Il m'a immédiatement contacté pour me demander l'autorisation de faire un arrangement pour piano de la partition de Rheingold, à l'usage uniquement de virtuoses de premier ordre. Malheureusement, il fut rattrapé par une maladie fastidieuse, qui me priva pendant longtemps des relations sexuelles souhaitées avec lui.

Même si Prager et sa femme étaient à mes côtés avec une grande constance, mon véritable centre d'intimité était la maison des Sainton-Luders d'origine. J'avais une invitation permanente à dîner chez eux, et je trouvais l'occasion, à peu d'exceptions près, de prendre mes repas avec ces amis, dont le dévouement surpassait celui de tous les autres. C'était ici que je trouvais généralement un soulagement aux désagréments de mes relations d'affaires à Londres. Prager était souvent présent et nous nous promenions fréquemment le soir dans les rues brumeuses. En de telles occasions, Ludors nous fortifiait contre les intempéries du climat de Londres par un excellent punch qu'il pouvait préparer dans toutes les conditions. Une seule fois nous avons été séparés, et c'était dans la foule formidable qui accompagnait l'empereur Napoléon du palais Saint-James au théâtre de Covent Garden un soir. Il était venu à Londres avec son épouse, lors d'une visite à la reine Victoria, pendant la phase critique de la guerre de Crimée, et les Londoniens restaient bouche bée alors qu'il passait avec autant d'avidité que d'autres nations sont susceptibles de le faire dans des circonstances similaires. Il est arrivé que j'ai été pris pour un touriste bousculant, et puni en proportion de coups dans les côtes alors que je traversais la route pour essayer d'entrer dans Regent Street depuis Haymarket. Cela m'a beaucoup amusé, à cause du malentendu évident.

Les graves ennuis nés, en partie de la querelle particulièrement importante entre Sainton et M. Anderson (instigée par Costa), et qui m'ont privé de toute possibilité d'obtenir une quelconque influence sur la société, ont donné lieu, en revanche, à quelques amusements amusants. expériences. Anderson avait, semble-t-il, réussi à s'élever au poste de chef d'orchestre de l'orchestre de la reine, grâce à l'influence du cocher privé de la reine. Comme il ne connaissait absolument rien à la musique, le concert annuel de cour qu'il devait diriger devenait pour le indiscipliné Sainton un véritable festin d'absurdités, et j'en entendais des histoires très drôles. Une autre chose mise en lumière au cours de ces imbroglios, c'est que Mme Anderson, que j'avais baptisée Charlemagne en raison de sa grande corpulence, s'était appropriée, entre autres choses, la charge et le salaire d'un trompettiste de cour. J'en suis vite arrivé à la conviction, à partir de ces rapports et d'autres similaires, que mon ami dynamique serait battu par cette petite clique douillette dans la guerre des révélations, et j'ai pu par la suite voir la décision se retourner contre lui au moment où soit lui, soit Anderson a dû céder. Cela a confirmé mon idée que dans ce pays libre qu'est l'Angleterre, les choses étaient gérées à peu près de la même manière qu'ailleurs.

L'arrivée de Berlioz apporta un apport très important à notre petite société. Lui aussi avait été amené à Londres pour diriger deux concerts de la New Philharmonic Society. La société avait nommé comme chef d'orchestre ordinaire, sur la recommandation duquel je n'ai jamais pu découvrir, un certain Dr Wilde, un Anglais typique au visage potelé, remarquablement bon enfant, mais ridiculement incompétent. Il avait suivi des cours particuliers de direction d'orchestre auprès du chef d'orchestre de Stuttgart, Lindpaintner, qui l'avait formé au point de tenter au moins de rattraper l'orchestre avec son rythme, l'orchestre lui-même suivant entièrement sa propre voie. J'ai entendu une symphonie de Beethoven interprétée de cette façon et j'ai été surpris d'entendre le public se lancer exactement dans les mêmes applaudissements avec lesquels il a accueilli l'une de mes propres interprétations strictement précises et vraiment enflammées. Mais pour donner de la distinction à ces concerts, ils avaient, comme je l'ai dit, invité Berlioz pour certains d'entre eux. Je l'ai ainsi entendu diriger quelques œuvres classiques, comme une symphonie de Mozart, et j'ai été étonné de voir un chef d'orchestre si énergique dans l'interprétation de ses propres compositions sombrer dans l'ornière la plus commune du vulgaire batteur de temps. Certaines de ses propres compositions, comme les fragments les plus efficaces de la Symphonie Roméo et Juliette, m'ont encore fait une impression particulière, il est vrai ; mais j'étais maintenant plus conscient des curieuses faiblesses qui défigurent même les conceptions les plus fines de ce musicien extraordinaire qu'en ces occasions antérieures, où je n'éprouvais qu'un sentiment de malaise général proportionné à l'ampleur de l'impression.

Je me sentis cependant très stimulé les deux ou trois fois où Sainton m'invita à dîner avec Berlioz. Je me trouvais maintenant face à face avec cet étrange être doué, tourmenté et même émoussé à certains égards comme il l'était alors. Quand je le voyais, un homme de beaucoup mon aîné, venir ici dans le simple espoir de gagner quelques guinées, je pouvais me croire parfaitement heureux, et presque flotter dans les airs, par contre ; car ma propre venue avait plutôt été provoquée par un désir de distraction, une soif d'inspiration extérieure. Tout son être exprimait la lassitude et le désespoir, et je fus soudain saisi d'une profonde sympathie pour cet homme dont le talent surpassait jusqu'ici celui de ses rivaux, car cela était pour moi clair comme le jour. Berlioz semblait agréablement touché par l'attitude de gaie spontanéité que j'adoptais avec lui. Son air court, presque réservé, habituel s'est visiblement dissipé pendant les heures amicales que nous avons passées ensemble. Il me raconta bien des choses comiques sur Meyerbeer et sur l'impossibilité d'échapper à sa flatterie, dictée par sa soif insatiable d'articles élogieux. La première représentation de son Prophète avait été précédée du habituel dîner de la veille, et lorsque Berlioz s'excusa de rester à l'écart, Meyerbeer lui fit d'abord des reproches tendres, puis le défia de réparer la grande injustice qu'il lui avait faite, en écrivant « un un très bel article sur son opéra. Berlioz a déclaré qu'il était impossible de faire insérer quoi que ce soit de préjudiciable à Meyerbeer dans un journal parisien.

Il m'était moins facile de discuter avec lui de questions d'ordre artistique plus profond, car je me heurtais invariablement au vrai Français d'alors, qui, avec une langue fluide et désinvolte, était si sûr de lui qu'il ne lui venait jamais à l'esprit de douter de son utilité. il avait bien compris ses compagnons. Un jour, dans une agréable lueur d'inspiration (ayant soudain maîtrisé la langue française, à ma grande surprise), j'ai essayé de lui exprimer mon idée de la « conception artistique ». J'ai essayé de décrire l'effet puissant des impressions vitales sur le tempérament, comment elles nous tiennent captifs, pour ainsi dire, jusqu'à ce que nous nous en débarrassions par le développement unique de nos visions spirituelles les plus intimes, qui ne sont pas provoquées par ces impressions, mais seulement réveillé par eux de leur profond sommeil. La structure artistique ne nous apparaît donc nullement comme le résultat, mais au contraire comme une libération des impressions vitales. À ce stade, Berlioz sourit d'une manière condescendante et compréhensive et dit : « Nous appelons cela : digerer ». Mon étonnement devant ce résumé rapide de mes communications laborieuses était encore justifié par le comportement extérieur de mon nouvel ami. Je l'invitai à assister à mon dernier concert, ainsi qu'à une petite fête d'adieu que j'offrais ensuite chez moi à mes quelques amis. Il quitta bientôt la table en disant qu'il ne se sentait pas bien, mais les amis qui restaient ne me cachèrent pas qu'ils pensaient que Berlioz avait été mis de mauvaise humeur par les adieux extrêmement enthousiastes avec lesquels le public s'était séparé de moi.

Cependant, la récolte totale des connaissances que j'ai faites à Londres n'a pas été particulièrement profitable. J'ai pris plaisir à la société de M. Ellerton, homme digne et agréable, beau-frère de Lord Brougham, poète, mélomane et, hélas ! un compositeur. Il demanda à me présenter à l'un des concerts de la Philharmonie et n'hésita pas à me dire qu'il m'accueillait à Londres car il semblait probable que j'étais destiné à mettre un terme au culte exagéré de Mendelssohn. Il fut également le seul Anglais qui m'honora de son hospitalité et, en me divertissant moi-même et mes amis au University Club, il me donna l'occasion de me rendre compte de la munificence d'un tel établissement à Londres. Après y avoir passé un moment très agréable, j'eus un aperçu du côté le plus faible de l'hospitalité anglaise de cet ordre, quoique l'incident fût assez amical. Mon hôte dut être ramené chez lui par deux hommes, un tenant chaque bras, bien entendu, car il était évident qu'il n'aurait pas traversé bien loin la route sans cette aide.

J'ai également fait la connaissance d'un homme curieux, un compositeur démodé mais très sympathique, nommé Potter. J'ai dû jouer une de ses symphonies, qui m'a amusé par ses dimensions modestes et son développement soigné du contrepoint, d'autant plus que le compositeur, un vieux reclus sympathique, s'accrochait à moi avec une humilité presque angoissante. J'ai dû positivement le forcer à accepter le bon tempo pour l'Andante de sa symphonie, lui prouvant ainsi que c'était vraiment joli et intéressant. Il avait si peu confiance en son œuvre qu'il considérait que le seul moyen d'éviter le danger d'ennuyer les gens avec son œuvre était de le parcourir à une vitesse honteuse. Il rayonnait vraiment de plaisir et de gratitude lorsque je lui ai valu de vifs applaudissements en prenant cet Andante à mon rythme.

Je m'entendais moins bien avec un M. MacFarrine, un Écossais pompeux et mélancolique, dont les compositions, m'a-t-on assuré, étaient tenues en haute estime par le comité de la Société Philharmonique. Il semblait trop fier pour discuter avec moi de l'interprétation de l'une de ses œuvres, et je fus donc soulagé lorsqu'une de ses symphonies, qui ne me plaisait pas, fut laissée de côté, le substitut choisi étant une ouverture intitulée Steeple-chase, que j'ai aimé jouer en raison de son caractère particulièrement sauvage et passionné.

Ma connaissance de Beneke (un marchand) et de sa famille a été accompagnée de beaucoup de maladresses. Wesendonck m'avait donné une lettre de recommandation afin que j'aie au moins une « maison » où aller à Londres. J'ai dû parcourir un kilomètre allemand jusqu'à Camberwell en réponse à leurs invitations, pour découvrir que j'étais tombé dans la même famille dont Mendelssohn avait élu domicile à Londres. Les bonnes gens ne savaient que faire de moi, à part me féliciter pour l'excellence de mes interprétations de Mendelssohn et me récompenser par des descriptions du caractère généreux du défunt.

Howard, le secrétaire de la Philharmonic Society, vieillard digne et aimable, était une autre personne (la seule, croyait-il) dans le cercle de mes connaissances anglaises qui prenait la peine de me divertir. J'ai dû aller une ou deux fois à l'Opéra italien de Covent Garden avec sa fille. Là, j'ai entendu Fidelio, donné de façon assez grotesque par des Allemands impurs et des Italiens sans voix, et avec des récitatifs. J'ai donc réussi à éviter de fréquenter ce théâtre. Lorsque je suis allé dire au revoir à M. Howard en quittant Londres, j'ai été surpris de rencontrer Meyerbeer chez lui. Il venait d'arriver à Londres pour diriger son Nordstern. En le voyant entrer, je me suis immédiatement rendu compte que Howard, que je n'avais connu que comme secrétaire de la Philharmonic Society, était également le critique musical de l'Illustrated London News ; c'est à ce dernier titre que le grand compositeur d'opéra avait fait appel à lui. Meyerbeer était absolument paralysé lorsqu'il me vit, ce qui me mit dans un tel état d'esprit qu'il nous fut impossible d'échanger un mot. M. Howard, qui était sûr que nous nous connaissions, en fut très surpris et me demanda, en partant, si je ne connaissais pas Meyerbeer. Je lui ai répondu qu'il ferait mieux de demander à Meyerbeer. En rencontrant à nouveau Howard ce soir-là, j'ai été assuré que Meyerbeer avait parlé de moi dans les termes les plus élogieux. Je lui proposai alors de lire certains numéros de la Gazette musicale de Paris, dans lesquels Fétis avait donné, quelque temps auparavant, une interprétation moins favorable des opinions de Meyerbeer à mon sujet. Howard secoua la tête et ne comprit pas comment deux si grands compositeurs pouvaient se rencontrer d'une manière si étrange.

La visite de mon vieil ami Hermann Franck fut une agréable surprise. Il séjournait alors à Brighton et était venu passer quelques jours à Londres. Nous causâmes beaucoup, et je dus faire un effort considérable pour lui donner raison dans ses idées sur moi, car il avait entendu les plus merveilleux récits de musiciens allemands au cours des dernières années où nos relations avaient été interrompues. Il fut d'abord étonné de me trouver à Londres, où il estimait qu'il me serait impossible de trouver jamais un domaine convenable à mes tendances musicales. Je ne comprenais pas ce qu'il entendait par mes « tendances », mais je lui racontai tout simplement comment j'en étais venu à accepter l'invitation de la Société Philharmonique, et que je me proposais de remplir mon contrat pour les concerts de cette année, puis de retourner à mon travail à Zurich sans autre cérémonie. Cela semblait tout à fait différent de l'état de choses qu'il avait imaginé, car il avait cru devoir conclure que je proposais de créer à Londres une place forte à partir de laquelle mener une guerre d'extermination contre toute la race des musiciens allemands. C'était l'explication unanime de mes intentions qu'il avait entendue en Allemagne. Rien de plus étonnant, disait-il, que l'étonnante incongruité entre la forme fictive sous laquelle j'apparaissais à ces gens, et ma nature réelle, qu'il avait reconnue aussitôt en me revoyant. Nous avons plaisanté à ce sujet et sommes parvenus à une meilleure compréhension. J'étais heureux de voir qu'il appréciait autant que moi les œuvres de Schopenhauer, devenues connues ces dernières années. Il exprima son opinion à leur sujet avec une singulière décision ; il considérait que l'intellect allemand était voué soit à une détérioration complète, en liaison avec la situation politique nationale, soit à une régénération également complète, dans laquelle Schopenhauer jouerait son rôle. Il m'a quitté – bientôt pour affronter son sort terrible et non moins inexplicable. Quelques mois plus tard seulement, après mon retour chez moi, j'ai appris sa mort mystérieuse. Il séjournait, comme je l'ai dit, à Brighton, dans le but de mettre son fils, un garçon d'environ seize ans, dans la marine anglaise. J'avais remarqué que la détermination obstinée du fils à servir dans cette force répugnait à son père. Le matin du jour où le navire devait appareiller, le corps du père a été retrouvé brisé dans la rue, à la suite d'une chute par la fenêtre, tandis que le fils a été retrouvé sans vie, apparemment étranglé, sur son lit. La mère était décédée quelques années auparavant et il ne restait plus personne pour donner des informations sur ce terrible événement qui, à ma connaissance, n'a jamais été élucidé à ce jour. Franck avait, par oubli, laissé un plan de Londres lors de sa visite ; je l'ai gardé, car je ne connaissais pas son adresse, et il est toujours en ma possession.

J'ai des souvenirs plus agréables, quoique pas tout à fait clairs, de mes relations avec Semper, que j'ai également rencontré à Londres, où il était établi depuis quelque temps avec sa famille. Il m'avait toujours paru si violent et si morose à Dresde que j'étais surpris et ému jusqu'à l'admiration par l'esprit relativement calme et résigné avec lequel il supportait la terrible interruption de sa carrière professionnelle et par sa volonté d'adapter son talent (qui était d'un ordre inhabituellement productif) aux circonstances dans lesquelles il se trouvait. Les commandes de grands bâtiments étaient pour lui hors de question en Angleterre, mais il plaçait, dans une certaine mesure, ses espoirs dans le patronage que lui accordait le prince Albert, car cela lui donnait quelques perspectives d'avenir. Pour l'instant, il se contente de commandes de décorations d'intérieur et de meubles luxueux, pour lesquelles il est bien payé. Il a pris cette œuvre aussi au sérieux, d'un point de vue artistique, que s'il s'agissait d'un grand bâtiment. Nous nous sommes souvent rencontrés, et j'ai également passé quelques soirées chez lui à Kensington, où nous tombions invariablement dans cette vieille veine d' un humour étrange et sérieux qui nous faisait oublier le côté sordide de la vie. Le rapport que j'ai pu faire sur Semper après mon retour chez moi a beaucoup influencé Sulzer dans sa tentative réussie de l'amener à Zurich pour construire la nouvelle Polytechnique.

A plusieurs reprises, j'ai également visité des théâtres pas inintéressants à Londres, en évitant bien entendu les opéras. J'étais surtout attiré par le petit théâtre Adelphi du Strand, et j'emmenais souvent Prager et Luders avec moi. On y joua des contes de fées dramatisés sous le titre de Noël. L'une des représentations m'a particulièrement intéressé parce qu'elle consistait en un conglomérat subtilement connecté des contes les plus familiers, joués d'un bout à l'autre, sans interruption à la fin des actes. Cela a commencé avec « La poule aux œufs d'or » et s'est transformé en « Les Trois vœux » ; cela est passé au « Chaperon rouge » (avec le loup transformé en cannibale qui chantait un petit couplet très comique), et s'est terminé par « Cendrillon », varié avec d'autres ingrédients. Ces pièces étaient à tous égards parfaitement montées et jouées, et j'y ai acquis une très bonne idée de la cuisine imaginative dans laquelle le peuple anglais peut s'amuser. J'ai trouvé les représentations au Théâtre Olympique moins simples et moins innocentes. Outre des pièces de salon pleines d'esprit dans le style français, qui y étaient très bien jouées, ils jouaient des contes de fées comme Le Nain jaune, dans lequel Hobson, un acteur particulièrement populaire, tenait le rôle-titre grotesque. J'ai revu le même acteur dans une petite comédie intitulée Garrick Fever, dans laquelle il finit par représenter un homme ivre qui, quand on insistait pour le prendre pour Garrick, prenait le rôle d'Hamlet dans cet état. J'ai été très étonné par tant d'audaces dans son jeu à cette occasion.

Un petit théâtre isolé de Marylebone essayait alors d'attirer le public par les pièces de Shakespeare. J'y ai assisté à une représentation des Joyeuses Commères, qui m'a vraiment étonné par sa justesse et sa précision. Même une représentation de Roméo et Juliette au Haymarket Theatre m'a impressionné favorablement, malgré la grande infériorité de la troupe, en raison de sa précision et des arrangements scéniques, qui étaient sans doute un héritage de la tradition Garrick. Mais je me souviens encore d'une curieuse illusion à ce sujet : après le premier acte, je dis à Luders, qui était avec moi, combien j'étais surpris de voir qu'ils donnaient le rôle de Roméo à un vieillard qui devait avoir au moins soixante ans, et qui semblait soucieux de retrouver sa jeunesse perdue depuis longtemps en adoptant laborieusement un air féminin, doux et maladif. Luders regarda à nouveau le programme et s'écria : « Donnerwetter, c'est une femme ! Il s'agissait de la célèbre Américaine Miss Cushman.

Malgré tous mes efforts, il me fut impossible d'obtenir une place pour Henri VIII au Princess's Theatre. Cette pièce avait été organisée selon le nouveau réalisme scénique et jouissait d'une vogue incroyable en tant que pièce spectaculaire et magnifique, montée avec un soin inhabituel.

Dans le domaine de la musique, qui m'intéressait davantage, je dois encore mentionner plusieurs concerts de la Sacred-Music Society, auxquels j'ai assisté dans la grande salle d'Exeter Hall. Les oratorios qui y sont donnés presque chaque semaine ont, il faut l'avouer, l'avantage de la grande confiance qui naît d'une répétition fréquente. Je ne pouvais pas non plus refuser de reconnaître la grande précision du chœur de sept cents voix, qui atteignit à quelques reprises un niveau tout à fait respectable, notamment dans le Messie de Haendel. C'est ici que j'ai compris le véritable esprit de la culture musicale anglaise, qui est lié à l'esprit du protestantisme anglais. Cela explique qu'un oratorio attire bien plus le public qu'un opéra. Un autre avantage réside dans le sentiment parmi le public qu'une soirée passée à écouter un oratorio peut être considérée comme une sorte de service et équivaut presque à aller à l'église. Chacun dans le public tient une partition pour piano de Haendel de la même manière qu'on tient un livre de prières à l'église. Ces partitions sont vendues au box-office en éditions shillings et sont suivies avec la plus grande assiduité – par souci, me semblait-il, de ne pas manquer certains points solennellement appréciés par tout le public. Par exemple, au début du « Chœur d'Alléluia », il est considéré comme approprié que chacun se lève de son siège. Ce mouvement, probablement né d'une expression d'enthousiasme, s'exécute désormais à chaque représentation du Messie avec une précision douloureuse.

Tous ces souvenirs, cependant, se fondent dans le souvenir absorbant d'une mauvaise santé presque ininterrompue, causée principalement, sans aucun doute, par l'état du climat de Londres à cette saison de l'année, qui est notoire dans le monde entier. J'avais un rhume perpétuel, et je suivis donc le conseil de mes amis de suivre un régime anglais lourd pour résister à l'effet de l'air, mais cela n'améliora en rien les choses. D'une part, je ne parvenais pas à chauffer suffisamment ma maison, et le travail que j'avais emporté avec moi fut la première à en souffrir. L'instrumentation de la Walkure, que j'avais espéré achever ici, n'avançait que d'une maigre centaine de pages. J'en ai été gêné principalement par le fait que les esquisses à partir desquelles je devais travailler sur l'instrumentation avaient été écrites sans considérer dans quelle mesure une interruption prolongée de mon humour de travail pourrait affecter la cohérence de l'esquisse. Combien de fois me suis-je assis devant ces pages dessinées au crayon comme s'il s'agissait de hiéroglyphes inconnus que j'étais incapable de déchiffrer ! Dans un désespoir absolu, je me plongeai dans Dante, faisant pour la première fois un effort sérieux pour le lire. L'Inferno est en effet devenu une réalité inoubliable dans cette atmosphère londonienne.

Mais enfin vint l'heure de la délivrance même des maux que je m'étais attirés en supposant pour la dernière fois que je pourrais être accepté, pour ne pas dire recherché, dans le grand monde. La seule consolation que j'avais était dans l'émotion profonde de mes nouveaux amis lorsque je leur ai pris congé. Je me suis dépêché de rentrer chez moi en passant par Paris, qui était revêtu de sa splendeur estivale, et j'ai vu à nouveau des gens vraiment se promener, au lieu de se promener dans les rues pour affaires. Je revins donc à Zurich, plein d'impressions joyeuses, le 30 juin, mon bénéfice net étant exactement de mille francs.

Ma femme a eu l'idée de reprendre sa cure de lait caillé au Selisberg, au bord du lac des Quatre-Cantons, et comme je pensais que l'air des montagnes serait également bon pour ma santé, nous avons décidé de nous y installer immédiatement. Notre projet a subi un bref retard en raison de la maladie mortelle de mon chien Peps. A cause de sa vieillesse, à l'âge de treize ans, il montra soudain une telle faiblesse que nous craignîmes de l'emmener au Selisberg, car il n'aurait pas pu supporter la fatigue de l'ascension. En quelques jours, son agonie devint d'une acuité alarmante. Il devint stupide et eut de fréquentes convulsions, son seul acte conscient étant de se lever souvent de son lit (qui était dans la chambre de ma femme, car il était habituellement sous sa garde) et de trébucher jusqu'à mon bureau, où il s'enfonça. à nouveau épuisé. Le vétérinaire dit qu'il n'en pouvait plus, et comme les convulsions devenaient peu à peu terriblement aiguës, on me conseilla d'abréger l'agonie cruelle du pauvre animal et de le délivrer de ses douleurs par un peu d'acide prussique. Nous avons retardé notre départ à cause de lui jusqu'à ce que je me convainque enfin qu'une mort rapide serait une aumône envers cette pauvre créature souffrante et qui était au-delà de tout espoir. J'ai loué un bateau et j'ai traversé le lac pendant une heure pour rendre visite à un jeune médecin de ma connaissance, nommé Obrist, qui, je le savais, était entré en possession d'un stock d'apothicaire du village, qui contenait divers poisons. De lui, j'ai obtenu une dose mortelle, que j'ai emportée chez moi de l'autre côté du lac dans mon esquif solitaire par une exquise soirée d'été. J'étais déterminé à n'avoir recours à ce dernier expédient que dans le cas où la pauvre brute serait dans l'extrémité. Il a dormi cette nuit-là comme d'habitude dans son panier à mon chevet, son habitude invariable étant de me réveiller avec ses pattes le matin. Je fus soudain réveillé par ses gémissements, provoqués par une crise de convulsions particulièrement violentes ; il retomba alors sans un bruit ; et j'ai été si étrangement ému par la signification de ce moment que j'ai immédiatement regardé ma montre pour graver dans ma mémoire l'heure à laquelle mourut mon petit ami extraordinairement dévoué ; il était une heure et dix minutes, le 10 juillet. Nous consacrâmes le lendemain à son enterrement et versâmes sur lui des larmes amères. Frau Stockar-Escher, notre hôtesse, nous a cédé un joli petit terrain dans son jardin, et là nous l'avons enterré avec son panier et ses coussins. Sa tombe m'a été montrée plusieurs années après, mais la dernière fois que je suis allé voir le petit jardin, j'ai constaté que tout avait subi une transformation élégante et qu'il n'y avait plus aucune trace de la tombe de Pep.

Enfin nous partîmes réellement pour le Selisberg, accompagnés cette fois seulement du nouveau perroquet — substitut du bon vieux Papo — de la ménagerie de Kreutzberg, que j'avais acheté pour ma femme l'année précédente. Celui-ci était également un oiseau très bon et intelligent, mais je l'ai laissé entièrement à Minna, le traitant avec une gentillesse invariable, mais ne me faisant jamais d'ami. Heureusement pour nous, notre séjour dans l'air glorieux de cette station estivale, que nous aimions beaucoup, fut favorisé par un beau temps continu. Je consacrai tous mes loisirs, en dehors de mes promenades solitaires, à faire une copie au net de la partie de la Walkure entièrement composée, et je repris également ma lecture préférée : l'étude de Schopenhauer. J'ai eu le plaisir de recevoir une charmante lettre de Berlioz, en même temps que Les Soirées de l'Orchestre, son nouveau livre, que j'ai trouvé inspirant à lire, bien que le goût de l'auteur pour le grotesque m'était ici aussi étranger que dans ses compositions. Ici aussi, j'ai rencontré le jeune Robert von Hornstein, qui s'est révélé un compagnon agréable et intelligent. J'ai été particulièrement intéressé par sa plongée rapide et manifestement réussie dans l'étude de Schopenhauer. Il m'a informé qu'il envisageait de s'installer quelque temps à Zurich, où Karl Ritter avait également décidé de prendre des quartiers d'hiver permanents pour sa jeune épouse et lui-même.

À la mi-août, nous sommes rentrés nous-mêmes à Zurich et j'ai pu me consacrer régulièrement à l'achèvement de l'instrumentation de la Walkure, tandis que mes relations avec d'anciennes connaissances restaient à peu près les mêmes. De l'extérieur, je reçus des nouvelles de la persistance avec laquelle mon Tannhauser se propageait peu à peu dans les théâtres allemands. Lohengrin suivit également ses traces, sans toutefois rencontrer au préalable un accueil tout à fait favorable. Franz Dingelstedt, qui était à l'époque directeur du théâtre de la cour de Munich, se chargea d'y introduire Tannhauser, bien que, grâce à Lachner, l'endroit ne fût pas prévenu en ma faveur. Il semblait avoir assez bien réussi ; mais son succès, selon lui, ne fut pas assez grand pour permettre de payer ponctuellement les honoraires promis. Mais mes revenus, grâce à la gestion consciencieuse de mon ami Sulzer, étaient désormais suffisants pour me permettre de travailler sans inquiétude à ce sujet. Mais j'éprouvais un nouveau dépit quand le froid s'installait. J'ai souffert d'innombrables crises d'érysipèle pendant tout l'hiver, chaque nouvelle crise (par suite d'une infime erreur de régime ou du moindre froid) étant accompagnée de douleurs violentes. C'était évidemment le résultat des effets néfastes du climat londonien. Ce qui me peinait le plus, c'était l'interruption fréquente de mon travail à ce sujet. Tout ce que je pouvais faire, c'était lire lorsque la maladie suivait son cours. Parmi mes livres, c'est l'Introduction à l'Histoire du Bouddhisme de Burnouff qui m'a le plus intéressé, et j'y ai trouvé matière à un poème dramatique, qui est resté depuis lors dans mon esprit, quoique vaguement esquissé. Je peux peut-être encore y arriver. Je lui ai donné le titre de Die Sieger. Il a été fondé sur la simple légende d'une jeune fille Tschantala, qui est reçue dans l'ordre digne des mendiants connu sous le nom de Clakyamouni et, grâce à son amour extrêmement passionné et purifié pour Ananda, la principale disciple de Bouddha, acquiert elle-même du mérite. Outre la beauté sous-jacente de ce matériau simple, une curieuse relation entre celui-ci et le développement ultérieur de mon expérience musicale a influencé ma sélection. Car à l' esprit de Bouddha, la vie passée (dans une incarnation antérieure) de chaque être qui apparaît devant lui est révélée aussi clairement que le présent ; et cette histoire simple a sa signification, car elle montre que la vie passée du héros et de l'héroïne souffrants est liée au présent immédiat de cette vie. J'ai vu tout de suite que la réminiscence continue dans la musique de cette double existence pouvait parfaitement se présenter aux émotions, et j'ai décidé en conséquence de garder en perspective l'élaboration de ce poème comme une tâche particulièrement agréable.

J'avais ainsi deux nouveaux sujets gravés dans mon imagination, Tristan et Die Sieger ; À partir de ce moment, je m'en occupai constamment, ainsi que de mon grand ouvrage, les Nibelungen, dont la partie inachevée était encore de dimensions gigantesques. Plus ces projets m'absorbaient, plus je me tordais d'impatience devant les perpétuelles interruptions de mon travail par ces répugnantes crises de maladie. Vers cette époque, Liszt proposa de me rendre une visite qui avait été reportée à l'été, mais je dus lui demander de ne pas venir, car je ne pouvais pas être sûr, après mes dernières expériences, de ne pas être attaché à un lit de malade pendant cette période. les quelques jours qu'il pourrait m'accorder. J'ai donc passé l'hiver, calme et résigné dans mes moments productifs, mais maussade et irritable envers le monde extérieur, et par conséquent source d'anxiété pour mes amis. J'étais cependant heureux lorsque l'arrivée de Karl Ritter à Zurich lui a permis de renouer avec moi plus intimement. En choisissant Zurich comme résidence, du moins pour les mois d'hiver, il m'a montré son dévouement d'une manière qui m'a fait du bien et a effacé plus d'une mauvaise impression. Hornstein avait effectivement réussi à venir aussi, mais il ne pouvait pas rester. Il déclara qu'il était si nerveux qu'il ne pouvait toucher une note du piano, et ne tenta pas de nier que le fait que sa mère soit morte de folie lui faisait très peur de devenir lui-même fou. Bien que cela le rende d'une certaine manière intéressant, ses dons intellectuels étaient gâchés par une telle faiblesse de caractère, que nous en fûmes bientôt réduits à le croire assez désespéré, et nous ne fûmes pas inconsolables lorsqu'il quitta brusquement Zurich.

Mon cercle s'était considérablement élargi ces derniers temps grâce à l'arrivée d'une nouvelle connaissance, Gottfried Keller, originaire de Zurich, qui venait de rentrer dans les bras accueillants de ses affectueux concitoyens d'Allemagne, où ses écrits lui avaient valu une certaine renommée. Plusieurs de ses ouvrages — en particulier un assez long roman, Der Grune Heinrich — m'avaient été recommandés par Sulzer en termes favorables, quoique non exagérés. J'ai donc été surpris de trouver en lui une personne extraordinairement timide et maladroite. Tout le monde s'inquiétait de son avenir dès qu'il faisait sa connaissance, et c'était bien cette question de son avenir qui était la difficulté. Même si tout ce qu'il écrivait témoignait d'un grand talent original, il était immédiatement évident qu'il ne s'agissait que d'efforts dans le sens du développement artistique, et l'on se demandait inévitablement ce qui allait suivre et établir réellement sa renommée. Je n'arrêtais pas de lui demander ce qu'il allait faire ensuite. En réponse, il mentionnait toutes sortes de projets arrivés à maturité, dont aucun ne tiendrait le coup à une connaissance plus rapprochée. Heureusement, on lui trouva finalement un poste au gouvernement (pour des raisons patriotiques, semble-t-il), où il rendit sans aucun doute de bons services, même si son activité littéraire semblait rester en jachère après ses premiers efforts.

Herwegh, un autre ami de plus longue date, a eu moins de chance. Je m'étais également longtemps inquiété de lui, essayant de penser que ses efforts antérieurs n'étaient qu'une introduction à des réalisations artistiques vraiment sérieuses. Il a admis lui-même qu'il sentait que le meilleur était encore à venir. Il lui semblait qu'il avait en réserve toute la matière, des foules d'« idées » pour une grande œuvre poétique ; il ne manquait que le « cadre » dans lequel il pouvait tout peindre, et c'est ce qu'il espérait trouver de jour en jour. Comme j'en avais assez de l'attendre, je me suis mis à essayer de lui trouver moi-même le cadre tant désiré. Il souhaitait évidemment élaborer un poème épique à grande échelle, dans lequel incarner les vues qu'il avait acquises. Comme il avait fait allusion un jour à la chance de Dante de trouver un sujet comme le pèlerinage à travers l'enfer et le purgatoire jusqu'au paradis, il m'est venu à l'esprit de suggérer, comme cadre souhaité, le mythe brahmanique de la métempsycose, qui, dans la version de Platon, se rapproche de notre vision classique. éducation. Il ne pensait pas que ce soit une mauvaise idée, et je pris donc la peine de définir la forme que prendrait un tel poème. Il devait choisir trois actes, chacun contenant trois chants, ce qui ferait neuf chants en tout. Le premier acte montrerait son héros dans son pays asiatique natal ; la seconde, sa réincarnation en Grèce et à Rome ; le troisième, sa réincarnation au Moyen Âge et dans les temps modernes. Tout cela lui plaisait beaucoup et il pensait que cela pourrait aboutir à quelque chose. Ce n'était pas le cas de mon ami cynique, le Dr Wille, qui possédait un domaine à la campagne où nous nous rencontrions souvent au sein de sa famille. Il était d'avis que nous attendions beaucoup trop de Herwegh. Vu de près, il n'était, après tout, qu'un jeune Souabe qui avait reçu une part d'honneur et de gloire bien plus grande que ses capacités ne le justifiaient, grâce à l'auréole juive jetée autour de lui par sa femme. Finalement, j'ai dû hausser les épaules en acquiesçant silencieusement à ces remarques désespérément méchantes, car je pouvais bien sûr voir le pauvre Herwegh sombrer chaque année dans une apathie plus profonde, jusqu'à ce qu'il finisse par paraître incapable de faire quoi que ce soit.

L'arrivée de Semper à Zurich, qui avait enfin eu lieu, animait considérablement notre entourage. Les autorités fédérales m'avaient demandé d'user de mon influence auprès de Semper pour l'inciter à accepter un poste de professeur à l'Ecole Polytechnique Fédérale. Semper est venu immédiatement jeter un coup d'œil à l'établissement et a été favorablement impressionné par tout. Il a même trouvé de quoi se réjouir lors de ses promenades dans les arbres non taillés, «où l'on pouvait à nouveau apercevoir une chenille», dit-il, et a décidé d'émigrer définitivement à Zurich et s'est ainsi introduit définitivement, lui et sa famille, dans mon cercle de amis. connaissance. Certes, il avait peu de chances de recevoir des commandes pour de grands édifices et se considérait condamné à jouer à jamais le rôle du maître d'école. Il était cependant en train d'écrire un grand ouvrage sur l'art, qu'après diverses péripéties et un changement d'éditeur, il publia plus tard sous le titre Der Styl. Je l'ai souvent trouvé occupé avec les dessins pour illustrer ce livre ; il les dessina lui-même très soigneusement sur la pierre et devint tellement amoureux de ce travail qu'il déclara que le moindre détail de son dessin l'intéressait bien plus que les gros travaux architecturaux maladroits.

À partir de ce moment-là, conformément à mon manifeste, je n'aurai plus rien à faire avec la « Musikgesellschaft », et je ne dirigerai plus jamais de représentation publique à Zurich. Les membres de cette société ne purent d'abord croire que j'étais sérieux, et je fus obligé de le leur faire comprendre par une explication catégorique, dans laquelle j'insistais sur leur insouciance et leur mépris de mes propositions urgentes pour le création d'un orchestre décent. L'excuse que je recevais invariablement était que, même s'il y avait assez d'argent parmi le public musical, chacun hésitait à figurer en tête de la liste d'abonnement avec une somme précise, à cause de la notoriété ennuyeuse qu'il gagnerait parmi les citadins. Mon vieil ami, M. Ott-Imhof, m'a assuré que cela ne l'embarrasserait nullement de verser dix mille francs par an à une cause de ce genre, mais qu'à partir de ce moment tout le monde lui demanderait pourquoi il dépensait ses revenus dans de cette façon. Cela soulèverait une telle agitation qu'il pourrait facilement être amené à rendre des comptes sur l'administration de ses biens. Cela m'a rappelé l'exclamation de Goethe au début de son Erste Schweizer Briefe. C'est pourquoi mes activités musicales à Zurich ont définitivement cessé à partir de ce moment-là.

[Note : Cela fait sans doute référence au passage suivant : « Et les Suisses se disent libres ! Ces bourgeois suffisants enfermés dans leurs petites villes, ces pauvres diables sur leurs précipices et leurs rochers, se disent libres ! Y a-t-il une quelconque limite à ce que l'on peut faire croire et chérir aux gens, à condition de leur conserver la vieille fable de la « Liberté » dans l'alcool de vin ? Autrefois, ils se débarrassaient d'un tyran et se croyaient libres. Puis, grâce au soleil radieux, une transformation singulière se produisit, et du cadavre de leur défunt oppresseur surgirent une foule de tyrans mineurs. Maintenant, ils continuent à raconter la vieille fable ; de tous côtés, on le répète jusqu'à la nausée : ils ont secoué le joug du despote et sont restés libres.

Et les voilà, enfermés derrière leurs murs et emprisonnés dans leurs coutumes, leurs lois, l'opinion de leurs voisins et leur banlieue philistine »(Goethe's Werke, Briefe aus der Schweiz, Erste Abteilung.)—Editeur]

Par contre, j'avais occasionnellement de la musique à la maison. Des copies soignées et précieuses de la partition pour piano de Klindworth de Rheingold, ainsi que de certains actes de la Walkure, étaient à portée de main, et Baumgartner fut le premier à se coucher pour voir ce qu'il pouvait faire de cet arrangement atrocement difficile. Plus tard, nous avons découvert que Theodor Kirchner, un musicien installé à Winterthur et qui visitait fréquemment Zurich, était plus à même de jouer certains morceaux de la partition pour piano. L'épouse de Heim, le directeur de la Glee Society, avec qui nous étions tous deux en bons termes, fut engagée dans le service pour chanter les parties pour voix féminines lorsque j'essayai de jouer certaines parties vocales. Elle avait une très belle voix et un ton chaleureux, et avait été la seule soliste des grandes représentations de 1853 ; seulement, elle n'était absolument pas musicale, et j'avais beaucoup de mal à la faire rester au diapason, et c'était encore plus difficile de trouver l'heure exacte. Nous avons néanmoins accompli quelque chose et mes amis ont eu de temps en temps un avant-goût de ma musique des Nibelungen.

Mais il me fallut ici aussi faire preuve d'une grande modération, car toute excitation menaçait d'entraîner le retour de l'érysipèle. Un soir, nous étions un petit groupe chez Karl Ritter, lorsque j'ai eu l'idée de lire à haute voix Der Goldene Topf d'Hoffmann. Je n'ai pas remarqué que la pièce devenait progressivement plus fraîche, mais avant d'avoir fini ma lecture, je me suis retrouvé, à la grande horreur de tout le monde, avec le nez rouge et enflé, et j'ai dû rentrer péniblement chez moi pour soigner cette maladie, ce qui m'a terriblement épuisé. à chaque fois. Durant ces périodes de souffrance, j'étais de plus en plus absorbé par l'élaboration du livret de Tristan, tandis que mes intervalles de convalescence étaient consacrés à la partition de la Walkure, à laquelle je travaillais assidûment mais laborieusement, achevant la mise au net en mars de la même année. 1856). Mais ma maladie et la fatigue du travail m'avaient réduit à un état d'irritabilité inhabituel, et je me souviens à quel point j'étais extrêmement de mauvaise humeur lorsque nos amis les Wesendonck sont venus ce soir-là me rendre une sorte de visite de félicitations à l'issue de mes études. score. J'ai exprimé mon opinion sur cette façon de sympathiser avec mon travail avec une amertume si extraordinaire que les pauvres visiteurs insultés sont repartis brusquement avec une grande consternation, et il a fallu bien des explications, que j'ai eu beaucoup de peine à donner, pour expier l'insulte au fil des jours. sur. Ma femme s'est montrée splendide à cette occasion en s'efforçant d'arranger les choses. Un lien spécial entre elle et nos amis s'était formé par l'introduction dans notre maison d'un petit chien très sympathique, que les Wesendonck avaient obtenu pour succéder à mon bon vieux Peps. Il s'est avéré un animal si bon et si attachant qu'il a rapidement gagné la tendre affection de ma femme, tandis que moi aussi j'ai toujours eu des sentiments très gentils envers lui. Mais cette fois, j'ai laissé le choix du nom à ma femme et elle a inventé, apparemment comme pendant de Peps, le nom Fips, que j'étais tout à fait disposé à ce qu'il porte. Mais il fut toujours plutôt l'ami de ma femme, car, malgré mon grand sens de la justice, qui me fit reconnaître l'excellence de ces animaux, je n'ai jamais pu m'attacher autant à eux qu'à Peps et Papo.

A l'époque de mon anniversaire, je reçus la visite de mon vieil ami Tichatschek de Dresde, qui resta fidèle à son dévouement et à son enthousiasme pour moi, dans la mesure où une personne aussi inculte était capable de telles émotions. Le matin de mon anniversaire, j'ai été réveillé de manière touchante par les accords de mon bien-aimé Adagio du Quatuor en mi mineur de Beethoven. Ma femme avait invité pour cette occasion les musiciens auxquels je portais un intérêt particulier, et ils avaient choisi avec une subtile délicatesse le morceau même dont j'avais parlé un jour avec tant d'émotion. Le soir, lors de notre soirée, Tichatschek a chanté plusieurs choses de Lohengrin et nous a tous étonnés par l'éclat de sa voix qu'il a encore conservé. Il avait également réussi, à force de persévérance, à vaincre l'indécision de la direction de Dresde, due à sa servitude envers la cour, en ce qui concerne la suite des représentations de mes opéras. Ils y étaient à nouveau donnés, avec un grand succès et devant des salles combles. J'ai pris un léger rhume lors d'une excursion que nous avons faite avec notre visiteur à Brunnen sur le lac des Quatre-Cantons, et j'ai ainsi provoqué ma treizième crise d'érysipèle. Un des terribles vents du sud, qui empêchent de chauffer les chambres de Brunnen, rendit cette fois mes souffrances plus aiguës, d'autant plus que j'ai continué l'excursion, malgré mon état pénible, plutôt que de gâcher la vie de notre hôte. plaisir en revenant plus tôt. J'étais encore au lit lorsque Tichatschek partit, et je décidai au moins d'essayer de changer d'air dans le midi, car cette affreuse maladie me semblait hanter la localité de Zurich. J'ai choisi le lac Léman et j'ai décidé de chercher une station balnéaire bien située dans les environs de Genève ou à proximité, où je pourrais commencer une cure que mon médecin zurichois m'avait prescrite. Je suis donc parti pour Genève début juin. Fips, qui devait m'accompagner dans ma retraite rurale, me causa de grandes inquiétudes pendant le voyage ; J'ai failli changer de destination, à cause d'une tentative de le déloger de ma voiture dans le train pendant une partie du voyage. C'est grâce à l'énergie avec laquelle j'ai fait valoir mon point de vue que j'ai commencé ma cure à Genève, car autrement j'aurais probablement dû prendre une autre direction.

A Genève, je m'installai d'abord dans le vieil hôtel familier de l'Ecu de Genève, qui me rappela diverses réminiscences. J'y consultai le docteur Coindet, qui m'envoya à Mornex, sur le mont Salève, pour le bon air, et me recommanda une pension. Ma première pensée, en arrivant, fut de trouver un endroit où je ne serais pas dérangé, et je persuadai la dame qui tenait la pension de me cèder un pavillon isolé dans le jardin, composé d'une grande salle de réception. Il fallait beaucoup de persuasion, car tous les pensionnaires, ceux-là justement que je souhaitais éviter, s'indignaient de se voir confisquer la salle initialement prévue pour leurs réunions mondaines. Mais j'ai finalement obtenu mon objectif, même si j'ai dû m'engager à quitter mon salon le dimanche matin, car il était alors rempli de bancs et organisé pour un service, ce qui semblait signifier beaucoup pour les calvinistes parmi les pensionnaires. . Je m'y prêtai tout à fait heureusement et fis honorablement mon sacrifice dès le premier dimanche en me rendant à Genève pour lire les journaux. Le lendemain, cependant, mon hôtesse m'informa que les pensionnaires étaient très ennuyés de ne pouvoir tenir que le service, et non les jeux de la semaine dans mon salon. J'ai été prévenu et j'ai cherché d'autres logements que j'ai trouvés dans la maison d'un voisin.

Ce voisin était le docteur Vaillant, qui avait pris un terrain tout aussi beau pour y ériger un institut thermal. Je me suis d'abord renseigné sur les bains chauds, car mon médecin zurichois m'avait conseillé de les utiliser avec du soufre, mais je n'avais aucune chance d'en obtenir. Cependant le docteur Vaillant de toute manière me plaisait tellement que je lui racontai mes ennuis. Quand je lui ai demandé laquelle de deux choses je devais boire : de l'eau chaude du bain soufrée ou une certaine eau minérale puante, il a souri et a répondu : « Monsieur, vous n'êtes que nerveux. Tout cela ne fera que vous exciter davantage ; vous avez simplement besoin de vous calmer. Si vous vous confiez à moi, je vous promets que vous serez suffisamment guéri au bout de deux mois pour ne plus jamais avoir d'érysipèle. Et il a tenu parole.

Je me suis certainement formé une opinion très différente des méthodes hydrothérapeutiques grâce à cet excellent médecin, de celle que j'aurais pu acquérir auprès du « Juif de l'Eau » d'Albisbrunnen et d'autres amateurs bruts. Vaillant était célèbre comme médecin à Paris même (Lablache et Rossini l'avaient consulté), mais il eut le malheur d'être paralysé des deux jambes, et après quatre années de misère impuissante, pendant lesquelles il perdit toute sa pratique et sombra dans le plus profond misère, il rencontra le premier hydropathologiste silésien, Priessnitz, à qui il fut transporté, avec pour résultat qu'il se rétablit complètement. Il y apprend la méthode qui s'est révélée si efficace, la peaufine de toutes les brutalités de son inventeur et tente de se recommander aux Parisiens en construisant une centrale hydroélectrique à Meudon. Mais il ne reçut aucun encouragement. Ses anciens patients, qu'il essayait de convaincre de visiter son institution, se contentaient de demander si on y dansait le soir. Il lui fut impossible de tenir le coup, et c'est à cette circonstance que je dois ma rencontre avec lui là, près de Genève, où il essayait une fois de plus d'exploiter sa guérison d'une manière pratique. Il s'est fait remarquer, ne serait-ce que par le fait qu'il limitait strictement le nombre de patients qu'il accueillait chez lui, insistant sur le fait qu'un médecin ne pouvait être responsable de la bonne application et du succès de son traitement qu'en étant en mesure d'observer ses les patients minutieusement à toute heure de la journée. L'avantage de son système, qui me profita si merveilleusement, était l'effet profondément calmant du traitement, qui consistait dans l'usage le plus ingénieux de l'eau à température modérée.

En outre, Vaillant prenait un plaisir particulier à satisfaire mes besoins, notamment à me procurer du repos et de la tranquillité. Par exemple, ma présence au petit-déjeuner commun, que je trouvais excitant et gênant, a été excusée et j'ai été autorisé à préparer du thé dans ma propre chambre. C'était pour moi un plaisir inhabituel, et je m'y livrais, sous couvert de secret, avec excès, buvant habituellement du thé à huis clos pendant deux heures, pendant que je lisais les romans de Walter Scott, après les efforts fatigants de ma cure matinale. J'avais trouvé à Genève de bonnes et bon marché traductions françaises de ces romans et j'en avais apporté toute une pile à Mornex. Ils convenaient admirablement à ma routine, qui interdisait les études ou le travail sérieux ; mais, à part cela, j'approuvais maintenant pleinement la haute opinion que Schopenhauer avait de la valeur de ce poète, dont j'avais jusqu'alors douté. Lors de mes promenades solitaires, il est vrai, j'emportais généralement avec moi un volume de Byron, parce que j'en possédais une édition miniature, pour le lire sur quelque hauteur de montagne avec vue sur le Mont Blanc, mais je le laissai bientôt chez moi, car je me rendis compte que je ne le sortais presque jamais de ma poche.

Le seul travail que je me permettais était de dessiner des plans pour me construire une maison. J'ai finalement essayé de les réaliser correctement avec tous les matériaux d'un dessinateur d'architecte. J'avais eu cette idée audacieuse après des négociations que j'avais entamées à cette époque avec Hartel, l'éditeur de musique de Leipzig, pour la vente de mes compositions des Nibelungen. Je demandai sur place quarante mille francs pour les quatre travaux, dont la moitié devait me être payée au moment où commencerait la construction de la maison. Les éditeurs semblaient en réalité suffisamment favorables à mes propositions pour rendre mon entreprise possible.

Mais très vite, leur opinion sur la valeur marchande de mes œuvres subit un fâcheux changement. Je n'ai jamais pu comprendre si cela était dû au fait qu'ils venaient tout juste d'examiner attentivement mon poème et de décider qu'il était impraticable, ou si une influence avait été exercée sur eux du même côté vers lequel l'opposition se dirigeait contre la plupart de mes entreprises. pouvaient être retracées, et qui sont devenues de plus en plus évidentes au fil du temps. Quoi qu'il en soit, l'espoir de gagner un capital pour la construction de ma maison m'a abandonné ; mais mes études d'architecture suivirent leur cours, et je m'efforçai de me procurer les moyens de les accomplir.

Comme les deux mois que j'avais destinés au traitement du Dr Vaillant s'écoulaient le 15 août, je quittai la station qui m'avait été si bénéfique et partit aussitôt rendre visite à Karl Ritter, qui, avec sa femme, avait pris un charmante petite maison sans prétention près de Lausanne pour les mois d'été. Tous deux m'avaient rendu visite à Mornex, mais lorsque j'ai essayé d'inciter Karl à suivre un traitement à l'eau froide, il a déclaré, après un essai, que même la méthode la plus apaisante l'excitait. Mais dans l'ensemble, nous avons trouvé bon nombre de sujets agréables à discuter et il m'a dit qu'il reviendrait à Zurich à l'automne.

Je suis rentré chez moi d'assez bonne humeur avec Fips, pour le compte duquel j'ai voyagé en voiture postale pour éviter le désagréable voyage en train. Ma femme aussi était revenue de sa cure de lait caillé au Selisberg, et en plus j'ai trouvé ma sœur Clara installée, la seule de mes parents qui m'avait rendu visite dans ma retraite suisse. Nous avons immédiatement fait une excursion avec elle à mon endroit préféré, Brunnen, au bord du lac des Quatre-Cantons, et y avons passé une soirée exquise en profitant du magnifique coucher de soleil et d'autres beaux effets du paysage alpin. A la tombée de la nuit, alors que la lune se levait en pleine lune sur le lac, il s'avéra qu'une très jolie et efficace ovation m'avait été arrangée (j'y avais été un visiteur fréquent) par notre hôte enthousiaste et attentif, le Colonel Auf-der-Mauer. Deux bateaux, éclairés par des lanternes colorées, s'approchaient de la plage face à notre hôtel, portant la fanfare Brunnen, composée uniquement d'amateurs de la campagne. Avec la fermeté fédérale et sans aucune tentative d'unisson minutieux, ils ont commencé à jouer certaines de mes compositions d'une manière forte et irréfutable. Ils m'ont ensuite rendu hommage dans un petit discours, auquel j'ai répondu chaleureusement, après quoi il y a eu de nombreuses prises de toutes sortes de mains cornées de ma part, pendant que nous buvions quelques bouteilles de vin sur la plage. Pendant des années, je n'ai jamais passé par cette plage pour des visites très fréquentes sans recevoir une poignée de main amicale ou un salut. J'avais généralement des doutes sur ce que tel batelier attendait de moi, mais il s'avérait toujours que j'avais affaire à l'un des fanfares dont les bonnes intentions s'étaient manifestées lors de cette agréable soirée.

Le long séjour de ma sœur Clara chez nous à Zurich a égayé très agréablement notre cercle familial. Elle était la musicienne parmi mes frères et sœurs et j'appréciais beaucoup sa compagnie. Ce fut également un soulagement pour moi lorsque sa présence agissait comme un frein aux diverses scènes de ménage provoquées par Minna, qui, à cause du développement constant de ses troubles cardiaques, devenait de plus en plus méfiante, véhémente et obstinée.

En octobre, j'attendais la visite de Liszt, qui se proposait de faire un séjour assez long à Zurich, accompagné de diverses personnalités. Je ne pouvais cependant pas attendre si longtemps avant de commencer la composition de Siegfried, et je commençai à esquisser l'ouverture le 22 septembre.

Un bricoleur s'était établi en face de notre maison et m'étourdissait les oreilles à longueur de journée avec ses coups incessants. Dans mon dégoût de ne pouvoir jamais trouver une maison isolée à l'abri de tout bruit, j'étais sur le point de décider de renoncer complètement à composer jusqu'au moment où cette condition indispensable serait remplie. Mais c'est précisément ma rage contre le bricoleur qui, dans un moment d'agitation, m'a donné le thème de l'éclat de colère de Siegfried contre le mime maladroit. J'ai joué le thème enfantin et querelleur de Polter en sol mineur à ma sœur, chantant furieusement les paroles en même temps, ce qui nous a tous tellement fait rire que j'ai décidé de faire un effort supplémentaire. Cela m'a amené à écrire une bonne partie de la première scène au moment où Liszt est arrivé le 13 octobre.

Liszt est venu tout seul et ma maison est immédiatement devenue un centre musical. Il avait terminé ses Symphonies de Faust et de Dante depuis que je l'avais vu, et c'était tout simplement merveilleux de l'entendre me les jouer au piano à partir de la partition. Comme j'étais sûr que Liszt devait être convaincu de la grande impression que ses compositions me produisaient, je n'éprouvai aucun scrupule à le persuader de modifier la fin erronée de la Symphonie de Dante. Si quelque chose m'avait convaincu des pouvoirs de conception magistraux et poétiques de cet homme, c'était la fin originale de la Symphonie de Faust, dans laquelle le parfum délicat d'une dernière réminiscence de Gretchen domine tout, sans arrêter l'attention par un violent dérangement. La fin de la Symphonie de Dante m'a paru tout à fait dans le même sens, car le Magnificat délicatement introduit de la même manière ne donne qu'un aperçu d'un Paradis doux et chatoyant. J'ai été d'autant plus surpris d'entendre cette belle suggestion soudainement interrompue de manière alarmante par une cadence pompeuse et plagale qui, comme on m'a dit, était censée représenter Domenico.

'Non!' Je me suis exclamé fort : « Pas ça ! Abandonnez-le ! Aucune divinité majestueuse   !
Laissez-nous le beau et doux reflet.

« Vous avez raison, dit Liszt. « Je l'ai dit aussi ; c'est la princesse qui m'a persuadé le contraire. Mais ce sera comme tu voudras.

C'est bien beau, mais ma détresse n'en a été que plus grande d'apprendre plus tard que non seulement cette fin de la Symphonie de Dante avait été conservée, mais que même la fin délicate de la Symphonie de Faust, qui m'avait si particulièrement séduit, avait été modifiée, d'une manière mieux propre à produire un effet, par l'introduction d'un chœur. Et c'était exactement typique de mes relations avec Liszt et avec son amie Caroline Wittgenstein !

Cette femme et sa fille Marie devaient bientôt arriver elles aussi en visite, et les préparatifs nécessaires furent faits pour sa réception. Mais avant l'arrivée de ces dames, un incident des plus douloureux s'est produit chez moi entre Liszt et Karl Ritter. Le seul aspect de Ritter, et plus encore, une certaine contradiction brusque dans sa façon de parler, semblaient mettre Liszt dans un état où il s'irritait facilement. Un soir, Liszt parlait d'un ton impressionnant des mérites des Jésuites, et les sourires intempestifs de Ritter parurent l'offenser. A table, la conversation tourna autour de l'empereur des Français, Louis Napoléon, dont Liszt insistait assez sommairement pour que nous reconnaissions les mérites, alors que nous étions, dans l'ensemble, tout sauf enthousiastes quant à la situation générale en France. Lorsque Liszt, pour tenter de mettre en évidence l'influence importante de la France sur la culture européenne, citait comme exemple l'Académie française, Karl se laissa de nouveau aller à son sourire fatal. Cela exaspéra Liszt au-delà de toutes limites et, dans sa réponse, il inclua une phrase telle que celle-ci : « Si nous ne sommes pas prêts à l'admettre, que prouverons- nous que nous sommes ? Des babouins ! » J'ai ri, mais encore une fois Karl s'est contenté de sourire – cette fois, avec un embarras mortel. J'ai découvert plus tard, grâce à Bulow, que lors d'une querelle de jeunesse, on lui avait lancé le mot « visage de babouin ». Il devint vite impossible de cacher que Ritter se sentait grossièrement insulté par « le docteur », comme il l'appelait , et il quitta ma maison écumant de rage, pour n'y remettre les pieds que pendant des années. Au bout de quelques jours, je reçus une lettre dans laquelle il exigeait d'abord des excuses complètes de Liszt dès qu'il reviendrait me voir, et si cela n'était pas possible, l'exclusion de Liszt de ma maison. Cela me fit beaucoup de peine de recevoir peu après une lettre de la mère de Ritter, que je respectais beaucoup, me reprochant l'injustice que j'avais envers son fils en n'ayant pas obtenu satisfaction pour une insulte qui lui était faite dans ma maison. Pendant longtemps, mes relations avec cette famille, si intimes qu'elles aient été, furent douloureusement tendues, car il m'était impossible de leur faire voir l'incident sous le bon jour. Lorsque Liszt, après un certain temps, en eut connaissance, il regretta également le dérangement et, avec une magnanimité louable, fit le premier pas vers une réconciliation en rendant une visite amicale à Ritter. Rien n'a été dit sur l'incident et la visite de retour de Ritter a eu lieu, non pas à Liszt, mais à la princesse, arrivée entre-temps. Après cela, Liszt décida qu'il ne pouvait plus rien faire ; Ritter se retira donc désormais de notre société et changea ses quartiers d'hiver de Zurich à Lausanne, où il s'installa définitivement.

Non seulement ma modeste résidence, mais tout Zurich paraissait plein de vie lorsque la princesse Caroline et sa fille s'installèrent pour un temps à l'hôtel Baur. L'étrange excitation que cette dame jetait immédiatement sur tous ceux qu'elle parvenait à attirer dans son entourage équivalait, dans le cas de ma bonne sœur Clara (qui était encore avec nous à ce moment-là), presque à l'ivresse. C'était comme si Zurich était soudainement devenue une métropole. Les voitures circulaient çà et là, les valets de pied nous faisaient entrer et sortir, les dîners et les dîners affluaient sur nous, et nous nous trouvâmes tout à coup entourés d'un nombre croissant de gens intéressants, dont nous n'avions même jamais soupçonné l'existence à Zurich, bien qu'ils soient maintenant sans aucun doute coupés. partout. Liszt y avait amené un musicien nommé Winterberger, qui se sentait obligé en certaines occasions de se comporter de manière excentrique ; Kirchner, le passionné de Schumann de Winterthur, était pratiquement toujours là, attiré par la nouvelle vie, et lui aussi ne manquait pas de jouer le farceur. Mais ce sont surtout les professeurs de l'Université de Zurich que la princesse Caroline a fait sortir de leurs habitudes zurichoises. Elle les prenait, un à la fois, pour elle-même, et nous les servait à nouveau en masse. Si je regardais un instant pendant ma promenade habituelle de midi, la dame dînait seule, tantôt avec Semper, tantôt avec le professeur Kochly, puis avec Moleschott, et ainsi de suite. Même mon très particulier ami Sulzer était attiré et, comme il ne pouvait le nier, d'une manière ivre. Mais un sentiment vraiment rafraîchissant de liberté et de spontanéité imprégnait tout, et les soirées sans cérémonie, chez moi en particulier, étaient vraiment remarquablement libres et faciles. Dans ces occasions, la princesse, avec la gentillesse patriarcale polonaise, aidait la maîtresse de maison dans son service. Un jour, après avoir joué un peu de musique, j'ai dû confier la substance de mes deux poèmes nouvellement conçus, Tristan et Isolde et Die Sieger, à un groupe qui, moitié assis, moitié couché devant moi, n'était certainement pas sans charme.

Le couronnement de nos festivités fut cependant l'anniversaire de Liszt, le 22 octobre, que la princesse célébra en grande pompe dans sa propre maison. Tous ceux qui étaient quelqu'un à Zurich étaient là. Un poème de Hoffmann von Fallersleben fut télégraphié de Weimar et, à la demande de la princesse, il fut solennellement lu à haute voix par Herwegh d'une voix étrangement altérée. J'ai ensuite donné une représentation, avec Mme Heim, du premier acte, et une scène du deuxième, de la Walkure, accompagnée de Liszt. J'ai pu me faire une idée favorable de l'effet de notre exécution par le désir exprimé par le Dr Wille d'entendre ces choses mal faites, afin qu'il puisse former un jugement correct, car il craignait d'être séduit par l'excellence de notre exécution. En outre, les Poèmes symphoniques de Liszt ont été joués sur deux pianos à queue. Lors de la fête, une dispute éclata au sujet de Heinrich Heine, à l'égard duquel Liszt fit toutes sortes de remarques insidieuses. Frau

Wesendonck a répondu en demandant s'il ne pensait pas que le nom de Heine en tant que poète serait néanmoins inscrit dans le temple de l'immortalité.

"Oui, mais dans la boue", répondit rapidement Liszt, créant, comme on peut l'imaginer, une grande sensation.

Malheureusement, notre entourage allait bientôt subir une grande perte à cause de la maladie de Liszt – une éruption cutanée – qui le clouait au lit pendant une période considérable. Dès qu'il s'est senti un peu mieux, nous sommes rapidement retournés au piano pour réessayer par nous-mêmes mes deux partitions terminées de Rheingold et de la Walkure. La princesse Marie a écouté attentivement et a même pu faire des suggestions intelligentes à propos de quelques passages difficiles du poème.

La princesse Caroline, elle aussi, semblait attacher une importance extraordinaire à être très claire quant à la véritable intrigue concernant le sort des dieux dans mes Nibelungen. Elle m'a pris un jour en main, tout comme un des professeurs zurichois, en particulier, pour éclaircir ce point à sa satisfaction. Je dois avouer que je me suis rendu compte dé manière irréfutable qu'elle était désireuse de comprendre les aspects les plus délicats et les plus mystérieux de l'intrigue, quoique dans un esprit un peu trop précis et concret. Au final, j'avais l'impression de lui avoir expliqué une pièce de société française. Sa bonne humeur dans toutes ces choses était aussi marquée que la curieuse amabilité de sa nature à d'autres égards ; car quand je lui expliquai un jour, pour illustrer la première de ces deux qualités, que quatre semaines de compagnie ininterrompue avec elle auraient été ma mort, elle rit de bon cœur. J'avais des raisons d'être attristé par les changements que je constatais s'être produits chez sa fille Marie ; au cours des trois années écoulées depuis que je l'avais vue pour la première fois, elle s'était fanée à un degré extraordinaire. Si je l'appelais alors une « enfant », je ne pourrais plus la décrire correctement comme une « jeune femme ». Une expérience désastreuse semblait l'avoir vieillie prématurément. Ce n'est que lorsqu'elle était excitée, surtout le soir, lorsqu'elle se trouvait entre amis, que le côté attirant et rayonnant de sa nature s'affirmait de manière marquée. Je me souviens d'un beau soir chez Herwegh, où Liszt était mis dans le même état d'enthousiasme par un piano à queue abominablement désaccordé, que par les cigares dégoûtants auxquels il s'adonnait alors plus passionnément qu'aux belles marques. Nous étions tous obligés d'échanger notre croyance en la magie contre une croyance en la véritable sorcellerie alors que nous écoutions ses merveilleuses fantaisies sur ce pianoforte. À ma grande horreur, Liszt manifesta encore à plusieurs reprises une irritabilité tout à fait colérique et même querelleuse, telle qu'elle s'était déjà manifestée dans la scène malheureuse avec le jeune Ritter. Par exemple, il était dangereux, surtout en présence de la princesse Caroline, de faire l'éloge de Goethe. Même Liszt et moi avions failli nous disputer (ce dont il semblait très désireux) sur le personnage d'Egmont, qu'il croyait de son devoir de dévaloriser parce que l'homme se laisse prendre par Alba. J'avais été prévenu, et j'eus la présence d'esprit de me borner à observer la physiologie particulière de mon ami en cette occasion, et de porter mon attention sur son état bien plus que sur le sujet de notre dispute. En fait, nous n'en sommes jamais venus aux mains ; mais à partir de ce moment j'ai gardé toute ma vie le vague sentiment que nous pourrions un jour avoir une telle rencontre, auquel cas elle ne manquerait pas d'être terrible. Peut-être était-ce justement ce sentiment qui agissait comme un frein sur moi chaque fois qu'une occasion de discussion animée se présentait. Dieu sait que j'avais moi-même une assez mauvaise réputation auprès de mes amis à cause de ma propre irritabilité et de mes brusques accès de colère !

Après avoir effectué un séjour de plus de six semaines, nous avons eu une dernière occasion de nous retrouver avant mon retour de cette visite qui avait tant signifié pour moi. Nous avions convenu de passer une semaine à Saint-Gall, où nous recevions une invitation de Schadrowsky, un jeune directeur musical, à apporter notre soutien à un concert mondain dans ce quartier.

Nous restâmes ensemble à l'auberge Hecht, et la princesse nous reçut comme si elle eût été dans sa propre maison. Elle nous a donné, à moi et à ma femme, une chambre à côté de son propre appartement privé. Malheureusement, une nuit des plus éprouvantes nous attendait. La princesse Caroline eut une de ses graves crises de nerfs, et pour prévenir l'approche de l'hallucination douloureuse dont elle était tourmentée dans de tels moments, sa fille Marie fut obligée de lui lire toute la nuit d'une voix volontairement élevée. traiter au-dessus de son niveau naturel. J'étais terriblement excité, surtout devant ce qui semblait être un mépris inexplicable pour la paix du prochain qu'impliquait une telle conduite. À deux heures du matin, j'ai bondi du lit, j'ai sonné continuellement jusqu'à ce que le garçon se réveille et je lui ai demandé de m'emmener dans une chambre située dans l'une des parties les plus reculées de l'auberge. Nous nous sommes déplacés sur-le-champ, non sans attirer l'attention de nos voisins, sur lesquels cependant la circonstance n'a fait aucune impression. Le lendemain matin, je fus très étonné de voir Marie paraître comme d'habitude, sans aucune gêne, et sans laisser paraître la moindre trace d'événement exceptionnel. J'appris maintenant que tous ceux qui étaient en relation avec la princesse étaient parfaitement habitués à de tels troubles. Ici aussi, la maison se remplit bientôt de toutes sortes d'invités : Herwegh et sa femme sont venus, le Dr Wille et sa femme Kirchner et plusieurs autres, et bientôt notre vie à Hecht n'a rien apporté, en termes d'activité, à notre vie à l'hôtel Baur. L'excuse de tout cela, comme je l'ai dit, était le concert mondain du club musical de Saint-Gall. Lors de la répétition, à mon grand plaisir, Liszt a imprimé à l'orchestre deux de ses compositions, Orphée et le Prélude, avec un succès complet, malgré les ressources limitées dont il disposait. La prestation s'est avérée très belle et pleine d'entrain. J'étais particulièrement enchanté par l'Orphée et par l'œuvre orchestrale finement proportionnée, à laquelle j'avais toujours attribué une grande place d'honneur parmi les compositions de Liszt. En revanche, la faveur particulière du public fut accordée au Prélude, dont la plus grande partie fut en bis. J'ai dirigé la Symphonie Héroïque de Beethoven dans des conditions très pénibles, car j'attrapais toujours froid en de telles occasions et devenais généralement fiévreux par la suite. Ma conception et mon interprétation de l'œuvre de Beethoven ont fait une puissante impression sur Liszt, dont l'opinion était la seule qui avait un véritable poids pour moi. Nous nous sommes observés mutuellement notre travail avec une proximité et une sympathie véritablement instructives. Le soir, nous devions participer à un petit dîner en notre honneur, qui fut l'occasion d'exprimer les sentiments nobles et profonds des dignes citoyens de Saint-Gall sur l'importance de notre visite. Comme je fus régalé d'un panégyrique des plus élogieux de la part d'un poète, il me fallut répondre avec autant de sérieux et d'éloquence. Dans son enthousiasme dithyrambique, Liszt allait jusqu'à suggérer un tintement général des verres, signifiant ainsi qu'il approuvait sa proposition d'ouvrir le nouveau théâtre de Saint-Gall avec une représentation modèle de Lohengrin. Personne n'a formulé d'objection. Le lendemain, 24 novembre, nous nous retrouvâmes tous, pour diverses festivités, chez un ardent mélomane, M. Bourit, riche marchand de Saint-Gall. Ici, nous avons eu un peu de musique pour piano et Liszt nous a joué, entre autres choses, la grande Sonate de Beethoven en si bémol majeur, à la fin de laquelle Kirchner a déclaré sèchement et franchement : « Maintenant, nous pouvons vraiment dire que nous avons été témoins de l'impossible. , car je considérerai toujours ce que je viens d'entendre comme une impossibilité. A cette occasion, on appelait l'attention sur le vingtième anniversaire de mon mariage avec Minna, qui tombait ce jour-là, et après que la musique nuptiale de Lohengrin eut été jouée, nous formâmes une charmante procession à la polonaise à travers les différentes salles.

Malgré toutes ces agréables expériences, j'aurais dû être bien content de voir la fin des affaires et de retrouver le calme de ma maison de Zurich. L'indisposition de la princesse retarda cependant de plusieurs jours le départ de mes amis pour l'Allemagne, et nous nous trouvâmes obligés de rester ensemble dans un état de tension nerveuse et sans but pendant quelque temps, jusqu'à ce qu'enfin , le 27 novembre, J'escortais mes visiteurs jusqu'à Rorschach et là, je leur pris congé sur le bateau à vapeur. Depuis lors, je n'ai jamais revu la princesse ni sa fille, et je ne pense pas non plus les revoir un jour.

Ce ne fut pas sans quelque appréhension que je pris congé de mes amis, car la princesse était vraiment malade et Liszt paraissait très épuisé. Je recommandai leur retour immédiat à Weimar et leur dis de prendre soin d'eux-mêmes. Grande fut donc ma surprise lorsque je reçus bientôt la nouvelle qu'ils faisaient un séjour d'une certaine durée à Munich. Cela a suivi immédiatement leur départ et a également été accompagné de festivités très bruyantes et de rassemblements artistiques occasionnels. J'ai donc été amené à conclure qu'il était insensé de ma part de recommander à des gens dotés de telles constitutions soit de faire une chose, soit de s'abstenir de le faire. Pour ma part, je suis rentré chez moi à Zurich très épuisé, incapable de dormir et tourmenté par le temps glacial de cette saison froide de l'année. Je craignais d'avoir été exposé à une nouvelle crise d'érysipèle en raison de mon mode de vie récent. Je fus très heureux lorsque je me réveillai le lendemain matin de ne découvrir aucune trace de ce que je craignais, et depuis ce jour je continuai à chanter les louanges de mon excellent docteur Vaillant partout où j'allais. Au début de décembre, j'étais suffisamment rétabli pour pouvoir reprendre la composition de Siegfried. Je reprenais ainsi mon mode de vie ordonné, avec toute son insignifiance au regard des choses extérieures : travail, longues promenades, lecture de livres, soirées passées avec tel ou tel ami du cercle domestique. La seule chose qui m'inquiétait était le regret que j'éprouvais encore de ma querelle avec Ritter, conséquence des malheureux contretemps avec Liszt. J'ai maintenant complètement perdu contact avec ce jeune ami, qui, à bien des égards, s'était fait aimer de moi. Avant la fin de l'hiver, il quitta Zurich sans me revoir.

Au cours des mois de janvier et février (1857), j'ai achevé le premier acte de Siegfried, en écrivant la composition dans son intégralité pour remplacer l'ébauche au crayon précédente, et je me suis immédiatement mis au travail sur l'orchestration ; mais j'ai probablement exécuté les instructions de Vaillant avec trop de zèle. Poursuivi par la crainte d'un éventuel retour de l'érysipèle, j'ai cherché à le conjurer par une transpiration répétée et régulière une fois par semaine, enveloppée dans des serviettes, sur le système hydropathique. Par ce moyen, j'échappais certainement au mal redouté, mais l'effort m'épuisait beaucoup, et j'aspirais au retour des beaux jours, où je serais soulagé des sévérités de ce traitement.

C'est alors que les tortures que m'infligeaient les voisins bruyants et musicaux commençaient à s'intensifier. En dehors du bricoleur, que je détestais d'une haine mortelle, et avec qui j'avais une scène terrible environ une fois par semaine, le nombre des pianos dans la maison où j'habitais était augmenté. Le point culminant fut l'arrivée d'un certain Herr Stockar, qui jouait de la flûte dans la chambre située sous la mienne tous les dimanches, après quoi j'abandonnai tout espoir de composer davantage. Un jour, mes amis les Wesendonck, revenus d'hivernage à Paris, me dévoilèrent une perspective très heureuse de la réalisation de mes vœux ardents concernant mon futur lieu de résidence. Wesendonck avait déjà eu l'idée de me faire construire une petite maison sur un terrain que je devais choisir moi-même. Mes propres plans, élaborés avec une habileté trompeuse, avaient déjà été soumis à un architecte. Mais l'acquisition d'un terrain convenable était et restait encore une grande difficulté. Au cours de mes promenades, j'avais depuis longtemps en vue une petite résidence d'hiver dans le quartier d'Enge, sur la crête de la colline qui sépare le lac de Zurich de Sihlthal. On l'appelait Lavater Cottage, car elle avait appartenu à ce célèbre phrénologue, et il avait l'habitude d'y séjourner régulièrement. J'avais retenu les services de mon ami Hagenbuch, secrétaire cantonal, pour qu'il use de toute son influence afin de m'assurer quelques arpents de terre à cet endroit au meilleur prix possible. Mais c'est là que réside la grande difficulté. Le terrain dont j'avais besoin se composait de plusieurs lots rattachés à des domaines plus vastes, et il s'est avéré que pour acquérir mon seul terrain, il aurait fallu racheter un grand nombre de propriétaires différents. J'ai soumis les difficultés de mon cas à Wesendonck et j'ai peu à peu suscité en lui le désir d'acheter cette vaste étendue de terre et d'aménager un beau terrain contenant une grande villa pour sa propre famille. L'idée était que je devrais aussi y avoir une intrigue. Cependant, les exigences faites à mon ami quant aux préliminaires et à la construction de sa maison, qui devait être à la fois généreuse et digne, étaient trop nombreuses, et il pensait aussi que l'enfermement de deux familles dans les mêmes limites pourrait, à terme, entraîner des inconvénients des deux côtés. Il se trouvait par hasard une petite maison de campagne sans prétention avec un jardin que j'avais admiré et qui n'était séparée de son domaine que par une étroite allée de cochères ; et c'est Wesendonck qui a décidé de l'acheter pour moi. Je me suis réjoui au-delà de toute mesure lorsque j'ai entendu parler de son intention. Le choc éprouvé par l'acheteur trop prudent fut donc d'autant plus grand lorsqu'on découvrit un jour que le propriétaire actuel, avec lequel il avait négocié de manière trop timide, venait de vendre son terrain à un autre. Heureusement, il s'est avéré que l'acheteur était un spécialiste mental, dont la seule intention en effectuant l'achat était de s'installer dans son asile d'aliénés aux côtés de mon ami. Cette nouvelle éveilla chez Wesendonck les plus terribles anticipations et mit à rude épreuve son énergie. Il donna alors des instructions selon lesquelles ce terrain devait être acquis à tout prix auprès du malheureux spécialiste. Ainsi, après bien des vicissitudes fâcheuses, il entra en possession de mon ami, qui dut le payer assez cher. Il m'a permis d'entrer en possession à Pâques de cette année, en me faisant payer le même loyer que celui que j'avais payé pour mon logement au Zeltweg, c'est-à-dire huit cents francs par an.

Notre installation dans cette maison, qui m'occupait corps et âme au début du printemps, ne s'est pas faite sans bien des déceptions. Le chalet, qui avait été conçu uniquement pour être utilisé en été, a dû être rendu habitable pour l'hiver en y installant un appareil de chauffage et divers autres équipements nécessaires. Il est vrai que la plupart des tâches essentielles à cet égard ont été réalisées par le propriétaire ; mais il restait d'innombrables difficultés à résoudre. Il n'y avait pas un seul point sur lequel ma femme et moi ne divergions constamment, et ma position d'homme ordinaire de la classe moyenne sans un sou en poche ne rendait pas les choses plus faciles. Cependant, en ce qui concerne mes finances, il se produisait de temps à autre des événements bien calculés pour inspirer un tempérament optimiste et une confiance confiante dans l'avenir. Malgré les mauvaises représentations de mes opéras, Tannhauser m'a rapporté de Berlin des redevances étonnamment élevées. De Vienne aussi, j'ai obtenu de quoi me donner un peu de répit d'une manière très curieuse. J'étais toujours exclu de l'Opéra Royal, et on m'avait assuré que tant qu'il y aurait une cour impériale, je ne rêverais pas d'une représentation de mes œuvres séditieuses à Vienne. Cet état de choses étrange a inspiré mon ancien directeur Hoffmann de Riga, aujourd'hui directeur du Théâtre de Josephstadt, à se lancer dans la représentation de Tannhauser avec une compagnie d'opéra spéciale, dans un théâtre d'été qu'il avait construit sur le Lerchenfeld, à l'extérieur des frontières de Vienne. Il m'offrait pour chaque représentation que j'autorisais une redevance de cent francs. Lorsque Liszt, que j'en ai informé, trouva cette offre suspecte, je lui écrivis et lui dis que je me proposais de suivre à cet égard l'exemple de Mirabeau. Mirabeau, faute d'être élu par ses pairs à l'assemblée des notables, s'adressa aux électeurs de Marseille en qualité de drapier. Cela plut à Liszt ; et en effet, grâce au théâtre d'été du Lerchenfeld, je me dirigeai vers la capitale de l'empire autrichien. De la représentation elle-même, les récits les plus merveilleux me sont parvenus. Sulzer, qui, au cours d'un de ses voyages, était passé par Vienne et avait assisté à un spectacle, s'était plaint principalement de l'obscurité de la maison, qui ne lui permettait pas de lire un seul mot du livret, et aussi du fait qu'il pleuvait fort jusqu'au milieu du siècle. au milieu du public. Une autre histoire m'a été racontée quelques années plus tard par le gendre de Mme. Herold, la veuve du compositeur de ce nom. Il était à Vienne à cette époque pour sa tournée de mariage et avait entendu cette représentation de Lerchenfeld. Le jeune homme m'a assuré que, malgré toutes les imperfections superficielles, la représentation là-bas lui avait procuré un réel plaisir et avait été plus profondément impressionnante que la représentation du Théâtre de la Cour de Berlin, qu'il avait vue par la suite et qu'il trouvait infiniment inférieure. L'énergie de mon ancien directeur du Théâtre de Riga à Vienne m'a rapporté deux mille francs pour vingt représentations de Tannhauser. Après une expérience si curieuse, qui prouve clairement ma popularité, on peut peut-être m'excuser d'avoir eu confiance en l'avenir et d'avoir compté sur des résultats incalculables de mes travaux, même en ce qui concerne le gain réel.

Pendant que j'étais ainsi occupé à aménager la petite maison de campagne dont j'avais tant désiré et à travailler à l'orchestration du premier acte de Siegfried, je me replongeais dans la philosophie de Schopenhauer et dans les romans de Scott, vers lesquels j'étais attiré avec enthousiasme. une affection particulière. Je me suis également occupé d'élucider mes impressions sur les compositions de Liszt. J'ai adopté à cet effet la forme d'une lettre à Marie Wittgenstein, publiée dans le journal musical de Brendel.

Lorsque nous avons déménagé dans ce que je comptais être mon refuge permanent pour la vie, je me suis de nouveau mis à réfléchir aux moyens d'obtenir une base pour subvenir aux nécessités de cette vie. Je repris une fois de plus le fil de mes négociations avec Hartel au sujet des Nibelungen, mais je fus obligé de les qualifier d'infructueuses et peu de nature à aboutir à un succès quelconque pour cet ouvrage. Je m'en plaignis à Liszt et lui dis ouvertement combien je serais heureux s'il voulait bien le porter aux oreilles du grand-duc de Weimar (qui, d'après ce que m'a dit mon ami, souhaitait encore être considéré comme le patron de mon entreprise Nibelungen), afin qu'il se rende compte des difficultés que je rencontrais en la matière. J'ajoutai que si l'on ne pouvait attendre d'un vulgaire libraire qu'il assume la responsabilité d'une entreprise aussi extraordinaire, on pouvait espérer que le Prince, dont l'idée était de mettre un point d'honneur, y prendrait sa part, et une part sérieuse. dans les préliminaires nécessaires, parmi lesquels il faut très justement inclure le développement de l'œuvre elle-même. Mon intention était que le Grand-Duc remplacerait Hartel, m'achèterait l'œuvre et paierait par versements à mesure que la partition serait presque terminée ; il en deviendrait ainsi propriétaire, et pourrait, plus tard, s'il le voulait, couvrir ses dépenses par l'intermédiaire d'un éditeur. Liszt me comprit très bien, mais ne put s'empêcher de me dissuader d'adopter une telle attitude à l'égard de Son Altesse Royale.

Toute mon attention était désormais portée sur la jeune grande-duchesse de Bade. Plusieurs années s'étaient écoulées depuis qu'Eduard Devrient avait été transféré à Karlsruhe par le Grand-Duc pour y diriger le théâtre de la cour. Depuis mon départ de Dresde, j'étais toujours resté en contact avec Devrient, même si nos rencontres étaient rares. De plus, il avait écrit les lettres les plus enthousiastes pour apprécier mes brochures Das Kunstwerk der Zukunft et Oper und Drama. Il soutenait que le Théâtre de Karlsruhe était si mal équipé qu'il ne pensait pas pouvoir envisager une représentation de mes opéras dans cette salle. Toutes ces conditions furent brusquement modifiées lorsque le grand-duc se maria et que la jeune fille de la princesse héritière, dont mon vieil ami Alwine Frommann avait fait un de mes champions, obtint ainsi une position d'indépendance à Karlsruhe et revendiquait avec empressement pour l'exécution de mes œuvres. On y jouait désormais aussi mes opéras , et Devrient à son tour eut le plaisir de m'informer du grand intérêt que leur portait la jeune princesse, qui assistait même fréquemment aux répétitions. Cela m'a fait une impression très agréable. De ma propre initiative, j'ai exprimé ma gratitude dans un discours que j'ai adressé à la Grande-Duchesse elle-même, en joignant « L'Abschied de Wotan » du final de la Walkure en souvenir de son album.

Le 20 avril approchait, le jour où je devais quitter mon logement du Zeltweg (qui était déjà loué), sans pouvoir occuper la chaumière, dont les arrangements n'étaient pas encore terminés. Le mauvais temps nous avait donné des rhumes au cours de nos fréquentes visites à la petite maison, dans laquelle maçons et charpentiers s'étaient installés. Dans la pire humeur, nous passâmes une semaine à l'auberge et je commençai à me demander si cela valait la peine d'occuper ce nouveau terrain, car j'eus soudain le pressentiment que mon destin serait de m'éloigner plus loin. Finalement, nous avons emménagé fin avril, malgré tout. Il faisait froid et humide, le nouvel appareil de chauffage ne fournissait aucune chaleur, et nous étions tous les deux malades et pouvions à peine quitter notre lit. Puis vint un bon présage : la première lettre qui me parvint était une lettre de réconciliation et d'amour de Mme Julie Ritter, dans laquelle elle me disait que la querelle provoquée par la conduite de son fils était enfin terminée. Le beau temps printanier s'est installé ; le Vendredi Saint, je me suis réveillé pour la première fois dans cette maison avec un soleil qui brillait avec éclat : le petit jardin était radieux de vert, les oiseaux chantaient et je pouvais enfin m'asseoir sur le toit et profiter de la paix tant désirée avec son message de promesse. Plein de ce sentiment, je me rappelai soudain que c'était le Vendredi Saint, et je me rappelai la signification que ce présage avait déjà prise pour moi lorsque je lisais le Parsifal de Wolfram. Depuis le séjour à Marienbad, où j'avais conçu les Meistersinger et Lohengrin, je ne m'étais plus occupé de ce poème ; maintenant ses nobles possibilités me frappèrent avec une force écrasante, et de mes pensées sur le Vendredi Saint, je conçus rapidement tout un drame, dont j'ébauchai en quelques traits de plume, divisant le tout en trois actes.

Au milieu de l'aménagement de la maison, tâche sans fin à laquelle je m'appliquais de toutes mes forces, j'éprouvais une nécessité intérieure de travailler : je repris Siegfried et me mis à composer le deuxième acte. Je n'avais pas encore décidé quel nom donner à mon nouveau lieu de refuge. Comme la partie introductive de cet acte s'est très bien déroulée, grâce à mon état d'esprit favorable, j'ai éclaté de rire à l'idée que je devrais appeler ma nouvelle maison « la Ruhe de Fafner », pour correspondre au premier travail réalisé en il. Mais ce n'était pas destiné à en être ainsi. La propriété a continué à s'appeler simplement « Asyl », et je l'ai désignée sous ce titre dans le tableau des dates de mes travaux.

L'échec de mes perspectives de soutien aux Nibelungen de la part du grand-duc de Weimar a nourri en moi une dépression continue de mon moral ; car je voyais devant moi un fardeau dont je ne savais pas comment me débarrasser. Au même moment, un message romantique me fut transmis : un homme qui se réjouissait du nom de Ferreiro se présenta à moi comme étant le consul du Brésil à Leipzig et me dit que l'empereur du Brésil était très attiré par ma musique. L'homme était habile à répondre à mes doutes sur cet étrange phénomène dans les lettres qu'il écrivait ; l'Empereur aimait tout ce qui était allemand et désirait beaucoup que je vienne chez lui à Rio Janeiro pour que je puisse diriger moi-même mes opéras. Comme on ne chantait dans ce pays que l'italien, il faudrait traduire mon livret, ce que l'Empereur considérait comme une affaire très facile, et en fait comme une amélioration du livret lui-même. Chose étrange, ces propositions exercèrent sur moi une influence très agréable. Je sentais que je pourrais facilement composer un poème musical passionné qui se révélerait tout à fait excellent en italien, et je tournai de nouveau ma pensée, avec une préférence toujours renouvelée, vers Tristan et Isolde. Afin de tester d'une manière ou d'une autre l'intensité de cette affection généreuse pour mes œuvres protestée par l'empereur du Brésil, j'envoyai promptement à Senor Ferreiro les volumes coûteusement reliés contenant les versions pour pianoforte de mes trois opéras précédents, et pendant longtemps je me livrai à dans l'espoir d'un très beau retour de leur gracieuse et splendide réception à Rio Janeiro. Mais de ces versions pour pianoforte, de l'empereur du Brésil et de son consul Ferreiro, je n'ai plus jamais entendu une seule syllabe de ma vie. Semper, il est vrai, s'est engagé dans un enchevêtrement architectonique avec ce pays tropical : un concours a été lancé pour la construction d'un nouvel opéra à Rio ; Semper avait annoncé qu'il y participerait et avait réalisé quelques projets splendides qui nous procurèrent un grand divertissement et parurent particulièrement intéresser, entre autres, le Dr Wille, qui pensait que ce devait être un nouveau problème pour un architecte. dessiner un opéra pour un public noir. Je ne sais pas si les résultats des négociations de Semper avec le Brésil ont été beaucoup plus satisfaisants que les miens ; en tout cas, je sais qu'il n'a pas construit le théâtre.

Un violent rhume me jeta pendant quelques jours dans un état de forte fièvre ; quand je m'en suis remis, mon anniversaire était arrivé. Alors que j'étais de nouveau assis le soir sur mon toit, j'ai été surpris d'entendre un des chants des Trois Jeunes Filles du Rhin, du finale de l'Or du Rhin, qui flottait à mes oreilles de très loin à travers les jardins. Mme Pollert, dont les ennuis avec son mari avaient autrefois empêché une seconde représentation à Magdebourg de mon Liebesverbot (une production en soi très difficile), était de nouveau apparue l'hiver dernier comme chanteuse et aussi comme mère de deux filles, au firmament théâtral de Zurich. Comme elle avait encore une belle voix et qu'elle était pleine de bienveillance à mon égard, je lui permettais de répéter elle-même le dernier acte de Walkure et les scènes des Jeunes filles du Rhin de l'Or du Rhin avec ses deux filles, et souvent au cours de l'hiver. nous avions réussi à donner de courtes interprétations de cette musique à nos amis. Le soir de mon anniversaire, le chant de mes dévouées amies me surprit d'une manière très touchante, et j'éprouvais soudain un étrange dégoût de sentiment, qui me rendit peu enclin à continuer la composition des Nibelungen, et d'autant plus désireux de continuer la composition des Nibelungen. reprends Tristan. Je résolus de céder à ce désir, que j'avais longtemps nourri en secret, et de me mettre tout de suite à l'ouvrage à cette nouvelle tâche, que je n'avais voulu considérer que comme une brève interruption de la grande. Cependant, pour me prouver qu'aucun sentiment d'aversion ne me faisait fuir de l'œuvre plus ancienne, je résolus en tout cas d'achever la composition du deuxième acte de Siegfried, qui venait tout juste d'être commencée. Je l'ai fait avec une bonne volonté, et peu à peu la musique de Tristan est apparue de plus en plus clairement dans mon esprit.

Dans une certaine mesure, des motifs extérieurs, qui me semblaient à la fois attrayants et avantageux pour l'exécution de ma tâche, ont agi comme des incitations pour me faire travailler sur Tristan. Ces motivations furent pleinement définies lorsqu'Edouard Devrient vint me rendre visite au début du mois de juillet et resta avec moi pendant trois jours. Il me fit part du bon accueil réservé à ma dépêche par la grande-duchesse de Bade, et je compris qu'il avait été chargé de s'entendre avec moi sur telle ou telle entreprise ; Je l'informai que j'avais décidé d'interrompre mon travail sur les Nibelungen en composant un opéra qui devait, par son contenu et ses exigences, me remettre en relation avec les théâtres, si inférieurs soient-ils. Je me ferais une injustice si je disais que ce motif extérieur seul a inspiré la conception de Tristan et m'a déterminé à le faire produire. Néanmoins, je dois avouer qu'un changement perceptible s'était produit dans l'état d'esprit dans lequel, il y a plusieurs années, j'avais envisagé l'achèvement de cette œuvre plus importante. En même temps, je revenais de mes écrits sur l'art, dans lesquels j'avais tenté d'expliquer les raisons du déclin de notre art public, et spécialement du théâtre, en cherchant à établir un lien entre ces raisons et la situation actuelle. de la culture. Il m'aurait été impossible, à cette époque, de me consacrer à une œuvre qui m'obligeait à étudier sa production immédiate dans l'un de nos théâtres existants. Ce n'est qu'un mépris total de ces théâtres, comme j'ai eu l'occasion de le constater auparavant, qui a pu me déterminer à reprendre mon travail artistique. En ce qui concerne les drames des Nibelungen, j'ai dû m'en tenir sans broncher à la seule stipulation essentielle qu'ils ne pouvaient être produits que dans des conditions tout à fait exceptionnelles, telles que celles que j'ai décrites plus tard dans la préface de l'édition imprimée du poème. Néanmoins, la popularisation réussie de mes premiers opéras avait tellement influencé mon état d'esprit que, alors que j'approchais de l'achèvement de plus de la moitié de mon grand travail, je sentais que je pouvais envisager avec une confiance croissante la possibilité que cela aussi soit produit. Jusqu'à présent, Liszt avait été le seul à nourrir l'espoir secret de mon cœur, car il était sûr que le grand-duc de Weimar ferait quelque chose pour moi, mais à en juger par ma dernière expérience, ces perspectives n'étaient rien, alors que je Il y avait des raisons d'espérer qu'une nouvelle œuvre de conception similaire à celle de Tannha user ou de Lohengrin serait reprise partout avec un enthousiasme considérable. La manière dont j'ai finalement exécuté le plan de Tristan montre clairement à quel point je pensais peu à nos théâtres d'opéra et à l'étendue de leurs capacités. Néanmoins, j'avais encore à mener une bataille continue pour les nécessités de la vie, et je parvenais à me tromper jusqu'à me persuader qu'en interrompant la composition des Nibelungen et en reprenant Tristan, j'agissais dans l'esprit pratique d'un un homme qui pèse soigneusement les enjeux. Devrient fut très heureux d'apprendre que j'entreprenais un travail qui pouvait être considéré comme pratique. Il m'a demandé dans quel théâtre j'envisageais de produire ma nouvelle œuvre. Je répondis que je ne pouvais naturellement avoir en vue qu'un théâtre dans lequel il me serait possible de diriger personnellement la tâche de mise en scène. Mon idée était que ce serait soit au Brésil, soit, comme j'étais exclu du territoire de la Confédération germanique, dans une des villes situées près des frontières allemandes, dont je présumais qu'elle pourrait mettre à ma disposition une troupe d'opéra. L'endroit que j'avais en tête était Strasbourg, mais Devrient avait de nombreuses raisons pratiques pour être totalement opposé à une telle entreprise ; il estimait qu'une représentation à Karlsruhe pourrait être organisée plus facilement et rencontrerait un plus grand succès. Ma seule objection était que, dans cette ville, il me serait interdit de prendre une part personnelle à l'étude et à la production de mon œuvre. Devrient pensait cependant qu'à cet égard, je pouvais me sentir en droit d'entretenir quelque espoir, puisque le grand-duc de Bade était si bien disposé à mon égard et s'intéressait activement à mon œuvre. J'ai été très heureux d'apprendre cela. Devrient parlait aussi avec beaucoup de sympathie du jeune ténor Schnorr, qui, outre qu'il possédait des dons admirables, était vivement attiré par mes opéras. J'étais maintenant de très bonne humeur et j'étais l'hôte de Devrient pour tout ce que je valais. Un matin, je lui jouai et lui chantai tout l'Or du Rhin, ce qui parut lui faire grand plaisir. Moitié sérieusement, moitié en plaisantant, je lui dis que j'avais écrit spécialement pour lui le personnage de Mime, et que si, lorsque l'ouvrage serait prêt, il n'était pas trop tard, il aurait peut-être le plaisir d'y jouer le rôle. Comme Devrient était avec moi, il devait bien sûr faire sa part de récitation. J'ai invité tous les amis de notre entourage, y compris Semper et Herwegh, et Devrient nous a lu les scènes de Marc Antoine du Jules César de Shakespeare. Son interprétation du rôle était si heureuse que même Herwegh, qui avait abordé la récitation dès le début dans un esprit de ridicule, reconnut volontiers le succès de la manipulation habile de l'acteur expérimenté. Devrient écrivit de chez moi une lettre au grand-duc de Bade, lui racontant ses impressions sur moi et comment il m'avait trouvé. Peu après son départ, je reçus du Grand-Duc une lettre autographe, rédigée en termes très aimables, dans laquelle il me remerciait d'abord très chaleureusement pour le souvenir que j'avais offert à sa femme pour son album, et me déclarait en même temps son intention de défendre ma cause et, surtout, d'assurer mon retour en Allemagne.

À partir de ce moment, ma résolution de produire Tristan devait être sérieusement prise en compte, comme cela était écrit en lettres claires dans mon livre du destin. C'est à toutes ces circonstances que je dois le maintien de l'humeur favorable dans laquelle je terminai le deuxième acte de Siegfried. Mes promenades quotidiennes se dirigeaient, les beaux après-midi d'été, vers le paisible Sihlthal, dans le cadre boisé duquel j'écoutais longuement et attentivement le chant des oiseaux de la forêt, et j'étais étonné de faire la connaissance de mélodies entièrement nouvelles, chantées par des chanteurs dont je connaissais les formes. je ne pouvais pas les voir et dont je ne connaissais pas les noms. Dans la scène forestière de Siegfried, j'ai transposé, en imitation artistique de la nature, tout ce dont je me souvenais de ces airs. Au début du mois d'août, j'avais soigneusement esquissé la composition du deuxième acte. J'étais heureux d'avoir réservé le troisième acte avec le réveil de Brunhilda pour le moment où je pourrais à nouveau continuer l'opéra, car il me semblait que tous les problèmes de mon travail étaient maintenant heureusement résolus et que tout il ne restait plus qu'à en tirer une pure joie.

Comme je croyais fermement à la sagesse de gérer ma puissance artistique, je me préparais maintenant à écrire Tristan. L'arrivée de Londres de l'excellent Ferdinand Prager a mis ma patience à rude épreuve. Sa visite, par ailleurs, fut pour moi une véritable source de plaisir, car je devais reconnaître en lui un ami fidèle et pour la vie. La seule difficulté était qu'il travaillait dans l'illusion qu'il était exceptionnellement nerveux et qu'il était persécuté par le destin. C'était pour moi une source de contrariété considérable, car avec la meilleure volonté du monde, je ne parvenais pas à éprouver de la sympathie pour lui. Nous nous sommes sortis du dilemme par une excursion à Schaffhouse, où j'ai effectué ma première visite aux célèbres chutes du Rhin, ce qui n'a pas manqué de m'impressionner pleinement.

Vers cette époque, les Wesendonck s'installèrent dans leur villa, désormais embellie par des stucateurs et des tapissiers parisiens. C'est alors qu'a commencé dans mes relations avec cette famille une nouvelle phase, qui n'était pas vraiment importante, mais qui exerçait néanmoins une influence considérable sur la conduite extérieure de ma vie. Nous étions devenus si intimes, du fait de notre proximité à la campagne, qu'il était impossible d'éviter un accroissement marqué de notre intimité, ne serait-ce qu'en nous rencontrant quotidiennement. J'avais souvent remarqué que Wesendonck, avec son attitude franche et ouverte, s'était montré inquiet de la manière dont je m'installais chez lui dans sa maison. En bien des choses, en matière de chauffage et d'éclairage des chambres, ainsi que dans les heures fixées pour les repas, on me témoigna des considérations qui semblaient empiéter sur ses droits de maître de maison. Il a fallu quelques discussions confidentielles sur le sujet pour établir un accord à moitié implicite et à moitié exprimé. Cette entente avait tendance, avec le temps, à prendre aux yeux des autres une signification douteuse et nécessitait une certaine mesure de précaution dans une intimité devenue désormais extrêmement étroite. Ces précautions étaient parfois la source d'un grand amusement pour les deux parties qui étaient dans le secret. Curieusement, cette association plus étroite avec mon voisin a coïncidé avec le moment où j'ai commencé à rédiger mon livret, Tristan et Isolde.

Robert Franz arrive maintenant à Zurich pour une visite. J'ai été enchanté par sa personnalité agréable, et sa visite m'a rassuré sur le fait qu'il n'y avait pas lieu d'attacher de signification profonde aux relations quelque peu tendues qui s'étaient nouées entre nous depuis le temps où il prenait le bâton pour moi à l'occasion de la production de Lohengrin. . Le malentendu était principalement dû à l'ingérence de son beau-frère Heinrich (qui avait écrit un pamphlet sur moi). Nous avons joué et chanté ensemble ; il m'accompagna dans quelques-unes de ses chansons, et mes compositions pour les Nibelungen parurent lui plaire. Mais un jour que les Wesendonck l'invitèrent à dîner pour me rencontrer, il demanda qu'il puisse être seul avec la famille, sans autres invités, car si j'étais là, il n'atteindrait pas l'importance à laquelle il tient tant. Nous en avons ri, et je l'ai fait d'autant plus chaleureusement que j'étais parfois très reconnaissant de ne plus avoir à parler à des gens aussi curieusement peu communicatifs que je trouvais Franz. Après nous avoir quittés, il ne nous a plus jamais envoyé un mot sur lui ou sur ses actes.

Alors que j'avais presque terminé le premier acte de Tristan, un couple nouvellement marié arriva à Zurich et avait certainement un droit important sur mes intérêts. C'est vers le début du mois de septembre que Hans von Bulow arriva à l'hôtel Raben avec sa jeune épouse Cosima (une fille de Liszt). Je les ai invités dans ma petite maison, afin qu'ils puissent passer avec moi tout le temps de leur séjour à Zurich, car leur visite était principalement à mon intention.

Nous avons passé le mois de septembre ensemble très agréablement. Entre-temps, j'achevais le livret de Tristan et Isolde, et en même temps Hans me faisait une copie au net de chaque acte. Je l'ai relu acte par acte à mes deux amis, jusqu'à pouvoir enfin les réunir tous pour une lecture privée, qui fit une profonde impression sur les quelques amis intimes qui composaient l'auditoire. Comme Mme Wesendonck paraissait particulièrement émue par le dernier acte, je dis d'un ton consolant qu'il ne fallait pas s'en affliger, car, en toutes circonstances, dans une affaire aussi grave, les choses se passaient généralement ainsi, et Cosima était de tout cœur d'accord. Nous avions aussi beaucoup de musique ensemble, car en Billow j'avais enfin trouvé l'homme idéal pour jouer l'atroce arrangement de Klindworth de mes partitions des Nibelungen. Mais les deux actes de Siegfried, qui n'avaient été écrits qu'à l'état de brouillons, étaient maîtrisés par Hans avec une telle maîtrise qu'il pouvait les jouer comme s'ils avaient été réellement arrangés pour le piano. Comme d'habitude, j'ai pris toutes les parties de chant ; parfois nous avions quelques auditeurs, parmi lesquels Mme. Wille était le plus prometteur. Cosima écoutait silencieusement, la tête baissée ; si on lui demandait d'exprimer son opinion, elle se mettait à pleurer.

Vers la fin du mois de septembre, mes jeunes amis m'ont quitté pour retourner à leur destination à Berlin et commencer leur vie conjugale en bons citoyens.

Pour le moment, nous avions fait retentir une sorte de carillon funèbre sur les Nibelungen en en jouant autant, et il était maintenant complètement mis de côté. La conséquence en fut que lorsque nous le retirâmes plus tard de son in-folio pour des réunions similaires, il avait un aspect terne et devenait de plus en plus pâle, comme pour nous rappeler le passé. Mais au début d'octobre, je commençai aussitôt à composer Tristan, et j'en achevai le premier acte au nouvel an , alors que j'étais déjà occupé à orchestrer le prélude. Durant cette période, j'ai développé une passion rêveuse et craintive pour la retraite. Le travail, les longues promenades par tous les vents et par tous les temps, les soirées passées à lire Calderon, tel était mon genre de vie, et si on le dérangeait, j'étais plongé dans l'irritation la plus profonde. Mes relations avec le monde se limitaient presque entièrement à mes négociations avec le vendeur de musique Hartel au sujet de la publication de Tristan. Comme je l'avais dit à cet homme, contrairement à l'immense entreprise des Nibelungen, j'avais en tête une œuvre réalisable, qui, dans ses exigences envers le producteur, se limitait, à toutes fins utiles, à l'engagement de quelques bons chanteurs, il se montra si empressé d'accepter mon offre, que j'osai demander quatre cents louis d'or. Hartel répondit alors que je devais lire sa contre-offre, faite dans une lettre cachetée qu'il avait jointe, à la seule condition que j'acceptais immédiatement de renoncer entièrement à mes propres exigences, car il ne pensait pas que l'ouvrage que je me proposais d'écrire en était un. qui pourrait être produit sans difficultés. Dans l'enveloppe scellée, j'ai découvert qu'il ne m'offrait que cent louis d'or, mais il s'engageait, au bout de cinq ans, à me donner la moitié de la somme, avec la possibilité de racheter mes droits pour un autre. cent louis d'or. Je dus me conformer à ces conditions et je me mis bientôt à orchestrer le premier acte, de manière à laisser au graveur un lot de feuilles à la fois.

En outre, je m'intéressais alors à la crise attendue du marché monétaire américain au mois de novembre, dont les conséquences, pendant quelques semaines fatales, menaçaient de mettre en danger toute la fortune de mon ami Wesendonck. Je me souviens que la catastrophe imminente a été supportée avec une grande dignité par ceux qui risquaient d'en être les victimes ; cependant la possibilité de devoir vendre leur maison, leurs terres et leurs chevaux jetait une tristesse inévitable sur nos réunions du soir ; et au bout d'un moment, Wesendonck s'en alla prendre des dispositions avec divers banquiers étrangers.

Pendant ce temps, je passais mes matinées chez moi à composer Tristan, et chaque soir nous lisions Calderon, ce qui me fit une impression profonde et permanente, car j'étais assez familier avec la littérature dramatique espagnole, grâce à Schack. Finalement, la redoutable crise américaine se dissipa heureusement et il apparut bientôt que la fortune de Wesendonck avait considérablement augmenté. Encore une fois, pendant les soirées d'hiver, je lisais Tristan à voix haute à un cercle d'amis plus large. Gottfried Keller était satisfait de la forme compacte de l'ensemble, qui ne contenait en réalité que trois scènes complètes. Semper, cependant, était très en colère contre cela : il objectait que je prenais tout trop au sérieux et disait que le charme de la construction artistique d'un tel matériau résidait dans le fait que l'élément tragique était brisé de telle manière qu'on pouvait en extraire jouissance même dans ses parties les plus touchantes. C'est justement ce qui lui plaisait dans le Don Juan de Mozart, on y rencontrait les types tragiques, comme dans une mascarade, où même le domino était préférable au simple personnage. J'admettais que je m'en sortirais beaucoup plus confortablement si je prenais la vie plus au sérieux et l'art plus à la légère, mais pour le moment j'avais l'intention de laisser prévaloir les relations opposées.

En fait, les gens secouaient la tête. Après avoir esquissé le premier acte de la composition et développé plus précisément le caractère de ma production musicale. Je pensais avec un sourire particulier à ma première idée d'écrire cette œuvre comme une sorte d'opéra italien, et je devenais moins inquiet de l'absence de nouvelles du Brésil. En revanche, mon attention a été particulièrement attirée, à la fin de cette année, sur ce qui se passait à Paris en ce qui concerne mes opéras. Un jeune auteur de cette ville m'a écrit pour me demander de lui confier la traduction de mon Tannhauser, car le directeur du Théâtre Lyrique, M. Carvalho, entreprenait des démarches pour produire cet opéra à Paris. J'en étais alarmé, car je craignais que le droit d'auteur de mes œuvres n'était pas assuré en France et qu'on puisse en disposer là-bas à sa guise. À cela, je m'opposai le plus fortement. Je savais bien comment cette entreprise serait menée à bien, d'après un récit que j'avais lu peu de temps auparavant sur la représentation de l'Euryanthe de Weber dans ce même Théâtre Lyrique et des élaborations répréhensibles ou plutôt des mutilations qui avaient été effectuées dans le but de production. Comme Blandine, la fille aînée de Liszt, avait récemment épousé le célèbre avocat E. Ollivier et que je pouvais donc compter sur une aide substantielle de leur part, je me décidai à aller passer une semaine à Paris et à m'occuper de l'affaire pour laquelle j'avais été contacté. , et, en tout cas, garantir légalement mes droits d'auteur. En outre, j'étais dans un état d'esprit très mélancolique, auquel le surmenage et l'occupation constante du genre de tâche que Semper avait, peut-être à juste titre, dénoncé comme étant trop grave, avaient contribué en raison de la tension exercée sur mes capacités mentales. .

Si je me souviens bien, j'ai témoigné de cet état d'esprit (qui, curieusement, me conduisait à mépriser tous les soucis du monde) dans une lettre que j'écrivais à mon vieil ami Alwine Frommann, le soir du Nouvel An 1857.

Au début de la nouvelle année 1858, la nécessité d'une pause dans mon travail devint si manifeste que je redoutai positivement de commencer l'instrumentation du premier acte de Tristan et Isolde, avant de m'être permis le voyage auquel je désirais. Malheureusement, à ce moment-là, ni Zurich, ni ma maison, ni la compagnie de mes amis ne m'offraient aucune détente.

Même la proximité agréable et immédiate de la famille Wesendonck augmentait mon inconfort, car il m'était vraiment intolérable de consacrer toutes mes soirées à des conversations et à des divertissements auxquels mon aimable ami Otto Wesendonck se sentait obligé de prendre part autant que moi et le reste de la famille. nous. Sa crainte que tout dans sa maison suivrait bientôt mon exemple au lieu du sien, lui donnait cette agressivité particulière avec laquelle un homme qui se croit négligé s'interpose comme un extincteur dans chaque conversation tenue en sa présence.

Tout cela me devint bientôt oppressant et ennuyeux, et personne qui ne se rendait compte de mon état et ne montrait des signes de sympathie pour lui ne pouvait exciter mon intérêt, et même alors, il était très languissant. Je me décidai donc au milieu d'un hiver rigoureux, et malgré le fait que pour le moment je n'avais absolument pas les moyens nécessaires et que j'étais par conséquent obligé de prendre toutes sortes de précautions fastidieuses, pour effectuer mon excursion à Paris. J'avais de plus en plus le pressentiment que je m'en allais pour ne jamais revenir. J'arrivai à Strasbourg le 15 janvier, trop bouleversé pour aller plus loin à ce moment-là. De là, j'écrivis à Eduard Devrient à Karlsruhe, lui demandant de prier le Grand-Duc d'envoyer un adjudant à ma rencontre à Kehl à mon retour de Paris, pour m'accompagner lors d'une visite à Karlsruhe, car je souhaitais particulièrement connaître le artistes qui devaient chanter dans Tristan. Un peu plus tard, je fus reproché à Édouard Devrient mon impertinence à espérer disposer d'adjudants grand-ducaux, d'où je compris qu'il avait attribué ma demande à un désir de marque d'honneur, alors que mon idée avait été que c'était la seule manière possible pour moi, un hors-la-loi politique, de me risquer à visiter Karlsruhe, même si mon objectif était purement professionnel. Je n'ai pas pu m'empêcher de sourire face à cette étrange idée fausse, mais j'ai également été surpris par cette preuve de superficialité chez mon vieil ami, et j'ai commencé à me demander ce qu'il pourrait faire ensuite.

J'avançais péniblement, au crépuscule, sur la promenade publique de Strasbourg, pour récupérer mes nerfs surmenés, lorsque je fus soudain surpris en voyant sur une affiche de théâtre le mot TANNHAUSER. En regardant l'affiche de plus près, je vis que c'était l'Ouverture de Tannhauser qui devait être donnée en prélude à une pièce française. Je n'ai pas bien compris le sens exact de cela, mais bien sûr, j'ai pris place dans le théâtre, qui était très vide. L'orchestre, d'autant plus grand qu'il contrastait avec la salle vide, était réuni dans un espace immense et très fort. Le rendu donné de mon ouverture sous la baguette du chef d'orchestre était vraiment très bon.

Alors que j'étais assis un peu à l'avant du parterre, je fus reconnu par l'homme qui jouait de la timbale, car il avait participé à mes représentations zurichoises en 1853. La nouvelle de ma présence se répandit comme une traînée de poudre dans tout l'orchestre jusqu'à ce qu'il est parvenu aux oreilles du chef d'orchestre et a suscité une grande émotion. Le petit public, apparemment apparu simplement à cause de la pièce française et qui n'était pas du tout enclin à prêter une attention particulière à l'ouverture, fut très étonné lorsque, à la fin de l'ouverture, le chef d'orchestre et tout l'orchestre se tourna vers ma stalle et poussa des applaudissements enthousiastes que je dus saluer en m'inclinant. Tous les regards m'ont suivi avec impatience alors que je quittais la salle après cette scène, pour présenter mes respects au chef d'orchestre. C'était M. Hasselmann, originaire de Strasbourg, et apparemment un homme très bon et aimable. Il m'accompagna à mon hôtel et me raconta, entre autres choses, les circonstances liées à l'exécution de mon ouverture. Cela m'a quelque peu surpris. Selon les termes d'un héritage laissé par un riche strasbourgeois, grand amateur de musique, qui avait déjà contribué très largement à la construction du théâtre, l'orchestre, dont la condition florissante était due à sa bienfaisance, devait donner, pendant les représentations théâtrales habituelles, une des plus grandes œuvres instrumentales avec un orchestre complet une fois par semaine. Cette fois, justement, ce fut au tour de l'ouverture à Tannhauser. Le sentiment qui prédominait dans mon esprit était celui de l'envie que Strasbourg ait produit un citoyen dont l'égal n'avait jamais vu le jour dans aucune des villes où j'avais été lié à la musique, et plus particulièrement à Zurich.

Tandis que je discutais de l'état de la musique à Strasbourg avec le chef d'orchestre Hasselmann, le célèbre attentat contre l'Empereur d'Orsini avait lieu à Paris. J'en ai entendu quelques vagues rumeurs lors de mon voyage le lendemain matin, mais ce n'est que le 17, à mon arrivée à Paris, que j'en ai entendu tous les détails par le garçon de mon hôtel. Je considérais cet événement comme un coup du sort malveillant, dirigé contre moi personnellement. Le lendemain matin, même au petit-déjeuner, je craignais de voir entrer mon ancienne connaissance, l'agent du ministère de l'Intérieur, et exiger mon départ immédiat de Paris comme réfugié politique. Je présumais qu'en tant que visiteur du Grand Hôtel du Louvre, alors nouvellement ouvert, je serais considéré par la police avec plus de respect que dans le petit hôtel au coin de la rue des Filles Saint-Thomas, où j'avais séjourné autrefois. par souci d'économie. J'avais initialement prévu de m'installer dans un hôtel que je connaissais, rue le Pelletier, mais l'attentat avait eu lieu précisément à cet endroit, et les principaux criminels y avaient été poursuivis et arrêtés. C'était une étrange coïncidence ! Et si j'étais arrivé à Paris deux jours plus tôt et que j'y étais allé !!!

Après avoir ainsi apostrophé le démon de mon sort, je recherchai M. Ollivier et sa jeune épouse. Dans le premier, je trouvai bientôt un ami très aimable et actif, qui prit aussitôt résolument en main l'affaire qui était mon principal objet à Paris. Un jour, nous allâmes chez un notaire qui était un de ses amis et qui semblait avoir une obligation envers lui. J'y ai donné à Ollivier une procuration formelle et soigneusement étudiée, pour représenter mes droits patrimoniaux d'auteur, et malgré de nombreuses formalités officielles en matière de cachets, j'ai été traité avec une parfaite hospitalité, de sorte que je me suis senti bien à l'abri sous mon la protection d'un ami. Au cours de mes promenades avec mon ami Ollivier au Palais de Justice et dans la Salle des pas perdus, je fus présenté aux avocats les plus célèbres du monde qui s'y promenaient en berretta et en robe, et je fus bientôt dans une intimité si intime. ils me dirent qu'ils formaient un cercle autour de moi et me faisaient expliquer le sujet de Tannhauser. Cela m'a beaucoup plu. Je n'étais pas moins ravi de ma conversation avec Ollivier concernant ses opinions et sa position politiques. Il croyait toujours en la République qui perdurerait après le renversement inévitable du régime napoléonien. Lui et ses amis n'avaient pas l'intention de provoquer une révolution, mais ils se tenaient prêts pour le moment où elle se produirait, comme cela devait nécessairement se produire, et étaient bien résolus cette fois à ne pas la livrer de nouveau au pillage de vils conspirateurs. En principe, il était d'accord avec les conclusions logiques du socialisme ; il connaissait et respectait Proudhon, mais pas comme homme politique ; il pensait que rien ne pouvait être fondé sur des bases durables sans l'initiative d'une organisation politique. Grâce à une législation simple, qui avait déjà adopté plusieurs lois protégeant le bien public contre les abus des privilèges privés, même les revendications les plus audacieuses d'une communauté fondée sur des droits égaux pour tous seraient progressivement satisfaites.

Je remarquai maintenant avec une grande satisfaction que j'avais fait des progrès considérables dans le développement de mon caractère, car je pouvais écouter et discuter de ces sujets et d'autres sans entrer dans un état d'excitation, comme je le faisais formellement dans des discussions similaires.

Blandine m'impressionnait à la fois très favorablement par sa douceur, sa gaieté et un certain esprit tranquille ajouté à une perception mentale rapide.

Nous nous sommes très vite compris ; la moindre suggestion suffisait pour créer une entente mutuelle sur n'importe quel sujet qui nous intéressait.

Dimanche arrivait, et avec lui un concert au Conservatoire. Comme je n'avais jusqu'alors assisté qu'aux répétitions et que je n'étais jamais allé jusqu'aux représentations, mes amis réussirent à me procurer une place dans la loge de Mme. Hérold, la veuve du compositeur, femme de caractère sympathique, qui se déclara aussitôt chaleureusement en faveur de ma musique. Elle en avait, il est vrai, peu de connaissances, mais elle avait été séduite par l'enthousiasme de sa fille et de son gendre qui, comme je l'ai déjà dit, avaient entendu Tannhauser pendant leur lune de miel à Vienne et à Berlin. Ce fut vraiment une agréable surprise. De plus, j'entendais pour la première fois de ma vie une interprétation des Saisons de Haydn, que le public appréciait énormément, car ils pensaient que les cadences vocales régulières et fleuries, si rares dans la musique moderne, mais qui se produisent si fréquemment au conclusion des phrases musicales de la musique de Haydn, très originale et charmante. Le reste de la journée se passa très agréablement au sein de la famille Herold. Vers la fin de la soirée, entra un homme dont l'apparence fut saluée avec une attention marquée. Il s'agissait de M. Scudo, qui, je l'ai appris par la suite, était le célèbre rédacteur musical de la Revue des Deux Mondes. Son influence auprès d'autres revues était considérable, mais jusqu'à présent elle n'avait certainement pas été en ma faveur. L'aimable hôtesse souhaitait que je fasse sa connaissance, afin qu'il puisse avoir une bonne impression de moi, mais je lui ai dit qu'un tel objectif ne pouvait être atteint par le biais d'une conversation de salon, et plus tard j'ai été confirmé dans mon Je pense que les raisons pour lesquelles un gentleman de ce type, qui n'a aucune connaissance en la matière, se déclare hostile à un artiste, n'ont rien à voir avec ses convictions ni même avec son approbation ou sa désapprobation. Plus tard, ces braves gens durent souffrir pour s'être intéressés à moi, car, dans un compte rendu de mes concerts par Herr Scudo, ils furent ridiculisés comme une famille aux fortes tendances démocratiques.

Je recherchai maintenant mon ami Berlioz, dont j'avais récemment renoué la connaissance à Londres, et dans l'ensemble je le trouvai bienveillant.

Je l'informai que je venais tout juste d'arriver à Paris pour un court voyage d'agrément. Il était alors occupé à composer un grand opéra, Die Trojaner. Afin de me faire une idée de l'œuvre, j'avais particulièrement hâte d'entendre le livret que Berlioz avait écrit lui-même, et il a passé une soirée à me le lire. J'en ai été déçu, non seulement en ce qui concerne cela, mais aussi par sa prestation singulièrement sèche et théâtrale. Je pensais que dans ce dernier je pouvais voir le caractère de la musique sur laquelle il avait mis ses paroles, et j'ai sombré dans un désespoir total, car je pouvais voir qu'il considérait cela comme son chef-d'œuvre et attendait avec impatience sa production. comme le grand objet de sa vie.

Je reçus aussi une invitation chez les Ollivier de la famille Erard, chez laquelle je retrouvai ma vieille amie la veuve de Spontini. Nous y passâmes une soirée assez charmante, au cours de laquelle, chose étrange, je devais me charger de l'animation musicale au piano. Ils ont déclaré qu'ils étaient complètement entrés dans l'esprit des différentes sélections de mes opéras que j'avais jouées de la manière qui me caractérise désormais, et qu'ils les avaient énormément appréciées. En tout cas, on n'avait encore jamais entendu un jeu aussi intime et sincère dans ce magnifique salon. A part cela, j'ai fait une grande acquisition, grâce à l'aimable courtoisie de Mme. Erard et son beau-frère Schaffer, qui depuis la mort de son mari dirigeaient l'affaire, sous la forme d'une promesse d'un des célèbres pianos à queue de leur manufacture. Ainsi les ténèbres de mon excursion à Paris sembla se changer en lumière, car j'en fus si heureux, que je considérai tout autre résultat comme chimérique, et celui-ci comme la seule réalité.

Après cela, je quittai Paris le 2 février dans un état d'esprit plus gai, et, sur le chemin du retour, j'allai retrouver mon vieil ami Kietz à Epernay, où M. Paul Chandon, qui connaissait Kietz depuis son enfance, s'était intéressé. chez le peintre ruiné en l'emmenant dans sa maison et en lui confiant de nombreuses commandes de portraits. Dès mon arrivée, je fus irrésistiblement attiré par la maison hospitalière de Chandon et je ne pus refuser d'y rester quelques jours. J'ai trouvé en Chandon un admirateur passionné de mes opéras, en particulier de Rienzi, dont il avait assisté à la première représentation à Dresde. J'ai également visité les merveilleuses caves à vin de Champagne, qui s'étendaient sur des kilomètres au cœur du sol rocheux. Kietz faisait un portrait à l'huile, et l'opinion de tous qu'il serait bientôt terminé m'amusait un peu.

Après bien des divertissements superflus, je me libérai enfin de cette hospitalité inattendue et retournai à Zurich le 5 février, où j'avais convenu par lettre d'une soirée immédiatement après mon arrivée, car je pensais avoir beaucoup de choses à raconter. tous collectivement au lieu de le faire au moyen de communications longues et fastidieuses avec des amis individuels. Semper, qui faisait partie de la compagnie, était contrarié d'être resté à Zurich tandis que j'étais à Paris, et il est devenu très furieux de mes joyeuses aventures et a déclaré que j'étais un enfant de fortune impudent, alors qu'il considérait cela comme le C'est la plus grande calamité qu'il soit enchaîné à ce misérable trou de Zurich. Comme je souriais intérieurement devant son envie de ma fortune !

Mes affaires n'avançaient que peu, car mes opéras avaient été vendus dans presque tous les théâtres et il ne me restait que très peu de recettes. Je n'entendais plus parler de toutes ces représentations, sinon qu'elles rapportaient très peu d'argent. Je me suis résigné à faire sortir Rienzi, car cela convenait tout à fait à notre classe inférieure de théâtre. Avant de la proposer à la vente, il était souhaitable de la faire rejouer à Dresde ; mais cela, disait-on, était impossible à cause de l'impression créée par l'attentat d'Orsini. J'ai donc travaillé à l'instrumentation du premier acte de Tristan, et pendant ce temps je ne pouvais m'empêcher de penser que très probablement d'autres objections, outre celles de captivité politique, s'élèveraient contre la diffusion de cette œuvre. J'ai donc continué mon travail de manière vague et quelque peu désespérée.

Au mois de mars, Mme Wesendonck m'a informé qu'elle envisageait d'organiser une sorte de divertissement musical chez elle pour célébrer l'anniversaire de son mari. Elle avait une prédilection pour une petite sérénade que j'avais arrangée pendant l'hiver avec l'aide de huit instrumentistes zurichois à l'occasion de son propre anniversaire. La fierté de la villa Wesendonck était une salle spacieuse, très élégamment décorée par des stucateurs parisiens, et j'avais remarqué un jour que la musique n'y sonnerait pas mal du tout. Nous l'avions testé à petite échelle, mais il fallait maintenant l'essayer à plus grande échelle. J'ai proposé de réunir un orchestre respectable pour interpréter des fragments des symphonies de Beethoven, composés principalement des parties les plus brillantes, pour le divertissement de la compagnie. Les préparatifs nécessaires ont demandé beaucoup de temps et la date de l'anniversaire a dû être dépassée. En fait, nous approchions de Pâques et notre concert eut lieu presque à la fin du mois de mars. La comédie musicale At Home a connu le plus de succès. Un grand orchestre pour les pièces de Beethoven jouées avec le plus grand éclat sous ma direction, devant l'assemblée des invités disséminés dans les salles environnantes, des extraits des symphonies. Un concert à domicile sans précédent semblait plonger tout le monde dans un grand état d'excitation.

La jeune fille de la maison m'a offert au début de la représentation un bâton en ivoire, sculpté d'après un dessin de Semper, le premier et le seul cadeau gratuit que j'ai jamais reçu. Les fleurs et les arbres ornementaux ne manquaient pas sous lesquels je me tenais lorsque je dirigeais, et lorsque, selon mon goût pour l'effet musical, nous terminions, non pas par un morceau bruyant, mais par un morceau profondément apaisant, comme l'Adagio de la Neuvième Symphonie, nous J'ai senti que la société zurichoise avait effectivement été témoin de quelque chose de tout à fait unique et mes amis à qui j'avais accordé cette distinction en ont été profondément touchés.

Cette fête m'a laissé les impressions les plus mélancoliques ; J'avais l'impression d'avoir atteint le méridien de ma vie, que je l'avais effectivement dépassé et que la corde de l'arc était trop tendue. Mme. Wille m'a dit plus tard qu'elle avait été envahie par des sentiments similaires ce soir-là. Le 3 avril, j'envoyai à Leipzig pour être gravé le manuscrit de la partition du premier acte de Tristan et Isolde ; J'avais déjà promis de donner à Mme Wesendonck le dessin au crayon pour l'instrumentation du prélude, et je le lui envoyai accompagné d'un billet dans lequel je lui expliquais sérieusement et calmement les sentiments qui m'animaient alors. Ma femme s'inquiétait depuis quelque temps de ses relations avec notre voisin ; elle se plaignait avec une amertume croissante de n'être pas traitée par elle avec les attentions dues à la femme d'un homme que Mme Wesendonck était si heureuse d'accueillir chez elle, et que lorsque nous nous sommes rencontrés, c'était plutôt à cause des visites de cette dame. pour moi que pour elle. Jusqu'à présent, elle n'avait pas vraiment exprimé de jalousie. Comme elle se trouvait ce matin-là dans le jardin, elle rencontra le domestique qui portait le paquet pour Mme Wesendonck, le lui prit et ouvrit la lettre. Comme elle était tout à fait incapable de comprendre l'état d'esprit que j'avais décrit dans la lettre, elle donna volontiers une interprétation vulgaire à mes paroles, et se sentit donc justifiée de faire irruption dans ma chambre et de m'attaquer des reproches les plus extraordinaires sur la terrible découverte. elle avait fait. Elle avoua ensuite que rien ne l'avait autant contrariée que l'extrême calme et l'apparente indifférence avec lesquels je traitais sa stupide conduite. En fait, je n'ai jamais dit un mot ; Je n'ai pratiquement pas bougé, mais je lui ai simplement permis de partir. Je ne pouvais m'empêcher de comprendre que tel serait désormais le caractère intolérable des relations conjugales que j'avais reprises huit ans auparavant. Je lui ai dit péremptoirement de se taire et de ne se rendre coupable d'aucune erreur, ni dans le jugement ni dans les actes, et j'ai essayé de lui faire comprendre à quel point cette situation insensée nous avait amenés dans une situation grave. Elle parut vraiment comprendre ce que je voulais dire et promit de se taire et de ne pas céder à sa jalousie absurde. Malheureusement, la pauvre créature souffrait déjà d'une grave maladie cardiaque, qui affectait son humeur ; elle ne pouvait pas se débarrasser de la dépression particulière et de la terrible agitation que provoque l'hypertrophie du cœur, et seulement quelques jours après, elle sentit qu'elle devait soulager ses sentiments, et la seule manière possible pour elle de le faire était d'avertir notre voisine, Frau Wesendonck, avec une insistance qu'elle croyait bien intentionnée, contre les conséquences de toute intimité imprudente avec moi.

Comme je revenais d'une promenade, je rencontrai M. Wesendonck et sa femme dans leur voiture qui partaient en promenade. J'ai remarqué son air troublé contrastant avec l'expression particulièrement souriante et satisfaite de son mari. Je me suis clairement rendu compte de cette situation lorsque j'ai ensuite rencontré ma femme, merveilleusement joyeuse. Elle me tendit la main avec une grande générosité, m'assurant de son affection renouvelée. En réponse à ma question, si par hasard elle avait rompu sa promesse, elle répondit avec assurance que, en femme sage, elle avait été obligée de mettre les choses en ordre. Je lui ai dit qu'elle subirait très probablement des conséquences très désagréables si elle ne respectait pas sa parole. Tout d'abord, j'ai estimé qu'il était essentiel qu'elle prenne les mesures nécessaires pour améliorer sa santé, comme nous l'avions convenu auparavant, et je lui ai dit qu'elle ferait mieux de se rendre le plus tôt possible à la station thermale qui lui avait été recommandée à Brestenberg, au bord du lac Hallwyler. Nous avions entendu des récits merveilleux sur les guérisons de maladies cardiaques que le médecin avait opérées, et Minna était tout à fait prête à se soumettre à son traitement. Quelques jours plus tard, je l'emmenai donc, elle et son perroquet, à l'abreuvoir agréablement situé et bien aménagé, distant d'environ trois heures. En attendant, j'évitais de poser des questions sur ce qui s'était passé chez nos voisins. Lorsque je l'ai laissée à Brestenberg et que j'ai pris congé, elle a semblé se rendre compte de la pénible gravité de notre situation. Je ne pouvais pas dire grand-chose pour la réconforter, sauf que j'essaierais, dans l'intérêt de notre vie future ensemble, d'atténuer les conséquences redoutées d'un manquement à sa parole.

À mon retour chez moi, j'ai ressenti les effets désagréables du comportement de ma femme envers notre voisin. Dans une interprétation totalement erronée de mes relations purement amicales avec la jeune épouse, dont le seul intérêt pour moi consistait dans son souci de ma tranquillité d'esprit et de mon bien-être, Minna était allée jusqu'à menacer d'en informer le mari de la dame. Mme Wesendonck s'en sentit si profondément offensée, car elle n'avait absolument pas conscience d'avoir commis le moindre tort, qu'elle fut absolument stupéfaite par moi et dit qu'elle ne pouvait pas concevoir comment j'avais pu entraîner ma femme dans un tel malentendu. Le résultat de ce trouble fut que, grâce à la médiation discrète de notre amie commune Mme. Wille, j'étais exonéré de toute responsabilité quant à la conduite de ma femme ; néanmoins, on me fit comprendre que désormais il serait impossible à la dame blessée de rentrer chez moi, ni même de continuer à avoir des relations sexuelles avec ma femme. Ils ne semblaient pas se rendre compte et ne voulaient pas admettre que cela entraînerait l'abandon de ma maison et mon expulsion de Zurich. J'espérais que, même si mes relations avec ces bons amis avaient été perturbées, elles n'étaient pas vraiment détruites et que le temps arrangerait les choses. Je sentais que je devais espérer une amélioration de la santé de ma femme, lorsqu'elle admettrait sa folie et pourrait ainsi reprendre ses relations sexuelles avec nos voisins d'une manière raisonnable.

Un certain temps s'écoula pendant lequel la famille Wesendonck fit un voyage d'agrément de plusieurs semaines dans le nord de l'Italie.

L'arrivée du piano à queue d'Erard promis me fit douloureusement prendre conscience à quel point mon vieux piano à queue de Breitkopf et Hartel avait été une marmite en fer blanc, et je l'exila aussitôt dans les régions inférieures, où ma femme la supplia de le garder comme un trésor. souvenir « du bon vieux temps ». Elle l'emporta ensuite avec elle en Saxe, où elle le vendit pour trois cents marks. Le nouveau piano faisait énormément appel à mon sens musical, et pendant que j'improvisais, il me semblait dériver tout naturellement vers les doux sons nocturnes du deuxième acte de Tristan, dont je commençais maintenant à esquisser la composition. C'était au début du mois de mai. Mon travail fut interrompu de façon inattendue par l'ordre du grand-duc de Weimar de le rencontrer un certain jour à Lucerne, où il séjournait après son retour d'Italie. J'en profitai pour avoir un long entretien à l'hôtel, dans la chambre du chambellan von Beaulieu, avec mon ancien patron nominal dont j'avais fait la connaissance au moment de ma fuite.

De cet entretien avec Karl Alexander, j'ai compris que mon attitude envers le grand-duc de Bade, à l'égard de la représentation de Tristan, à Karlsruhe, avait fait impression sur la cour de Weimar, car s'il faisait particulièrement mention de cette affaire, j'ai compris d'après ce qu'il disait, il était également inquiet de mon œuvre sur les Nibelungen, à laquelle il déclarait avoir toujours porté le plus vif intérêt, et voulait mon assurance que cette composition serait exécutée à Weimar. Je n'avais aucune objection sérieuse à cela. De plus, j'étais très amusé par la personnalité de ce prince bon enfant, libre et facile, qui, bien qu'il soit assis à côté de moi sur un canapé étroit, en train de causer, était visiblement soucieux, par son langage singulièrement choisi, de m'impressionner comme un homme de culture. Je fus très frappé de constater que son maintien digne n'était pas le moins du monde troublé lorsque M. de Beaulieu, dans le but de nous amuser, fit quelques remarques plutôt maladroites qui se voulaient spirituelles. Après que le Grand-Duc m'eut demandé de la manière la plus réservée mon opinion sur les compositions de Liszt, je fus surpris de constater, à son attitude générale, qu'il n'était pas du tout gêné lorsque le chambellan exprima les opinions les plus méprisantes à l'égard du célèbre ami du Grand-Duc, en disant que la composition de Liszt n'était qu'une simple manie de sa part. Cela me donna un étrange aperçu de cette amitié royale, et j'eus quelques difficultés à rester sérieux pendant l'entretien. Je dus rendre une nouvelle visite au grand-duc le lendemain matin, mais à cette occasion je le vis sans son chambellan, dont l'absence eut certainement un effet favorable sur les propos du prince à l'égard de son ami.

Liszt, dont il affirmait haut et fort la conversation et les conseils inspirants, ne pouvait pas faire assez d'éloges. Je fus surpris de voir la Grande-Duchesse arriver sur nous, et je fus reçu par elle avec un salut des plus condescendants, dont je n'ai jamais oublié la formalité. Je considérais ma rencontre avec ces personnages élevés comme une aventure extrêmement amusante dans mon voyage. Depuis, je n'ai plus jamais entendu parler d'eux. [Note : Ceci a été dicté en 1869.] Plus tard, lorsque j'ai rendu visite à Liszt à Weimar, juste avant son départ, il n'a même pas pu convaincre le Grand-Duc de me recevoir !

Peu de temps après mon retour de cette expédition, Karl Tausig me revint avec une lettre d'introduction de Liszt ; il avait alors seize ans et étonnait tout le monde par son aspect délicat et sa précocité inhabituelle de compréhension et d'attitude. Il avait déjà été accueilli à Vienne, lors de son apparition publique en tant que pianiste, en futur Liszt. Il se donnait tous les airs d'un

Liszt, et fumait déjà les cigares les plus forts, à tel point que j'en avais une parfaite horreur. Par ailleurs, j'étais très heureux qu'il ait décidé de passer du temps dans le quartier, d'autant plus que je pouvais apprécier au maximum sa personnalité amusante, à moitié enfantine, quoique très intelligente et connaissante, et surtout son Un jeu de piano exceptionnellement fini et une faculté musicale rapide. Il jouait les morceaux les plus compliqués à vue, et savait user de son étonnante facilité dans les tours les plus extravagants pour mon divertissement. Il vint ensuite habiter tout près de chez nous ; il était mon hôte quotidien à tous les repas et m'accompagnait dans mes promenades habituelles au Sihlthal. Cependant, il essaya bientôt de s'en sortir. Il m'accompagna également lors d'une visite à Minna à Brestenberg. Comme je devais répéter régulièrement ces expéditions chaque semaine, soucieux de surveiller le résultat du traitement, Tausig essayait également d'y échapper, car ni Brestenberg ni la conversation de Minna ne semblaient lui plaire. Il ne put cependant éviter de la rencontrer lorsque, se sentant obligée d'interrompre sa cure pendant quelques jours pour s'occuper de ses affaires domestiques, elle revint à la fin du mois de mai. Je remarquai à ses manières qu'elle n'attachait plus aucune importance aux récents bouleversements domestiques ; elle pensait qu'il y avait eu une petite « histoire d'amour » qu'elle avait mise au clair. Comme elle parlait de cela avec une certaine légèreté désagréable, j'ai été obligé, même si je l'aurais volontiers épargné en raison de son état de santé, de lui expliquer clairement et fermement qu'en conséquence de sa désobéissance et de sa conduite insensée envers notre voisine, la possibilité de notre maintien dans le domaine, où nous venions à peine de nous installer avec tant de difficulté, faisait l'objet des doutes les plus sérieux, et je me sentais obligé de l'avertir que nous devions nous préparer à la nécessité d'une séparation. , car j'étais pleinement déterminé que si cet événement redouté se produisait, je n'accepterais pas de vivre dans des conditions domestiques similaires ailleurs. Le sérieux avec lequel j'ai évoqué le caractère de notre vie commune passée, à cette occasion, l'a tellement impressionnée et choquée que, réalisant pleinement que c'était par sa faute que la maison qu'il nous avait coûté tant de peine à construire avait été détruite, » elle a poussé un faible gémissement de lamentation pour la première fois de notre vie. Ce fut la première et la seule occasion où elle me donna un signe d'humilité amoureuse, lorsque, tard dans la nuit, elle me baisa la main alors que je me retirais. J'en fus profondément touché, et l'idée me vint à l'esprit qu'un changement grand et décisif pourrait avoir lieu dans le caractère de la pauvre femme, et cela me détermina à renouveler mon espoir dans la possibilité de continuer la vie que nous avions reprise. .

Tout contribuait à entretenir cet espoir : ma femme revint à Brestenberg pour achever la deuxième partie de sa guérison ; le temps d'été le plus beau favorisait ma disposition à travailler au deuxième acte de Tristan ; les soirées avec Tausig me remontaient le moral, et mes relations avec mes voisins, qui ne m'avaient jamais porté aucune mauvaise volonté, me semblaient favoriser la possibilité d'une entente digne et souhaitable dans l'avenir. Il était fort probable que si ma femme rendait visite à ses amis en Saxe après sa guérison, le temps finirait par couvrir le passé d'oubli et sa propre conduite future ainsi que le changement d'attitude de notre voisin profondément offensé, feraient en sorte qu'elle possible de renouveler nos relations mutuelles de manière digne.

J'étais encore plus réconforté par la perspective de l'arrivée d'un visiteur agréable, ainsi que par des négociations satisfaisantes avec deux des théâtres allemands les plus importants.

En juin, le directeur berlinois m'a contacté à propos de Lohengrin et nous sommes rapidement parvenus à un accord. A Vienne également, l'intrusion forcée de Tannhauser avait produit son effet sur l'attitude de la direction du théâtre de cour. Tout récemment, le célèbre chef d'orchestre Karl Eckert s'est vu confier la direction technique de l'Opéra. Il saisit l'heureuse occasion offerte par la possession d'une très bonne troupe de chanteurs et par la fermeture du théâtre pour des restaurations indispensables, pour donner à la troupe le temps d'étudier Lohengrin, dans le but de faire accepter ce nouveau et difficile travail des autorités judiciaires. Il m'a alors fait ses offres. Je voulais insister sur les droits d'auteur aux mêmes conditions qu'à Berlin, mais il ne voulut pas l'accepter, car les recettes de la maison étaient très faibles, en raison du manque de place dans l'ancien théâtre. Par contre, le chef d'orchestre Esser m'a rendu visite un jour ; il était venu de Vienne pour prendre toutes les dispositions et, au nom de la direction, il m'a offert environ deux mille marks, comptant, pour les vingt premières représentations de Lohengrin, et m'a promis une somme supplémentaire de deux mille marks une fois terminées. Les manières franches et cordiales du digne musicien me conquirent et je me liai aussitôt avec lui. Le résultat fut qu'Esser parcourut immédiatement avec moi la partition de Lohengrin, avec beaucoup de conscience et de zèle, et accorda une attention particulière à tous mes souhaits. Plein de confiance dans un résultat favorable, je lui fis mes adieux, et il retourna précipitamment à Vienne pour se mettre immédiatement au travail.

J'ai alors terminé les esquisses de composition du deuxième acte de Tristan dans une excellente humeur et j'ai commencé l'exécution plus détaillée de celui-ci, mais je n'ai pas complètement terminé la première scène, car j'étais exposé à des interruptions continuelles. Tichatschek vint me rendre une nouvelle visite et s'installa dans ma petite chambre d'amis, pour se remettre, disait-il, des effets de ses récents efforts. Il se vantait d'avoir réintroduit mes opéras, qui avaient été à plusieurs reprises interdits, dans le répertoire du théâtre de Dresde et d'y avoir lui-même participé avec beaucoup de succès.

Du Lohengrin devait également y être produit. Même si c'était très gratifiant, je ne savais pas du tout que faire de ce brave homme si proche. Heureusement, j'ai pu le confier à Tausig, qui a compris mon embarras et a gardé Tichatschek pour lui toute la journée, en jouant aux cartes avec lui. Le jeune ténor Niemann, dont j'avais tant entendu parler du grand talent, arriva bientôt avec sa fiancée, la célèbre actrice Seebach, et, grâce à sa silhouette presque gigantesque, il me parut être l'homme idéal pour Siegfried. Le fait d'avoir avec moi deux ténors célèbres en même temps provoquait l'agacement qu'aucun d'eux ne voulait rien me chanter, car ils étaient mal à l'aise l'un en présence de l'autre. Je pensais pourtant bien que la voix de Niemann devait être à la hauteur de sa personnalité imposante. Vers cette époque (15 juillet), j'allai chercher ma femme à Brestenberg. Pendant mon absence, mon domestique, qui était un Saxon rusé, avait cru bon d'ériger une sorte d'arc de triomphe pour célébrer le retour de la maîtresse de la maison. Cela a entraîné de grandes complications, car, à sa grande joie, Minna était convaincue que cet arc de triomphe fleuri attirerait grandement l'attention de nos voisins, et pensait que cela suffirait pour les empêcher de considérer son retour chez lui comme un retour humiliant. . Elle insista avec une joie triomphale pour que les décorations restent en place pendant plusieurs jours. À peu près au même moment, les Bulow, fidèles à leur promesse, rendirent une autre visite. Le malheureux Tichatschek retarda encore son départ et continua par conséquent à occuper notre seule petite chambre libre. Je fus donc obligé de laisser mes amis rester à l'hôtel plusieurs jours de plus. Cependant, les visites qu'ils rendirent aux Wesendonck ainsi qu'à moi me fournirent bientôt l'occasion d'entendre, à ma grande surprise, l'effet que l'arc de triomphe avait produit sur la jeune épouse de notre voisin, qui souffrait encore de ses sentiments blessés. Lorsque j'ai entendu parler de ses protestations passionnées, j'ai compris à quel point les choses en étaient arrivées et j'ai immédiatement abandonné tout espoir de mettre fin pacifiquement à cette situation discordante. C'étaient des jours de terrible anxiété. Je souhaitais me trouver dans le désert le plus lointain, et pourtant je me trouvais dans la position délicate de devoir garder ma maison ouverte à une succession de visiteurs. Tichatschek partit enfin, et je pus au moins consacrer le reste de mon séjour à l'agréable tâche de recevoir mes invités préférés. Les Bulow me semblaient en réalité avoir été envoyés providentiellement pour apaiser l'horrible agitation qui régnait dans la maison. Hans a fait de son mieux lorsque, le jour de son arrivée, il m'a surpris au milieu d'une scène terrible avec Minna, car je venais de lui dire clairement que d'après ce que je pouvais voir de la situation actuelle, notre séjour ici ce n'était plus possible, et que je ne faisais que différer mon départ après la visite de nos jeunes amis. Cette fois, cependant, j'ai dû admettre qu'elle n'était pas entièrement responsable.

Nous avons passé encore un mois entier ensemble dans la maison que j'avais d'ailleurs inconsciemment baptisée Asyl. Ce fut une période extrêmement éprouvante et les expériences que je vivais chaque jour n'ont fait que me confirmer dans ma décision d'abandonner la maison. Dans ces circonstances, mes jeunes invités durent également souffrir, car mon inquiétude se communiquait à tous ceux qui sympathisaient avec moi. Klindworth, qui venait de Londres pour ajouter à la tristesse de cet extraordinaire ménage, nous rejoignit bientôt. Ainsi, la maison fut soudainement remplie et la table entourée d'invités tristes et mystérieusement déprimés, dont les besoins étaient satisfaits par celle qui allait bientôt quitter sa maison pour toujours.

Il me semblait qu'il devait exister un être humain spécialement qualifié pour apporter la lumière et la réconciliation, ou du moins un ordre tolérable, dans l'obscurité et les troubles qui nous entouraient tous. Liszt m'avait promis une visite, mais il se trouvait si heureusement hors de portée de ces conditions pénibles, il avait eu une telle expérience du monde et possédait cet aplomb inné à un degré si extraordinaire, qu'il ne me semblait pas être très probablement d'aborder ces malentendus dans un esprit rationnel. J'avais presque envie de faire dépendre ma décision finale de l'effet de sa visite attendue. C'est en vain que nous le priâmes de hâter son voyage ; il m'a proposé de me retrouver au bord du lac Léman un mois plus tard ! Puis mon courage a échoué. Les relations sexuelles avec mes amis ne m'apportaient plus aucune satisfaction, car même s'ils ne comprenaient pas pourquoi j'étais expulsé d'un foyer qui me convenait si bien, il était pourtant évident pour tout le monde que je ne pouvais pas rester dans ces conditions. Nous écoutions encore de la musique de temps en temps, mais c'était sans enthousiasme et distraitement. Pour ne rien arranger, on nous a infligé une fête vocale nationale, au cours de laquelle j'ai dû faire face à toutes sortes de demandes ; Les choses ne se sont pas toujours déroulées sans désagréments, car, entre autres, j'ai dû refuser de voir Franz Lachner, qui avait été spécialement engagé pour le festival, et n'a pas répondu à son appel. Tausig nous a certainement ravis en chantant dans l'octave supérieure le « Old German Battle Song » de Lachner, qui, grâce à son fausset enfantin, était à sa portée ; cependant, même ses farces ne parvenaient plus à nous remonter le moral. Tout ce qui, en d'autres circonstances, aurait fait de ce mois d'été l'un des plus stimulants de ma vie, contribuait désormais à mon inconfort, ainsi que le séjour de la comtesse d'Agoult, qui, venue rendre visite à sa fille et gendre, s'est attachée à notre parti pour le moment. Pour remplir la maison, Karl Ritter est également venu après beaucoup de bouderies et de bouderies, et s'est montré une fois de plus très intéressant et original.

Alors que l'heure des adieux généraux approchait enfin, j'avais réglé tous les détails liés au démantèlement de mon foyer. Je réglai les affaires nécessaires par une visite personnelle à M. Wesendonck et, en présence de Bulow, je pris congé de Mme Wesendonck, qui, malgré ses idées fausses toujours récurrentes à ce sujet, finit par se faire des reproches amers lorsqu'elle vit que ces les malentendus avaient fini par détruire mon foyer. Mes amis étaient très affligés de se séparer de moi, tandis que je ne pouvais accueillir leurs expressions de tristesse qu'avec apathie. Le 16 août, les Bulow partirent également ; Hans était baigné de larmes et sa femme Cosima était sombre et silencieuse. J'avais convenu avec Minna qu'elle resterait là pendant environ une semaine pour ranger et disposer de nos petites affaires comme elle l'entendrait. Je lui avais conseillé de confier ces tâches désagréables à quelqu'un d'autre, car je ne croyais guère possible qu'elle soit apte à une tâche aussi misérable, qui, dans les circonstances, lui serait très pénible. Elle répondit avec reproche : « Ce serait une belle chose si, avec tous nos malheurs, nous négligeions nos biens. Il doit y avoir de l'ordre. J'appris ensuite, avec dégoût, qu'elle avait procédé au déménagement et à son propre départ avec une telle formalité, en annonçant dans les quotidiens que les effets seraient vendus à bas prix en raison d'un départ soudain, et en excitant ainsi beaucoup de curiosité, que des rumeurs perplexes se répandaient à propos de donnant à toute cette affaire une signification scandaleuse, qui causa ensuite beaucoup de désagréments à moi et à la famille Wesendonck.

Le 17 août, au lendemain du départ des Bulow (dont le séjour avait été le seul motif de ma détention), je me levai de bonne heure après une nuit blanche, et descendis dans la salle à manger, où Minna se trouvait déjà. m'attendant à déjeuner, car j'avais l'intention de prendre le train de cinq heures. Elle était calme ; ce n'est qu'en m'accompagnant dans la voiture jusqu'à la gare qu'elle fut submergée par son émotion dans ces circonstances difficiles. C'était la journée d'été la plus brillante avec un ciel clair et sans nuages ; Je me souviens que je n'ai jamais regardé en arrière ni versé une larme en prenant congé d'elle, et cela m'a presque terrifié. A mesure que je voyageais en train, je ne pouvais me dissimuler un sentiment de confort croissant ; il était évident que les soucis absolument inutiles des semaines passées ne pouvaient plus être supportés et que l'ambition de ma vie exigeait de s'en séparer complètement. Le soir du même jour, j'arrivais à Genève ; ici, je voulais me reposer un peu et me ressaisir, afin d'organiser sereinement mon projet de vie. Comme j'avais l'idée de faire une nouvelle tentative de m'établir en Italie, je me proposai, après ma première expérience, d'attendre le temps plus frais de l'automne, afin de ne pas m'exposer de nouveau à l'influence maligne du changement soudain du climat. Je m'arrangeai pour séjourner un mois à la Maison Fazy, me trompant dans l'idée qu'un séjour prolongé y serait très agréable. J'ai fait part à Karl Ritter, qui était à Lausanne, de mon intention d'aller en Italie et, à ma grande surprise, il m'a écrit en me disant qu'il avait également l'intention d'abandonner sa maison et de partir seul en Italie, car sa femme se rendait en Saxe pour l'hiver. en raison d'affaires familiales. Il s'est proposé comme compagnon de voyage. Cela me convenait parfaitement, et comme Ritter m'assurait aussi qu'il savait, par une visite précédente, que le climat de Venise était tout à fait agréable en cette saison, je fus incité à partir précipitamment. J'ai cependant dû m'arranger pour mon passeport. Je m'attendais à ce que les ambassades de Berne corroborent le fait qu'en tant que réfugié politique je n'aurais rien à craindre à Venise, qui, bien qu'appartenant à l'Autriche, ne faisait pas partie de la Confédération germanique. Liszt, à qui je m'adressai également pour m'informer sur ce point, ne me conseilla en aucun cas d'aller à Venise ; d'autre part, le rapport que certains de mes amis à Berne ont obtenu de l'ambassadeur d'Autriche le déclarait tout à fait sûr ; ainsi, après un séjour d'à peine une semaine à Genève, j'informai Karl Ritter de mon intention de partir et je le rejoignis à sa villa de Lausanne, afin que nous puissions commencer le voyage ensemble.

Nous n'avons pas beaucoup parlé en chemin, mais nous nous sommes livrés silencieusement à nos impressions. La route passait par le Simplon jusqu'au lac Majeur, où j'ai de nouveau visité les îles Borromées depuis Baveno. Là, sur le jardin en terrasse d'Isola Bella, j'ai passé une merveilleuse matinée de fin d'été en compagnie de mon jeune ami, qui n'était jamais envahissant, mais au contraire enclin à être trop silencieux. Pour la première fois, je me sentais complètement apaisé et rempli de l'espoir d'un avenir nouveau et harmonieux. Nous avons continué notre voyage en autocar via Sesto Calende jusqu'à Milan ; et Karl était rempli d'un tel désir pour sa Venise bien-aimée, qu'il pouvait à peine m'accorder le temps d'admirer le célèbre Duomo ; mais je n'avais aucune objection à ce que je me dépêche dans ce but. Tandis que nous regardions Venise, de la digue du chemin de fer, s'élever devant nous du miroir d'eau, Karl perdit son chapeau hors de la voiture à la suite d'un mouvement enthousiaste de joie ; J'ai pensé que je devais emboîter le pas, alors j'ai moi aussi jeté mon chapeau ; nous arrivâmes donc tête nue à Venise, et montâmes aussitôt dans une gondole pour descendre le Grand Canal jusqu'à la Piazzetta, près de Saint-Marc. Le temps était devenu tout à coup maussade, et l'aspect des gondoles me choqua tout à fait ; car, malgré ce que j'avais entendu sur ces étranges récipients drapés de noir, la vue de l'un d'eux fut une surprise désagréable : lorsque je dus passer sous l'auvent noir, je ne pus m'empêcher de me souvenir de l'alerte au choléra quelque temps plus tôt. J'avais certainement l'impression de participer à un cortège funèbre lors d'une peste. Karl m'a assuré qu'au début tout le monde ressentait la même chose, mais qu'on s'y était vite habitué. Vint ensuite la longue navigation à travers les méandres du Grand Canal. L'impression que tout me faisait ici ne tendait pas à dissiper ma mélancolie. Là où Karl, en regardant les murs en ruine, ne voyait que la Ca d'Oro de Fanny Elser ou quelque autre palais célèbre, mes regards tristes étaient complètement absorbés par les ruines croulantes entre ces bâtiments intéressants. Finalement, je me tus et me laissai descendre à la célèbre Piazzetta, et me faire montrer le palais des Doges, tout en me réservant le droit de l'admirer jusqu'à ce que je me sois libéré de l'humeur extrêmement mélancolique. dans lequel m'avait jeté mon arrivée à Venise.

Parti le lendemain matin de l'hôtel Danieli, où nous n'avions trouvé qu'un logement sombre, je commençai par chercher une résidence qui me conviendrait pour mon séjour prolongé. J'ai entendu dire qu'un des trois palais Giustiniani, situé non loin du palais Foscari, était actuellement très peu fréquenté par les visiteurs, à cause de sa situation, qui en hiver est quelque peu défavorable. J'y trouvai des appartements très spacieux et imposants, dont on me dit qu'ils resteraient tous inhabités. J'ai ici loué une grande pièce seigneuriale avec une chambre spacieuse attenante. J'y fis rapidement transférer mes bagages et, le soir du 30 août, je me dis : « Enfin, j'habite à Venise ». Mon idée principale était de pouvoir travailler ici sans être dérangé. J'écrivis aussitôt à Zurich pour demander qu'on me fasse parvenir mon Erard Grand et mon lit, car, à propos de ce dernier, je sentais que je devrais découvrir ce que signifiait le froid à Venise. De plus, les murs grisés de ma grande chambre m'ont vite ennuyé, car ils convenaient si peu au plafond, qui était recouvert d'une fresque que je trouvais d'assez bon goût. J'ai décidé de faire recouvrir les murs de la grande pièce de tentures d'une teinte rouge foncé, même si elles étaient de qualité assez commune. Cela causa immédiatement beaucoup de problèmes ; mais il me semblait que cela valait bien la peine d'être surmonté, quand je regardais de mon balcon avec une satisfaction croissante le canal merveilleux, et me disais qu'ici j'achèverais Tristan. J'ai aussi fait faire un peu plus de décoration ; J'ai fait installer des portières rouge foncé, même si elles étaient du matériau le moins cher, pour couvrir les portes communes que le propriétaire hongrois avait fait installer dans le palais en ruine à la place des portes originales de valeur, qui avaient probablement été vendues. En outre, l'hôte avait réussi à se procurer quelques meubles voyants, comme quelques chaises dorées, recouvertes de peluche de coton ordinaire ; mais l'objet le plus marquant était un socle de table doré, finement sculpté, sur lequel était posé un vulgaire plateau en pin que je dus recouvrir d'un simple drap rouge. Enfin l'Erard arriva ; on la plaçait au milieu de la grande salle, et maintenant la merveilleuse Venise allait être attaquée par la musique.

Cependant, la dysenterie dont j'avais souffert auparavant à Gênes m'a repris et m'a rendu incapable de toute activité intellectuelle pendant des semaines. J'avais déjà appris à apprécier la beauté incomparable de Venise et j'étais plein d'espoir que la joie que j'y trouverais me redonnerait la force de satisfaire mes aspirations artistiques renaissantes. Lors d'une de mes premières promenades sur la Riva, je fus abordé par deux étrangers, dont l'un se présenta comme étant le comte Edmond Zichy, l'autre comme le prince Dolgoroukow. Ils avaient tous deux quitté Vienne, à peine une semaine auparavant, où ils avaient assisté aux premières représentations de mon Lohengrin ; ils m'ont donné des rapports des plus satisfaisants sur le résultat, et à leur enthousiasme j'ai pu constater que leurs impressions étaient très favorables. Le comte Zichy quitta Venise peu après, mais le prince Dolgoroukow décida d'y rester pour l'hiver. Même si j'avais certainement l'intention d'éviter la compagnie, ce Russe, âgé d'une cinquantaine d'années, parvint bientôt à me faire céder à ses convictions. Il avait un visage sérieux et extrêmement expressif (il se piquait d'être d'origine caucasienne directe), et faisait preuve d'une culture remarquable à tous égards, d'une large connaissance du monde et surtout d'un goût pour la musique, dans la littérature dont il était aussi si bien versé que cela équivalait à une passion. Je lui avais d'abord expliqué qu'en raison de mon état de santé, j'étais obligé de renoncer à toute société et que j'avais plus que tout besoin de calme. Outre la difficulté de l'éviter lors des rares promenades à Venise, le restaurant de l'Albergo San Marco où je rejoignais Ritter chaque jour pour les repas m'a conduit à des rencontres inévitables avec cet inconnu, auquel je me suis finalement sincèrement attaché. Il avait élu domicile dans cet hôtel, et je ne pouvais l'empêcher d'y prendre ses repas. Pendant mon séjour à Venise, nous nous sommes rencontrés presque quotidiennement et avons continué à entretenir des relations très amicales. En revanche, j'eus une grande surprise, en rentrant un soir dans mon appartement, d'apprendre que Liszt venait d'arriver. Je me précipitai avec empressement vers la chambre qui m'était indiquée comme étant la sienne et là, à ma grande horreur, j'aperçus Winterberger le pianiste, qui s'était présenté à mon hôte comme un ami commun de moi-même et de Liszt, et dans la confusion du moment, le L'hôte avait conclu que le nouvel arrivant était Liszt lui-même. En fait, j'avais récemment fait la connaissance de ce jeune homme en tant que disciple de Liszt, au cours de son séjour relativement long à Zurich ; il était considéré comme un excellent organiste et était également réquisitionné comme second au piano lorsqu'il y avait des arrangements pour deux pianofortes. Hormis quelques comportements insensés de sa part, je n'avais rien remarqué de particulier chez lui. J'ai été surpris, cependant, qu'il ait choisi mon adresse comme logement à Venise. Il me raconta qu'il n'était que le précurseur d'une certaine princesse Galitzin, à qui il devait faire passer les quartiers d'hiver à Venise ; qu'il ne connaissait personne là-bas, mais ayant appris à Vienne que je logeais ici, il était tout naturel qu'il postule d'abord à mon hôtel. Je lui dis que ce n'était pas un hôtel et lui annonçai que si sa princesse russe songeait à s'installer à côté de moi, je déménagerais immédiatement. Il m'a ensuite rassuré en me disant qu'il avait seulement voulu faire bonne impression à l'hôte en mentionnant la Princesse, car il pensait qu'elle avait déjà réservé des chambres ailleurs. Comme je lui demandais de nouveau ce qu'il pensait faire dans ce palais, et j'attirais son attention sur le fait que cela coûtait très cher et que je supportais cette dépense importante simplement parce qu'il était essentiel que je ne sois pas dérangé et que je n'aie aucune voisins et n'entendant pas de piano, il a essayé de me calmer en m'assurant qu'il ne serait certainement pas un fardeau pour moi et que je pourrais me rassurer de sa présence dans la même maison jusqu'à ce qu'il puisse s'arranger pour déménager ailleurs. Sa prochaine tentative fut de se frayer un chemin dans les bonnes grâces de Karl Ritter ; ils découvrirent tous deux dans le palais un salon suffisamment éloigné du mien pour être hors de portée de voix. J'acceptai ainsi de supporter sa proximité, même s'il me fallut longtemps avant de permettre à Ritter de me l'amener un soir.

Un professeur de piano vénitien, nommé Tessarin, réussit mieux que Winterberger à gagner mes faveurs. C'était un beau Vénitien typique, avec un curieux obstacle dans la parole ; il était passionné de musique allemande et connaissait bien les nouvelles compositions de Liszt ainsi que mes propres opéras. Il a admis que, compte tenu de son environnement, il était un « corbeau blanc » en matière musicale. Il réussit également à m'approcher par l'intermédiaire de Ritter, qui semblait se consacrer à Venise à l'étude de la nature humaine plutôt qu'au travail. Il avait pris une petite et extrêmement modeste demeure sur la Riva dei Schiavoni, qui, étant située dans une position ensoleillée, ne nécessitait aucun chauffage artificiel. C'était en réalité moins pour lui que pour ses maigres bagages, car il n'était presque jamais chez lui, mais courait le jour après des tableaux et des collections ; le soir, cependant, il étudiait la nature humaine dans les cafés de la place Saint-Marc. C'était la seule personne que je voyais régulièrement chaque jour ; sinon j'évitais rigoureusement toute autre société ou connaissance. Le médecin privé de la princesse Galitzin m'a demandé à plusieurs reprises de rendre visite à cette dame, qui arrivait très prochainement à Venise et paraissait vivre grand style. Un jour, alors que je voulais les partitions pour piano de Tannhauser et de Lohengrin et que j'avais entendu dire que la princesse était la seule personne à Venise à les posséder, j'ai eu l'audace de les lui demander, mais je ne me suis pas senti obligé d'appeler. sur elle dans ce but. Une seule fois, un étranger a réussi à interrompre ma réclusion, et c'est parce que son apparence m'avait plu lorsque je l'avais rencontré à l'Albergo San Marco ; c'était Rahl le peintre, de Vienne. J'allai un jour jusqu'à organiser une sorte de soirée pour lui, le prince Dolgoroukow et Tessarin, le professeur de piano, au cours de laquelle furent joués quelques-uns de mes morceaux. C'est alors que Winterberger fait ses débuts.

Toutes mes expériences sociales au cours des sept mois que j'ai passés à Venise se sont limitées à ces quelques tentatives de relations amicales, et en dehors de cela, mes journées ont été planifiées avec la plus grande régularité pendant tout ce temps. J'ai travaillé jusqu'à deux heures, puis je suis monté dans la gondole qui attendait toujours et j'ai été conduit le long du solennel Grand Canal jusqu'à la lumineuse Piazzetta, dont le charme particulier m'a toujours fait un effet joyeux. Après cela, je me dirigeai vers mon restaurant sur la place Saint-Marc, et quand j'eus fini mon repas, je me promenai seul ou avec Karl le long de la Riva jusqu'au Giardino Pubblico, le seul terrain de plaisir de Venise où il y ait des arbres, et à la tombée de la nuit Je suis revenu en gondole sur le canal, alors plus sombre et silencieux, jusqu'à ce que j'atteigne l'endroit où je pouvais voir ma lampe solitaire briller depuis la façade plongée dans la nuit du vieux palais Giustiniani. Après avoir travaillé un peu plus longtemps, Karl, annoncé par le bruissement de la gondole, revenait régulièrement à huit heures pour discuter quelques heures autour de notre thé. Très rarement j'ai modifié cette routine par une visite à l'un des théâtres. Quand je l'ai fait, j'ai préféré les représentations du Théâtre Camploi, où les pièces de Goldoni étaient très bien jouées ; mais j'allais rarement à l'Opéra, et quand j'y allais, c'était simplement par curiosité. Le plus souvent, lorsque le mauvais temps nous privait de promenade, nous fréquentions le drame populaire au Théâtre Malibran, où les représentations avaient lieu pendant la journée. L'entrée nous a coûté six kreuzers. Le public était excellent, la majorité en manches de chemise, et les pièces données étaient généralement de type ultra-mélodramatique. Cependant, un jour, à mon grand étonnement et à mon immense plaisir, j'y vis Le Baruffe Chioggiote, la comédie grotesque qui avait tant séduit Goethe en son temps, dans ce même théâtre. Cette performance était si fidèle à la nature qu'elle surpassait tout ce que j'avais jamais vu.

Il n'y avait pas grand chose d'autre qui attirait mon attention dans la vie opprimée et dégénérée du peuple vénitien, et la seule impression que je tirais de la ruine exquise de cette ville merveilleuse, en ce qui concerne l'intérêt humain, était celle d'un point d'eau entretenu pour au bénéfice des visiteurs. Curieusement, c'est l'élément typiquement allemand de la bonne musique militaire, auquel l' armée autrichienne accorde tant d'attention, qui m'a mis en contact avec la vie publique à Venise. Les chefs d'orchestre des deux régiments autrichiens cantonnés là se mirent à jouer mes ouvertures, Rienzi et Tannhauser par exemple, et m'invitèrent à assister à leurs entraînements dans leur caserne. Là, j'ai également rencontré tout l'état-major des officiers et j'ai été traité par eux avec un grand respect. Ces groupes jouaient un soir sur deux, au milieu de brillantes illuminations, au milieu de la place Saint-Marc, dont les propriétés acoustiques pour ce type de production étaient vraiment excellentes. J'étais souvent soudainement surpris vers la fin de mon repas par le bruit de mes propres ouvertures ; puis, tandis que j'étais assis à la fenêtre du restaurant, m'abandonnant aux impressions de la musique, je ne savais pas laquelle m'éblouissait le plus, l'incomparable place magnifiquement éclairée et remplie d'innombrables personnes en mouvement, ou la musique qui semblait emportée. dans une gloire bruissante aux vents. Il ne manquait qu'une chose à laquelle on aurait certainement pu s'attendre d'un public italien : les gens étaient rassemblés par milliers autour de l'orchestre, écoutant avec la plus grande attention, mais jamais deux mains ne s'oubliaient au point d'applaudir, comme le moindre signe d'approbation de l'autrichien. la musique militaire eût été considérée comme une trahison envers la patrie italienne. Toute la vie publique vénitienne a également souffert de cette extraordinaire fracture entre le grand public et les autorités ; cela était particulièrement visible dans les relations de la population avec les officiers autrichiens, qui flottaient publiquement à Venise comme de l'huile sur l'eau. La population ne se comportait pas non plus avec moins de réserve, voire d'hostilité, à l'égard du clergé, pour la plupart d'origine italienne. J'ai vu passer sur la place Saint-Marc une procession de clercs en tenue vestimentaire, accompagnés par des gens à la dérision non dissimulée.

Il était très difficile pour Ritter de m'inciter à interrompre mes occupations quotidiennes, même pour visiter une galerie ou une église, même si, chaque fois que nous devions traverser la ville, les particularités et les beautés architectoniques extrêmement variées me ravissaient toujours à nouveau. Mais les fréquentes promenades en gondole vers le Lido constituèrent mon principal plaisir pendant pratiquement tout mon séjour à Venise. C'était surtout lors de nos voyages de retour, au coucher du soleil, que j'étais toujours envahi par des impressions uniques. Au cours de la première partie de notre séjour, en septembre de la même année, nous assistâmes à une de ces occasions à la merveilleuse apparition de la grande comète, qui était alors au plus haut de son éclat et dont on disait généralement qu'elle présageait une catastrophe imminente. Le chant d'une chorale populaire, formée par un fonctionnaire de l'arsenal vénitien, ressemblait à une véritable idylle lagunaire. Ils ne chantaient généralement que des chansons folkloriques à trois voix naturellement harmonisées. C'était nouveau pour moi de ne pas entendre la voix supérieure s'élever au-dessus de l'alto, c'est-à-dire sans toucher le soprano, donnant ainsi au son du chœur une virile jeunesse qui m'était jusqu'alors inconnue. Les beaux soirs, ils descendaient le Grand Canal dans une grande gondole illuminée, s'arrêtant devant quelques palais comme pour faire une sérénade (quand on le leur demandait et le payait, bien entendu), et attiraient généralement dans leur sillage un certain nombre d'autres gondoles. Au cours d'une nuit d'insomnie, alors que je me sentais obligé de sortir sur mon balcon au petit matin, j'entendis pour la première fois la célèbre vieille chanson folklorique des gondolieri. Il me sembla entendre le premier appel, dans le calme de la nuit, partir du Rialo jusqu'à environ un mile de distance comme une plainte brutale, et je répondis sur le même ton de plus loin dans une autre direction. Ce dialogue mélancolique, qui se répétait à des intervalles plus longs, m'affectait tellement que je ne parvenais pas à fixer dans ma mémoire les éléments musicaux les plus simples. Cependant, plus tard, on me dit que cette chanson populaire était d'un grand intérêt poétique. Alors que je rentrais chez moi tard dans la nuit sur le sombre canal, la lune apparut soudainement et illumina les merveilleux palais et la haute silhouette de mon gondolier dominant la poupe de la gondole, déplaçant lentement son immense balayage. Soudain, il poussa un profond gémissement, semblable au cri d'un animal ; le cri gagna peu à peu en force et se forma, après un long « Oh ! dans la simple exclamation musicale « Venezia ! Cela a été suivi d'autres sons dont je n'ai aucun souvenir distinct, tant j'étais ému à ce moment-là. Telles furent les impressions qui me parurent les plus caractéristiques de Venise pendant mon séjour là-bas, et elles me restèrent jusqu'à l'achèvement du deuxième acte de Tristan, et me suggérèrent peut-être même le long gémissement de la corne du berger à l'aube. début du troisième acte.

Ces sensations ne se manifestèrent cependant pas très facilement ni de manière consécutive. Les souffrances corporelles et mes soucis habituels, qui ne m'abandonnaient jamais complètement, gênaient et perturbaient souvent considérablement mon travail. A peine m'étais-je installé confortablement dans mes chambres, dont l'exposition au nord les exposait à de fréquentes rafales de vent (contre lesquelles je n'avais pratiquement aucune protection par des appareils de chauffage), et avais-je à peine surmonté l'effet démoralisant de la dysenterie, que J'ai été victime d'un problème vénitien spécifique, à savoir un anthrax sur la jambe, conséquence du changement extrême du climat et de l'air. Cela arrivait au moment où j'allais reprendre le deuxième acte, si cruellement interrompu. Le mal, que j'avais d'abord considéré comme léger, s'aggrava bientôt et devint extrêmement douloureux, et je fus obligé d'appeler un médecin, qui dut me soigner avec soin pendant près de quatre semaines. C'est à la fin de l'automne, vers la fin novembre, que Ritter me quitta pour rendre visite à ses parents et amis à Dresde et à Berlin ; Je restai donc tout seul pendant cette longue maladie, sans autre société que celle des domestiques de la maison. Incapable de travailler, je m'amusai à lire l'Histoire de Venise du comte Daru, à laquelle je m'intéressais beaucoup, puisque j'étais sur place. Grâce à cela, j'ai perdu certains de mes préjugés populaires contre le mode de gouvernement tyrannique de l'ancienne Venise. Le tristement célèbre Conseil des Dix et l'Inquisition d'État m'apparurent sous un jour particulier, bien que certainement horrible ; l'aveu ouvert que dans le secret de ses méthodes résidait la garantie du pouvoir de l'État, me parut si résolument dans l'intérêt de chacun et de chacun des membres de la merveilleuse république, que la suppression de toute connaissance était très sagement considérée comme une mesure républicaine. devoir. L'hypocrisie réelle était totalement étrangère à cette constitution d'État ; en outre, l'élément clérical, si respectueux soit-il traité par le gouvernement, n'a jamais exercé une influence indigne sur le développement du caractère des citoyens comme dans d'autres régions de l'Italie. Les terribles calculs égoïstes des raisons d'État furent transformés en maximes d'un caractère païen tout à fait ancien, pas vraiment mauvaises en elles-mêmes, mais rappelant des maximes similaires chez les Athéniens, qui, comme nous le lisons dans Thucydide, furent adoptées par eux en toute simplicité. comme fondements de la moralité humaine. En outre, j'ai repris, à titre réparateur, comme je l'avais souvent fait auparavant, un volume de Schopenhauer, avec qui je me suis lié d'amitié, et j'ai éprouvé une sensation de soulagement lorsque je me suis aperçu que j'étais maintenant capable d'expliquer les lacunes tourmentantes de son système par les aides qu'il lui-même a fournies.

Mes rares relations avec le monde extérieur devinrent alors plus calmes, mais un jour je fus affligé par une lettre de Wesendonck dans laquelle il m'informait de la mort de son fils Guido, âgé d'environ quatre ans ; cela me déprimait de penser que j'avais refusé d'être son parrain, sous prétexte que je pourrais lui porter malheur. Cet événement m'a profondément touché et, comme j'avais envie d'un repos complet, je me suis tracé un petit voyage à travers les Alpes, avec l'idée de passer Noël avec mes vieux amis et de leur présenter mes condoléances. J'ai informé Mme. Wille de cette idée, et en réponse reçut, chose étrange à dire, de son mari plutôt que d'elle-même, des détails tout à fait inattendus sur la curiosité extrêmement désagréable qu'avait suscité mon départ soudain de Zurich, surtout en ce qui concerne le rôle que ma femme avait joué. et qui avait tant irrité la famille Wesendonck. Comme j'entendais aussi avec quelle habileté Wesendonck avait traité la question, quelques communications agréables suivirent, formulées en termes conciliants. C'était tout à l'honneur de Minna que, dans ses relations avec moi, elle s'était montrée sage et attentionnée par ses lettres, et pendant son séjour à Dresde, où elle retrouva ses vieux amis, elle vécut tranquillement, et je pris toujours soin d'elle amicalement. Ce faisant, elle renforça l'impression qu'elle m'avait faite lors de cette touchante scène nocturne, et je lui proposai volontiers la possibilité d'une réunion domestique, à condition que nous puissions fonder un foyer qui promettait d'être permanent, ce qui à cette époque, je ne pouvais m'imaginer que ce qui était réalisable en Allemagne et si possible à Dresde. Pour avoir une idée de la possibilité de réaliser un tel arrangement, je n'ai pas perdu de temps pour m'adresser à Luttichau, car j'avais reçu des rapports favorables de Minna sur sa gentillesse et son attachement chaleureux à mon égard. J'ai même été jusqu'à lui écrire cordialement et en détail. Ce fut une autre leçon pour moi lorsque, en retour, je reçus de temps en temps quelques lignes sèches, sur un ton sérieux, dans lesquelles il me faisait remarquer qu'à ce moment-là, rien ne pouvait être fait en ce qui concerne mon retour souhaité en Saxe. D'un autre côté, j'appris par la police de Venise que l'ambassadeur de Saxe à Vienne désirait ardemment me chasser même de Venise. Cela s'est toutefois avéré infructueux, car j'étais suffisamment protégé par un passeport suisse, que les autorités autrichiennes ont dûment respecté, à ma grande joie. Le seul espoir que j'avais concernant mon retour tant attendu en Allemagne reposait sur les efforts amicaux du grand-duc de Bade. Edouard Devrient, à qui je m'adressai également pour des renseignements plus précis sur notre projet de première représentation de Tristan , m'apprit que le Grand-Duc considérait ma présence à la représentation comme une chose comprise ; s'il prenait des mesures pour son propre compte contre la Ligue, au cas où ses efforts directs pour obtenir la permission du roi de Saxe seraient infructueux, ou s'il avait l'intention d'y parvenir d'une autre manière, il ne le savait pas. J'ai alors réalisé que je ne pouvais pas compter sur la possibilité d'un règlement rapide en Allemagne.

Une grande partie de mon temps était occupée à correspondre, dans le but de me procurer les moyens de subsistance nécessaires, ce qui, à cette époque, en raison de la division du ménage, exigeait beaucoup de ma bourse. Heureusement, quelques-uns des plus grands théâtres n'étaient pas encore parvenus à un accord sur mes opéras, de sorte que je pouvais encore espérer quelques cachets de leur part, alors que ceux des théâtres les plus actifs avaient déjà été dépensés. Le Théâtre de la Cour de Stuttgart a été le dernier à postuler pour Tannhauser. J'avais alors une affection particulière pour Stuttgart, pour les raisons que j'ai déjà évoquées ; cela était également vrai de Vienne, qui avait été la première à produire du Lohengrin et, en raison de son succès, crut nécessaire de s'assurer du Tannhauser. Mes négociations avec Eckert, alors directeur, ont rapidement abouti à des résultats satisfaisants.

Tout cela s'est produit au cours de l'hiver et au début du printemps de 1859. Pour le reste, je vivais très tranquillement et avec une grande régularité, comme je l'ai décrit. Après avoir récupéré l'usage de ma jambe, j'ai pu recommencer en décembre mes voyages réguliers en gondole jusqu'à la Piazzetta et les voyages de retour le soir, et aussi m'abandonner pendant quelque temps sans interruption à mon travail musical. J'ai passé Noël et le Nouvel An assez seul, mais dans mes rêves nocturnes, je me retrouvais souvent en société, ce qui avait un effet très perturbant sur mon repos.

Au début de 1859, Karl Ritter réapparut soudain dans mon appartement pour ses habituelles visites nocturnes. L'inquiétude suscitée par l'interprétation d'une pièce dramatique qu'il avait écrite l'avait conduit sur les rives de la Baltique. Il s'agissait d'un travail qu'il avait achevé peu de temps avant ARMIDA et dont une grande partie montrait encore une fois son grand talent. La tendance de toute la pièce est de montrer de terribles aperçus de l'âme du poète, et ceux-ci empêchent de porter un jugement favorable sur certaines parties de la pièce, mais d'autres parties, notamment la rencontre de Rinaldo avec Armida, et la naissance violente de leur l'amour, sont dépeints par l'auteur avec un véritable feu poétique. Comme c'est le cas pour toutes ces œuvres, qui sont en réalité toujours gênées par la superficialité du dilettante, beaucoup de choses auraient dû être modifiées et réécrites pour un effet scénique. Karl ne voulait pas en entendre parler ; au contraire, il croyait avoir découvert, chez un directeur de théâtre intelligent à Stettin, l'homme même qui mettrait de côté toutes les considérations qui m'étaient particulières. Il avait cependant été déçu dans cet espoir et était revenu à Venise avec l'intention de réaliser son désir affectueux de vivre sans but. Se promener dans Rome vêtu d'un costume de capucin, étudiant d'heure en heure les trésors de l'art, était le genre d'existence qu'il eût préféré à toute autre.

Il ne voulait pas entendre parler d'une version remodelée d'ARMIDA, mais déclara son intention de se mettre au travail sur un nouveau matériel dramatique qu'il avait tiré des HISTOIRES FLORENTINES de Machiavel. Il n'a pas voulu préciser plus précisément ce qu'était ce matériel, de peur que je ne le dissuade de l'utiliser, dans la mesure où il ne contenait que des situations et absolument aucune indication d'un quelconque but. Il ne semblait plus avoir envie de se consacrer au travail musical, même si, même à cet égard, le jeune homme se montrait à moi sous un jour tout à fait intéressant par une fantaisie pour piano qu'il avait écrite peu après son arrivée à Venise. Il montra néanmoins une appréciation plus intelligente qu'auparavant du développement du deuxième acte de Tristan, dans lequel j'avais enfin fait des progrès réguliers. Le soir, je lui jouais fréquemment, à Winterberger et à Tessarin, les parties que j'avais complétées dans la journée, et ils étaient toujours profondément émus. Lors de la précédente interruption de mon travail, qui avait duré assez longtemps, Hartel avait gravé le premier acte de la partition et Bulow l'avait arrangé pour le piano. Ainsi, une partie de l'opéra se trouvait devant moi dans une intégralité monumentale, alors que j'étais encore dans un état d'excitation féconde en ce qui concerne l'exécution de l'ensemble. Et maintenant, dans les premiers mois de l'année, l'orchestration de cet acte, que je continuais d'envoyer par groupes de feuilles à l'éditeur pour qu'il soit gravé, était également en voie d'achèvement. A la mi-mars, j'ai pu envoyer les dernières feuilles à Leipzig.

Il fallait maintenant prendre de nouvelles décisions pour mon projet de vie. La question se posait de savoir où j'allais composer le troisième acte ; car je souhaitais le commencer seulement dans un endroit où j'avais une perspective de le terminer sans être dérangé. Il semblait que cela n'était pas destiné à être le cas à Venise. Mon travail m'aurait occupé jusque tard dans l'été et, à cause de ma santé, je ne pensais pas que j'oserais passer le temps chaud à Venise. Son climat, à cette époque de l'année, ne me convenait pas. J'avais déjà trouvé de grands inconvénients et des résultats peu favorables au fait qu'il n'était pas possible de profiter de la récréation vivifiante de la promenade dans cet endroit. Un jour, en hiver, alors que j'avais envie de faire une bonne promenade, j'étais allé en train à Viterbe pour faire le plein d'exercice en parcourant plusieurs kilomètres à l'intérieur des terres en direction des montagnes. Un temps inhospitalier s'était opposé à ma marche, et ceci, ajouté à d'autres circonstances défavorables, avait pour résultat que je n'emportais de mon excursion rien de plus précieux qu'une opinion favorable de la ville dés lagunes, où je me réfugiai comme un lieu de refuge contre la poussière. des rues et le spectacle des chevaux cruellement utilisés. De plus, il s'avérait maintenant que la suite de mon séjour à Venise ne dépendait plus entièrement de ma propre volonté. J'avais récemment été cité (très poliment) devant un commissaire de police, qui m'informait, sans ambages, qu'il y avait eu une agitation incessante de la part de l'ambassade de Saxe à Vienne contre mon maintien dans ce qui faisait partie de l'Empire autrichien. Lorsque j'expliquai que je souhaitais seulement prolonger mon séjour jusqu'au début du printemps, on me conseilla d'obtenir l'autorisation de le faire auprès de l'archiduc Maximilien, qui, en tant que vice-roi, résidait à Milan, préférant ma demande en raison de problèmes de santé allégués. par un certificat médical. Je l'ai fait, et l'archiduc a immédiatement donné par télégramme des instructions au gouvernement administratif de Venise, pour qu'il me laisse en paix.

Mais je me suis vite rendu compte que la situation politique, qui mettait l'Italie en ébullition dans l'Italie autrichienne, pourrait devenir une occasion de reprendre des mesures de précaution actives à l'égard des étrangers. Le déclenchement de la guerre avec le Piémont et la France devenait de plus en plus imminent, et les signes d'une profonde agitation au sein de la population italienne devenaient de plus en plus évidents à chaque instant. Un jour, alors que je parcourais la Riva avec Tessarin, nous rencontrâmes une foule assez nombreuse d'étrangers qui, avec un mélange de respect et de curiosité, regardaient l'archiduc Maximilien et sa femme prendre l'air pendant une promenade. une courte visite à Venise. La situation m'a été rapidement communiquée par mon pianiste vénitien, qui m'a donné un violent coup de coude et a cherché à m'arracher de là par le bras : afin que, comme il l'expliquait, je n'aie pas besoin de lever mon chapeau à l'archiduc. . En voyant passer la silhouette majestueuse et très séduisante du jeune prince, je passai à côté de mon ami en riant et pris un honnête plaisir à pouvoir, par mon salut, le remercier de sa protection, même si, bien sûr, il ne savait pas qui. J'étais.

Bientôt, cependant, tout commença à prendre un aspect plus sérieux, et à paraître sombre et déprimant. Jour après jour, la Riva était tellement encombrée de troupes nouvellement débarquées, qu'il devenait impossible de s'y promener. Les officiers de ces troupes, dans l'ensemble, me faisaient une impression très favorable, et leur langue allemande chaleureuse, lorsqu'ils bavardaient entre eux de manière inoffensive, me rappelait agréablement leur pays. En revanche, je ne pouvais avoir aucune confiance dans la base, car je voyais surtout en eux les traits ennuyeux et serviles de certaines races slaves dirigeantes de la monarchie autrichienne. On ne pouvait manquer de reconnaître en eux une certaine force brutale, mais il n'en était pas moins évident qu'ils étaient entièrement dépourvus de cette intelligence naïve qui est un trait si attrayant du peuple italien. Je ne pouvais que reprocher à la première course sa victoire sur la seconde. L'expression du visage de ces troupes est revenue avec force dans ma mémoire à l'automne de cette année à Paris, lorsque je ne pouvais m'empêcher de comparer les troupes françaises d'élite, les chasseurs de Vincennes et les zouaves, avec ces soldats autrichiens ; et sans aucune connaissance scientifique en stratégie, j'ai compris en un éclair les batailles de Magenta et de Solférino. Pour le moment, j'appris que Milan était déjà en état de siège et presque complètement interdite aux étrangers. Comme j'avais résolu de chercher mon refuge d'été en Suisse, au bord du lac des Quatre-Cantons, cette nouvelle accéléra mon départ ; car je ne voulais pas que ma retraite soit interrompue par les exigences de la guerre. J'ai donc emballé mes affaires, envoyé une nouvelle fois l'Erard sur le Saint-Gothard et me suis préparé à prendre congé de mes quelques connaissances. Ritter avait résolu de rester en Italie ; il avait l'intention d'aller à Florence et à Rome, où Winterberger, avec qui il s'était lié d'amitié, s'était dépêché d'avance. Winterberger a déclaré qu'un frère lui avait fourni suffisamment d'argent pour profiter de l'Italie - une expérience qu'il a déclarée nécessaire pour sa récréation et sa guérison, de quelle maladie je ne sais pas. Ritter comptait donc quitter Venise dans un délai très court. Mes adieux avec le digne Dolgoroukow, que je laissai dans de grandes souffrances, furent très sincères, et j'embrassai Karl à la gare, probablement pour la dernière fois, car à partir de ce moment je me retrouvais sans nouvelles directes de lui, et j'ai je ne l'ai pas vu à ce jour.

Le 24 mars, après quelques aventures provoquées par le contrôle militaire d'étrangers, j'arrivai à Milan, où je me permis de rester trois jours pour voir les curiosités. Sans aucun guide officiel pour m'aider, je me suis contenté de suivre les indications les plus simples possibles pour me rendre à Brera, à la Bibliothèque Ambrosienne, à la « Cène » de Léonard de Vinci et à la cathédrale. J'ai escaladé les différents toits et tours de cette cathédrale en tous points. Constatant, comme je l'ai toujours fait, que mes premières impressions étaient les plus vives, je bornai mon attention à Brera principalement à deux tableaux qui me furent confrontés dès mon entrée ; il s'agissait de « Saint Antoine devant l'Enfant Jésus » de Van Dyck et du « Martyre de saint Étienne » de Crespi. Je me suis rendu compte à cette occasion que je n'étais pas un bon juge en images, car une fois que le sujet m'a fait un appel clair et sympathique, cela me fixe et rien d'autre ne compte. Mais une lumière étrange a été jetée sur l'effet produit par la signification purement artistique d'un chef-d'œuvre, lorsque je me suis trouvé devant la «Cène» de Léonard de Vinci et que j'ai vécu la même expérience que tout le monde. Cette œuvre d'art, bien qu'elle soit presque entièrement détruite comme tableau, produit un effet si extraordinaire sur l'esprit du spectateur, que même après un examen attentif des copies accrochées à côté d'elle la représentant dans un état restauré, lorsqu'il se tourne vers Après le tableau détruit, le fait est soudain révélé à l'œil de son âme que le contenu de l'original est absolument inimitable. Le soir, je me hâtai de retrouver la comédie italienne. Je l'ai pris beaucoup d'affection et j'ai découvert qu'il s'était installé ici, dans le minuscule Teatro Re, pour le bénéfice d'un petit public de classes inférieures. Les Italiens d'aujourd'hui la méprisent malheureusement de bon cœur. Ici aussi, les comédies de Goldoni étaient jouées avec, me semble-t-il, une habileté considérable et ingénieuse. D'un autre côté, mon destin était d'assister à une représentation au Théâtre de la Scala, où, dans un décor d'une magnificence extérieure extraordinaire, il se révélait vrai que le goût italien dégénérait tristement. Devant le public le plus brillant et le plus enthousiaste qu'on puisse souhaiter, réuni dans cet immense théâtre, fut joué un faux opéra incroyablement sans valeur d'un compositeur moderne, dont j'ai oublié le nom. Mais le soir même, j'appris que si le public italien était passionné de chant, c'était le ballet qu'il considérait comme le sujet principal ; car, évidemment, ce morne opéra, au début, n'avait pour but que de préparer le terrain à une grande performance chorégraphique sur un sujet non moins prétentieux que celui d'Antoine et Cléopâtre. Dans ce ballet, j'ai vu même le froid politicien Octavien, qui jusqu'à présent n'avait pas perdu sa dignité au point de figurer comme un personnage dans n'importe quel opéra italien, jouant la pantomime et s'arrangeant avec assez de succès pour maintenir une attitude de réserve diplomatique. Mais le point culminant fut atteint avec la scène des funérailles de Cléopâtre. Ce fut l'occasion pour l'immense personnel du ballet de déployer les effets pittoresques les plus variés dans des costumes très caractéristiques.

Après avoir reçu ces impressions tout seul, je me rendis à Lucerne par une brillante journée de printemps en passant par Côme, où tout était en pleine floraison, par Lugano, que je connaissais déjà, et le Saint-Gothard, que je devais traverser en petits traîneaux ouverts le long de d'imposants murs de neige. Quand j'arrivai à Lucerne, le temps était extrêmement froid, contrastant avec le printemps agréable dont j'avais profité en Italie. L'argent que j'avais prévu pour mon séjour à Lucerne était basé sur l'hypothèse que le grand hôtel Schweizerhof était presque vide à partir de cette époque jusqu'au début de la saison d'été et que, sans autres préliminaires, je pourrais y trouver un logement aussi bien. spacieux et sans bruit. Cet espoir n'avait pas été vain. Le courtois directeur de l'hôtel, le colonel Segesser, m'attribua un étage entier dans l'annexe de gauche, à occuper à ma guise. Je pourrais m'installer tout à fait à l'aise ici dans les chambres plus grandes à un prix modéré. Comme l'hôtel, à cette époque de l'année, n'avait qu'un très petit personnel de domestiques, il me restait à faire en sorte que quelqu'un me serve. J'ai trouvé à cet effet une femme soigneuse et propre à veiller à mon confort. Bien des années après, me rappelant les bons services qu'elle m'avait rendus, surtout plus tard, lorsque le nombre des invités avait augmenté, je l'engageai comme ma gouvernante.

Bientôt mes affaires arrivèrent de Venise. L'Erard avait été obligé de retraverser les Alpes alors que la neige était au sol. Lorsqu'il fut installé dans mon spacieux salon, je me dis que tous ces efforts et toutes ces dépenses avaient été engagés pour me permettre enfin d'achever le troisième acte de Tristan et Isolde. Il y avait des moments où cela me paraissait une ambition extravagante ; car les difficultés rencontrées pour achever mon travail semblaient le rendre impossible. Je me comparais à Léto qui, pour trouver un lieu où donner naissance à Apollon et à Artémis, fut pourchassé à travers le monde et ne put trouver de lieu de repos jusqu'à ce que Poséidon, prenant compassion d'elle, fit détruire l'île de Délos. surgissent de la mer.

Je voulais considérer Lucerne comme cette Délos. Mais la terrible influence du temps, extrêmement froid et continuellement humide, pesa sur mon moral d'une manière très hostile jusqu'à la fin du mois de mai. Comme de si grands sacrifices avaient été consentis pour trouver ce nouveau lieu de refuge, je pensais que chaque jour avait été gaspillé inutilement et n'avait rien apporté à mon travail de composition. Pendant la plus grande partie de mon troisième acte, j'étais occupé d'un sujet triste au-delà des mots ; il en est arrivé à tel point que ce n'est qu'avec un frisson que je me souviens des premiers mois de cette émigration à Lucerne.

Quelques jours après mon arrivée, j'avais déjà visité les Wesendonck à Zurich. Notre rencontre fut mélancolique, mais nullement embarrassante. J'ai passé quelques jours chez mes amis, où j'ai revu mes anciennes connaissances zurichoises et j'avais l'impression de passer d'un rêve à l'autre. En fait, tout me paraissait inessentiel. Plusieurs fois au cours de mon séjour à Lucerne, j'ai répété cette visite, qui m'a été rendue deux fois, une fois à l'occasion de mon anniversaire.

Outre le travail dans lequel j'étais maintenant assez glorieusement engagé, j'étais également préoccupé par le souci de me maintenir en vie, moi et ma femme. De mon propre chef et par respect nécessaire pour les circonstances dans lesquelles se trouvaient mes amis les Ritter, je m'étais déjà senti à Venise, pour l'avenir, obligé de décliner leur soutien volontaire. Je commençais à épuiser le peu que je parvenais difficilement à extraire de ceux de mes opéras qu'on avait pu jusqu'alors produire. Il fut décidé que je reprendrais les travaux des Nibelungen une fois Tristan terminé, et je crus de mon devoir de trouver un moyen de faciliter mon existence future. Ce travail sur Nibelungen m'a incité à tenter cette tentative. Le grand-duc de Weimar y conservait toujours son intérêt, à en juger par les communications que j'avais reçues de lui au cours de l'année précédente. J'ai donc écrit à Liszt et réitéré ma demande qu'il fasse une proposition sérieuse au Grand-Duc pour acheter les droits d'auteur de l'œuvre et organiser sa publication, avec le droit d'en céder à un éditeur selon ses propres conditions. J'ai joint mes précédentes négociations avec Hartel, qui avaient été rompues et qui devaient désormais servir de base équitable à ce que l'on pourrait appeler l'accord commercial que Liszt devait conclure avec le grand-duc. Liszt m'a rapidement laissé entendre avec embarras que Son Altesse Royale n'était pas vraiment intéressée par cela. Cela me suffisait amplement.

D'un autre côté, les circonstances m'ont poussé à me mettre d'accord avec Meser à Dresde au sujet du malheureux droit d'auteur de mes trois opéras précédents. L'acteur Kriete, un de mes principaux créanciers, réclamait pitoyablement la restitution de son capital. Schmidt, un avocat de Dresde, proposa de remédier à la situation et, après une correspondance longue et animée, il fut convenu qu'un certain H. Muller, successeur de Meser, décédé peu de temps auparavant, entrerait en possession du droit d'auteur. de ces publications. A cette occasion, je n'entendis parler que des frais et des dépenses auxquels mon ancien agent avait été soumis ; mais il était impossible d'avoir un compte rendu clair des recettes qu'il avait tirées de mes travaux, mis à part le fait que l'avocat m'a avoué que feu Meser avait dû mettre de côté quelques milliers de thalers, qu'il ne serait cependant pas possible d'évaluer. mettre la main dessus, car il n'avait laissé aucun argent à ses héritiers.

Afin d'apaiser la malheureuse Kriete, j'ai finalement été obligé d'accepter de vendre mes droits sur les œuvres que Meser avait publiées pour neuf mille marks, ce qui représentait la somme exacte que je devais à Kriete et à un autre créancier qui détenait une part plus petite. En ce qui concerne les arriérés d'intérêts encore dus sur l'argent au taux composé, je restais le débiteur personnel de Kriete ; la somme globale s'élevait en 1864 à cinq mille quatre cents marks, qui m'ont été dûment réclamés à cette époque avec toute la pression de la loi. Dans l'intérêt de Pusinelli, mon principal créancier, qui ne pouvait être assuré dans le cadre de cet arrangement qu'avec un paiement insuffisant, je me suis réservé les droits d'auteur français de ces trois opéras, au cas où cette musique serait produite en France grâce à mes efforts pour trouver un éditeur de l'acheter dans ce pays.

Selon le contenu d'une lettre de l'avocat Schmidt, ma réserve avait été acceptée par l'éditeur actuel à Dresde. Pusinelli, dans un esprit amical, s'abstint de profiter des avantages que lui procurait cet arrangement, en ce qui concerne le capital qu'il m'avait prêté autrefois. Il m'a assuré qu'il ne le réclamerait jamais. Une possibilité me restait donc ouverte pour l'avenir : si mes opéras parvenaient à pénétrer en France, même s'il ne serait pas question pour moi de tirer aucun profit de ces œuvres, je serais remboursé du capital que j'avais dépensé. sur eux et pour ce que j'avais été obligé de garantir. Lorsque, plus tard, mon éditeur parisien Flaxland et moi sommes parvenus à nous mettre d'accord, le successeur de Meser à Dresde s'est annoncé comme propriétaire absolu de mes opéras et a effectivement réussi à mettre tant d'obstacles sur le chemin de Flaxland dans la conduite de ses affaires françaises, que celui-ci fut obligé d'acheter la paix au prix de six mille francs. Le résultat naturel de cela était que Flaxland se trouvait dans la position de pouvoir nier que c'était moi qui détenais les droits d'auteur français sur mon œuvre. J'ai alors demandé à plusieurs reprises à l'avocat Adolph Schmidt de témoigner en ma faveur, ne lui demandant rien d'autre que de me transmettre une copie de la correspondance relative aux droits que je m'étais réservés et qui étaient devenus valables en la transaction de Lucerne. Mais à toutes les lettres qui lui étaient adressées à ce sujet, il refusait obstinément de répondre, et j'appris plus tard par un avocat viennois que je devais renoncer à espérer obtenir ce genre de preuves, car je n'avais en ma possession aucun moyen légal. forcer l'avocat à le donner, s'il ne nous intéresse pas.

Même si, de ce fait, j'avais peu de chances d'améliorer mes perspectives d'avenir, j'avais au moins la satisfaction de voir enfin gravée la partition de Tannhauser. Comme le stock de mes premiers exemplaires autographes était épuisé, principalement à cause de la gestion inutile de Meser, j'avais déjà persuadé Hartel, lorsque j'étais à Venise, de faire graver la partition. Le successeur de Meser avait acquis tous les droits sur cette œuvre et se faisait donc un point d'honneur de ne pas céder la partition à un autre éditeur ; par conséquent, il s'est chargé de le produire à ses propres frais. Malheureusement, le destin a exigé qu'un an plus tard, j'ai dû réviser et reconstruire entièrement les deux premières scènes. C'est encore aujourd'hui pour moi un sujet de regret de n'avoir pu introduire cette nouvelle œuvre dans la partition gravée.

Les Hartel, sans jamais faiblir dans leur hypothèse que Tristan pourrait fournir de la bonne nourriture au théâtre, mirent leurs hommes occupés à graver la partition du deuxième acte, tandis que je travaillais au troisième. Le processus d'enregistrement des corrections, alors que j'étais en train de composer le troisième acte – une longue extase – exerça sur moi une influence étrange, presque inquiétante ; car dans les premières scènes de cet acte, il m'était clairement fait comprendre que dans cet opéra (que l'on avait considéré à tort comme facile à produire), j'avais incarné la conception la plus audacieuse et la plus exotique de tous mes écrits. Alors que je travaillais sur la grande scène de Tristan, je me demandais souvent si je n'étais pas fou de vouloir confier une telle œuvre à un éditeur pour qu'il l'imprime pour le théâtre. Et pourtant, je n'aurais pas pu me séparer d'un seul accent dans cette histoire de douleur, même si tout cela m'a torturé au dernier degré.

J'ai essayé de vaincre mes troubles gastriques en utilisant (entre autres) de l'eau de Kissingen à dose modérée. Comme j'étais fatigué et rendu incapable de travailler à cause des premières promenades que je devais faire pendant ce traitement, j'ai pensé à faire un petit trajet à la place. A cet effet, le directeur de l'hôtel m'a prêté un cheval de vingt-cinq ans, nommé Lise. Sur cet animal je montais tous les matins aussi longtemps qu'il me portait. Il ne me conduisait jamais bien loin, mais faisait régulièrement demi-tour à certains endroits sans prêter la moindre attention à mes indications.

Ainsi se passèrent les mois d'avril, de mai et la plus grande partie de juin, sans que j'aie achevé ne serait-ce que la moitié de ma composition pour le troisième acte, et pendant tout ce temps je luttais contre une humeur de la plus profonde mélancolie. Enfin vint la saison de l'arrivée des visiteurs ; l'hôtel avec ses annexes commençait à se remplir, et il n'était plus possible de songer à conserver mon privilège exceptionnel quant à l'usage de logements aussi choisis. Il fut proposé de m'installer au deuxième étage du bâtiment principal, où seraient hébergés uniquement les voyageurs qui passaient la nuit en route vers d'autres endroits en Suisse, tandis que dans les annexes étaient logés ceux qui venaient faire un long séjour, et qui utilisaient leur chambre jour et nuit. En fait, cet arrangement répondait admirablement. A partir de ce moment, je fus complètement tranquille pendant les heures de travail dans mon petit salon avec sa chambre à coucher attenante, car les chambres occupées pour la nuit par des étrangers à cet étage étaient parfaitement vides pendant le jour.

Un temps d'été vraiment splendide s'est finalement installé, durant deux bons mois avec un ciel continuellement sans nuages. J'aimais le charme curieux de me protéger contre les excès de la chaleur du soleil en gardant soigneusement ma chambre fraîche et sombre, et en ne sortant sur mon balcon que le soir pour m'abandonner à l'influence de l'air d'été. Deux bons joueurs de cor m'ont fait grand plaisir en interprétant presque régulièrement des chansons folkloriques simples dans une barque sur le lac. Dans mon œuvre aussi, j'avais heureusement dépassé le point critique et, malgré son caractère douloureux, l'atmosphère plus calme de cette partie de mon poème qu'il me restait à maîtriser, me plongea dans une extase spirituelle sincère, au cours de laquelle J'ai achevé la composition de l'ensemble de l'œuvre au début du mois d'août, il ne reste plus que des fragments à orchestrer.

Aussi solitaire que l'était ma vie, les événements passionnants de la guerre d'Italie m'ont suscité beaucoup d'intérêt. J'ai suivi cette lutte, aussi inattendue que significative, à travers le déroulement passionnant de ses succès et de ses revers. Mais je ne restais pas entièrement sans compagnie. En juillet, Felix Drasecke, que je ne connaissais pas auparavant, est venu à Lucerne pour une longue visite. Après avoir entendu une représentation du prélude de Tristan et Isolde dirigé par Liszt, il avait presque immédiatement décidé de me connaître personnellement. J'étais complètement terrifiée par son arrivée et je ne savais pas quoi faire de lui. D'ailleurs, comme son discours était d'une certaine veine facétieuse, débordant d'histoires de personnes et de circonstances pour lesquelles je perdais peu à peu toute appréciation, il commença bientôt à m'ennuyer, ce qui l'étonnait et qu'il reconnaissait si bien qu'il pensait il ferait mieux de partir après quelques jours. Cela m'embarrassa à mon tour, et je pris maintenant un soin particulier à lui ôter la mauvaise opinion qu'il s'était faite de moi. J'ai vite appris à l'apprécier et pendant longtemps, jusqu'à peu avant son départ de Lucerne, il fut mon compagnon quotidien, dont les relations me procuraient beaucoup de plaisir, car c'était un musicien très doué et nullement un imbécile. Mais Drasecke n'était pas mon seul visiteur.

Wilhelm Baumgartner, mon ancienne connaissance zurichoise, est venu passer quelques semaines à Lucerne par gentillesse envers moi. Et enfin Alexandre Seroff de Saint-Pétersbourg est venu séjourner quelque temps dans le quartier. C'était un homme remarquable, d'une grande intelligence, et ouvertement prévenu en faveur de Liszt et de moi-même. Il avait entendu mon Lohengrin à Dresde et voulait en savoir plus sur moi, ambition que je fus obligé de satisfaire en lui jouant Tristan de la manière brute qui m'était particulière. Je gravis le Pilate avec Drasecke et dus encore une fois m'occuper d'un compagnon qui souffrait de vertiges. Pour fêter son départ, je l'invitai à faire une excursion à Brunnen et au Grutli. Après cela, nous nous quittions momentanément, ses modestes ressources ne lui permettant pas de rester plus longtemps, et moi aussi je songeais sérieusement à partir.

La question se posait alors de savoir où j'allais aller. J'avais adressé des lettres, d'abord par l'intermédiaire d'Edouard Devrient, puis directement au grand-duc de Bade, pour lui demander la garantie que je pourrais m'installer, sinon à Karlsruhe même, du moins dans un petit endroit des environs. Cela suffirait à apaiser un besoin, qu'on ne pouvait plus réprimer, d'avoir de temps en temps des relations sexuelles avec un orchestre et une troupe de chanteurs, ne serait-ce que pour les entendre jouer. J'appris plus tard que le grand-duc s'était vraiment ému en écrivant au roi de Saxe. Mais l'opinion dominante dans ce milieu était que je ne pouvais pas bénéficier d'une amnistie, mais que je ne pouvais qu'espérer recevoir un acte de grâce ; étant entendu, bien entendu, que je devrais d'abord me présenter à un magistrat pour examen. Ainsi, la réalisation de mon souhait restait impossible, et je reculais de consternation devant le problème de savoir comment assurer une représentation de mon Tristan que je pourrais superviser en personne, comme j'avais décidé de le faire. On m'a assuré que le Grand-Duc saurait à quelles mesures recourir pour faire face à la situation. Mais la question était de savoir où devrais-je me tourner pour trouver un endroit où m'installer avec une certaine perspective de pouvoir y rester. J'avais à nouveau envie d'un foyer permanent. Après mûre réflexion, j'ai décidé que Paris était le seul endroit où je pouvais être sûr d'entendre de temps en temps un bon orchestre et un quatuor de premier ordre. Sans ces influences stimulantes, Zurich devenait finalement insupportable, et dans aucune autre ville que Paris, où je pouvais rester tranquille, je ne pouvais compter avec certitude sur la possibilité d'obtenir une récréation artistique d'un niveau suffisamment élevé.

Finalement, j'ai dû me mobiliser pour prendre une décision concernant ma femme. Cela faisait maintenant un an que nous étions séparés l'un de l'autre.

Après les dures leçons qu'elle avait reçues de moi et qui, d'après ses lettres, l'avaient profondément marquée, j'étais fondé à supposer que le renouvellement de notre vie commune pouvait être rendu tolérable ; d'autant plus que cela éliminerait la grave difficulté de son entretien. J'ai donc convenu avec elle qu'elle me rejoindrait à la fin de l'automne à Paris. Entre-temps, j'étais disposé à y chercher un éventuel logement et je me chargeai d'organiser le déménagement de nos meubles et de nos articles ménagers vers la capitale française. Pour réaliser ce projet, une aide financière était impérative, car les moyens dont je disposais étaient tout à fait insuffisants. Je fis alors à Wesendonck, concernant mes Nibelungen, la même offre que celle que j'avais faite au grand-duc de Weimar, c'est-à-dire que je lui proposai d'acheter les droits d'auteur pour la publication de l'ouvrage. Wesendonck a accédé à mes souhaits sans hésitation et était prêt à racheter tour à tour chacune des parties achevées de mon œuvre pour à peu près la même somme qu'il était raisonnable de supposer qu'un éditeur paierait pour cela plus tard. Je n'ai pas pu fixer mon départ , qui a eu lieu le 7 septembre, alors que j'allais rendre visite pendant trois jours à mes amis à Zurich. J'ai passé ces jours chez Wesendonck, où j'ai été bien soigné et où j'ai vu mes anciennes connaissances, Herwegh, Semper et Gottfried Keller. Une des soirées que j'ai passées avec eux a été marquée par une vive dispute avec Semper sur les événements politiques de l'époque. Semper prétendait reconnaître, dans la récente défaite de l'Autriche, la défaite de la nationalité allemande ; dans l'élément roman représenté par Louis Napoléon, il reconnaissait une sorte de despotisme assyrien qu'il détestait tant dans l'art que dans la politique. Il s'exprima avec une telle emphase que Keller, qui était généralement si silencieux, fut provoqué dans un débat animé. Semper, à son tour, en fut si agacé qu'à la fin, dans un accès de désespoir, il me reprocha de l'avoir attiré dans le camp ennemi, en étant la cause de son invitation chez les Wesendonck. Nous nous sommes réconciliés avant de nous quitter ce soir-là, et nous nous sommes revus à plusieurs reprises par la suite, en prenant soin de ne plus jamais laisser nos discussions devenir aussi passionnées. De Zurich, je suis allé à Winterthur pour visiter Sulzer. Je n'ai pas vu mon ami lui-même, mais seulement sa femme et le garçon qu'elle lui avait donné depuis ma dernière visite ; la mère et l'enfant m'ont fait une impression très touchante et amicale, surtout lorsque j'ai compris que je devais maintenant considérer mon vieil ami comme un père heureux.

Le 15 septembre j'arrivais à Paris. J'avais eu l'intention de fixer mon domicile quelque part dans le quartier des Champs-Élysées, et dans ce but je cherchai aussitôt un logement provisoire dans ce quartier, que je trouvai finalement avenue de Matignon. Mon objectif principal était de découvrir le lieu de refuge paisible que je désirais, dans une petite maison éloignée des rues. Je me suis immédiatement efforcé de trouver cela et j'ai pensé qu'il était de mon devoir de faire appel à toutes les connaissances qui me venaient à l'esprit. Les

Ollivier n'étaient pas alors à Paris ; La comtesse d'Agoult était malade, elle aussi occupée à préparer son départ pour l'Italie, et ne pouvait me recevoir. Elle me renvoya à sa fille, la comtesse Charnace, chez laquelle je rendis visite, mais sans pouvoir lui expliquer le but que je me proposais. Je cherchai aussi la famille Hérold, qui m'avait reçu si amicalement lors de ma dernière visite à Paris ; mais j'ai trouvé Mme. Herold était dans un état d'esprit étrange et morbidement excité, résultat d'une mauvaise santé, de sorte qu'au lieu de discuter de mes vues avec elle, ma seule pensée était de la garder calme et d'éviter de la contrarier par le moindre appel à l'aide. Dans mon désir passionné de trouver un logement, j'ai décidé de ne pas obtenir d'autres informations, mais de m'en occuper moi-même. Je découvris enfin, rue Newton, près de la barrière de l'Étoile, une rue latérale des Champs-Élysées, non encore achevée selon un ancien plan de Paris, une jolie petite villa avec un petit jardin. Je l'ai pris pour trois ans, moyennant un loyer de quatre mille francs par an. Ici, en tout cas, je pourrais rechercher un calme complet et une isolation totale du bruit de la rue. Ce seul fait me préoccupait beaucoup de prendre la petite maison, dont le défunt occupant avait été l'auteur bien connu Octave Feuillet, qui était alors sous le patronage de la cour impériale. Mais j'étais perplexe que le bâtiment, bien que je sois incapable de déceler quoi que ce soit d'ancien dans sa structure, ait été si négligé à l'intérieur. Le propriétaire ne pouvait en aucun cas être amené à faire quoi que ce soit pour restaurer les lieux et le rendre habitable, même si j'avais consenti à payer un loyer plus élevé. J'en découvris la raison quelque temps après : le domaine lui-même était condamné à cause des projets de reconstruction de Paris ; mais le moment n'était pas encore venu d'annoncer officiellement aux propriétaires les intentions du gouvernement, car, si cela avait été fait, leurs demandes d'indemnisation auraient été immédiatement valables. J'ai donc travaillé dans l'agréable illusion que tout ce que j'étais obligé de dépenser pour la décoration intérieure et la restauration de la propriété se révélerait, au fil des années, être de l'argent bien investi. J'ai donc donné sans hésiter les instructions nécessaires aux travaux et j'ai ordonné l'envoi de mes meubles de Zurich, pensant que le destin m'ayant poussé à faire ce choix, je pourrais me considérer comme un habitant de Paris pour le reste de ma vie. .

Pendant que la maison se préparait, j'essayais de me repérer sur ce que l'on pouvait tirer pour mon existence future de la popularité de mes œuvres artistiques. La première chose que je fis fut de rechercher M. de Charnal et de me renseigner auprès de lui sur la traduction du livret de mon Rienzi qui lui avait été confiée. Il s'avéra que M. Carvalho, le directeur du Théâtre Lyrique, n'entendait absolument parler que de Tannhauser. J'ai convaincu Carvalho de me rendre visite pour en discuter. Il déclara qu'il était très certainement enclin à monter un de mes opéras, mais ce devait être Tannhauser, car, comme il l'expliqua, cet opéra s'identifiait à moi parmi les Parisiens, qui trouveraient ridicule de produire une autre œuvre sous le nom de de « Wagner ». Quant au choix d'un traducteur pour le poème de cet opéra, il semblait nourrir de sérieux doutes : il me demanda si je ne m'étais pas trompé, sur quoi j'essayai de me renseigner plus précisément sur les capacités de M. de Charnal, et découvris mon horreur que ce charmant jeune homme, qui se vantait d'avoir collaboré à un mélodrame intitulé Schinderhannes, qu'il croyait être un sujet romantique allemand, n'ait pas eu la moindre idée du caractère de l'œuvre qu'il manipulait.

Comme son enthousiasme m'émouvait, j'essayais de façonner avec lui quelques vers et de les rendre praticables à des fins musicales ; mais j'ai complètement échoué, et tous mes ennuis ont été vains. Bulow avait un jour attiré mon attention sur Auguste de Gasperini, un jeune médecin qui avait cessé d'exercer et dont il avait fait la connaissance à Baden-Baden, où il avait découvert qu'il aimait extraordinairement ma musique. Je suis allé chez lui sans perdre de temps, et comme il n'était pas à Paris, je lui ai écrit. Cet homme m'a envoyé son ami Leroy avec une lettre de recommandation. C'était un maître de musique parisien instruit, qui gagnait mon estime par sa personnalité attrayante. Ma confiance en lui fut éveillée, car il me dissuada aussitôt de m'associer à un obscur journaliste d'un journal de théâtre (dans lequel M. de Charnal finit par se révéler) et me conseilla d'aller chez Roger, un homme très doué et expérimenté. chanteur d'opéra, favori du public parisien et maîtrisant la langue allemande. Cela m'enleva un fardeau du cœur : j'acceptai l'invitation que Leroy me faisait par l'intermédiaire d'un autre ami, qui m'emmena un jour à la campagne de Roger pour le rencontrer. J'ai oublié le nom de ce grand domaine qu'occupait le ténor parisien, dont la renommée avait été si célèbre jusqu'alors ; le château avait appartenu à un marquis, et était construit dans un style très somptueux et entouré de vastes terrains de chasse. C'est l'envie de manier une arme et de profiter de ces terres (qu'il adorait) qui, peu de temps auparavant, avait plongé ce charmant chanteur dans un terrible désastre qui lui avait fracassé le bras droit.

J'ai retrouvé Roger, quelques mois après l'accident, complètement rétabli ; mais l'avant-bras avait dû être amputé. La question était maintenant de savoir si un mécanicien célèbre, qui avait promis de faire de lui un substitut parfait au membre perdu, même en matière de gesticulation libre, serait en mesure de mener à bien sa tâche. Il y réussit assez bien, comme je le vis de mes propres yeux quelque temps plus tard, lorsque je vis Roger jouer dans une représentation-bénéfice que le Grand Opéra lui avait donnée, et utiliser son bras si ingénieusement qu'il reçut de grands applaudissements pour cette seule raison. Malgré cela, il dut accepter d'être considéré comme « handicapé » et que sa carrière au Grand Opéra de Paris touchait à sa fin. Pour le moment, il semblait heureux de s'assurer une sorte d'occupation littéraire et accepta avec beaucoup de plaisir ma proposition de faire une traduction de Tannhauser pour un usage pratique. Il m'a chanté le texte français de quelques-uns des thèmes principaux qu'il avait déjà traduits, et ils m'ont paru bons. Après avoir passé une journée et une nuit avec le chanteur, autrefois si populaire et maintenant condamné à un triste déclin, je me sentais de très bonne humeur et plein d'espoir, d'autant plus que son intelligent Cette manière d'aborder mon opéra m'a donné une agréable idée de la mesure dans laquelle il était possible de cultiver l'esprit français. Malgré cela, je dus bientôt abandonner l'idée que Roger travaillait pour moi, car pendant longtemps il était entièrement absorbé à essayer de rétablir la position dans laquelle il était tombé à la suite de son terrible accident. Il était tellement occupé par ses propres affaires qu'il pouvait à peine me répondre à mes demandes et, pour le moment, je le perdais complètement de vue.

J'étais arrivé à cet arrangement avec Roger plus par hasard que par nécessité, car je restais fermement attaché à mon projet de simplement chercher un pied-à-terre convenable à Paris. Mes entreprises artistiques sérieuses, en revanche, étaient toujours dirigées vers l'Allemagne, d'où, d'un autre point de vue, j'étais un exil forcé. Bientôt, cependant, tout l'aspect des choses changea : le projet de représentation de Tristan à Karlsruhe, sur lequel j'avais continué à surveiller, fut finalement annoncé comme abandonné. Je devais rester dans l'incertitude quant à la raison précise pour laquelle on avait renoncé à cette entreprise qui, auparavant, avait apparemment été poursuivie avec tant de zèle. Devrient me fit remarquer que toutes ses tentatives pour obtenir une représentation appropriée du règne d'Isolde avaient été brisées par mon refus du chanteur Garrigues (qui avait déjà épousé le jeune Schnorr), et qu'il se sentait incapable de donner des conseils sur le reste. de l'affaire avec d'autant plus d'acuité que Schnorr, le ténor, dont le dévouement pour moi était si grand, avait lui-même désespéré de pouvoir exécuter la dernière partie de la tâche qui lui était assignée. Je compris aussitôt qu'il s'agissait d'un obstacle que j'aurais pu surmonter, avec toutes ses conséquences désastreuses, si j'avais été autorisé, même pour un court laps de temps, à visiter Karlsruhe. Mais la simple expression de ce souhait parut, aussitôt qu'il fut réitéré, éveiller contre moi les sentiments les plus amers. Devrient exprima son opinion sur la question avec tant de violence et de brutalité que je ne pus m'empêcher de voir que ce qui m'éloignait de Karlsruhe était principalement sa réticence personnelle à m'accueillir là-bas ou à être gêné dans la direction de son théâtre.

Un facteur moins puissant dans la situation que j'ai trouvé dans le sentiment douloureux qui s'éveillait maintenant chez le Grand-Duc à la perspective de ne pas pouvoir tenir la promesse qu'il m'avait faite autrefois, à savoir que je lui rende visite à Karlsruhe, où il se trouvait en résidence; si l'objet principal de la visite devait s'effondrer sous la pression d'autres considérations, il ne pourrait considérer cette circonstance qu'à la lumière d'un événement presque souhaitable. En même temps, je recevais de Bulow, qui s'était rendu plusieurs fois à Karlsruhe, des indications assez générales sur les objectifs de Devrient. Plus tard, toute la lumière fut faite sur l'affaire ; pour le moment, il était de la plus haute importance pour moi d'admettre que j'étais entièrement coupé de l'Allemagne et de penser à un nouveau champ pour la production de Tristan, qui me tenait si à cœur. J'ai rapidement esquissé un projet de création à Paris même d'un théâtre allemand, tel qu'il en existait autrefois avec la collaboration de Schröder-Devrient. Je pensais pouvoir compter sur cette possibilité, car je connaissais les chanteurs les plus éminents du théâtre allemand et me suivrais volontiers si je les convoquais à Paris pour une telle mission. J'ai reçu des messages d'acceptation immédiate, si je réussissais à fonder sur des bases solides une saison d'opéra allemand à Paris, de Tichatschek, Mitterwurzer, du ténor Niemann et aussi de Luise Meyer à Vienne. Mon souci immédiat et pressant fut alors de trouver à Paris un homme apte à cette tâche, qui entreprendrait l'exécution de mon plan à ses risques et périls. Mon objectif était de réserver la salle Ventadour pour une saison de printemps, deux mois après la fermeture de l'Opéra italien. Il y aurait ensuite des représentations de mes opéras Tannhauser, Lohengrin et enfin Tristan, par une troupe et un chœur choisis de chanteurs allemands, au profit du public parisien en général et de moi en particulier.

Dans ce but, mes inquiétudes et mes efforts prirent maintenant une direction totalement différente de celle vers laquelle ils avaient tendu lorsque je me réinstallai pour la première fois à Paris ; Cultiver des connaissances, surtout parmi ceux qui avaient de l'influence, était désormais de la plus haute importance pour moi. C'est pour cette raison que j'étais heureux d'apprendre que Gasperini était définitivement arrivé à Paris. Bien que je ne l'avais connu que très peu auparavant, je lui fis immédiatement part de mes projets et fus présenté de la manière la plus amicale à un homme riche et bien disposé à son égard, un certain M. Lucy, qui, m'a-t-on dit, était non sans influence, et était alors receveur général à Marseille. Nos délibérations nous ont convaincus que la chose la plus nécessaire, voire indispensable, était de trouver quelqu'un pour se manifester et financer notre entreprise. Mon ami Gasperini ne pouvait qu'admettre que, sur la base des opinions qu'il avait lui-même avancées, il était naturel que je considère M. Lucy comme l'homme même que nous recherchions ; mais il jugea opportun de faire part de nos souhaits à son ami avec une certaine prudence, car bien que Lucy ait beaucoup de chaleur de cœur, il était principalement un homme d'affaires et ne comprenait que peu de musique. Il fallait avant tout que mes compositions fussent connues à Paris, pour que de nouvelles entreprises pussent être fondées sur les résultats ainsi obtenus. C'est dans ce but que j'ai décidé d'organiser quelques concerts importants. Pour y parvenir, j'ai dû accueillir mon vieil ami Belloni, ancien secrétaire de Liszt, dans le cercle de mes plus proches connaissances. Il a immédiatement enrôlé un de ses compagnons dans notre cause, un homme très intelligent appelé Giacomelli, que je n'ai jamais connu que de bonne humeur. Il était rédacteur en chef d'une revue théâtrale et m'a été cordialement recommandé par Belloni, tant pour son excellent français que pour ses capacités exceptionnelles à d'autres égards. L'étrange rédaction de mon nouveau protecteur devint dès lors un de mes lieux de rendez-vous les plus importants, que je fréquentais presque quotidiennement, et où je rencontrais toutes les créatures curieuses avec lesquelles, pour le théâtre et les affaires semblables, on est obligé de se mêler. à Paris. La prochaine chose à considérer était de savoir comment obtenir la salle la plus appropriée pour les concerts que je souhaitais. Il était évident que je paraîtrais le plus avantageusement devant le public parisien si je parvenais à obtenir le théâtre et l'orchestre du Grand Opéra.

Pour cela, je dus m'adresser à l'empereur Napoléon, ce que je fis dans une lettre concise composée pour moi par Gasperini. Il faudrait probablement compter avec l'hostilité de Fould, qui était alors ministre de la Maison envers Napoléon, en raison de ses relations amicales avec Meyerbeer. Nous espérions contrecarrer l'influence néfaste et redoutée de ce personnage par celle de M. Mocquard, secrétaire de Napoléon, qui, comme le disait Ollivier, composait tous les discours impériaux. Dans un élan de générosité enflammée, Lucy décida de faire appel à l'ami de sa jeunesse, car comme tel il considérait Mocquard, dans une lettre de recommandation de ma part. Comme même cette communication ne recevait aucune réponse des Tuileries, moi et mes amis les plus pratiques, Belloni et Giacomelli, avec lesquels je tenais des consultations, devenions chaque jour plus en doute de notre propre pouvoir par rapport à celui du ministre de la Maison, et nous il entame donc des négociations avec Calzado, le directeur de l'Opéra italien. Nous nous sommes heurtés à un refus direct de ce côté-là, sur quoi j'ai finalement décidé de demander un entretien personnel avec l'homme. Par une force de persuasion qui m'a étonné moi-même, et surtout en laissant espérer que mon Tristan à l'Opéra italien connaîtrait un énorme succès, j'ai effectivement réussi à obtenir enfin son accord pour louer la salle Ventadour pendant trois soirées. avec un intervalle d'une semaine entre chacun. Mais même mon éloquence passionnée, que Giacomelli vantait en rentrant chez lui, ne pouvait le persuader de baisser le loyer, qu'il fixait à quatre mille francs le soir, uniquement pour le loyer et l'éclairage de la salle.

Ensuite, le plus important était de me doter d'un orchestre de premier ordre pour mes concerts, et mes deux agents avaient, pour le moment, largement assez à faire à cet égard. À la suite de leurs efforts en ma faveur, je commençai maintenant à remarquer les premiers signes d'une attitude hostile et jusqu'alors insoupçonnée envers moi et mon entreprise de la part de mon vieil ami Berlioz. Plein de l'impression favorable qu'il m'avait faite lors de notre rencontre à Londres en 1855, et renforcée par une correspondance amicale qu'il entretenait un temps, j'étais venu chez lui dès mon arrivée à

Paris. Comme il n'était pas là, je retournai dans la rue, où je l'avais rencontré en rentrant chez moi, et remarquai que ma vue provoquait un mouvement convulsif d'effroi, qui se manifestait dans toute sa physionomie et dans son allure d'une manière qui était presque horrible. Je vis d'un coup d'œil ce qui nous séparait, mais cachai mon inquiétude sous une apparence d'inquiétude naturelle quant à son état de santé, dont il m'assura aussitôt qu'il était un supplice et qu'il ne pouvait résister qu'aux attaques les plus violentes. de névralgie à l'aide d'un traitement électrique, dont il revenait tout juste. Afin d'apaiser ses souffrances, je lui proposai de le quitter immédiatement, mais cela lui fit tellement honte de son attitude qu'il me pressa de rentrer avec lui dans sa maison. Ici, j'ai réussi à le rendre un peu plus amical à mon égard en lui révélant mes véritables intentions à Paris : même les concerts que je me proposais de donner n'avaient pour but que d'attirer l'attention du public jusqu'à permettre l'implantation de l'opéra allemand ici, de sorte que que, lorsque je le souhaiterais, je pourrais superviser la représentation de celles de mes propres œuvres que je n'avais pas encore entendues ; tandis que, d'un autre côté, je renonçais complètement à l'idée d'une production française de Tannhauser, telle que semblait l'envisager le directeur Carvalho. Grâce à ces explications, j'ai apparemment été pendant un certain temps dans des conditions assez amicales avec Berlioz. J'ai donc pensé qu'en ce qui concerne l'engagement des musiciens pour les concerts proposés, je ne pouvais en cette occasion mieux faire que de référer mes agents à cet ami expérimenté, dont les conseils se révéleraient certainement précieux. On m'apprit ensuite que Berlioz s'était d'abord montré sympathique, mais que son attitude avait brusquement changé un jour que Mme. Berlioz entra dans la salle où ils discutaient et s'écria d'un ton de surprise colérique : « Comment, je crois que vous donnez des conseils pour les concerts de M. Wagner ? Belloni découvre alors que cette dame venait d'accepter un précieux bracelet que lui avait envoyé Meyerbeer. En homme du monde, il m'a dit : « Ne compte pas sur Berlioz », et là toute l'affaire s'est arrêtée.

À partir de ce moment, le visage brillant de Belloni fut assombri par une expression de la plus profonde inquiétude. Il croyait avoir découvert que toute la presse parisienne était extrêmement hostile à mon égard, et il ne doutait pas que ce soit dû à la formidable agitation que Meyerbeer avait déclenchée depuis Berlin. Il apprit qu'une correspondance urgente avait été entretenue de là avec les rédacteurs des principaux journaux parisiens, et qu'entre autres le célèbre Fiorentino avait déjà profité de l'inquiétude de Meyerbeer face à mon entreprise parisienne, pour le menacer de louanges de ma musique, ainsi ce qui incite naturellement Meyerbeer à poursuivre la corruption. Cela augmenta l'inquiétude de Belloni, qui me conseilla avant tout d'essayer de trouver un soutien financier à mes projets ou, si je n'en avais aucune perspective, de m'en remettre uniquement au pouvoir impérial. Il m'a fait remarquer qu'il m'était absolument impossible de réaliser les concerts sous ma seule responsabilité sans soutien financier, et ses arguments ont eu pour effet de me décider à être prudent ; car avec mon voyage à Paris et mon installation là-bas, mes fonds étaient complètement épuisés. Je fus donc à nouveau contraint d'entamer des négociations avec les Tuileries pour la location gratuite de l'Opéra et de son orchestre. Ollivier se présenta alors avec des conseils et des présentations judicieux, qui me mirent en contact avec toutes sortes de personnes et, entre autres, avec Camille Doucet (un membre éminent du ministère de Fould et également auteur dramatique). J'espérais ainsi pénétrer en présence de l'admirateur de Meyerbeer, le ministre d'État inaccessible et terrible. Cependant, l'un des résultats de ces présentations fut que je nouai une amitié durable avec Jules Ferry, même si notre connaissance se révéla tout à fait inutile pour le but immédiat poursuivi. L'Empereur et son secrétaire gardèrent obstinément le silence, et cela même après que j'eus obtenu le consentement du grand-duc de Bade à l'intercession de son ambassadeur à Paris en ma faveur, ainsi que celle de l'ambassadeur de Suisse, le Dr Kern, dont les forces combinées étaient pour essayer de m'éclairer, et peut-être aussi l'Empereur, sur les manœuvres de Fould. Mais c'était inutile : tout le monde restait silencieux comme avant.

Dans ces circonstances, je considérais comme un hasard du sort que Minna m'annonce qu'elle était prête à me rejoindre à Paris et que je doive m'attendre à son arrivée sous peu. Dans le choix ainsi que dans l'aménagement de la petite maison de la rue Newton, j'avais eu une attention particulière à notre future existence commune. Mon salon était séparé du sien par un escalier, et j'avais veillé à ce que la partie de la maison qu'elle occuperait ne manque pas de confort. Mais surtout, l'affection ravivée par nos dernières retrouvailles à Zurich m'avait poussé à meubler et à décorer les chambres avec un soin particulier, afin qu'elles aient une apparence amicale et fassent la vie en commun avec cette femme qui devenait tout à fait étranger pour moi, plus facile à supporter. C'est pour cette raison qu'on m'a ensuite reproché l'amour du luxe. Il y avait aussi la possibilité d'aménager un salon dans notre maison, et même si je n'avais pas eu l'intention d'être extravagant, je découvris finalement qu'outre les ennuis des négociations avec des ouvriers parisiens peu fiables, j'étais entraîné dans des dépenses que je n'avais pas prévues. compté sur. Mais je me réconfortais en pensant que, comme on ne pouvait plus rien y faire maintenant, Minna serait au moins heureuse en entrant dans la maison qu'elle devait désormais gérer. J'ai cru aussi nécessaire de lui trouver une femme de chambre, et une personne particulièrement convenable m'a été recommandée par Mme. Hérold. J'avais aussi engagé un domestique dès mon arrivée, et bien que ce fût un Suisse valaisan plutôt borné, qui avait autrefois appartenu à la garde du corps du pape, il me fut bientôt tout à fait dévoué. A ces deux domestiques s'ajoutait l'ancienne cuisinière de ma femme, qu'elle avait emmenée de Zurich et par qui elle était accompagnée lorsque je pus enfin aller la retrouver à la gare, le 17 novembre. Ici, Minna m'a immédiatement remis le perroquet et son chien Fips, qui m'ont involontairement rappelé son arrivée dans le port de Rorschach il y a dix ans. Comme elle l'avait fait cette fois-là aussi, elle me fit immédiatement comprendre qu'elle ne venait pas vers moi par nécessité et que si je la traitais mal, elle savait très bien où aller. D'ailleurs, on ne pouvait nier que depuis lors un changement non négligeable s'était produit en elle ; elle avouait qu'elle était remplie d'une anxiété et d'une peur semblables à celles d'une personne qui est sur le point d'entrer dans une situation nouvelle, et elle ne savait pas si elle serait capable de la supporter. Ici, j'ai cherché à détourner ses pensées en lui faisant connaître ma position publique, qu'elle partagerait naturellement en tant qu'épouse. Malheureusement, elle ne comprenait pas du tout cela et cela ne lui parvenait pas du tout, tandis que son attention était immédiatement absorbée par l'aménagement intérieur de notre maison. Le fait que j'aie pris un domestique la remplissait simplement de mépris ; mais le fait que, sous le titre de femme de chambre, j'aurais dû lui fournir ce que j'avais réellement considéré comme une servante très nécessaire, la rendit furieuse. Cette personne, que Mme. Herold m'avait recommandé avec l'assurance qu'elle avait fait preuve d'une patience angélique dans les soins de sa mère malade et âgée, rapidement devenue si démoralisée par le traitement que Minna lui avait réservé qu'au bout de très peu de temps, j'ai de mon propre gré. Je l'ai renvoyée en toute hâte et, ce faisant, ma femme lui a violemment reproché de lui avoir donné un petit pourboire. Elle réussit encore plus à gâter mon domestique, qui finit par refuser d'obéir à ses ordres, et lorsque je lui reprochai de devenir si impertinent envers moi aussi, que je dus le renvoyer au plus vite. Il laissa derrière lui une très belle livrée complète, que je venais d'acheter à grands frais, et qui resta entre mes mains, car je n'avais aucune envie d'avoir plus jamais de domestique. En revanche, je ne peux que rendre le plus haut témoignage en faveur de la Souabe Thérèse, qui désormais fit seule tout le service de la maison pendant tout mon séjour à Paris. Cette femme, douée d'une pénétration insolite, comprit aussitôt ma position pénible à l'égard de sa maîtresse, et comprenant les défauts de ma femme, parvint par son activité infatigable à tourner les choses au mieux pour moi comme pour le ménage, et à neutraliser ainsi leur mauvais effet.

Ainsi, lors de ces dernières retrouvailles avec Minna, je suis rentré une fois de plus dans un état d'existence que j'avais vécu à plusieurs reprises auparavant et qu'il semblait maintenant devoir recommencer. Cette fois, c'était presque une bénédiction qu'il ne puisse être question d'une retraite tranquille, mais qu'au contraire il soit nécessaire d'entrer dans une succession sans fin de relations et d'activités mondaines, auxquelles j'étais de nouveau poussé par le destin, entièrement contre mon gré. choix et inclination.

Au début de l'année 1860, une tournure des affaires très inattendue me permit de croire que je réussirais à réaliser mes projets. Le directeur musical Esser à

Vienne m'a informé que Schott, l'éditeur musical de Mayence, souhaitait obtenir de moi un nouvel opéra pour publication. Je n'avais pour l'instant rien d'autre à offrir que le Rhieingold ; la composition particulière de cette œuvre, conçue uniquement comme un prélude à la trilogie Nilielungen que j'avais l'intention d'écrire, m'a rendu difficile de la proposer sous forme d'opéra sans y ajouter d'autres explications. Cependant, l'empressement de Schott d'avoir à tout prix une de mes œuvres à ajouter à son catalogue de publications était si grand que je n'hésitai plus, et, sans lui cacher qu'il aurait de grandes difficultés à propager cette œuvre, Je lui proposai de le mettre à sa disposition pour la somme de dix mille francs, en lui promettant en même temps la possibilité d'acheter les trois opéras principaux qui devaient suivre au même prix pour chacun. Dans le cas où Schott acceptait mon offre, je formais immédiatement un plan pour dépenser la somme ainsi inopinément acquise pour la poursuite de mon entreprise parisienne.

Fatigué du silence obstiné maintenu par le cabinet impérial, je chargeai alors mes agents de conclure avec Signor Calzado trois concerts à donner à l'Opéra italien, ainsi que d'obtenir l'orchestre et les chanteurs nécessaires. Une fois les dispositions prises à cet effet , je fus de nouveau inquiété par les offres tardives de conditions inférieures de Schott ; Mais pour ne pas l'aliéner, j'ai écrit au directeur musical Schmidt à Francfort pour lui demander de poursuivre les négociations avec Schott à des conditions considérablement réduites, ce à quoi j'ai donné mon accord. A peine avais-je envoyé cette lettre qu'une réponse de Schott me parvint, dans laquelle il m'exprimait enfin sa volonté de me payer la somme de dix mille francs que j'avais demandée. J'envoyai alors un télégramme à Schmidt annulant promptement la commission dont je venais de le charger.

Avec un courage renouvelé, mes agents et moi-même suivions nos plans, et les préparatifs nécessaires pour les concerts occupèrent toute mon attention. Il me fallait chercher une chorale, et pour cela j'ai cru nécessaire de renforcer la compagnie onéreuse de l'Opéra italien par une société allemande de chanteurs qui m'avait été recommandée et qui était sous la direction d'un certain Herr Ehmant. Pour me plaire à ses membres, j'eus un soir à visiter leur lieu de réunion de la rue du Temple, et à m'accommoder allègrement de l'odeur de bière et des vapeurs de tabac dont l'atmosphère était chargée, et au milieu dont de solides artistes allemands devaient me révéler leurs capacités. J'ai également été mis en contact avec un certain M. Cheve, professeur et directeur d'une chorale nationale française, dont les répétitions avaient lieu à l'Ecole de Médecine. J'y rencontrai un étrange passionné qui, par sa méthode d'apprendre à chanter sans notes, espérait provoquer la régénération du génie des Français. Mais le plus gros ennui venait de la nécessité de me faire copier les différentes parties orchestrales des pièces que j'allais jouer. Pour cette tâche, j'engageai plusieurs pauvres musiciens allemands, qui restèrent chez moi du matin au soir, afin de faire sous ma direction les arrangements nécessaires, qui étaient souvent assez difficiles.

Au milieu de ces occupations passionnantes, Hans von Bulow m'a consulté. Il s'est avéré qu'il était venu à Paris depuis un certain temps, plus pour m'aider dans mon entreprise que pour poursuivre sa propre quête de virtuose du concert. Il logeait chez la mère de Liszt, mais il passait la plus grande partie de la journée avec moi, afin de m'aider là où c'était nécessaire, par exemple pour la préparation immédiate des copies. Son activité dans tous les sens était extraordinaire, mais il semblait surtout s'être fixé pour tâche de rendre utiles à mon entreprise certains liens sociaux que lui et sa femme avaient noués lors de leur séjour à Paris l'année précédente. Le résultat s'en fit sentir avec le temps, mais pour le moment il m'aida à organiser les concerts dont les répétitions avaient commencé.

La première eut lieu dans la salle Herz et provoqua une telle agitation de la part des musiciens contre moi qu'elle fut presque aussi grave qu'une émeute. J'avais sans cesse à leur faire des remontrances sur des habitudes de leur part que, de mon côté, je ne pouvais ignorer, et j'essayais de prouver, sur la base du bon sens, combien il était impossible de leur céder. Mon temps de 6/8, que j'ai pris comme temps de 4/4, les a particulièrement indignés, et avec des protestations tumultueuses, ils ont déclaré qu'il devait être pris alla-breva. A la suite d'un brusque rappel à l'ordre et d'une allusion de ma part à la discipline d'un orchestre bien entraîné, ils déclarèrent qu'ils n'étaient pas des « soldats prussiens », mais des hommes libres.

Je compris enfin que l'une des principales erreurs résidait dans la mauvaise mise en place de l'orchestre, et j'élaborai alors mon plan pour la prochaine répétition. Après avoir consulté mes amis, je me rendis à la salle de concert dès le matin suivant, surveillai moi-même l'arrangement des pupitres et commandai un copieux déjeuner pour les musiciens auquel, au début de la répétition, Je les ai invités de la manière suivante. Je leur dis que du résultat de notre rencontre de ce jour dépendait la possibilité de donner mes concerts ; que nous ne devions pas quitter la salle de concert avant d'en être bien sûr. J'ai donc demandé aux membres de répéter pendant deux heures, puis de prendre part à un déjeuner frugal préparé pour eux dans le salon voisin, après quoi nous aurions immédiatement une seconde répétition que je les rémunérerais. L'effet de cette proposition fut miraculeux : la disposition avantageuse de l'orchestre contribua à entretenir la bonne humeur générale, et l'impression favorable faite sur chacun par le prélude de Lohengrin, qu'on joua alors, monta jusqu'à l'enthousiasme, de sorte que à la fin de la première répétition, les acteurs et le public, parmi lesquels se trouvait Gasperini, étaient ravis de moi. Cette disposition amicale se manifesta très agréablement lors de la répétition principale, qui eut lieu sur la scène de l'Opéra italien. J'avais maintenant acquis suffisamment de contrôle pour me permettre de renvoyer de l'orchestre un joueur de cornet négligent avec un reproche sévère, sans encourir aucune difficulté due à son esprit de corps.

Enfin le premier concert eut lieu le 25 janvier (1860) ; toutes les pièces que j'avais choisies dans mes différents opéras, y compris Tristan et Isolde, rencontrèrent un accueil tout à fait favorable, voire enthousiaste, du public, et j'eus même l'expérience qu'une de mes pièces, la marche de Tannhauser, soit interrompue. par une tempête d'applaudissements. Le plaisir ainsi exprimé était dû, semble-t-il, au fait que le public était surpris de constater que ma musique, dont il y avait eu tant de rapports contradictoires, contenait de si longues phrases de mélodie cohérente. Tout satisfait que j'étais, tant de la manière dont le concert s'était déroulé que de son accueil enthousiaste, j'ai dû, les jours suivants, surmonter les impressions contraires provoquées par les journaux laissant libre cours à leurs sentiments contre moi. Il était désormais clair que Belloni avait eu tout à fait raison de supposer qu'ils m'étaient hostiles, et sa prévoyance, qui nous avait fait omettre d'inviter la presse, n'avait fait qu'exciter encore plus de fureur nos adversaires. Comme toute l'entreprise avait été arrangée plus pour stimuler les amis que pour exciter des éloges, je n'étais pas tant troublé par les fanfaronnades de ces messieurs que par l'absence de tout signe de la part des premiers. Ce qui m'inquiétait le plus, c'était que la maison apparemment bien remplie n'aurait pas dû nous rapporter de meilleurs rendements que ce qui s'est produit. Nous avions gagné cinq à six mille francs, mais les dépenses s'élevaient à onze mille francs. Cela pourrait être partiellement couvert si, pour les deux concerts les moins chers à venir, nous pouvions compter sur des rendements nettement plus élevés. Belloni et Giacomelli secouaient cependant la tête ; ils ont jugé préférable de ne pas fermer les yeux sur le fait que les concerts n'étaient pas du goût des Français, qui réclamaient aussi l'élément dramatique, c'est-à-dire les costumes, les décors, le ballet, etc., pour pouvoir se sentir satisfait. Le petit nombre de billets vendus pour le deuxième concert, qui eut lieu le 1er février, obligea en fait mes agents à remplir artificiellement la salle, pour au moins sauver les apparences. Je dus les laisser faire en cette matière comme ils l'entendaient, et je fus ensuite étonné d'apprendre comment ils étaient parvenus à occuper les premières places dans ce théâtre aristocratique, de manière à tromper même nos ennemis. Les recettes réelles s'élevaient à un peu plus de deux mille francs, et il fallut maintenant toute ma détermination et mon mépris pour les misères qui pourraient en résulter pour ne pas annuler le troisième concert qui devait être donné le 8 février. Mes honoraires chez Schott, dont j'avais, il est vrai, dû consacrer une partie aux dépenses domestiques de ma vie domestique difficile, étaient entièrement dépensés et j'ai dû chercher d'autres subventions. Je les obtins avec beaucoup de difficulté, grâce à la médiation de Gasperini, de la part même de l'homme à gagner dont l'assistance, dans un sens beaucoup plus large, avait été tout l'objet des concerts. Bref, il fallut recourir à M. Lucie, receveur général de

Marseille, qui devait venir à Paris au moment où mes concerts étaient donnés, et sur qui mon ami Gasperini avait supposé qu'un succès parisien important ce qui eut pour effet de lui faire déclarer qu'il était prêt à financer mon projet d'établir l'opéra allemand à Paris. M. Lucy, au contraire, ne parut pas du tout au premier concert, et n'assista qu'à une partie du second, pendant laquelle il s'endormit. Le fait qu'il soit maintenant appelé à avancer plusieurs milliers de francs pour le troisième concert lui semblait naturellement le protéger contre toute nouvelle demande de notre part, et il éprouvait une certaine satisfaction d'être dispensé de toute participation ultérieure à mes projets. au prix de ce prêt. Même si, en fait, ce concert paraissait désormais inutile, il me procura néanmoins un grand plaisir, tant par la fougue de la prestation elle-même que par l'accueil favorable du public, que, il est vrai, mes agents durent encore une fois supplément afin de donner l'impression d'une salle pleine, mais qui a néanmoins montré une augmentation sensible du nombre de billets payés.

La prise de conscience de l'impression profonde que j'avais faite sur certaines personnes eut plus d'effet sur moi à cette époque que le découragement que j'éprouvais de devoir, selon toute apparence, échouer dans cette entreprise. Il était indéniable que la sensation que j'avais produite avait directement, comme les commentaires de la presse indirectement , suscité chez moi un intérêt extraordinaire. Mon omission d'inviter des journalistes a semblé être considérée de tous côtés comme une merveilleuse audace de ma part. J'avais prévu l'attitude que devait adopter la majorité des journalistes, mais je regrettais que même des hommes comme M. Franc-Marie, le critique de la Patrie, qui à la fin du concert s'était avancé pour me remercier avec profondément émus, auraient dû se voir contraints de suivre l'exemple des autres, sans compromis, et même d'aller jusqu'à nier leur véritable opinion sur moi. Berlioz a suscité un sentiment universel de colère parmi mes partisans, par un article qui commençait de manière détournée, mais se terminait par une attaque ouverte contre moi, qu'il publia dans le Journal des Débats. Comme il avait été autrefois un vieil ami, j'étais déterminé à ne pas négliger ce traitement et j'ai répondu à ses assauts par une lettre que, avec la plus grande difficulté, j'ai réussi à faire traduire en bon français et j'ai réussi, non sans peine, à obtenir l'a inséré dans le Journal des Débats. Il se trouve que cette même lettre eut pour effet d'attirer vers moi avec plus d'enthousiasme ceux que mes concerts avaient déjà impressionnés. Entre autres un M. Perrin s'est présenté à moi ; il avait été autrefois directeur de l'Opéra Comique, et était maintenant un bel esprit et peintre aisé, et devint plus tard directeur du Grand Opéra. Il avait entendu Lohengrin et Tannhauser jouer en Allemagne et s'exprimait d'une manière qui me laissait supposer qu'il mettrait un point d'honneur à amener ces opéras en France s'il était à un moment donné en mesure de le faire. Un certain comte Foucher de Careil avait également connu mes opéras de la même manière, en les voyant jouer en Allemagne, et il devint lui aussi un de mes amis distingués et durables. Il s'était fait connaître par diverses publications sur la philosophie allemande, et plus particulièrement par un livre sur Leibnitz, et cela ne pouvait que m'intéresser d'être mis en contact par lui avec une forme du génie français qui m'était encore inconnue.

Il est impossible de citer toutes les connaissances passagères avec lesquelles j'ai été mis en contact à cette époque, parmi lesquelles un comte russe Tolstoï était remarquablement gentil ; mais je dois mentionner ici l'excellente impression que m'a faite l'aimable pamphlet du romancier Champfleury, dont moi et mes concerts formions le sujet. Dans une série d'aphorismes légers et aériens, il montra une telle compréhension de ma musique, et même de ma personnalité, que je n'avais plus jamais rencontré une appréciation aussi suggestive et magistrale, et n'avais rencontré son égal qu'une seule fois auparavant dans les élucubrations de Liszt sur Lohengrin et Tannhauser. Ma connaissance personnelle de Champfleury, qui suivit, me mit en face d'un individu très simple et, dans un certain sens, colérique, comme on en rencontre rarement, et appartenant à un type de Français en voie de disparition.

Les avancées que m'a faites le poète Baudelaire étaient à leur manière encore plus significatives. Ma connaissance avec lui a commencé par une lettre dans laquelle il me faisait part de ses impressions sur ma musique et de l'effet qu'elle avait produit sur lui, bien qu'il ait pensé jusqu'alors qu'il possédait un sens artistique pour la couleur, mais aucun pour le son. Ses opinions sur la question, qu'il exprimait dans les termes les plus fantastiques et avec une assurance audacieuse, faisaient de lui, pour le moins, un homme d'une intelligence extraordinaire, qui, avec une énergie impétueuse, suivait jusqu'à leur terme ultime les impressions qu'il recevait de ma musique. conséquences. Il m'expliqua qu'il n'avait pas indiqué son adresse dans sa lettre afin que je ne puisse pas penser qu'il attendait quelque chose de moi. Inutile de dire que je savais comment le trouver, et je l'avais bientôt inclus parmi les connaissances à qui j'annonçais mon intention d'être chez moi tous les mercredis soir.

Mes amis parisiens plus âgés, parmi lesquels je continuais de compter le fidèle Gasperini, m'avaient dit que c'était la bonne chose à faire à Paris ; et c'est ainsi que, conformément à la mode, j'avais l'habitude de tenir un salon dans ma petite maison de la rue Newton, ce qui fit sentir à Minna qu'elle occupait une position très digne, bien qu'elle ne sache que quelques bribes de français. avec lequel elle pouvait à peine s'en sortir. Ce salon, auquel les Ollivier fréquentaient également amicalement, fut un temps fréquenté par un cercle toujours plus nombreux. Ici, une de mes vieilles connaissances, Malwida von Meysenburg, m'a de nouveau rencontré et est devenue à partir de ce moment une amie proche pour la vie. Je ne l'avais rencontrée qu'une seule fois auparavant ; c'était lors de mon séjour à Londres en 1855, lorsqu'elle s'était fait connaître à moi par une lettre dans laquelle elle exprimait avec enthousiasme son accord avec les opinions contenues dans mon livre Das Kunstwerk der Zukunft. L'occasion où nous nous étions rencontrés à Londres avait eu lieu lors d'une soirée chez une famille appelée Althaus, lorsque je la trouvai pleine des désirs et des projets de perfectionnement futur du genre humain que j'avais exprimé dans mes livre, mais dont, sous l'influence de Schopenhauer et une profonde conscience de l'intense tragédie de la vie et du vide de ses phénomènes, je m'étais détourné avec presque un sentiment d'irritation. J'ai trouvé très pénible, en discutant la question, de ne pas être compris par cette amie enthousiaste et de devoir lui apparaître comme un renégat d'une noble cause. Nous nous sommes quittés à Londres en très mauvais termes. Ce fut presque un choc pour moi de retrouver Malwida à Paris. Mais très vite, tous les souvenirs désagréables de notre discussion à Londres furent effacés, car elle m'expliqua aussitôt que notre dispute avait eu pour effet de la décider à lire immédiatement Schopenhauer. Quand, par une étude sérieuse, elle se fut familiarisée avec sa philosophie, elle parvint à la conclusion que les opinions qu'elle avait alors exprimées et soutenues avec ardeur sur le bonheur du monde avaient dû me contrarier à cause de leur superficialité. Elle se déclara alors une de mes disciples les plus zélées dans le sens où elle devint désormais une véritable amie toujours soucieuse de mon bien-être. Lorsque les lois de la bienséance m'obligèrent à la présenter à ma femme comme une de mes amies, elle ne put s'empêcher de remarquer au premier coup d'œil la misère de notre vie commune simplement nominale et de comprendre l'inconfort qui en résultait ; se faisait un devoir d'intervenir avec une affectueuse sollicitude. Elle comprit aussi très vite la situation difficile dans laquelle je me trouvais à Paris avec mes entreprises presque inutiles et l'absence de toute sécurité matérielle. Les dépenses énormes que j'avais engagées pour donner ces trois concerts n'étaient restées un secret pour personne qui s'inquiétait de moi. Malwida devina aussi bientôt les difficultés dans lesquelles je me trouvais, puisqu'aucune perspective ne s'ouvrait d'aucun côté qui pût être considérée comme un résultat pratique de mon entreprise et une compensation des sacrifices que j'avais faits. Tout à fait d'elle-même, elle crut devoir essayer d'obtenir pour moi de l'aide, qu'elle s'efforça d'obtenir d'une certaine Mme. Schwabe, veuve d'un riche commerçant anglais, chez qui elle avait trouvé refuge comme gouvernante de la fille aînée, et qu'elle se proposait maintenant de me présenter. Elle ne se cachait ni à elle-même, ni à moi, quelle tâche désagréable pourrait être pour moi de cultiver cette connaissance ; néanmoins elle comptait sur la bonté qu'elle trouvait chez cette femme un peu grotesque, ainsi que sur sa vanité, qui la pousserait à me récompenser de la distinction qu'elle avait obtenue en fréquentant mon salon. En fait, j'étais entièrement à bout de ressources, et je n'ai trouvé le courage de nier publiquement ma condition de misère qu'en raison de l'horreur que j'ai ressentie en apprenant qu'une quête était faite pour moi chez les Allemands. à Paris pour m'indemniser des dépenses que j'avais faites pour donner les trois concerts. Lorsque la nouvelle m'en parvint, j'intervins aussitôt en déclarant que l'idée que j'étais en détresse par suite des pertes que j'avais subies était fondée sur un faux rapport, et que je serais obligé de refuser tous les efforts faits en ma faveur. . Dans cette supposition Mme. Schwabe, qui assistait régulièrement à mes soirées et s'endormait tout aussi régulièrement au son de la musique, fut cependant incitée, par les sollicitations de Malwida, à m'offrir son aide personnelle. Elle me donna environ trois mille francs, dont j'avais certainement le plus grand besoin en ce moment ; comme je ne voulais pas accepter cet argent en cadeau, je donnai à la dame, qui ne l'exigeait en rien, un engagement écrit de mon propre chef, par lequel je m'engageais à restituer cette somme au bout d'un an. Elle a accepté cela avec bonhomie, non par sécurité mais simplement pour satisfaire mes sentiments. Lorsqu'au bout de ce temps je me trouvai dans l'impossibilité de faire face à mon obligation, je me tournai vers Malwida, qui était toujours à Paris, et lui demandai de prévenir Mme. Schwabe, qui était parti, de l'état actuel des choses et d'obtenir son consentement à la prolongation du contrat pour une année supplémentaire. Malwida m'a assuré sincèrement que je n'avais pas besoin de prendre la peine de demander un renouvellement, car Mme. Schwabe n'avait jamais considéré la somme qui m'était donnée comme autre chose qu'une contribution à mon entreprise, à laquelle elle se flattait de prendre un grand intérêt. Nous verrons plus tard quelle en est réellement la situation.

Durant cette période émouvante, j'ai été profondément ému et surpris de recevoir un cadeau d'un admirateur de Dresde appelé Richard Weiland ; c'était un ornement artistique en argent représentant une partition de musique entourée d'une couronne de lauriers ; sur la feuille étaient gravées les premières mesures des thèmes principaux de mes différents opéras jusqu'à Rheingold et Tristan. Ce modeste garçon me rendit ensuite visite et me raconta qu'il s'était rendu régulièrement en différents endroits pour voir les représentations de mes opéras, ce qui lui avait donné l'occasion de comparer la représentation de Tannhauser à Prague, où l'ouverture avait a duré vingt minutes, avec celui de Dresde qui, sous ma direction, n'avait duré que douze minutes.

Ma connaissance de Rossini s'est également avérée pour moi agréablement stimulante d'une autre manière ; un comique lui avait attribué une anecdote selon laquelle, lorsque son ami Caraffa se déclarait admirateur de ma musique, il lui avait servi son poisson sans sauce au dîner, et expliquait ainsi que son ami aimait la musique sans mélodie. Rossini a ouvertement protesté contre cela dans un article dans lequel il qualifiait l'histoire de mauvaise blague et déclarait en même temps qu'il ne se permettrait jamais une telle plaisanterie aux dépens d'un homme qui cherchait à étendre son influence dans le monde artistique. . Quand j'en ai entendu parler, je n'ai pas hésité un seul instant à rendre visite à Rossini et j'ai été reçu par lui de la manière la plus amicale que j'ai ensuite décrite dans un mémoire consacré à ses souvenirs. J'étais également heureux d'apprendre que ma vieille connaissance Halevy, lors de la controverse occasionnée par ma musique, avait pris gentiment mon parti, et j'ai déjà raconté ma visite chez lui et notre conversation à cette occasion.

Malgré tous ces événements agréables et stimulants, rien ne venait rendre ma situation moins incertaine. J'étais encore dans le doute quant à savoir si je recevrais une réponse de l'empereur Napoléon à ma demande d'utilisation de l'Opéra pour la répétition de mes concerts. Ce n'est qu'en l'obtenant, et sans aucune dépense préalable, que je pourrais obtenir le bénéfice qui me devenait de plus en plus nécessaire. Il restait entendu que le ministre Fould usait assidûment de son influence pour retourner l'empereur contre moi. Comme, d'autre part, j'avais fait la découverte surprenante que le maréchal Magnan avait été présent à chacun de mes trois concerts, j'espérais m'attirer la sympathie de ce monsieur, qui pourrait être mise à profit, car l'Empereur lui était particulièrement redevable. depuis les événements du 2 décembre. J'avais hâte de contourner les intrigues de Fould, car cet homme m'était devenu très odieux, et je me présentai en conséquence au maréchal, et fus un jour surpris de voir un hussard se présenter à ma porte, qui descendit de cheval, sonna. il sonna la cloche, et remit à mon domestique étonné une lettre de Magnan, dans laquelle il me convoquait devant lui.

Je fus donc dûment reçu à la résidence du commandant par ce militaire dont l'allure me parut majestueuse, presque impolie. Il causa avec moi très intelligemment, m'avouant franchement son plaisir pour ma musique et écoutant très attentivement le récit de mes discours manifestement futiles à l'Empereur, ainsi que mes expressions de suspicion à l'égard de Fould. On m'a dit plus tard qu'il avait parlé très clairement à Fould le soir même aux Tuileries en mon nom.

Ce qui est du moins certain, c'est qu'à partir de ce moment je m'aperçus que mes affaires prenaient de ce côté une tournure plus favorable. Pourtant, le facteur décisif a finalement été trouvé dans un mouvement en ma faveur émanant d'une source que j'avais jusqu'ici totalement ignorée. Bulow, arrêté par son intérêt pour l'issue de ces affaires, continua à prolonger son séjour à Paris. Il était venu avec des lettres d'introduction de la princesse-régente de Prusse à l'ambassadeur le comte Pourtalès. Son espoir que celui-ci puisse éventuellement exprimer le désir de me voir lui être présenté était jusqu'à présent resté insatisfait. Aussi, pour le contraindre à faire ma connaissance, il adopta finalement le projet d'inviter l'ambassadeur de Prusse et son attaché, le comte Paul Hatzfeld, à déjeuner chez Vachette, un restaurant de premier ordre, où je devais l'accompagner. Le résultat de cette rencontre fut certainement tout ce qu'on pouvait désirer. Non seulement le comte Pourtales m'a charmé par la simplicité et la chaleur non dissimulée de sa conversation et de son attitude à mon égard, mais à partir de ce moment-là, le comte Hatzfeld avait l'habitude de me rendre visite et fréquentait également mes mercredis soirs à domicile, et m'a enfin annoncé la nouvelle qu'il y avait Ce fut un mouvement net en ma faveur aux Tuileries. Enfin, un jour, il me pria de l'accompagner chez le chambellan militaire de l'empereur, le comte Bacciochi, et de ce fonctionnaire je reçus les premiers indices d'une réponse à ma demande antérieure auprès de Sa Majesté Impériale, qui exprima alors le désir de savoir pourquoi je voulais donner un concert au Grand Opera House. Personne, dit-il, ne s'intéressait sérieusement à de telles entreprises, et cela ne pouvait me servir à rien. Il pensa qu'il vaudrait peut-être mieux persuader M. Alphonse Royer, directeur de cette institution impériale, de s'entendre avec moi sur la composition d'un opéra écrit exprès pour Paris. Comme je n'étais pas d'accord avec sa suggestion, cet entretien et d'autres entretiens ultérieurs sont restés pour l'instant sans résultat. Dans une de ces occasions, Bulow m'accompagnait, et nous fûmes tous deux frappés d'une habitude ridicule particulière à ce singulier vieillard, que Belloni disait avoir connu dans sa jeunesse comme commis aux caisses du théâtre Scala de Milan. Il souffrait de mouvements spasmodiques involontaires des mains, conséquence de certaines infirmités physiques peu honorables, et probablement pour les cacher, il jouait continuellement avec un petit bâton qu'il balançait çà et là avec une apparente affectation. Mais même après avoir enfin réussi à avoir accès aux fonctionnaires impériaux, il me semblait que presque rien ne serait fait en ma faveur, quand tout à coup, un matin, le comte Hatzfeld m'a accablé de la nouvelle que la veille au soir l'empereur avait donné son accord. commandes pour une représentation de mon Tannhauser. La parole décisive avait été prononcée par la princesse Metternich. Comme j'étais par hasard un sujet de conversation auprès de l'Empereur, elle s'était jointe au cercle, et lorsqu'on lui demanda son avis, elle dit qu'elle avait entendu Tannhauser à Dresde et qu'elle s'en était exprimée en termes si enthousiastes que l'Empereur à une fois promis de donner des commandes pour sa production. Il est vrai que Fould, en recevant le soir même l'ordre impérial, entra dans une colère furieuse, mais l'Empereur lui dit qu'il ne pouvait pas revenir sur sa promesse, puisqu'il avait promis sa parole à la princesse Metternich. Je fus alors de nouveau conduit chez Bacciochi, qui cette fois me reçut très sérieusement, mais me fit d'abord une singulière question sur le sujet de mon opéra. C'est ce que je devais lui exposer, et quand j'eus fini, il s'écria avec satisfaction : « Ah ! le Pape ne vient pas en scène ? C'est bon! On nous avait dit que vous aviez fait paraitre le Saint Père, et ceci, vous comprenez, n'aurait pas pu passer. Du reste, monsieur, on sait à présent que vous avez enormement de génie ; l'Empereur a donne l'ordre de représenter votre opéra. Il m'a en outre assuré que toutes les facilités seraient mises à ma disposition pour l'accomplissement de mes vœux, et que désormais je devrais m'arranger directement avec le gérant Royer. Cette nouvelle tournure des choses me mit dans un état de vague agitation, car d'abord ma conviction intérieure ne pouvait que me faire sentir que de singuliers malentendus allaient sûrement surgir. D'une part, tout espoir de pouvoir réaliser mon projet initial de produire mon œuvre à Paris avec une entreprise allemande choisie était désormais terminé, et je ne pouvais me dissimuler que j'étais lancé dans une aventure qui pourrait se transformer en bien ou mal. Quelques entretiens avec le directeur Royer suffisent pour m'éclairer sur le caractère de l'entreprise qui me fut confiée. Son principal souci était de me convaincre de la nécessité de réarranger mon deuxième acte, car selon lui il fallait absolument qu'un grand ballet soit introduit à ce stade. A cette suggestion et à d'autres semblables, j'ai à peine daigné répondre, et, en rentrant chez moi, je me suis demandé ce que je devrais faire ensuite, au cas où je déciderais de refuser de jouer mon Tannhauser au Grand Opéra.

Cependant d'autres soucis, plus directement liés à mes affaires personnelles, pesaient sur moi et m'obligeaient à consacrer tous mes efforts à les éliminer. Dans ce but, je décidai aussitôt de réaliser une entreprise que m'avait suggérée Giacomelli, à savoir une répétition de mes concerts à Bruxelles. Un contrat y avait été passé avec le Théâtre de la Monnaie pour trois concerts dont la moitié du produit, déduction faite de toutes dépenses, devait m'appartenir. Accompagné de mon agent, je suis parti le 19 mars pour la capitale belge, pour voir si je n'arriverais pas à récupérer l'argent perdu sur mes concerts parisiens. Sous la direction de mon mentor, je me trouvai obligé de faire appel à toutes sortes de rédacteurs de journaux et, entre autres personnalités belges, à un certain M. Fétis père. Tout ce que je savais de lui, c'est que, des années auparavant, il s'était laissé soudoyer par Meyerbeer pour écrire des articles contre moi, et je trouvais maintenant amusant d'entrer en conversation avec cet homme qui, bien qu'il prenait de grands airs d'autorité. , mais il s'est finalement déclaré entièrement de mon avis.

C'est là aussi que je fis la connaissance d'un homme très remarquable, le conseiller d'État Klindworth, dont la fille, ou, comme certains disaient, sa femme, m'avait été recommandée par Liszt lorsque j'étais à Londres. Mais je ne l'avais pas vue à cette occasion et j'ai maintenant l'agréable surprise d'être invité à lui rendre visite à Bruxelles. Tandis qu'elle me montrait, de son côté, la plus grande cordialité, M. Klindworth me fournissait un divertissement inépuisable par le récit de sa merveilleuse carrière de diplomate dans de nombreuses transactions dont j'ignorais jusqu'alors. Je dînai plusieurs fois chez eux et rencontrai le comte et la comtesse Condenhoven, cette dernière étant une fille de ma vieille amie Mme. Kalergis. M. Klindworth témoigna pour moi un intérêt vif et durable, qui le poussa même à me donner une lettre de recommandation au prince Metternich, avec le père duquel il disait avoir été en termes très familiers. Il avait l'étrange habitude d'entremêler sa conversation par ailleurs frivole avec des références continuelles à une

Providence toute-puissante, et quand, au cours d'un de nos entretiens ultérieurs, j'ai risqué une fois une réplique risquée, il s'est complètement mis en colère et j'ai cru qu'il allait rompre. hors de notre connexion. Heureusement, cette crainte ne s'est pas concrétisée, ni à ce moment-là, ni par la suite.

Mais à part ces intéressantes connaissances, je n'ai gagné à Bruxelles que de l'inquiétude et des efforts inutiles. Le premier concert, pour lequel les abonnements ont été suspendus, a attiré un public nombreux. Mais, à cause de ma méprise sur une clause de notre accord, le coût de l'accompagnement musical, qui était imputé à moi seul, fut estimé par les gérants à un chiffre si élevé, qu'il ne restait presque plus rien comme profit. Cette lacune devait être comblée lors du deuxième concert, auquel les détenteurs d'abonnements étaient toutefois admis gratuitement. Mais au-delà de ces personnes qui, m'a-t-on dit, remplissaient presque la maison, il y avait peu de détenteurs de billets uniques, de sorte qu'il ne me restait pas de quoi payer mes frais de voyage et d'hôtel, qui avaient été augmentés par l'inclusion de mon agent et serviteur. J'abandonnai donc l'idée d'un troisième concert et repartis pour Paris dans un état d'esprit peu gai, mais avec le cadeau d'un vase en verre de Bohême de Mme. Street, la fille de Klindworth dont j'ai déjà parlé. Néanmoins, mon séjour à Bruxelles, y compris un court voyage de là à Anvers, avait servi à détourner un peu mes pensées. Comme je n'avais pas du tout envie à ce moment-là de consacrer mon temps précieux à regarder des œuvres d'art, je me suis contenté à Anvers d'un rapide coup d'œil sur son aspect extérieur, que je trouvais moins riche en antiquités que je ne l'avais prévu. La situation de sa célèbre citadelle s'avère particulièrement décevante. Au vu du premier acte de mon Lohengrin, j'avais supposé que cette citadelle, que j'imaginais comme l'ancien donjon d'Anvers, serait, de l'autre côté de l'Escaut, un objet marquant pour les yeux. Au lieu de cela, on ne voyait plus qu'une plaine monotone, avec des fortifications enfoncées dans la terre. Depuis lors, chaque fois que je revoyais Lohengrin, je ne pouvais retenir un sourire au château du peintre de décors, perché en arrière-plan sur sa majestueuse montagne.

De retour à Paris, à la fin du mois de mars, ma seule préoccupation était de savoir comment réparer ma situation impécunible et donc désespérée. La pression de ces soucis monétaires semblait d'autant plus incongrue que la notoriété de ma situation avait rendu ma maison, où, bien entendu, je ne laissais apparaître aucun signe de pauvreté, extrêmement populaire. Mes réceptions du mercredi devinrent plus brillantes que jamais. Des étrangers intéressants me recherchaient, dans l'espoir qu'eux aussi pourraient atteindre une fortune égale grâce à ma connaissance. Fraulein Ingeborg Stark, qui épousa plus tard le jeune Hans von Bronsart, apparut parmi nous, avec une vision d'une élégance envoûtante, et joua du piano, avec l'aide modeste de

Fraulein Aline Hund de Weimar. Un jeune musicien français très doué, Camille Saint-Saëns, jouait également un rôle très agréable dans nos divertissements musicaux ; un ajout remarquable à mes autres connaissances françaises a été fait en la personne de M. Frédéric Villot. C'était le conservateur des tableaux du Louvre, un homme extrêmement poli et cultivé, que j'ai rencontré pour la première fois dans le magasin de musique de Flaxland, où je faisais beaucoup d'affaires. À ma grande surprise, je l'entendis poser des questions sur la partition de Tristan qu'il avait commandée. En lui étant présenté, j'appris, en réponse à ma demande, qu'il possédait déjà les partitions de mes opéras antérieurs ; et lorsque je lui ai alors demandé s'il pensait qu'il était possible pour moi de faire valoir mes compositions dramatiques, car je ne comprenais pas comment lui, sans aucune connaissance de la langue allemande, pouvait à juste titre apprécier la musique, si étroitement liée au sens de la musique. la poésie, il répondit avec humour que c'était précisément ma musique qui lui fournissait le meilleur guide pour comprendre le poème lui-même. Cette réponse m'attira fortement vers cet homme, et dès lors j'éprouvais un grand plaisir à entretenir avec lui une correspondance active. C'est pourquoi, lorsque j'ai publié une traduction de mes poèmes d'opéra, j'ai senti que sa préface très détaillée ne pouvait être dédiée à un homme plus digne. Comme il ne pouvait pas jouer lui-même les partitions de mes opéras, il les fit jouer par Saint-Saëns, qu'il paraissait patronner. J'ai ainsi appris à apprécier l'habileté et le talent de ce jeune musicien, ce qui était tout simplement époustouflant. Avec une sûreté et une rapidité de regard sans précédent à l'égard de la partition orchestrale la plus compliquée, ce jeune homme combinait une mémoire non moins merveilleuse. Il était non seulement capable de jouer par cœur mes partitions, y compris Tristan, mais aussi d'en reproduire les différentes parties, qu'il s'agisse de thèmes principaux ou mineurs. Et il le faisait avec une telle précision qu'on aurait pu facilement croire qu'il avait la musique sous les yeux. J'ai appris par la suite que cette prodigieuse réceptivité à tout le matériel technique d'une œuvre ne s'accompagnait d'aucune intensité correspondante de puissance productive ; de sorte que lorsqu'il a essayé de s'établir comme compositeur, je l'ai complètement perdu de vue au fil du temps.

Il me fallait maintenant entrer en communication plus étroite avec le directeur de l'Opéra, M. Royer, au sujet de la production de Tannhauser, qu'il avait été chargé de préparer. Deux mois se sont écoulés avant que je puisse me décider si je devais dire oui ou non à l'entreprise. À aucun entretien, cet homme n'a manqué d'insister pour que soit introduit un ballet dans le deuxième acte. Je pourrais le dérouter, mais avec toute l'éloquence dont je disposais, je ne pourrais jamais le convaincre sur ce point. Mais enfin, je ne pouvais plus refuser de considérer l'opportunité de préparer une traduction appropriée du poème.

Jusqu'à présent, les dispositions relatives à ces travaux avaient progressé très lentement. Comme je l'ai déjà dit, j'avais trouvé M. de Charnal tout à fait incompétent, Roger avait définitivement disparu de ma vue et Gasperini ne manifestait aucun désir réel pour ce travail. Enfin un certain Herr Lindau vint me voir, qui protesta qu'avec l'aide du jeune Edmond Roche il pourrait produire une traduction fidèle de Tannhauser. Cet homme, Lindau, était originaire de Magdebourg et avait fui pour échapper au service militaire prussien. Il m'avait été présenté pour la première fois par Giacomelli à une occasion où le chanteur français qu'il avait engagé pour chanter « L'Étoile du Soir » lors d'un de mes concerts nous avait déçus, et il avait recommandé Lindau comme substitut très efficace. Cet homme s'est aussitôt déclaré prêt à entreprendre cette chanson qu'il connaissait bien, sans aucune répétition, offre qui m'a amené à le considérer comme un génie descendu du ciel exprès pour moi. Rien ne pouvait donc égaler mon étonnement devant l'impudence sans bornes de cet homme ; car le soir du concert, il exécuta sa tâche avec la timidité la plus amateur ; il n'a pas prononcé clairement une seule note de la chanson, et rien d'autre que l'étonnement devant une performance aussi sans précédent a semblé empêcher le public d'éclater dans une désapprobation marquée. Pourtant, malgré cela, Lindau, qui avait toutes sortes d'explications et d'excuses à donner pour ses défauts, a réussi à s'insinuer chez moi, sinon comme chanteur à succès, du moins comme ami sympathique. Là, grâce à la partialité de Minna, il devint bientôt un invité presque quotidien. Malgré une certaine répugnance intérieure à son égard, je le traitais avec une bonhomie tolérante, non pas tant à cause des « relations énormes » qu'il disait pouvoir influencer, mais parce qu'il se montrait réellement un homme très obligeant dans toutes sortes de domaines. d'occasions.

Mais ce qui m'a finalement incité à lui confier une part à la traduction de Tannhauser, c'est sa suggestion selon laquelle le jeune Roche devrait également participer aux travaux.

J'avais fait la connaissance de Roche immédiatement après mon arrivée à Paris (en septembre de l'année précédente), et ce d'une manière assez remarquable et flatteuse. Pour recevoir mes meubles à leur arrivée de Zurich, j'ai dû me rendre à la Douane, où j'ai été référé à un jeune homme pâle et miteux, mais qui paraissait plein de vie, avec qui je devais régler mes affaires. . Lorsque j'ai voulu lui donner mon nom, il m'a interrompu avec enthousiasme en m'exclamation : « O, je connais bien Monsieur Richard Wagner, puisque j'ai son portrait suspendu au-dessus de mon piano. Très étonné, je lui ai demandé ce qu'il savait de moi et j'ai appris qu'en étudiant attentivement mes arrangements pour piano, il était devenu l'un de mes plus fervents admirateurs. Après qu'il m'eut aidé par des attentions altruistes à achever mes fastidieuses affaires avec la Douane, je lui fis promettre de me rendre visite. C'est ce qu'il fit, et je pus mieux comprendre la situation nécessiteuse de ce pauvre garçon, qui, autant que je pus en juger, montrait des signes d'un grand talent poétique. Il m'a en outre informé qu'il avait essayé de gagner une vie précaire en tant que violoniste dans les orchestres des petits théâtres de vaudeville, mais qu'étant marié, il préférerait de loin, pour le bien de sa famille, une situation dans un bureau avec un salaire fixe et des perspectives de promotion. J'ai vite constaté qu'il comprenait parfaitement ma musique, qui, m'a-t-il assuré, lui procurait le seul plaisir qu'il avait dans sa dure vie. En ce qui concerne sa puissance de composition poétique, je n'ai pu que déduire de Gasperini et d'autres juges compétents qu'il pouvait, en tout cas, produire de très bons vers. J'avais déjà pensé à lui comme traducteur pour Tannhauser, et maintenant que le seul obstacle à son travail, son ignorance de la langue allemande, avait été levé grâce à la collaboration offerte par Lindau, la possibilité d'un tel arrangement m'a immédiatement décidé à accepter. l'offre de ce dernier.

La première chose sur laquelle nous nous sommes mis d'accord a été qu'il faudrait entreprendre une traduction en prose fidèle de l'ensemble du sujet, et j'ai naturellement confié cette tâche à Lindau seul. Il s'est toutefois produit un retard important avant que ce document ne me soit livré, ce qui s'est expliqué par la suite par le fait que Lindau était tout à fait incapable de fournir même cette version sèche et avait confié le travail à un autre homme, un Français qui connaissait l'allemand et qui il m'a incité à l'entreprendre en espérant recevoir une rémunération qui me serait arrachée plus tard. En même temps, Roche transformait en vers quelques-unes des principales strophes de mon poème, dont j'étais très content. Comme j'étais ainsi satisfait de la capacité de mes deux aides, je me rendis chez Royer afin d'assurer ma position en obtenant son autorisation pour un contrat avec les deux hommes. Il ne semblait pas apprécier que je remette l'ouvrage entre les mains de deux personnes parfaitement inconnues ; mais j'ai insisté pour qu'ils bénéficient au moins d'un procès équitable. Comme j'étais obstinément résolu à ne pas retirer le travail à Roche, mais que je me rendis vite compte de l'inefficacité totale de Lindau, je me joignis moi-même à cette tâche au prix de beaucoup d'efforts. Nous passions fréquemment quatre heures ensemble dans ma chambre à traduire quelques vers, période pendant laquelle j'étais souvent tenté de mettre à la porte Lindau, car bien qu'il ne comprenne même pas le texte allemand, il était toujours prêt à faire les suggestions les plus impudentes. C'est seulement parce que je ne voyais pas d'autre moyen de maintenir le pauvre Roche dans l'entreprise que j'ai enduré une association aussi absurde.

Ce travail irritant et laborieux dura plusieurs mois, pendant lesquels je dus engager des négociations plus approfondies avec Royer au sujet de ses préparatifs pour la production de Tannhauser, et particulièrement en ce qui concerne la distribution et la distribution des rôles. Cela m'a paru étrange que pratiquement aucun des principaux chanteurs de l'Opéra n'ait été suggéré par lui. En fait, aucun d'eux n'a suscité ma sympathie, à la seule exception de Mme. Gueymard, que j'aurais volontiers assuré pour Vénus, mais qui, pour des raisons que je n'ai jamais bien comprises, m'a été refusé. Afin de me faire une opinion honnête de la troupe dont je disposais, je devais maintenant assister à plusieurs représentations d'opéras tels que La Favorita, Il Trovatore et Semiramis, au cours desquelles ma conviction intérieure me disait si clairement que j'étais désespérément conduit égaré, que chaque fois que je rentrais chez moi, je sentais que je devais renoncer à toute l'entreprise. D'un autre côté, je trouvais un encouragement continuel dans la générosité avec laquelle M. Royer, obéissant à l'autorité, s'offrait maintenant de me procurer tout chanteur que je choisirais de désigner. L'élément le plus important était la teneur du rôle-titre. Je ne pensais qu'à Niemann de Hanovre, dont la renommée me parvenait de toutes parts. Même des Français comme Foucher de Careil et Perrin, qui l'avaient entendu dans mes opéras, confirmèrent le bruit de son grand talent. Le directeur considérait également une telle acquisition comme hautement souhaitable pour son théâtre et Niemann fut donc invité à venir à Paris en vue d'être engagé. A côté de lui, M. Royer désirait que j'accepte qu'il trouve une certaine Mme. Tedesco, une tragédienne qui, en raison de sa beauté, serait un ajout très précieux au répertoire de son théâtre, protestant qu'il ne pouvait penser à aucune femme mieux adaptée au rôle de Vénus. Sans connaître la dame, j'ai donné mon consentement à cette excellente proposition, et j'ai en outre accepté l'engagement d'une Mlle. Sax, un jeune chanteur encore intact et d'une très belle voix, ainsi que d'un baryton italien, Morelli, dont les timbres sonores, contrastant avec les chanteurs maladifs français de cette classe, m'avaient beaucoup plu lors de mes visites à l'Opéra. Lorsque ces arrangements furent conclus, je pensais avoir fait tout ce qui était réellement nécessaire, même si je n'avais pas de conviction très ferme à ce sujet.

Au milieu de ces travaux, je passai mon quarante-septième anniversaire dans un état d'esprit peu heureux, et cependant, le soir de ce jour, la lueur singulièrement brillante de Jupiter me laissa présager de meilleures choses à venir . Le beau temps, convenable à la période de l'année, qui à Paris n'est jamais favorable à la marche des affaires, n'avait fait qu'augmenter l'urgence de mes besoins. J'étais et je restais toujours sans aucune perspective de subvenir aux dépenses de mon ménage, qui étaient désormais devenues très lourdes. Comme j'avais toujours hâte, au milieu de tous mes autres inconforts, de trouver quelque soulagement à ce fardeau, j'avais conclu un accord avec le marchand de musique Flaxland pour la vente de tous mes droits français sur les Fliegender Hollander, Tannhauser et Lohengrin pour quelque montant que ce soit. ils allaient chercher. Notre contrat stipulait que, pour chacun de ces trois opéras, il me verserait une somme de mille francs d'acompte, ainsi que des indemnités supplémentaires en cas de représentation dans un théâtre parisien, soit mille francs après les dix premières représentations, et la même somme. pour les représentations suivantes jusqu'au vingtième. J'ai aussitôt notifié ce contrat à mon ami Pusinelli, après avoir posé cette condition en sa faveur lors de la vente de mes opéras aux successeurs de Meser. Je l'ai fait en lui garantissant le remboursement du capital avancé pour leur publication. Je le priai cependant de me permettre de conserver à titre d'acompte le premier versement de Flaxland, sans quoi je me retrouverais bloqué à Paris sans les moyens d'amener mes opéras au point d'être rentables. Mon ami a accepté toutes mes suggestions. L'éditeur de Dresde, au contraire, fut tout aussi désagréable et se plaignit aussitôt que je portais atteinte à ses droits en France, et inquiéta tellement Flaxland que celui-ci crut avoir le droit de soulever contre moi toutes sortes de difficultés.

En conséquence, j'étais presque confronté à de nouvelles complications, lorsqu'un jour le comte Paul Hatzfeld se présenta chez moi pour me demander de rendre visite à Mme. Kalergis, qui venait d'arriver à Paris, pour recevoir d'elle certaines communications. Je revis maintenant cette dame pour la première fois depuis mon séjour à Paris avec Liszt en 1853. Elle me salua en me déclarant combien elle regrettait de ne pas avoir assisté à mes concerts l'hiver précédent, car elle avait ainsi manqué l'occasion d'aider moi dans une période de grand stress. Elle avait appris que j'avais subi de grandes pertes, dont on lui avait dit le compte s'élevant à dix mille francs, et elle me priait maintenant d'accepter cette somme de sa main. Même si j'avais cru bon de nier ces pertes au comte Hatzfeld, lorsqu'une demande avait été adressée à l'ambassade de Prusse au nom de l'odieuse liste de souscription, je n'avais maintenant aucune raison de cacher la vérité à cette noble femme. J'avais l'impression que quelque chose à quoi j'avais toujours été en droit d'attendre s'accomplissait maintenant, et ma seule impulsion était un désir immédiat de montrer ma gratitude à cette dame rare en faisant au moins quelque chose pour elle. Toutes les frictions qui troublèrent nos relations ultérieures provenaient uniquement de mon incapacité à satisfaire ce désir, dans lequel je me sentais de plus en plus confirmé par son caractère singulier et sa vie agitée et instable. Pour le moment, je m'efforçais de faire pour elle quelque chose qui prouverait la réalité de mon sentiment d'obligation. J'ai improvisé une représentation spéciale du deuxième acte de mon Tristan, dans laquelle Mme. Viardot devait partager les parties de chant avec moi, et à cette occasion mon amitié pour ce dernier reçut un élan considérable ; tandis que pour l'accompagnement au pianoforte, j'ai fait venir Klindworth à mes frais de Londres. Cette représentation extrêmement sélective a eu lieu chez Mme. La maison de Viardot. Outre Mme. Kalergis, en l'honneur seul duquel elle fut donnée, Berlioz était seul présent. Mme. Viardot s'était spécialement chargée d'assurer sa présence, apparemment dans le but avoué d'apaiser les relations tendues entre Berlioz et moi. Je n'ai jamais été clair quant à l'effet produit sur les interprètes et les auditeurs par la présentation dans de telles circonstances de cette sélection extraordinaire. Mme. Kalergis resta muet. Berlioz s'est simplement exprimé chaleureusement sur la chaleur de mon discours, qui a très bien pu offrir un fort contraste avec celui de ma partenaire dans l'œuvre, qui a rendu la majeure partie de son rôle à voix basse. Klindworth semblait particulièrement ému par le résultat. Sa propre part fut admirablement exécutée ; mais il déclara qu'il avait été rongé par l'indignation en constatant la tiède exécution par Viardot de son rôle, dans lequel elle était probablement déterminée par la présence de Berlioz. Pour couronner le tout, nous avons été très heureux de la représentation, un autre soir, du premier acte de la Walkure, où, outre Mme. Kalergis, le chanteur Niemann était présent. Cet homme était désormais arrivé à Paris, à la demande du manager Royer, pour conclure un contrat. J'avoue que j'ai été étonné de la pose qu'il a prise et des airs avec lesquels il s'est présenté à ma porte en me demandant : « Eh bien, est-ce que tu me veux ou pas ? Néanmoins, lorsque nous sommes allés au bureau du directeur, il s'est ressaisi, afin de faire bon effet. Il y réussit admirablement, car chacun était étonné de rencontrer des capacités physiques aussi extraordinaires. Il dut néanmoins se soumettre à un essai symbolique, pour lequel il choisit la description du pèlerinage à Tannhauser, la jouant et la chantant sur la scène du Grand Opéra. Mme. Kalergis et la princesse Metternich, qui assistaient secrètement à cette représentation, étaient tous deux enthousiastes en faveur de Niemann, ainsi que tous les membres de la direction. Il fut engagé pendant huit mois avec un salaire mensuel de dix mille francs. Son contrat concernait uniquement Tannhauser, car je me sentais obligé de protester contre le fait que le chanteur apparaisse avant lui dans d'autres opéras.

La conclusion de cet accord et les circonstances remarquables dans lesquelles il avait été réalisé m'ont rempli d'une conscience jusqu'alors inconnue du pouvoir ainsi soudainement placé entre mes mains. J'avais également été rapproché de la princesse Metternich, qui était sans aucun doute la bonne fée de toute l'entreprise, et j'étais maintenant également reçu avec une cordialité flatteuse par son mari et par tout le cercle diplomatique auquel ils appartenaient. On attribuait en particulier à la princesse une influence presque toute-puissante à la cour impériale française, où Fould, le ministre d'État par ailleurs influent, ne pouvait rien faire contre elle dans les affaires me concernant. Elle m'a chargé de ne m'adresser qu'à elle pour la réalisation de tous mes vœux, et m'a dit qu'elle saurait trouver les voies et moyens pour parvenir au succès du projet auquel elle avait visiblement mis maintenant son cœur, d'autant plus fermement que elle a vu que je n'avais toujours pas vraiment confiance dans l'entreprise.

Sous ces auspices plus optimistes, j'ai passé les mois de l'été à l'automne, lorsque les répétitions devaient commencer. Ce fut pour moi une grande bénédiction de pouvoir à ce moment-là prendre soin de la santé de Minna, puisque les médecins lui avaient prescrit en urgence une visite aux bains de Soden, près de Francfort. Elle partit donc au début de juillet, alors que je me promettais le plaisir de la chercher une fois sa guérison terminée, car il se trouvait que j'avais moi-même l'occasion de visiter le Rhin à cette époque.

C'est justement à ce moment qu'une amélioration s'opéra dans mes relations avec le roi de Saxe, qui jusqu'alors s'était obstinément opposé à m'accorder une amnistie. Je le devais à l'intérêt croissant que me portaient désormais les autres ambassades allemandes, notamment celles d'Autriche et de Prusse. Herr von Seebach, l'ambassadeur de Saxe, qui était marié à une cousine de ma magnanime amie, Mme. Kalergis, m'avait fait preuve d'une grande gentillesse et, à la fin, il semblait fatigué d'être continuellement nargué par ses collègues au sujet de ma position répréhensible de « réfugié politique », et il a donc estimé qu'il était de son devoir de faire des représentations auprès de son tribunal en mon nom. . Dans cette action, il semble avoir été généreusement aidé par la princesse-régente de Prusse, encore une fois grâce à l'intervention du comte Pourtalès. J'ai entendu dire qu'à l'occasion d'une rencontre entre les princes allemands et l'empereur Napoléon à Bade, elle usa en ma faveur de son influence auprès du roi de Saxe. Le résultat fut qu'après avoir réglé plusieurs objections ridicules, que M. von Seebach dut toutes me répéter, celui-ci put rapporter que, bien que le roi Jean ne me pardonne pas et ne permette pas mon retour dans le royaume de Saxe, il ne ferait aucun obstacle à mon séjour dans tout autre État de la Confédération germanique que je pourrais avoir à visiter pour poursuivre mes objectifs artistiques, à condition qu'un tel État ne fasse pas d'objection à ma présence. M. von Seebach ajouta en outre qu'il serait opportun que je me présente à la princesse-régente à l'occasion de ma prochaine visite en Rhénanie, afin de lui exprimer mes remerciements pour sa aimable intercession, courtoisie qu'il m'a accordée. me semblait désirer comprendre le roi de Saxe lui-même.

Mais avant que ce projet puisse se réaliser, j'ai dû encore endurer les tourments les plus pénibles avec mes traducteurs de Tannhauser. Au milieu de ces inquiétudes, et même à travers tous mes soucis antérieurs, je souffrais à nouveau de mon ancien mal, qui semblait maintenant s'être installé dans mon ventre. En guise de remède, on m'a conseillé de faire de l'exercice à cheval. Le peintre Czermak, un jeune homme sympathique que Fraulein Meysenburg m'avait présenté, m'a proposé son aide pour les leçons d'équitation nécessaires. En échange d'un abonnement pour une durée déterminée, un homme d'une écurie de pension apportait ses chevaux les plus calmes, pour lesquels nous avions spécialement négocié, pour mon usage et celui de mon camarade, sur lesquels nous nous aventurions avec la plus grande prudence pour une promenade dans le Bois de Boulogne. Nous avons choisi les heures du matin pour cet exercice, afin de ne pas croiser les élégants cavaliers du monde à la mode. En m'appuyant implicitement sur l'expérience de Czermak, je fus naturellement étonné de constater que je le surpassais de loin, sinon en équitation, du moins en courage, car j'étais capable de supporter le trot extrêmement désagréable de mon cheval, alors qu'il protestait haut et fort contre lui. chaque répétition de l'expérience. À mesure que je devenais plus audacieux, je résolus un jour de partir seul. Le palefrenier qui m'avait amené le cheval me surveillait prudemment jusqu'à la barrière de l'Étoile, car il doutait de ma capacité à conduire mon cheval au-delà de ce point. Et en effet, à mesure que j'approchais de l'avenue de l'Impératrice, mon cheval refusait obstinément d'aller plus loin : il se courbait de côté et d'arrière et restait souvent immobile. Il persista jusqu'à ce que je décide enfin de revenir, et la prévoyance prudente du marié vint heureusement à mon secours. Il m'a aidé à descendre de ma bête dans la rue et l'a ramenée à la maison en souriant. Avec cette expérience, mon dernier effort pour devenir cavalier a connu une fin peu glorieuse et j'ai perdu dix courses dont les bons sont restés inutilisés dans mon bureau.

En compensation, je trouvai un rafraîchissement abondant et un exercice régulier dans des promenades solitaires dans le bois de Boulogne, gaiement accompagnées de mon petit chien Fips, au cours desquelles j'appris une fois de plus à apprécier la beauté sylvestre de ce terrain de plaisir artificiel. La vie aussi était devenue plus calme, comme c'est habituellement le cas en cette saison à Paris. Bulow, après avoir appris que son déjeuner chez Vachette avait produit le résultat extraordinaire d'une commande impériale pour la production de Tannhauser, était depuis longtemps rentré en Allemagne ; et en août, je partis également pour mon excursion soigneusement planifiée dans les régions allemandes du Rhin. Là, je me dirigeai d'abord, via Cologne, vers Coblence, où je m'attendais à trouver la princesse Augusta de Prusse. Apprenant cependant qu'elle était à Baden, je me dirigeai vers Soden, d'où je récupérai Minna pour une nouvelle tournée, accompagnée de son amie récemment acquise, Mathilde Schiffner. Nous nous sommes touchés à Francfort, où j'ai rencontré mon frère Albert pour la première fois depuis son départ de Dresde, car il se trouvait également de passage dans cette ville.

Quand j'y fus, je pensai que c'était la résidence de Schopenhauer, mais une singulière timidité m'empêchait de venir chez lui. Mon caractère me semblait alors trop désemparé et trop éloigné de tout ce qui aurait pu constituer un sujet de conversation avec Schopenhauer, même si je m'étais senti fortement attiré par lui, et qui seul aurait pu fournir une raison pour m'immiscer chez lui, en malgré une telle réticence. Comme pour tant d'autres choses dans ma vie, j'ai encore une fois reporté l'une de ses opportunités les plus précieuses jusqu'à cette « saison plus favorable » si attendue avec ferveur, et dont je présumais qu'elle arriverait sûrement un jour. Lorsque, un an après cette visite éclair, je restai encore quelque temps à Francfort pour diriger la production de mes Maîtres chanteurs, je m'imaginai qu'enfin cette occasion plus favorable de voir Schopenhauer était venue. Mais hélas! il mourut cette même année, ce qui m'amena à bien des réflexions amères sur l'incertitude du sort.

Lors de cette visite précédente, un autre espoir affectueusement caressé s'est également soldé par un échec. J'avais espéré pouvoir convaincre Liszt de me rencontrer à Francfort, mais je n'ai trouvé qu'une lettre me déclarant impossible d'exaucer mon souhait.

De cette ville nous sommes allés directement à Baden-Baden. Ici, j'abandonnais Minna et son amie aux séductions de la table de roulette, tandis que je profitais d'une lettre d'introduction du comte Pourtales à la comtesse Hacke, dame d'honneur de Son Altesse Royale, par laquelle j'espérais être présenté. à sa haute patronne. Après un certain retard, je reçus une invitation à la rencontrer à la Trinkhalle à cinq heures de l'après-midi. C'était une journée humide et froide, et à cette heure-là, tous les environs semblaient absolument dépourvus de vie alors que j'approchais de mon rendez-vous capital. J'ai trouvé Augusta faisant les cent pas avec la comtesse Hacke et, à mon approche, elle s'est gracieusement arrêtée. Sa conversation consistait presque entièrement en assurances qu'elle était complètement impuissante à tous égards, en réponse à quoi j'ai imprudemment cité l'indication reçue du roi de Saxe selon laquelle je devrais lui offrir mes remerciements personnels pour une intervention antérieure en ma faveur. Cela lui parut visiblement irrité, et me congédia avec un air d'indifférence destiné à montrer qu'elle s'intéressait très peu à mes préoccupations. Ma vieille amie Alwine Frommann m'a dit plus tard qu'elle ne savait pas ce qui déplaisait à la princesse chez moi, mais qu'elle pensait que cela pouvait être mon accent saxon.

Cette fois, je quittai le paradis tant vanté de Bade sans emporter aucune impression très amicale, et montai à Mannheim sur un bateau à vapeur, accompagné uniquement de Minna, sur lequel, pour la première fois, je fus transporté le long du fameux Rhin. Il me parut très étrange d'avoir si souvent traversé le Rhin sans avoir une seule fois fait la connaissance de cette rue historique la plus caractéristique de l'Allemagne médiévale. Un retour précipité à Cologne conclut cette excursion, qui n'avait duré qu'une semaine, et d'où je revenais pour affronter une fois de plus la solution des problèmes de mon entreprise parisienne, qui s'ouvrait péniblement devant moi.

Un facteur qui semblait susceptible d'atténuer grandement les difficultés auxquelles j'étais confronté était la relation amicale que le jeune banquier Emil Erlanger se plaisait à nouer à mon égard. Je le devais d'abord à un homme extraordinaire, nommé Albert Beckmann, ancien révolutionnaire hanovrien, puis bibliothécaire privé de Louis Napoléon, qui était alors attaché de presse pour plusieurs intérêts sur lesquels je n'ai jamais été très clair. Cet homme réussit à me faire connaître comme un admirateur déclaré, et à ce titre il se montra remarquablement serviable. Il m'informa alors que M. Erlanger, chez qui il était également employé dans le domaine de la presse, serait heureux de me connaître. J'étais sur le point de décliner carrément cet honneur, en disant que je ne voulais rien savoir d'un banquier que par rapport à son argent, lorsqu'il répondit à ma plaisanterie en me disant avec le plus grand sérieux que c'était précisément ainsi que M. Erlanger désiré me servir. Grâce à cette invitation, je fis la connaissance d'un homme véritablement agréable qui, ayant souvent entendu ma musique en Allemagne, s'était inspiré d'un intérêt sympathique pour ma personne. Il exprima franchement le désir que je lui confie entièrement la gestion de mes affaires financières, ce qui signifiait en fait rien de moins qu'il se tiendrait en permanence responsable de toutes les subventions nécessaires, en échange desquelles je devais confier à lui tout le produit éventuel de mes entreprises parisiennes. Cette offre était tout à fait nouvelle et, de plus, correspondait exactement aux besoins de ma situation particulière. Et, en fait, quant à ma sécurité financière ultérieure, je n'eus plus de difficultés à rencontrer jusqu'à ce que ma situation à Paris soit complètement décidée. Et bien que mes relations ultérieures avec M. Erlanger aient été accompagnées de nombreuses circonstances qu'aucune courtoisie bienveillante n'aurait pu soulager, j'ai toujours trouvé en lui un ami véritablement dévoué, qui étudiait sérieusement à la fois mon bien-être personnel et le succès de mes entreprises.

Cette tournure des événements tout à fait satisfaisante était de nature à m'inspirer un grand courage si les circonstances avaient été quelque peu différentes. Dans l'état actuel des choses, il n'avait aucun pouvoir pour exciter en moi le moindre enthousiasme pour une entreprise dont le vide et l'inadéquation pour moi personnellement se révélaient clairement à chaque fois que je l'approchais. C'était avec un sentiment de mauvaise humeur que j'acceptais toutes les demandes formulées par cette entreprise, et pourtant elle représentait le fondement de la confiance qui reposait sur moi. Mon esprit était cependant soumis à une certaine incertitude rafraîchissante quant au caractère de mon projet par une nouvelle connaissance qui m'était présentée à propos de ce projet. M. Royer m'informa qu'il ne pouvait pas « passer » la traduction que j'avais pris infiniment de peine de faire exister par l'intermédiaire des deux hommes qui s'étaient portés volontaires pour m'aider. Il recommande vivement une révision approfondie par M. Charles Truinet, dont le pseudonyme était Nuitter. Cet homme était encore jeune et extraordinairement séduisant, avec quelque chose d'amical et d'ouvert dans ses manières. Il m'avait fait appel, il y a quelques mois, pour me proposer sa collaboration à la traduction, de mes opéras, de la présentation d'Ollivier, son confrère au barreau de Paris. Cependant, fier de mes liens avec Lindau, j'avais refusé son aide ; mais le moment était venu où, par suite des réticences de M. Royer, il fallait prendre en considération l'offre renouvelée de Truinet de ses services. Il ne comprenait pas l'allemand, mais affirmait qu'en ce domaine il pouvait se fier suffisamment à son vieux père, qui avait voyagé longtemps en Allemagne et avait acquis les bases de notre langue. En fait, il n'y avait pas besoin de connaissances particulières en la matière, le seul problème semblant être de rendre moins rigides et moins guindés les vers français que le pauvre Roche avait construits sous la conduite honteuse de Lindau, qui faisait qu'il savait tout mieux que quiconque. La patience inépuisable avec laquelle Truinet procédait d'un changement à l'autre afin de satisfaire mes exigences, même en ce qui concerne l'adéquation musicale de la version, a gagné ma sympathie pour ce dernier collaborateur. Il fallait désormais tenir Lindau à l'écart de la moindre interférence dans cette nouvelle modélisation du « livre ». Il avait été reconnu comme tout à fait incompétent. Roche, en revanche, fut retenu, dans la mesure où son œuvre servit de base à la nouvelle versification. Comme il lui était difficile de quitter son bureau de douane, il était dispensé de s'inquiéter du reste de l'ouvrage, Truinet étant tout à fait libre et pouvant garder un contact quotidien avec moi. Je voyais maintenant que le diplôme de droit de Truinet n'était qu'ornemental et qu'il n'avait jamais songé à mener une affaire. Ses principaux intérêts résidaient dans l'administration du Grand Opéra, auquel il était attaché en tant que conservateur des archives. Avec un collaborateur, puis avec un autre, il avait aussi travaillé à de petites pièces pour le vaudeville et les théâtres inférieurs, et même pour les Bouffes Parisiens ; mais il avait honte de ces productions et savait toujours éviter de parler de ce domaine d'activité. Je lui suis très reconnaissant pour l'arrangement final d'un texte pour mon Tannhauser qui pouvait être chanté et qui était considéré de tous côtés comme « acceptable ». Mais je ne me souviens pas avoir jamais été attiré par quoi que ce soit de poétique ou même d'esthétique dans sa nature. Cependant, sa valeur en tant qu'ami expérimenté, chaleureux et indéfectiblement dévoué, en tout temps, surtout dans les périodes de plus grande détresse, se faisait de plus en plus clairement sentir. Je ne me souviens presque pas avoir jamais rencontré un homme doté d'un jugement aussi sûr sur les points les plus difficiles, ou d'un homme aussi activement prêt, lorsque l'occasion se présentait, à soutenir le point de vue que je défendais.

Il nous fallait tout d'abord unir nos forces pour promouvoir une œuvre entièrement nouvelle. Conformément à un besoin que j'avais toujours ressenti, j'avais saisi l'occasion de cette production soigneusement préparée de Tannhauser pour élargir et compléter considérablement la première scène de Vénus. A cet effet, j'ai écrit le texte en vers allemands de construction vague, de manière à laisser au traducteur toute liberté de les élaborer sous une forme française convenable : on m'a dit que les vers de Truinet n'étaient pas mauvais du tout ; et c'est sur cette base que j'ai composé la musique supplémentaire pour la scène, et je n'y ai ajouté qu'un texte allemand ensuite. Mes discussions ennuyeuses avec la direction au sujet d'un grand ballet m'avaient déterminé à apporter de nombreux ajouts à la scène du «

Vénusberg ». Je pensais que cela confierait à l'équipe du ballet une tâche chorégraphique d'un caractère si magnifique qu'il n'y aurait plus lieu de se plaindre de mon obstination dans cette affaire. La composition musicale des deux scènes occupa la plus grande partie de mon temps pendant le mois de septembre, et en même temps je commençai les répétitions de pianoforte de Tannhauser dans le foyer du Grand Opéra.

La compagnie, dont une partie avait été récemment engagée à cet effet, était maintenant réunie, et j'avais envie de savoir comment une œuvre nouvelle est étudiée à l'Opéra français.

Les traits caractéristiques du système parisien peuvent être décrits simplement comme une extrême frigidité et une précision extraordinaire. M. Vauthrot, le chef de chœur, excellait dans ces deux qualités. C'était un homme que je ne pouvais m'empêcher de considérer comme hostile à mon égard, car je n'avais jamais réussi à obtenir de lui une seule expression d'enthousiasme. En revanche, il me prouva par la sollicitude la plus pointilleuse combien il était réellement consciencieux dans son travail. Il insista sur des modifications considérables du texte, afin d'obtenir un support favorable au chant. Ma connaissance des partitions d'Auber et de Boieldieu m'avait amené à supposer à tort que les Français étaient totalement indifférents quant à savoir si les syllabes muettes de la poésie et du chant devaient être sonnées ou non. Vauthrot soutenait que cela n'était le cas que des compositeurs, mais pas des bons chanteurs. Il éprouvait toujours des appréhensions quant à la longueur de mon travail, auxquelles je répondis en faisant remarquer que je ne comprenais pas comment il pouvait avoir peur d'ennuyer le public avec n'importe quel opéra, alors qu'il était habitué à trouver du plaisir dans la Sémiramis de Rossini, ce qui était souvent le cas. produit. Là-dessus, il s'arrêta pour réfléchir et fut d'accord avec moi quant à la monotonie de l'action et de la musique dans cette œuvre. Il me dit cependant de ne pas oublier que le public ne s'intéressait ni à l'action ni à la musique, mais que toute son attention était portée sur l'éclat des chanteurs. Tannhauser laissait peu de place au génie et, en fait, je n'avais aucune de ces qualités à ma disposition. La seule chanteuse de ma compagnie qui pouvait prétendre à une telle distinction était Mme. Tedesco, un type de juive plutôt grotesque mais voluptueuse, revenue du Portugal et de l'Espagne après avoir remporté de grands triomphes dans les opéras italiens. Elle ne cachait pas sa satisfaction d'avoir obtenu un engagement à l'Opéra de Paris grâce à mon choix involontaire d'elle pour le rôle de Vénus. Elle se donna beaucoup de mal pour résoudre au mieux ce problème qui la dépassait entièrement et qui ne convenait qu'à une véritable actrice tragique. Pendant un certain temps, ses efforts parurent couronnés de succès, et plusieurs répétitions spéciales avec Niemann aboutirent à une vive affinité entre Tannhauser et Vénus. Comme Niemann maîtrisait avec une grande habileté la prononciation française, ces répétitions, dans lesquelles Mme Sax se montra également délicieuse, firent de véritables et encourageants progrès. Jusqu'alors ces répétitions n'étaient pas perturbées, car mes connaissances avec M. Dietzsch étaient encore très limitées. Selon les règles de l'Opéra, Dietzsch n'était jusqu'ici présent aux répétitions du pianoforte qu'en tant que chef d'orchestre et futur chef d'orchestre de l'opéra, afin de bien connaître les intentions des chanteurs. J'étais encore moins dérangé par M. Cormon, le régisseur, qui était également présent aux répétitions, et qui, avec une vivacité caractéristique du peuple français, dirigeait les nombreuses répétitions dites « de propriété », au cours desquelles chacun La scène à jouer a été déterminée. Même lorsque M. Cormon ou d'autres ne me comprenaient pas, ils étaient toujours prêts à se soumettre à mes décisions ; car je continuais à être considéré comme tout-puissant, et tout le monde pensait que je pouvais imposer ce que je voulais par l'intermédiaire de la princesse Metternich, croyance qui, en effet, n'était pas sans fondement. Par exemple, j'avais appris que le prince Poniatowsky menaçait de mettre un obstacle sérieux à la poursuite de nos répétitions en reprenant un de ses propres opéras dont la production avait échoué. L'intrépide princesse répondit à mes plaintes à ce sujet en obtenant immédiatement l'ordre que l'opéra du prince soit abandonné. Naturellement, cela ne tendait pas à me plaire au prince, et il ne manquait pas de me faire sentir son mécontentement lorsque je l'appelais. Au milieu de tout ce travail, j'ai eu un peu de répit grâce à la visite de ma sœur Louise avec une partie de sa famille. La recevoir chez moi présentait les plus grandes difficultés en raison du fait étrange qu'il devenait maintenant absolument dangereux de s'approcher de chez moi. Lorsque je l'ai pris pour la première fois, le propriétaire m'a donné un bail assez long, mais n'a entrepris aucune réparation. Je découvris alors que la raison en était que le Comité de Reconstruction de Paris venait de décider de dégager la rue Newton avec toutes ses rues latérales pour faciliter l'ouverture d'un large boulevard depuis l'un des ponts jusqu'à la Barrière de l'Île. Étoile. Mais jusqu'au dernier moment, ce projet a été officiellement refusé, afin d'éviter le plus longtemps possible l'obligation de payer des indemnités pour les terres à exproprier. À mon grand étonnement, j'ai remarqué que des fouilles étaient en cours près de ma porte d'entrée ; celles-ci augmentaient en largeur, de sorte qu'au début aucune voiture ne pouvait passer devant ma porte, et finalement ma maison était inaccessible même à pied. Dans ces circonstances, le propriétaire n'avait aucune objection à ce que je quitte la maison. Sa seule stipulation était que je devrais le poursuivre en dommages-intérêts, car c'était le seul moyen par lequel il pourrait à son tour poursuivre le gouvernement. Vers cette époque, mon ami Ollivier fut exclu pour trois mois pour délit parlementaire ; il m'a donc recommandé pour la conduite de mon dossier à son ami Picard, qui, comme je l'ai vu plus tard par la procédure judiciaire, s'est acquitté de sa tâche avec beaucoup d'humour. Néanmoins, il n'y avait aucune chance de dommages-intérêts pour moi (si le propriétaire en a obtenu, je ne peux pas le dire) ; mais, en tout cas, je dus me contenter d'être délié de mon accord. J'obtins également l'autorisation de chercher une autre maison et instituai mes recherches dans un quartier moins éloigné de l'Opéra . J'ai trouvé un endroit pauvre et triste, rue d'Aumale. À la fin de l'automne, par temps orageux, nous avons accompli la tâche ardue du déménagement, au cours de laquelle la fille de Louisa, ma nièce Ottilie, s'est révélée une enfant capable et volontaire. Malheureusement, j'ai attrapé un violent rhume au cours du déménagement et j'ai pris peu de précautions pour le contrôler. Je me suis de nouveau exposé à l'excitation croissante des répétitions, et finalement j'ai été terrassé par la fièvre typhoïde.

Nous étions arrivés au mois de novembre. Mes parents ont dû rentrer chez eux, me laissant dans un état d'inconscience, dans lequel j'ai été confié aux soins de mon ami Gasperini. Dans mes accès de fièvre, j'insistais pour qu'on fasse appel à toute l'aide médicale imaginable, et en effet le comte Hatzfeld fit venir le médecin attaché à l'ambassade de Prusse. L'injustice ainsi faite à mon ami, qui prenait le plus grand soin de moi, n'était pas due à une méfiance à son égard, mais à des hallucinations fébriles qui remplissaient mon cerveau des imaginations les plus outrancières et les plus luxuriantes. Dans cet état, non seulement j'imaginais que la princesse Metternich et Mme. Kalergis m'arrangeait une cour complète, à laquelle j'invitai l'empereur Napoléon, mais je demandai en fait qu'Emil Erlanger mette à ma disposition une villa près de Paris et que j'y fusse transféré, car il m'était impossible de récupérer dans le trou sombre où j'étais. Finalement, j'insistai pour être conduit à Naples, où je me promis un prompt rétablissement dans des relations libres avec Garibaldi. Gasperini a résisté vaillamment à toute cette folie, et lui et Minna ont dû user de force pour appliquer les pansements à la moutarde nécessaires sur la plante de mes pieds. Plus tard, au cours des mauvaises nuits de ma vie, de semblables fantaisies vaines et extravagantes me revenaient, et au réveil, j'ai compris avec horreur qu'elles étaient le fruit de cette période de fièvre. Au bout de cinq jours, nous avons maîtrisé la fièvre ; mais je semblais menacé de cécité, et ma faiblesse était extrême. Finalement, la blessure à ma vue disparut, et après quelques semaines, je me fis de nouveau confiance pour parcourir les quelques rues entre ma maison et l'Opéra, pour apaiser mon anxiété quant à la suite des répétitions.

Les gens ici s'étaient livrés aux idées les plus étranges et semblaient avoir supposé que j'étais pour ainsi dire mort. J'ai appris que les répétitions avaient été inutilement suspendues et, d'ailleurs, je me suis rendu compte, d'un indice à l'autre, que l'affaire avait pratiquement échoué, même si, dans mon intense désir de guérison, j'avais fait de mon mieux pour me le cacher. Mais j'étais très heureux et ravi de voir que la traduction des quatre livrets d'opéra parus jusqu'à présent avait été publiée. J'en avais écrit une préface très exhaustive adressée à M. Frédéric Villot. La traduction de tout cela avait été arrangée pour moi par M. Challemel Lacour, un homme que j'avais connu chez Herwegh autrefois, alors qu'il était réfugié politique . C'était un traducteur très intelligent, et il m'avait rendu des services si admirables que tout le monde reconnaissait la valeur de son œuvre. J'avais donné à JJ Weber, le libraire de Leipzig, l'original allemand de la préface pour qu'il le publie sous le titre de Zukunftsmusik. Ce pamphlet me parvenait aussi maintenant et me plaisait, car il représentait probablement le seul résultat de toute mon entreprise parisienne, qui paraissait si brillante en surface.

En même temps, j'étais désormais en mesure d'achever la nouvelle composition pour Tannhauser, dont la grande scène de danse du Venusberg était encore incomplète. Je l'ai terminé un matin à trois heures après être resté éveillé toute la nuit, au moment où Minna rentrait d'un grand bal à l'Hôtel de Ville où elle était allée avec un ami. Je lui avais offert de beaux cadeaux pour Noël, mais en ce qui me concerne, j'ai continué, sur les conseils de mon médecin, à accompagner sa lente guérison par un steak de bœuf le matin et un verre de bière bavaroise avant d'aller à lit. Nous n'avons pas fait attention à la vicille année ; au contraire, je me suis couché et j'ai dormi tranquillement jusqu'en 1861.

1861. — La lenteur avec laquelle se déroulaient les répétitions de Tannhauser lorsque je tombai malade se transforma au début de la nouvelle année en une gestion plus décidée de tous les détails liés à la représentation prévue. Mais je n'ai pu manquer de constater en même temps que l'attitude de tous les participants avait été substantiellement modifiée. Les répétitions, plus nombreuses qu'on aurait pu l'espérer, me donnèrent l'impression que la direction s'en tenait à la stricte exécution d'un commandement, mais n'était animée d'aucun espoir de succès. Il est certain que j'ai maintenant une vision plus claire de la situation réelle. Grâce à la presse, qui était entièrement entre les mains de Meyerbeer, je savais depuis longtemps à quoi je devais m'attendre. La direction de l'Opéra, probablement après des efforts répétés pour rendre les principaux dirigeants de la presse maniables, était maintenant également convaincue que mon entreprise Tannhauser ne rencontrerait qu'un accueil hostile de sa part. Cette opinion était partagée même dans les cercles les plus élevés, et il semblait qu'on essayait de trouver un moyen de gagner à mes côtés la partie du public de l'opéra qui pourrait faire pencher la balance. Le prince Metternich m'a envoyé un jour une invitation à rencontrer le nouveau ministre, le comte Walewsky. Un air de cérémonie imprégnait l'introduction et rendait particulièrement significative le moment où le comte, dans un discours persuasif, s'efforçait de me convaincre qu'il exauçait tous les vœux pour ma bonne fortune et qu'il désirait m'aider à un brillant succès. Il ajouta en conclusion que le pouvoir d'y parvenir était entre mes mains, si seulement je consentais à introduire un ballet dans le deuxième acte de mon opéra ; Les danseurs de ballet les plus célèbres de Saint-Pétersbourg et de Londres m'avaient été proposés, et je n'avais plus qu'à faire mon choix ; leur engagement serait conclu dès que j'aurais confié le succès de mon œuvre à leur coopération. En rejetant ces propositions, je crois que je n'ai pas été moins éloquent que lui en les faisant. Mais mon échec complet était dû à ce que je n'avais pas paru comprendre le digne ministre lorsqu'il m'apprenait que le ballet du premier acte ne comptait pour rien, car ces passionnés de théâtre qui ne s'intéressaient qu'au ballet sur une base Les soirs d'opéra étaient habitués, selon la nouvelle mode, à ne dîner qu'à huit heures, et n'arrivaient donc au théâtre qu'à dix heures, lorsque la moitié environ de la représentation était terminée. Je répondis que je ne pouvais pas m'engager à obliger ces messieurs, mais que je pouvais espérer impressionner dûment une autre partie du public. Mais avec son air imperturbable et cérémonieux, il me fit l'objection que l'on pouvait compter seul sur le soutien de ces messieurs pour produire un résultat positif, dans la mesure où ils étaient assez puissants même pour défier l'attitude hostile de la presse. Cette précaution n'éveilla aucune réaction en moi, et je proposai de retirer complètement mon travail, sur quoi on m'assura avec le plus grand sérieux que, d'après l'ordre de l'Empereur, qui devait être universellement respecté, j'étais maître de la situation, et mes vœux serait suivi en tout. Le comte avait seulement cru devoir me donner un conseil amical.

Les conséquences de cette conversation sont vite devenues évidentes à bien des égards. Je me lançai avec enthousiasme dans l'exécution des grandes scènes de danse du premier acte et cherchai à gagner à mes côtés Petitpas, le maître de ballet. J'ai demandé des combinaisons inouïes, bien différentes de celles généralement employées dans le ballet. J'ai attiré l'attention sur les danses des Ménades et des Bacchantes, et j'ai étonné Petitpas par la simple proposition qu'il serait capable d'accomplir quelque chose de semblable avec ses gracieuses élèves, car cela était tout à fait dans ses capacités. Il m'expliqua qu'en plaçant mon ballet au début du premier acte, j'avais moi-même renoncé à tout droit aux claquettes attachées à l'Opéra, et qu'il ne pouvait que proposer d'engager trois danseuses hongroises, qui avaient autrefois dansé dans les scènes féeriques de la porte Saint-Martin, pour remplir les rôles des trois grâces. Comme je me contentais de me passer des danseurs distingués appartenant à l'Opéra, j'insistais d'autant plus pour que la base du ballet soit activement entraînée. Je voulais savoir que le personnel masculin était présent au grand nombre, mais j'appris qu'il était impossible de le mettre à la hauteur de mes besoins, à moins d'engager quelques tailleurs qui, pour un salaire mensuel de cinquante francs, figuraient vaguement dans les ailes lors des performances des danseurs solistes. Finalement, j'essayai de produire mes effets au moyen des costumes, et demandai des fonds considérables à cet effet, pour ensuite apprendre, après avoir été lassé par un subterfuge après l'autre, que la direction était déterminée à ne pas dépenser un demi-sou pour mon ballet. , qu'ils considéraient comme complètement gaspillé. Telle était la substance de ce que me transmettait mon fidèle ami Truinet. Ce fut le premier signe parmi tant d'autres qui me révélèrent bientôt que même dans les cercles de l'administration de l'opéra elle-même, Tannhauser était déjà considéré comme un travail perdu et un pur gaspillage de peine.

L'atmosphère créée par cette conviction pesait désormais d'une pression croissante sur tout ce qui était entrepris pour la préparation d'une représentation maintes fois reportée. Dès le début de l'année, les répétitions avaient préparé le terrain sur lequel les scènes étaient disposées et les répétitions orchestrales commençaient. Tout a été conduit avec un soin qui m'a très agréablement impressionné au début, jusqu'à ce que finalement je m'en ennuie, car je voyais que les forces des interprètes se détendaient par l'éternelle répétition, et il était maintenant évident que je devais m'en remettre à mon propre capacité à régler l'affaire rapidement comme je le pensais le mieux. Mais ce n'est pas la fatigue due à ce système qui a finalement fait reculer Niemann, le principal pilier de mon travail, devant la tâche qu'il avait entreprise au début avec une énergie pleine de promesses. Il avait été informé qu'il y avait un complot visant à ruiner mon travail. Il fut désormais victime d'un découragement auquel, dans ses relations avec moi, il cherchait à donner une sorte de caractère diabolique. Il a soutenu que jusqu'à présent, il ne pouvait voir la question que sous un jour sombre, et il a avancé des arguments qui semblaient très sensés ; il critiquait l'Opéra tout entier en tant qu'institution et le public qui y était attaché, ainsi que notre équipe de chanteurs, dont il affirmait que pas un seul ne comprenait son rôle tel que je le voulais ; et il exposa tous les inconvénients de l'entreprise, que je ne pus manquer de constater moi-même dès que j'eus affaire au chef du chant, au régisseur, au maître de ballet, au chef de chœur, mais surtout à le chef d'orchestre. Surtout, Niemann (qui au début, en pleine connaissance de ce que cela impliquait, s'était imposé la tâche de jouer son rôle sans aucune restriction d'aucune sorte) insistait pour réduire la partition. Il répondit à mon expression d'étonnement que je ne devais pas supposer que le sacrifice de tel ou tel passage importait, mais que nous étions en proie à une entreprise qui ne pouvait pas être menée à bien trop rapidement.

Dans des circonstances d'où il était si peu encourageant, l'étude de Tannhauser se traîna au bord des soi-disant « répétitions générales ». De toutes parts, les amis de ma vie passée se sont réunis à Paris pour assister à l'apothéose de la première représentation. Parmi eux, Otto Wesendonck, Ferdinand Prager, le malheureux Kietz, pour lequel j'ai dû payer les frais de son voyage et de son séjour à Paris ; heureusement M. Chandon d'Epernay est venu aussi avec un panier de Fleur du Jardin, la plus belle de toutes ses marques de champagne. C'était à boire au succès de Tannhauser. Bulow est également venu, déprimé et attristé par les fardeaux de sa propre vie, et espérant pouvoir retrouver du courage et une vitalité renouvelée grâce au succès de mon entreprise. Je n'ai pas osé lui raconter en tant de mots la misérable situation ; au contraire, le voyant si déprimé, j'ai profité d'une mauvaise affaire. Cependant, lors de la première répétition à laquelle Bulow assista, il ne manqua pas de comprendre où en étaient les choses. Je ne lui ai plus rien caché ; et nous avons continué à nous livrer à des relations douloureuses jusqu'au soir de la représentation, qui a été maintes fois reportée, et ce sont seulement ses efforts infatigables pour m'être utile qui ont donné un peu de vie à notre compagnie . De quelque côté que nous considérions notre entreprise grotesque, nous nous sommes heurtés à l'inadéquation et à l'incompétence. Par exemple, il était impossible de retrouver dans tout Paris les douze cors d'harmonie qui, à Dresde, avaient si vaillamment sonné l'appel de la chasse au premier acte. A ce propos, j'eus affaire au terrible homme Sax, le célèbre facteur d'instruments. Il a dû m'aider avec toutes sortes de substituts, sous forme de saxophones et de saxhorns ; de plus, il fut officiellement désigné pour diriger la musique en coulisses. Il était impossible de faire jouer correctement cette musique.

Mais le principal grief résidait dans l'incompétence du chef d'orchestre, M. Dietzsch, qui avait atteint un degré jusqu'alors insoupçonné. Dans les nombreuses répétitions d'orchestre qui avaient eu lieu jusqu'alors, je m'étais habitué à utiliser cet homme comme une machine. Depuis ma position habituelle sur scène, près de son bureau, j'avais dirigé à la fois le chef d'orchestre et l'orchestre. De cette façon, j'avais maintenu mon tempi de telle manière que je ne doutais pas qu'une fois retiré, tous mes points resteraient fermement établis. J'ai constaté au contraire qu'à peine Dietzsch était-il livré à lui-même que tout commençait à vaciller ; pas un seul tempo, pas une seule nuance n'a été consciencieusement et strictement préservée. Je pris alors conscience du danger extrême dans lequel nous étions placés. Certes, aucun chanteur n'était apte à sa tâche, ni qualifié pour l'accomplir de manière à produire un véritable effet ; d'accord que le ballet, et même le somptueux montage et la vitalité des représentations parisiennes de l'époque, ne pouvaient rien apporter à cette occasion, ou tout au plus peu ; à condition que tout l'esprit du livret, et ce QUELQUE CHOSE indéfinissable qui, même dans les pires représentations de Tannhauser en Allemagne, évoquait un sentiment d'appartenance, était susceptible de frapper ici une note étrangère ou, au mieux, inconnue ; Pourtant, malgré tout cela, le caractère de la musique orchestrale, qui, si elle était interprétée avec emphase, était pleine d'expression suggestive, laissait espérer qu'elle ferait une impression même sur un public parisien. Mais c'est précisément là que je voyais tout plongé dans un chaos incolore, chaque ligne du dessin effacée ; de plus, les chanteurs devenaient de plus en plus incertains dans leur travail ; même les pauvres danseuses de ballet n'étaient plus capables de garder le temps dans leurs pas insignifiants ; de sorte qu'à la fin je me crus obligé d'intervenir en déclarant que l'opéra avait besoin d'un autre chef d'orchestre, et qu'en cas de nécessité j'étais moi-même prêt à le remplacer. Cette déclaration mit à son paroxysme la confusion qui s'était développée autour de moi. Même les membres de l'orchestre, qui avaient depuis longtemps reconnu et ouvertement ridiculisé l'incompétence de leur chef, ont pris parti contre moi maintenant que l'affaire concernait leur chef notoire. La presse s'est mise en colère contre mon « arrogance », et devant toute l'agitation provoquée par l'affaire, Napoléon III. Je ne pouvais pas m'envoyer de meilleurs conseils que de renoncer à mes demandes, car en y adhérant je ne ferais qu'exposer les chances de mon travail aux plus grands risques. En revanche, j'avais le droit de recommencer de nouvelles répétitions et de les faire répéter jusqu'à ce que j'étais satisfait.

Cette issue à la difficulté ne pouvait conduire qu'à une fatigue accrue pour moi et pour tout le personnel activement engagé dans l'entreprise, et il n'en restait pas moins qu'on ne pouvait pas compter sur M. Dietzsch pour le rythme. Finalement, par la seule force de ma volonté plutôt que de ma conviction, j'ai essayé d'imaginer que je rendais un service en attendant l'interprétation correcte d'une performance qui, après tout, devait être accomplie ; alors, pour la première fois, les impétueux musiciens se révoltèrent contre les répétitions excessives. A ce stade, je constatai que la garantie de mon contrôle pratique donnée par la direction générale n'était pas tout à fait de bonne foi, et devant les plaintes croissantes de toutes parts contre l'excès de fatigue, je décidai « d'exiger la restitution de ma partition ». comme ils l'appelaient; c'est-à-dire se passer de la production de l'opéra. J'ai adressé une demande expresse à cet effet au ministre Walewsky, mais j'ai reçu la réponse qu'il était impossible de donner suite à mes souhaits, notamment en raison des lourdes dépenses qui avaient déjà été engagées pour sa préparation. Je refusai de me conformer à sa décision et convoquai une conférence de mes amis qui s'intéressaient le plus à moi, parmi lesquels se trouvaient le comte Hatzfeld et Emil Erlanger. Je pris conseil avec eux sur les moyens dont je disposais pour interdire que Tannhauser soit représenté à l'Opéra. Il se trouve qu'Otto Wesendonck était présent à cette conférence ; il attendait toujours à Paris dans l'espoir d'avoir le plaisir d'assister à la première représentation, mais il était désormais profondément convaincu que la situation était désespérée et s'enfuit aussitôt à Zurich. Prager avait déjà fait de même. Kietz seul résista fidèlement, et il s'efforça de gagner à Paris un peu d'argent pour subvenir à son avenir, tentative dans laquelle il fut gêné par de nombreuses difficultés qui s'opposaient à son désir. Cette conférence aboutit à de nouvelles démarches auprès de l'empereur Napoléon, qui obtinrent cependant la même réponse gracieuse que précédemment, et je fus autorisé à instituer une nouvelle série de répétitions. Finalement, las jusqu'au fond de l'âme, complètement désillusionné et absolument décidé dans ma vision pessimiste de la question, je résolus de l'abandonner à son sort.

Ayant enfin, dans cet état d'esprit, donné mon consentement pour fixer la date de la première représentation de mon opéra, j'étais maintenant poussé dans une autre direction de la manière la plus étonnante. Chacun de mes amis et partisans réclamait une bonne place pour la première nuit ; mais la direction fit remarquer que l'occupation de la maison, dans de telles occasions, était entièrement entre les mains de la cour et de ceux qui en dépendaient, et je devais bientôt comprendre assez clairement à qui ces sièges devaient être attribués. À l'heure actuelle, je devais souffrir du désagrément de ne pouvoir servir beaucoup de mes amis comme je l'aurais souhaité . Certains d'entre eux n'ont pas tardé à m'en vouloir de ce qu'ils considéraient comme une négligence de ma part. Champfleury se plaignit dans une lettre de cette rupture flagrante d'amitié ; Gasperini a déclenché une querelle ouverte parce que je n'avais pas réservé une des meilleures loges à sa patronne et ma créancière Lucie, la receveuse générale de Marseille. Même Blandine, qui avait été remplie du plus généreux enthousiasme pour mon travail lors des répétitions auxquelles elle avait assisté, ne pouvait réprimer le soupçon que j'étais coupable de négliger mes meilleurs amis alors que je ne pouvais rien offrir de mieux à elle et à son mari Ollivier. quelques stands. Il fallut tout le sang-froid d'Émile pour obtenir de cet ami profondément offensé une juste appréciation de l'assurance honnête que j'étais dans une position impossible, où j'étais exposé à des trahisons de toutes parts. Le pauvre Bulow seul comprenait tout ; il souffrait avec moi, et ne se dérobait pas pour me servir dans toutes ces difficultés. La première représentation, le 13 mars, mit fin à toutes ces complications ; mes amis comprirent maintenant que ce n'était pas à une célébration de mes triomphes, comme ils le pensaient, qu'ils auraient dû être invités.

J'en ai déjà assez dit ailleurs sur la manière dont s'est déroulée cette soirée. J'avais raison de me flatter qu'en fin de compte, une opinion favorable de mon opéra avait prévalu, dans la mesure où l'intention de mes adversaires était de briser complètement cette représentation, ce qu'ils avaient trouvé impossible de faire. Mais je fus affligé le lendemain de ne recevoir que des reproches de la part de mes amis, Gasperini à leur tête, parce que j'avais laissé l'occupation de la maison, lors de la première représentation, m'arracher complètement des mains. Meyerbeer, insistaient-ils, savait comment procéder différemment dans ce domaine ; n'avait-il pas, dès sa première apparition à Paris, refusé que la représentation d'un seul de ses opéras ait lieu sans la garantie qu'il remplirait lui-même la salle, jusqu'au moindre recoin ? Comme je n'avais pas soigné mes meilleurs amis, comme M. Lucy, le mauvais succès de cette soirée n'était-il pas imputable à ma propre conduite ? Confronté à ces arguments et à d'autres similaires, j'ai dû passer toute la journée à écrire des lettres et à me consacrer aux efforts de propitiation les plus urgents. Surtout, j'ai été assiégé de conseils sur la manière de regagner le terrain perdu lors des représentations suivantes. Comme la direction mettait à ma disposition un très petit nombre de places gratuites, il a fallu trouver de l'argent pour l'achat des billets. Dans la poursuite de cet objectif, que mes amis défendaient si chaleureusement et qui impliquait beaucoup de choses désagréables, j'ai hésité à m'approcher d'Emil Erlanger ou de qui que ce soit d'autre. Giacomelli avait cependant appris qu'Aufmordt, le marchand, ami d'affaires de Wesendonck, avait proposé son aide à hauteur de cinq cents francs. Je laissais maintenant ces champions de mon bien-être agir selon leurs propres idées, et j'étais curieux de voir quelle aide je pourrais tirer de ces ressources que j'avais auparavant négligées et maintenant utilisées.

La deuxième représentation eut lieu le 18 mars et, en effet, le premier acte s'annonçait bien. L'ouverture fut vivement applaudie sans aucune note d'opposition. Mme. Tedesco, qui avait fini par être complètement conquis par son rôle de Vénus grâce à une perruque poudrée de poudre d'or, m'a crié triomphalement dans la loge du directeur, lorsque le « septuor » du finale du premier acte a été de nouveau vigoureusement applaudi : tout allait bien maintenant et que nous avions remporté la victoire. Mais lorsque des sifflements aigus se firent entendre tout à coup au deuxième acte, Royer, le directeur, se tourna vers moi d'un air complètement résigné et me dit : « Ce sont les Jockeys ; nous sommes perdus. Apparemment, à la demande de l'Empereur, de longues négociations avaient été engagées avec ces membres du Jockey Club quant au sort de mon opéra. On leur avait demandé d'autoriser trois représentations, après quoi on leur avait promis que la représentation serait réduite de manière à ne permettre sa présentation qu'en guise de lever de rideau pour introduire un ballet qui allait suivre. Mais ces messieurs n'avaient pas accepté les conditions. En premier lieu, on avait observé que mon attitude lors de la première représentation (qui avait été une telle pomme de discorde) était tout à fait différente de celle d'un homme qui consentirait à la ligne de conduite proposée ; cela étant, il était à craindre que, si l'on permettait encore deux représentations sans interruption, on puisse espérer gagner tant d'adhérents que les amis du ballet n'auraient droit à des répétitions de cette œuvre trente fois de suite. Pour se prémunir contre cela, ils décidèrent de protester à temps. L'excellent M. Royer comprit alors que ces messieurs étaient sérieux ; et dès lors il renonça à toute tentative de leur résister, malgré l'appui accordé à notre parti par l'empereur et son épouse, qui gardèrent stoïquement leur siège malgré les tumultes de leurs propres courtisans.

L'impression produite par cette scène eut un effet désastreux sur mes amis. Après la représentation, Bulow a éclaté en sanglots en embrassant Minna, qui n'a pas été épargnée par les insultes de ses voisins lorsqu'ils ont reconnu en elle l'épouse du compositeur. Notre fidèle servante Thérèse, une Souabe, avait été raillée par un voyou fou, mais lorsqu'elle s'est rendu compte qu'il comprenait l'allemand, elle a réussi à le calmer un moment en l'appelant à haute voix Schweinhund. Le pauvre Kietz restait muet de déception, et la Fleur du Jardin de Chandon devenait aigre dans le cellier.

En apprenant que malgré tout une troisième représentation était fixée, je n'ai été confronté qu'à deux solutions possibles à la difficulté. L'une était d'essayer une fois de plus de retirer ma partition ; l'autre, pour exiger que mon opéra soit donné un dimanche, c'est-à-dire un jour de non-abonnement. J'ai supposé qu'une telle représentation ne pouvait pas être considérée par les détenteurs habituels de billets comme une provocation, car ils avaient l'habitude, ces jours-là, de remettre leurs loges au grand public qui venait les acheter par hasard. Ma proposition stratégique parut plaire à la direction et aux Tuileries et fut acceptée. Seulement, ils ont refusé de se conformer à mon souhait d'annoncer cela comme la troisième et DERNIÈRE représentation. Minna et moi sommes restés à l'écart de cela, car c'était tout aussi embarrassant pour moi de savoir que ma femme avait été insultée que de voir les chanteurs sur scène soumis à un tel comportement. J'étais vraiment désolé pour Morelli et Mlle. Sax, qui m'avaient prouvé leur véritable dévouement. Dès la première représentation terminée, j'ai rencontré Mlle. Sax dans le couloir en rentrant chez elle et l'a plaisantée parce qu'elle avait été sifflée hors de la scène. Avec une dignité fière, elle répondit : « Je le supporterai cent fois comme aujourd'hui » . Ah, les misérables ! Morelli se trouva étrangement perplexe lorsqu'il dut résister aux assauts des voyous. Je lui avais expliqué dans les moindres détails comment jouer son rôle depuis la disparition d'Elizabeth au troisième acte jusqu'au début de sa chanson à l'étoile du soir. Il ne devait pas bouger d'un pouce de son rebord rocheux, et de cette position, se tournant à moitié vers le public, il devait adresser ses adieux à la dame qui partait. Il lui avait été difficile d'obéir à mes instructions, car il soutenait qu'il était contraire à toutes les coutumes de l'opéra que le chanteur n'adresse pas un passage aussi important directement au public depuis la rampe. Lorsqu'au cours de la représentation il saisit sa harpe pour commencer la chanson, le public cria : « Ah ! il prend encore sa harpe », sur quoi il y eut un éclat de rire universel suivi de nouveaux sifflements, si prolongés, que Morelli se décida enfin hardiment à laisser de côté sa harpe et à s'avancer vers l'avant-scène de la manière habituelle. Ici, il a résolument chanté son chant du soir sans accompagnement, car Dietzsch n'a trouvé sa place qu'au dixième bar. La paix fut alors rétablie, et enfin le public écouta la chanson, essoufflé, et à la fin, il couvrit le chanteur d'applaudissements.

Comme les chanteurs faisaient preuve d'une détermination courageuse pour affronter de nouveaux assauts, je n'ai pas pu protester. En même temps, je ne pouvais pas supporter d'être dans la position d'un spectateur passif souffrant de méthodes aussi indignes, et comme la troisième représentation risquait également d'avoir des conséquences douteuses, je restais à la maison. Après les différents actes, des messages nous parvinrent nous informant qu'après le premier acte Truinet se ralliait aussitôt à mon avis qu'il fallait retirer la partition ; on constata que les « Jockeys » ne s'étaient pas absentés, comme c'était leur habitude, de cette représentation dominicale ; au contraire, ils s'étaient assis à dessein dès le début, pour ne pas laisser passer une seule scène sans querelle. On m'assura que, dans le premier acte, la représentation avait été suspendue à deux reprises par des combats d'un quart d'heure chacun. La plus grande partie du public prit obstinément mon parti contre la conduite puérile des voyous, sans vouloir, par leur action, exprimer une quelconque opinion sur mon ouvrage. Mais en s'opposant à leurs assaillants, ils étaient dans une situation très désavantageuse. Alors que tout le monde de mon côté était complètement las d'applaudissements, de cris d'applaudissements et d'appels à l'ordre, et qu'il semblait que la paix était sur le point de régner une fois de plus, les « Jockeys » revinrent à leur tâche et commencèrent gaiement à siffler leurs airs de chasse. et jouaient de leurs flageolets, de sorte qu'ils devaient toujours avoir le dernier mot. Dans un intervalle entre les actes, un de ces messieurs entra dans la loge d'une certaine grande dame, qui, dans l'excès de sa colère, le présenta à un de ses amis en lui disant : « C'est un de ces misérables, mon cousin. Le jeune homme, sans aucune gêne, répondit : « Que voulez-vous ? Je commence à aimer la musique moi-même. Mais, voyez-vous, un homme doit tenir parole. Si vous m'excusez, je retournerai à mon travail. Il prit alors congé. Le lendemain, je rencontrai Herr von Seebach, le sympathique ambassadeur de Saxe, qui était aussi enroué que possible, car lui et tous ses amis avaient complètement perdu la voix à cause du tumulte de la nuit précédente. La princesse Metternich était restée à la maison, car elle avait déjà dû subir les grossières insultes et les moqueries de nos adversaires lors des deux premières représentations.

Elle indiquait à quel point cette fureur était montée en évoquant certains de ses meilleurs amis, avec lesquels elle avait engagé une polémique si virulente qu'elle avait fini par dire : « A bas votre France libre ! A Vienne, où il existe au moins une véritable aristocratie, il serait impensable qu'un prince du Liechtenstein ou un Schwarzenberg crie depuis sa loge pour un ballet dans Fidelio. Je crois qu'elle parla également à l'empereur dans le même sens, de sorte qu'il débattit sérieusement si, par une intervention de la police, on ne pourrait pas mettre un frein à la conduite inconvenante de ces messieurs, dont la plupart, malheureusement, appartenaient à la maison impériale. Une rumeur s'en répandit, de sorte que mes amis crurent avoir vraiment gagné le jour où, à la troisième représentation, ils trouvèrent les couloirs du théâtre occupés par un fort corps de police. Mais il s'est avéré plus tard que ces précautions n'avaient été prises que pour assurer la sécurité des « Jockeys », car on craignait qu'ils ne soient attaqués depuis la fosse en guise de punition pour leur insolence. Il semble que la représentation, qui fut à nouveau menée jusqu'au bout, ait été accompagnée du début à la fin par un tumulte sans fin.

Après le deuxième acte, l'épouse de von Szemere, le ministre révolutionnaire hongrois, nous rejoignit, complètement effondrée, déclarant que la querelle au théâtre était plus qu'elle ne pouvait supporter. Personne ne semblait pouvoir me dire exactement comment s'était déroulé le troisième acte. D'après ce que j'ai pu comprendre, cela ressemblait à l'agitation d'une bataille épaisse de fumée de poudre à canon. J'ai invité mon ami Truinet à me rendre visite le lendemain matin, afin qu'avec son aide je puisse rédiger une lettre à la direction retirant mon œuvre et, en tant qu'auteur, en interdisant toute représentation ultérieure, ne souhaitant pas voir mes chanteurs. abusé à ma place par une partie du public dont l'administration impériale semblait incapable de la protéger. Le plus étonnant dans toute cette affaire, c'est qu'en intervenant ainsi, je n'ai commis aucune bravade, car une quatrième et une cinquième représentation de l'opéra étaient déjà fixées, et la direction a protesté en disant qu'elle avait des obligations envers le public, qui continuait toujours à foule à cet opéra. Mais, grâce à Truinet, je parvins à faire publier ma lettre le lendemain dans le Journal des Débats , de sorte que finalement, bien qu'à contrecœur, la direction donna son accord au retrait de la pièce.

C'est alors que le procès intenté en mon nom par Ollivier contre Lindau prit également fin. Ce dernier avait fait valoir mes droits d'auteur sur le livret, dans lequel il prétendait avoir droit à une part en tant qu'un des trois collaborateurs. Son avocat, Maître Marie, s'appuyait sur un principe que j'avais moi-même établi, à savoir que le point primordial n'était pas la mélodie, mais la déclamation correcte des paroles du livret, ce que ni Roche ni Truinet n'avaient évidemment. aurait pu assurer, vu qu'aucun d'eux ne comprenait l'allemand. La plaidoirie d'Ollivier était si énergique qu'il fut presque sur le point de prouver l'essence purement musicale de ma mélodie en chantant l'« Abendstern ». Complètement emportés par cette situation, les juges ont rejeté la demande du plaignant, mais m'ont demandé de lui verser une petite somme à titre de dédommagement, car il semblait avoir réellement pris part aux travaux au début. Mais de toute façon, je n'aurais pas pu payer cela avec les recettes des représentations parisiennes de Tannhauser, car j'avais décidé avec Truinet, lors du retrait de l'opéra, de céder la totalité des recettes de mes droits d'auteur, tant pour livret et musique, au pauvre Roche, pour qui l'échec de mon ouvrage signifiait la ruine de tous ses espoirs d'amélioration de sa situation.

Diverses autres relations furent également dissoutes par cette issue des affaires. Au cours des derniers mois, je m'étais occupé d'un club artistique qui avait été fondé, principalement sous l'influence des ambassades allemandes, au sein d'une association aristocratique pour la production de bonne musique en dehors des théâtres, et pour stimuler l'intérêt pour cette branche de la musique. l'art parmi les classes supérieures. Malheureusement, dans la circulaire qu'il a publiée, il a illustré ses efforts pour produire de la bonne musique en les comparant à ceux du Jockey Club pour améliorer la race des chevaux. Leur but était d'inscrire tous ceux qui s'étaient fait un nom dans le monde musical, et j'étais obligé d'en devenir membre moyennant une cotisation annuelle de deux cents francs. Avec M. Gounod et d'autres célébrités parisiennes, j'ai été nommé membre d'un comité artistique dont Auber a été élu président. La société tenait souvent ses réunions chez un certain comte Osmond, un jeune homme vif, qui avait perdu un bras dans un duel, et se faisait passer pour un dilettante musical. C'est ainsi que j'appris aussi à connaître un jeune prince Polignac, qui m'intéressa particulièrement à cause de son frère, à qui nous devions une traduction complète de Faust. Je suis allée déjeuner avec lui un matin, lorsqu'il m'a révélé qu'il composait des fantaisies musicales. Il tenait beaucoup à me convaincre de la justesse de son interprétation de la Symphonie en la majeur de Beethoven, dont il déclarait dans le dernier mouvement pouvoir montrer clairement toutes les phases d'un naufrage. Nos précédentes assemblées générales étaient principalement occupées par les arrangements et les préparatifs d'un grand concert classique, pour lequel je devais également composer quelque chose. Ces réunions n'étaient animées que par le zèle pédant de Gounod, qui, avec une bavardage incessante et nauséabonde, s'acquittait de ses fonctions de secrétaire, tandis qu'Auber interrompait continuellement les débats, plutôt qu'il ne l'aidait, avec des anecdotes et des jeux de mots futiles et pas toujours très délicats, tous évidemment destinés à inciter nous de mettre fin aux discussions. Même après l'échec décisif de Tannhauser, je reçus des convocations aux réunions de ce comité, mais je n'y assistai plus et j'envoyai ma démission au président de la société, en indiquant que je devrais probablement bientôt retourner en Allemagne.

J'étais toujours en bons termes avec Gounod et j'entendais dire qu'il défendait énergiquement ma cause dans le monde. On dit qu'il s'est exclamé un jour : « Que Dieu me donne une pareille chute ! En guise de reconnaissance de ce plaidoyer, je lui présentai la partition de Tristan et Isolde, étant d'autant plus satisfait de sa conduite qu'aucun sentiment d'amitié n'avait jamais pu me faire entendre son Faust.

Je suis désormais entré en contact à chaque instant avec des protagonistes énergiques de ma cause. Je fus particulièrement honoré dans les colonnes de ces petits journaux dont Meyerbeer n'avait pas encore tenu compte, et plusieurs bonnes critiques parurent alors. Dans l'un d'eux, je lis que mon Tannhauser était la symphonie chantée. Baudelaire s'est distingué par un pamphlet extrêmement spirituel et bien tourné sur ce sujet ; et enfin Jules Janin lui-même m'a étonné par un article du Journal des Débats, dans lequel, avec une brûlante indignation, il rendait compte, dans son style particulier, de tout l'épisode, un peu exagéré. Même des parodies de Tannhauser furent données dans les théâtres pour le plus grand plaisir du public ; et Musard ne trouvait pas de meilleur moyen d'attirer le public à ses concerts que l'annonce quotidienne, en lettres énormes, de l'ouverture de Tannhauser. Pasdeloup a aussi fréquemment réalisé certaines de mes pièces pour montrer ses sentiments. Enfin, la comtesse Lowenthal, épouse du plénipotentiaire militaire autrichien, donna une grande matinée, au cours de laquelle Mme. Viardot a chanté divers morceaux de Tannhauser, pour lesquels elle a reçu cinq cents francs.

Par une singulière coïncidence, on parvenait à confondre mon sort avec celui d'un certain M. de la Vaquerie, qui avait aussi fait un lamentable échec avec un drame, Les Funérailles de l'Honeur. Ses amis donnèrent un banquet auquel je fus invité et nous fûmes tous deux acclamés avec enthousiasme. Des discours enflammés ont été prononcés sur l'encanaillemenl du public, contenant des références à la politique, qui s'expliquaient facilement par le fait que mon partenaire de la fête était apparenté à Victor Hugo. Malheureusement, certains partisans m'avaient fourni un petit piano sur lequel j'étais littéralement obligé de jouer des passages préférés de Tannhauser. Alors la soirée devint une fête en mon seul honneur.

Mais un résultat bien plus important que cela fut que les gens commencèrent à reconnaître la réalité de ma popularité et commencèrent à planifier des entreprises encore plus grandes. Le directeur du Théâtre Lyrique cherchait partout un ténor convenable à Tannhauser, et seule son incapacité à en trouver un le contraignit à renoncer immédiatement à son intention de produire mon opéra. M. de Beaumont, le directeur de l'Opéra-Comique, qui était au bord de la faillite, espérait se sauver avec Tannhauser, et c'est dans cette intention qu'il me fit les propositions les plus urgentes. Il espérait, il est vrai, en même temps obtenir l'intervention de la princesse Metternich en sa faveur auprès de l'Empereur, qui devait le tirer d'embarras. Il me reprochait la froideur lorsque je ne parvenais pas à suivre ses rêves lumineux, dans lesquels je ne trouvais aucun plaisir. Mais j'étais curieux d'apprendre que Roger, qui occupait désormais un poste à l'Opéra-Comique, avait inclus une partie du dernier acte de Tannhauser au programme d'une représentation donnée pour son propre bénéfice, par laquelle il attirait sur sa tête la fureur de la presse la plus influente, mais a reçu un bon accueil du public. Les stratagèmes commencèrent alors à se multiplier. AM Chabrol, dont le nom journalistique était Lorbach, me rendit visite au nom d'une compagnie dont le directeur était un homme extrêmement riche, avec un projet de fondation d'un Théâtre Wagner, dont je refusais d'entendre parler jusqu'à ce qu'elle puisse trouver un homme expérimenté et de premier plan. -réputation de classe en tant que manager. Finalement, M. Perrin fut choisi pour ce poste. Cet homme vivait depuis des années dans la ferme conviction qu'il serait un jour nommé directeur du Grand Opéra et pensait donc qu'il ne devait pas se compromettre. Il est vrai qu'il imputait entièrement l'échec de Tannhauser à l'incapacité de Royer, qui aurait dû s'occuper de gagner la presse à ses côtés. Il fut néanmoins fortement tenté de participer à cette tentative, à cause de l'occasion qu'elle lui offrait de prouver que, s'il prenait l'affaire en main, tout prendrait aussitôt un aspect différent, et Tannhauser deviendrait un grand succès. Mais comme il était un homme extrêmement froid et prudent, il crut avoir découvert de sérieux défauts dans les propositions de M. Lorbach, et lorsque celui-ci commença à stipuler pour certaines commandes, Perrin crut aussitôt déceler dans les propositions un parfum de spéculation pas tout à fait innocent. toute l'affaire, et déclara que s'il voulait fonder un Théâtre Wagner, il trouverait à sa manière les fonds nécessaires. En fait, il envisagea effectivement de s'approprier un grand café, l'« Alcazar », puis le « Bazar de la Bonne Nouvelle », pour les besoins d'un tel théâtre. Il semblait également possible que les capitalistes nécessaires soient trouvés pour son entreprise. M. Erlanger crut réussir à faire garantir par dix banquiers cinquante mille francs, mettant ainsi une somme de cinq cent mille francs à la disposition de M. Perrin. Mais celui-ci perdit bientôt courage lorsqu'il découvrit que les messieurs ainsi approchés étaient prêts à risquer leur argent dans un théâtre pour leur propre divertissement, mais non dans le but sérieux d'acclimater ma musique à Paris.

Suite à cette expérience décevante, M. Erlanger se retira de toute participation ultérieure à mon sort. D'un point de vue commercial, il considérait l'accord conclu avec moi comme une sorte de marché dans lequel il n'avait pas réussi. Le règlement de ma situation financière semblait désormais être entrepris par d'autres amis, et dans ce but les ambassades allemandes se sont adressées à moi avec une grande délicatesse, chargeant le comte Hatzfeld de s'enquérir de mes besoins. Mon point de vue personnel était simplement que, obéissant à l'ordre de l'Empereur concernant la production de mon opéra, j'avais perdu mon temps dans une entreprise dont l'échec n'était pas de ma faute. Avec une parfaite justice, mes amis me firent remarquer combien j'avais eu la négligence de ne pas obtenir dès le début certaines stipulations concernant les compensations, exigence que l'esprit pratique du Français eût immédiatement reconnue comme raisonnable et évidente. Dans l'état actuel des choses, je n'avais exigé aucune récompense pour mon temps et mon travail au-delà de certains droits d'auteur en cas de succès. Sentant combien il m'était impossible de m'adresser soit à la direction, soit à l'empereur pour rattraper cette omission, je me contentai de laisser la princesse Metternich intercéder en ma faveur. Le comte Pourtalès était resté à Berlin pour tenter de persuader le prince régent d'ordonner une représentation de Tannhäuser à mon intention. Malheureusement, ce dernier n'avait pu obtenir l'exécution de son ordre en raison de l'opposition de son directeur, Herr von Hulsen, qui m'était hostile. Comme je n'avais pour longtemps d'autre perspective que celle d'une totale impuissance, je n'avais d'autre choix que de confier la représentation de ma demande d'indemnisation aux bons soins de ma royale patronne. Tous ces événements s'étaient produits dans le court espace d'un mois après la production de Tannhauser, et maintenant, le 15 avril, je partais faire un court voyage en Allemagne, pour essayer de trouver une base solide pour mon avenir dans ce pays.

La seule personne qui comprenait vraiment mes besoins les plus profonds était déjà partie sur le même chemin, loin du chaos de la vie théâtrale parisienne. Bulow venait de m'envoyer de Karlsruhe des nouvelles que la famille grand-ducale était favorable à mon égard, et je formai aussitôt le projet de m'y mettre immédiatement et sérieusement à la production de mon Tristan, si fatalement ajournée. Je me rendis donc à Karlsruhe, et si quelque chose avait pu me décider à exécuter mon plan hâtivement élaboré, ce serait certainement l'accueil exceptionnellement cordial que je reçus maintenant de la part du grand-duc de Bade. Ce personnage exalté semblait vraiment désireux d'éveiller en lui ma plus sincère confiance. Au cours d'un entretien extrêmement intime, auquel assistait également sa jeune épouse, le Grand-Duc s'efforça de me convaincre que sa profonde sympathie pour moi était moins en tant que compositeur d'opéras, dont il ne voulait ni ne pouvait apprécier l'excellence, qu'en tant que l'homme qui a tant souffert à cause de ses opinions patriotiques et indépendantes. Comme je ne pouvais naturellement pas attacher beaucoup de valeur à l'importance politique de ma carrière passée, il imagina que cela provenait d'une réticence suspecte et m'encouragea par l'assurance que, bien que de grandes erreurs et même des offenses aient pu être commises à cet égard, celles-ci ne faisaient que Cela affectait ceux qui, pendant qu'ils étaient restés en Allemagne, n'avaient pas été rendus heureux et avaient ainsi certainement expié leurs méfaits par une souffrance intérieure. En revanche, il était désormais du devoir de tous ces coupables de réparer les torts qu'ils avaient causés à ceux qui avaient été poussés à l'exil. Il mit volontiers son théâtre à ma disposition et donna les ordres nécessaires au directeur. C'était mon vieil « ami » Edouard Devrient, et l'embarras douloureux qu'il manifestait à mon arrivée justifiait pleinement tout ce que Bulow avait dit sur l'inutilité totale des sentiments de sympathie sincère qu'il avait jusqu'alors affectés pour moi. Mais dans l'atmosphère heureuse créée par l'accueil gracieux du grand-duc, je pus bientôt amener Devrient — du moins en apparence — à faire ce que je souhaitais, et il fut obligé d'accepter la production proposée de Tristan. Ne pouvant nier que, surtout depuis le départ de Schnorr pour Dresde, il ne possédait pas les chanteurs nécessaires à mon travail, il me renvoya à Vienne, tout en s'étonnant que je n'essaye pas d'y faire jouer mes opéras. , où tout le nécessaire était à portée de main. Il m'a fallu du mal pour lui faire comprendre pourquoi je préférais quelques représentations exceptionnellement belles de mes œuvres à Karlsruhe au simple hasard de les faire inscrire au répertoire de l'Opéra de Vienne. J'ai obtenu l'autorisation de recruter Schnorr, qui bien sûr ne serait engagé que pour les représentations spéciales à Karlsruhe, et j'ai également été autorisé à choisir à Vienne les autres chanteurs pour notre « représentation modèle » prévue.

Je devais donc compter sur Vienne, et je devais en attendant rentrer à Paris, afin d'y régler mes affaires de manière à convenir à l'exécution de mon dernier projet. Je suis arrivé ici après une absence de six jours seulement, et ma seule occupation était de subvenir aux besoins du moment. Dans ces circonstances, je ne pouvais qu'être indifférent aux nombreuses avances sympathiques et aux assurances qui me parvenaient avec une cordialité toujours croissante, bien qu'en même temps elles me remplissent d'appréhension.

Cependant les opérations entreprises sur une plus grande échelle par la princesse Metternich pour m'assurer quelque compensation se traînaient avec une lenteur mystérieuse, et c'est à un marchand nommé Sturmer, que j'avais connu auparavant à Zurich, que je dus ma délivrance de mon présent. troubles. Il s'était constamment préoccupé de mon bien-être pendant son séjour à Paris, et maintenant, grâce à son aide, je pouvais d'abord mettre de l'ordre dans mes affaires domestiques, puis partir pour Vienne.

Liszt avait annoncé sa venue à Paris quelque temps auparavant et, au cours de la récente période désastreuse, j'avais désiré sa présence, car je pensais que, grâce à sa position reconnue dans les hautes sphères de la société parisienne, il aurait pu exercer son influence. une influence très utile sur ma situation désespérément impliquée. Un mystérieux « haussement d'épaules » épistolaire avait été la seule réponse que j'avais reçue à mes diverses demandes sur la cause de son retard. Il semblait ironique de la part du Destin que , alors que j'avais tout organisé pour mon voyage à Vienne, la nouvelle vienne que Liszt arriverait à Paris dans quelques jours. Mais je ne pus que céder à la pression de mes nécessités qui exigeaient que je reprenne de nouveaux fils pour mon projet de vie, et je quittai Paris vers le milieu de mai, sans attendre l'arrivée de mon vieil ami.

Je m'arrêtai d'abord à Karlsruhe pour une nouvelle entrevue avec le grand-duc, qui me reçut toujours aussi aimablement et m'autorisa à engager à Vienne tous les chanteurs qui me plairaient pour une très belle représentation de Tristan dans son théâtre. Muni de ce commandement, je me rendis à Vienne, où je logeai à l'Erzherzog Karl, et là j'attendis que le chef d'orchestre Esser tienne la promesse qu'il m'avait faite par lettre de me permettre d'assister à quelques représentations de mes opéras. C'est ici que j'ai vu pour la première fois mon propre Lohengrin. Bien que l'opéra ait déjà été joué très fréquemment, toute la troupe était présente à la répétition complète, comme je le souhaitais. L'orchestre joua le prélude avec une chaleur si délicieuse, les voix des chanteurs et nombre de leurs qualités étaient si remarquablement et étonnamment agréables, que j'étais trop submergé par la sensation créée par eux pour avoir le moindre désir de critiquer l'exécution générale. Ma profonde émotion semblait attirer l'attention, et le Dr Hanslick a probablement pensé que c'était le moment approprié pour me le présenter amicalement alors que j'écoutais sur la scène. Je le saluai brièvement, comme un parfait inconnu ; sur quoi le ténor Ander lui fit une seconde fois remarquer que le Dr Hanslick était une vieille connaissance. J'ai répondu brièvement que je me souvenais très bien du Dr Hanslick et j'ai de nouveau tourné mon attention vers la scène. Il semble que ce soit exactement la même chose qui s'est produite avec mes amis viennois, comme autrefois avec mes connaissances londoniennes, lorsque ces dernières m'ont trouvé peu enclin à répondre à leurs efforts pour me faire concilier les critiques redoutées. Cet homme, qui, en tant que jeune étudiant en herbe, avait assisté aux premières représentations de Tannhauser à Dresde et avait écrit des rapports élogieux sur mon œuvre, était devenu depuis l'un de mes adversaires les plus vicieux, comme l'a prouvé la production de mes opéras à Dresde. Vienne. Les membres de la compagnie d'opéra, qui étaient tous bien disposés à mon égard, semblaient avoir consacré toute leur attention à me réconcilier, tant bien que mal, avec ce critique. Comme ils n'y sont pas parvenus, ceux qui attribuent à l'inimitié ainsi suscitée l'échec ultérieur de toutes les tentatives visant à lancer mon entreprise à Vienne ont peut-être raison à leur avis.

Mais pour le moment, il semblait que le flot d'enthousiasme allait vaincre toute opposition. La représentation de Lohengrin, à laquelle j'ai assisté, a été l'occasion d'une ovation frénétique, comme je n'en ai connu que de la part du public viennois. On m'a demandé instamment de présenter également mes deux autres opéras, mais j'ai ressenti une sorte de timidité à l'idée de répéter les événements de cette soirée. Comme j'avais maintenant pleinement conscience des graves faiblesses de l'interprétation de Tannhauser, j'ai seulement accepté une reprise du Fliegender Hollander, parce que je souhaitais entendre le chanteur Beck, qui excellait dans cet opéra. A cette occasion également, le public se livra à des manifestations de joie similaires, de sorte que, soutenu par la faveur universelle, je pus commencer à réfléchir à l'affaire principale pour laquelle j'étais venu. Les étudiants de l'Université m'offrèrent l'honneur d'une retraite aux flambeaux, ce que je refusai, gagnant ainsi l'approbation chaleureuse d'Esser, qui, avec les principaux responsables de l'Opéra, me demanda comment valoriser ces triomphes. Je me présentai alors au comte Lanckoronski, contrôleur de la maison de l'empereur, qu'on m'avait décrit comme un personnage singulier, totalement ignorant de l'art et de toutes ses exigences. Lorsque je lui ai fait part de ma demande visant à ce qu'il accorde gracieusement un congé d'une assez longue période aux principaux chanteurs de son opéra, à savoir Mme Dustmann (née Luise Meyer), M. Beck et probablement aussi M. Ander, pour le projet proposé. représentation de Tristan à Karlsruhe, le vieux monsieur répondit sèchement que c'était tout à fait impossible. Il trouva beaucoup plus raisonnable, vu que j'étais satisfait de sa compagnie, que je produise ma nouvelle œuvre à Vienne, et le courage nécessaire pour refuser cette proposition disparut complètement.

Alors que je descendais les marches de la Hofburg, perdu dans la méditation de cette nouvelle tournure des affaires, un monsieur majestueux, d'une mine inhabituellement sympathique, vint à ma rencontre à la porte et me proposa de m'accompagner en voiture jusqu'à mon hôtel. C'était Joseph Standhartner, un médecin célèbre, extrêmement populaire dans les cercles élevés, un fervent passionné de musique, destiné désormais à être pour moi un ami fidèle toute ma vie.

Karl Tausig m'avait également sollicité et se consacrait désormais à Vienne, avec la ferme intention de conquérir ce domaine pour les compositions de Liszt, et y avait ouvert sa campagne l'hiver précédent par une série de concerts orchestraux, commencés et dirigés par lui-même. Il m'a présenté à Peter Cornelius, qui avait également été attiré par Vienne et que je n'ai connu que lors de notre rencontre à Bale en 1853. Ils ont tous deux été ravis de l'arrangement pour piano de Tristan récemment publié et préparé par Bulow. Dans ma chambre d'hôtel, où Tausig avait transporté un piano à queue Bosendorff, une orgie musicale battait bientôt son plein. Ils auraient aimé que je commence tout de suite à répéter Tristan ; et, en tout cas, j'étais maintenant si déterminé à faire accepter la proposition que mon travail serait d'abord exécuté ici, que j'ai finalement quitté Vienne avec la promesse de revenir dans quelques mois, pour commencer les études préliminaires à une fois.

Je n'étais pas peu embarrassé à l'idée de communiquer mon changement de projet au Grand-Duc et c'est pourquoi j'ai cédé volontiers à l'impulsion de ne visiter Karlsruhe qu'après un long détour. Comme mon anniversaire tombait justement au moment de ce voyage de retour, je résolus de le célébrer à Zurich. J'atteignis sans tarder Winterthour, via Munich, et j'espérais y rencontrer mon ami Sulzer. Malheureusement, il était absent et je n'ai vu que sa femme, qui avait un intérêt pathétique pour moi, ainsi que leur petit fils, un garçon vif et séduisant. Sulzer lui-même, appris-je, était attendu le lendemain, le 22 du mois, et je passai donc la majeure partie de la journée dans une petite chambre de l'auberge. J'avais apporté avec moi le Wanderjahre de Wilhelm Meister de Goethe et, pour la première fois, j'étais ravi d'une compréhension plus complète de cette merveilleuse production. L'esprit du poète m'a attiré le plus profondément vers son œuvre par l'impression laissée dans mon esprit par sa description vivante de la dissolution de la compagnie des joueurs, dans laquelle l'action devient presque un lyrique furieux. Le lendemain matin, au petit matin, je retournai à Zurich. L'air merveilleusement pur m'a décidé à emprunter le chemin long et détourné à travers les lieux familiers du Sihlthal jusqu'au domaine de Wesendonck. Ici, je suis arrivé tout à fait à l'improviste ; et quand je m'enquis quelles étaient les habitudes de la maison, j'appris que vers cette époque Wesendonck descendait habituellement dans sa salle à manger pour déjeuner seul. Là, je m'assis donc dans un coin, où j'attendais le grand homme de bonne humeur, qui, en entrant tranquillement pour son café du matin, éclata d'un joyeux étonnement en me voyant. La journée s'est déroulée de manière très conviviale ; Sulzer, Semper, Herwegh et Gottfried Keller furent tous appelés, et je jouis pleinement de la satisfaction d'une surprise si bien organisée, dans des circonstances si étranges, que mon sort récent venait tout juste de constituer le sujet quotidien d'une discussion animée entre ces amis.

.

Le lendemain, je retournai précipitamment à Karlsruhe, où mon annonce fut reçue par le Grand-Duc avec un aimable acquiescement. Je pouvais affirmer en toute vérité que ma demande de congé pour les chanteurs avait été refusée et que la représentation projetée à Karlsruhe était ainsi rendue impossible. Sans aucune tristesse, mais au contraire avec une satisfaction non dissimulée, Edouard Devrient se laissa aller à cette nouvelle tournure des choses et me prophétisa un bel avenir à Vienne. Ici Tausig me rattrapa, ayant déjà décidé à Vienne de faire une visite à Paris, où il souhaitait voir Liszt ; et nous continuâmes donc ensemble notre voyage depuis Karlsruhe en passant par Strasbourg.

En arrivant à Paris, je trouvai ma maison sur le point de se séparer. Ma seule préoccupation à cet égard était de me procurer les moyens de m'éloigner de la ville et de régler rapidement un avenir qui semblait désespéré. Pendant ce temps, Minna a trouvé une opportunité d'exposer ses talents de femme au foyer. Liszt était déjà retombé dans son ancien courant de vie, et même sa propre fille, Blandine, ne parvenait à lui parler que dans sa voiture, alors qu'il allait d'une visite à l'autre. Néanmoins, poussé par sa bonté d'âme, il trouva le temps une fois d'accepter une invitation à des « tecks de bœuf » chez moi. Il a même réussi à me ménager une soirée entière, pour laquelle il s'est aimablement mis à ma disposition pour régler mes petites obligations. En présence de quelques amis restés fidèles après les derniers jours de troubles, il nous joua du piano à cette occasion, au cours de laquelle une curieuse coïncidence se produisit. La veille, le pauvre Tausig avait occupé une heure libre en jouant la "Fantaisie" de Liszt au nom de Bach, [Note de bas de page : Les notes B, A, C, H, sont équivalentes à notre si bémol anglais, A, C, B. — Editeur.] et maintenant, lorsque Liszt nous joua par hasard le même morceau, il s'effondra littéralement d'étonnement devant ce merveilleux prodige d'homme.

Un autre jour, nous nous retrouvâmes pour déjeuner chez Gounod, où nous passâmes un moment très ennuyeux, que seul égayait le pauvre Baudelaire, qui se livrait aux plaisanteries les plus outrancières. Cet homme, crible de dettes, comme il me le disait, et contraint chaque jour d'adopter les méthodes les plus extravagantes pour sa simple subsistance, m'avait à plusieurs reprises approché avec des projets aventureux pour exploiter mon fameux fiasco. Je ne pouvais en aucun cas consentir à adopter aucun de ces hommes, et j'étais heureux de trouver cet homme vraiment capable en sécurité sous l'aile d'aigle de « l'ascendant » de Liszt. Liszt l'emmenait partout où il y avait une possibilité de faire fortune. Que cela l'ait aidé ou non, je ne l'ai jamais su. J'ai seulement appris qu'il mourut peu de temps après, certainement pas par excès de chance.

En plus de cette matinée festive, j'ai retrouvé Liszt lors d'un dîner à l'ambassade d'Autriche, au cours duquel il a témoigné une fois de plus sa bienveillante sympathie en jouant au piano plusieurs passages de mon Lohengrin à la princesse Metternich. Il fut également convoqué à un dîner aux Tuileries, auquel on ne jugea cependant pas nécessaire de m'inviter à l'accompagner. Il raconta à ce sujet une conversation très pertinente avec l'empereur Napoléon au sujet de l'épisode de mes représentations de Tannhauser à Paris, dont le résultat semble avoir été que je n'étais pas à ma place au Grand Théâtre. Opéra. Je ne sais si Liszt a jamais discuté de ces questions avec Lamartine, j'ai seulement entendu dire que mon vieil ami s'était adressé à lui à plusieurs reprises pour essayer d'arranger avec lui une rencontre, ce dont j'avais très hâte. Tausig, qui s'était d'abord réfugié principalement chez moi, retomba plus tard dans sa dépendance naturelle à l'égard de son maître, de sorte qu'à la fin il disparut complètement de ma vue, lorsqu'il alla avec Liszt rendre visite à Mme. Rue à Bruxelles.

J'avais maintenant envie de quitter Paris. J'avais heureusement réussi à me débarrasser de ma maison de la rue d'Aumale en la sous-louant, opération dans laquelle j'étais aidé par un cadeau de cent francs au concierge, et n'attendais plus que des nouvelles de mes protecteurs. . Comme je ne voulais pas les presser, ma situation se prolongea de façon très douloureuse, bien qu'elle ne fût pas tout à fait dénuée d'incidents agréables mais alléchants. Par exemple, j'avais gagné la faveur particulière de Mlle. Eberty, la nièce âgée de Meyerbeer. Elle avait été une partisane presque enragée de ma cause lors du douloureux épisode des représentations de Tannhauser, et semblait maintenant sincèrement désireuse de faire quelque chose pour améliorer ma triste situation. Dans ce but, elle organisa un dîner vraiment charmant dans un restaurant de premier ordre du bois de Boulogne, auquel nous étions invités, ainsi que Kietz, dont nous n'étions pas encore débarrassés, et qui eut lieu par un beau temps printanier. La famille Flaxland, avec laquelle j'avais eu quelques différends à propos de la publication de Tannhauser, s'efforçait également par tous les moyens possibles de me témoigner de la gentillesse, mais je ne pouvais que regretter qu'elle n'ait aucune raison de le faire.

Il était désormais décidé qu'il fallait à tout prix quitter bientôt Paris. Il fut proposé que Minna reprenne son traitement aux bains de Soden et retrouve également ses anciens amis de Dresde, tandis que j'attendrais qu'il soit temps pour moi de retourner à Vienne pour l'étude préliminaire de mon Tristan. Nous avons décidé de déposer toutes nos affaires de ménage, bien emballées, chez un transitaire à Paris. Tout en pensant ainsi à notre départ douloureusement retardé, nous avons également discuté de la difficulté de transporter notre petit chien Fips par chemin de fer. Un jour, le 22 juin, ma femme revenait d'une promenade, ramenant avec elle l'animal, mystérieusement et dangereusement malade. D'après le récit de Minna, on ne pouvait que penser que le chien avait avalé un poison virulent répandu dans la rue. Son état était pitoyable. Bien qu'il ne présentât aucune marque de blessure extérieure, sa respiration était si convulsive que nous pensions que ses poumons devaient être gravement endommagés. Dans ses premières crises de panique, il avait mordu Minna violemment à la bouche, de sorte que j'avais immédiatement fait venir un médecin, qui cependant a rapidement dissipé nos craintes qu'elle ait été mordue par un chien enragé.

Mais nous ne pouvions obtenir aucun soulagement pour le pauvre animal. Il restait tranquillement recroquevillé et sa respiration devenait de plus en plus courte et violente. Vers onze heures du soir, il semblait s'être endormi sous le lit de Minna, mais quand je l'en retirai, il était mort. L'effet de cet événement mélancolique sur Minna et moi n'a jamais été exprimé par des mots. Dans notre vie commune sans enfants, l'influence des animaux domestiques avait été très importante. La mort subite de cet animal vif et adorable a constitué la rupture finale d'une union devenue depuis longtemps impossible. Pour le moment, je n'avais pas de souci plus urgent que de sauver le corps du sort habituel des chiens morts à Paris, celui d'être jeté à la rue pour que les charognards l'emmènent le matin. Mon ami Sturmer avait un petit jardin derrière sa maison, rue de la Tour des Dames, où je voulais enterrer Fips le lendemain. Mais il m'a fallu un rare effort de persuasion pour amener la gouvernante du propriétaire absent à m'autoriser à le faire. Enfin, avec l'aide du concierge de notre maison, je creusai une petite tombe, aussi profonde que possible, parmi les buissons du jardin, pour l'accueil de notre pauvre petit animal. Une fois la triste cérémonie terminée, j'ai recouvert la tombe avec le plus grand soin et j'ai essayé de rendre l'endroit aussi indiscernable que possible, car je soupçonnais que Herr Sturmer pourrait s'opposer à l'hébergement du corps du chien et le faire enlever, un malheur. que je m'efforçais d'empêcher.

Enfin, le comte Hatzfeld annonça de la manière la plus aimable possible que quelques amis de mon art, qui désiraient rester inconnus, sympathisant avec ma condition imméritée, s'étaient unis pour m'offrir les moyens de soulager ma lourde situation. J'ai cru devoir exprimer mes remerciements pour cet heureux aboutissement uniquement à ma patronne, la princesse Metternich, et je me suis mis maintenant à préparer la dissolution définitive de mon établissement parisien. Mon premier soin, après avoir terminé tous ces travaux nécessaires, fut de faire en sorte que Minna parte aussitôt pour l'Allemagne pour commencer son traitement ; Quant à moi, je n'avais pas de meilleur objectif pour le moment que de rendre visite à Liszt à Weimar, où en août devait être célébrée une fête de la musique allemande avec des représentations d'adieu des compositions de Liszt. D'ailleurs Flaxland, qui avait maintenant le courage de publier mes autres opéras en français, souhaitait me retenir à Paris jusqu'à ce que, en collaboration avec Truinet, j'aie achevé la traduction du Fliegender Hollander. Il me fallut pour ce travail plusieurs semaines, qu'il m'était impossible de passer dans nos appartements désormais entièrement dépouillés de leurs meubles. Le comte Pourtalès, ayant entendu cela, m'invita à m'installer pour cette période à l'ambassade de Prusse, acte de gentillesse remarquable et en son genre sans précédent, que j'acceptai avec une gratitude pleine de pressentiment. Le 12 juillet, je raccompagnai Minna à Soden, et le même jour j'allai résider à l'ambassade, où l'on m'attribua une petite chambre agréable donnant sur le jardin, avec vue au loin sur les Tuileries. Dans un bassin du jardin, il y avait deux cygnes noirs vers lesquels, d'une manière rêveuse, je me sentais étrangement attiré. Lorsque le jeune Hatzfeld me regarda dans ma chambre pour s'enquérir de mes besoins au nom de mes sympathisants, une forte émotion m'envahit pour la première fois depuis de nombreuses années et j'éprouvais un profond sentiment de bien-être dans le au milieu d'un état d'impécuniosité totale et de détachement de tout ce qui est habituellement considéré comme nécessaire à l'existence permanente.

Je demandai la permission de faire amener mon Erard dans ma chambre pour le temps de mon séjour, car il n'avait pas été emballé avec le reste de mes meubles, sur quoi une belle chambre me fut cédée au premier étage. Ici, je travaillais chaque matin à la traduction de mon Fliegender Hollander et composais également deux morceaux d'album musical, dont l'un, destiné à la princesse Metternich, contenait un joli thème qui flottait depuis longtemps dans mon esprit et qui fut ensuite publié, tandis qu'un similaire l'une d'entre elles, celle de Frau Pourtales, s'est égarée d'une manière ou d'une autre.

Mes relations avec la famille de mon ami et hôte eurent non seulement une influence apaisante sur mon esprit, mais me remplirent également de calme et de contentement. Nous dînions ensemble tous les jours et le repas de midi se transformait souvent en le fameux « dîner diplomatique ». J'y fis la connaissance de l'ancien ministre prussien Bethmann-Hollweg, père de la comtesse Pourtalès, avec qui je discutai en détail de mes idées sur les rapports de l'art et de l'État. Quand j'eus enfin réussi à les faire comprendre au ministre, notre conversation se terminait par l'affirmation fatale qu'une telle entente avec le chef suprême de l'État resterait toujours impossible, puisque à ses yeux l'art n'appartenait qu'au domaine de l'art. amusement.

Outre le comte Hatzfeld, les deux autres attachés, le prince Reuss et le comte Donhoff, partageaient souvent ces réunions domestiques. Le premier semblait être le politicien de la compagnie et m'était particulièrement recommandé en raison des grands et habiles efforts qu'il avait déployés en ma faveur à la cour impériale, tandis que le second me séduisait simplement par son apparence et par son aspect attrayant. et une convivialité à cœur ouvert. Ici aussi, j'étais à nouveau fréquemment mis en contact social avec le prince et la princesse Metternich, mais je ne pouvais m'empêcher de remarquer qu'un certain embarras marquait notre attitude. En raison de sa complicité énergique dans le sort de Tannhauser, la princesse Pauline avait non seulement été soumise aux traitements les plus grossiers de la part de la presse, mais elle avait également subi les traitements les plus disgracieux et les plus méchants de la part de la soi-disant haute société. Son mari semble avoir très bien supporté tout cela, même s'il a sans doute vécu de nombreux moments amers. Il m'était difficile de comprendre maintenant quelle compensation la princesse aurait pu trouver dans une sympathie sincère pour mon art pour tout ce qu'elle avait dû endurer.

Ainsi, je passais fréquemment mes soirées en relations familières avec mes aimables hôtes, et j'étais même tenté d'essayer de leur parler de Schopenhauer. À une occasion, une assemblée nocturne plus importante a provoqué une excitation presque enivrante. Des sélections de plusieurs de mes œuvres ont été jouées avec vivacité dans un cercle d'amis tous très prévenus en ma faveur. Saint-Saëns prit le piano, et j'eus l'expérience insolite d'entendre la scène finale d'Isolde interprétée par la princesse napolitaine Campo-Reale, qui, accompagnée par cet excellent musicien, la chanta avec un bel accent allemand et une fidélité d'intonation étonnante. .

J'ai ainsi passé trois semaines dans le calme et la tranquillité. Pendant ce temps, le comte Pourtales m'avait procuré un passeport ministériel prussien supérieur pour mon projet de visite en Allemagne, sa tentative pour m'obtenir un passeport saxon ayant échoué, en raison de la nervosité de Herr von Seebach.

Cette fois, avant de prendre congé de Paris — pour toujours, comme je le supposais —, je me sentis obligé de faire mes adieux intimes aux quelques amis français qui m'avaient fidèlement soutenu dans les difficultés que j'avais surmontées. Nous nous sommes retrouvés dans un café de la rue Lafitte, Gasperini, Champfleury, Truinet et moi, et avons discuté jusque tard dans la nuit. Alors que j'allais reprendre le chemin du retour vers le faubourg Saint-Germain, Champfleury, qui demeurait sur les hauteurs de Montmartre, déclara qu'il devait me reconduire chez lui, parce que nous ne savions pas si nous nous reverrons un jour. J'ai apprécié l'effet exquis du clair de lune sur les rues désertes de Paris ; seules les immenses maisons de commerce, dont les locaux s'étendent jusqu'aux étages supérieurs, semblaient avoir transformé la nuit en jour d'une manière pittoresque, notamment les maisons mises au service du commerce de la rue Richelieu. Champfleury fumait sa petite pipe et discutait avec moi des perspectives de la politique française. Son père était, me disait-il, un vieux bonapartiste de première eau, mais il avait eu envie de s'écrier, peu de temps auparavant, après avoir lu les journaux jour après jour : « Pourtant, avant de mourir, je voudrais voir autre chose. Nous nous séparâmes très affectueusement à la porte de l'ambassade.

Je pris congé tout aussi amicalement d'un jeune ami parisien dont on ne parle pas encore, Gustave Doré, qui m'avait été envoyé par Ollivier au tout début de mon aventure parisienne. Il avait proposé de faire un dessin fantastique de moi en train de diriger, sans, il est vrai, jamais se rendre compte de son intention. Je ne sais pas pourquoi, sauf peut-être que je n'y ai montré aucune inclination particulière. Doré me restait cependant fidèle et était de ceux qui tenaient à me témoigner tout à l'heure leur amitié dans leur extrême indignation devant l'outrage qui m'était infligé. Cet artiste extraordinairement prolifique se proposait d'inclure les Nibelungen parmi ses nombreux sujets d'illustration, et je souhaitais d'abord lui faire connaître mon interprétation de ce cycle de légendes. C'était sans doute difficile, mais comme il m'assurait qu'il avait un ami très versé dans la langue et la littérature allemandes, je me donnai le plaisir de lui présenter la partition pour piano de Rheingold récemment publiée, dont le texte lui donnerait le sens le plus clair. idée du plan sur lequel j'avais moulé la matière. Je lui rendis ainsi le compliment de m'avoir envoyé un exemplaire de ses illustrations à Dante, qui venaient de paraître.

Plein d'impressions plaisantes et agréables, qui constituaient le seul gain réel de valeur que je tirais de mon entreprise parisienne, je quittai le généreux asile offert par mes amis prussiens la première semaine d'août pour me rendre d'abord à Soden en passant par Cologne. . Ici, je retrouve Minna en compagnie de Mathilde Schiffner, qui semble lui être devenue indispensable comme victime facile de sa tyrannie. J'y ai passé deux jours extrêmement pénibles à essayer de faire comprendre à la pauvre femme qu'elle devait s'établir à Dresde (où je n'étais pas autorisé à rester actuellement), tandis que je cherchais autour de moi en Allemagne — à Vienne d'abord — une nouvelle destination. centre d'opérations. Elle jeta un regard à son amie avec une satisfaction particulière en entendant ma proposition et ma promesse de ne pas oublier, en toutes circonstances, de lui fournir trois mille marks par an. Ce marché a établi la norme de ma relation avec elle pour le reste de sa vie. Elle m'accompagna jusqu'à Francfort, où je me séparai d'elle pour me rendre provisoirement à Weimar, ville où Schopenhauer était mort peu de temps auparavant.

PARTIE IV

1861-1864

Et je traversai ainsi de nouveau la Thuringe, en passant devant la Wartburg qui, soit que je la visite, soit que je la voyais simplement au loin, me semblait si étrangement liée à mes départs d'Allemagne ou à mon retour là-bas. J'arrivai à Weimar à deux heures du matin et fus conduit plus tard dans la journée dans les chambres que Liszt avait aménagées pour moi à l'Altenburg. C'étaient, comme il prit soin de me le dire, les chambres de la princesse Marie. Mais cette fois, il n'y avait aucune femme pour nous divertir. La princesse Caroline était déjà à Rome et sa fille avait épousé le prince Constantin Hohenlohe et était partie à Vienne. Il ne restait plus que Miss Anderson, la gouvernante de la princesse Marie, pour aider Liszt à divertir ses invités. En effet, j'appris que l'Altenburg était sur le point d'être fermé et que le jeune oncle de Liszt, Eduard, était venu de Vienne dans ce but et aussi pour faire un inventaire de tout son contenu. Mais en même temps régnait un élan de convivialité inhabituel au sein de la Société des artistes musicaux, puisque Liszt hébergeait lui-même un nombre considérable de musiciens, parmi ses invités en premier lieu Bulow et Cornelius. Tout le monde, y compris Liszt lui-même, portait une casquette de voyage, et ce choix étrange de coiffure me paraissait typique de l'absence de cérémonie de cette fête rurale de Weimar. Au dernier étage de la maison, Franz Brendel et sa femme furent installés avec quelque splendeur, et une nuée de musiciens remplit bientôt les lieux, parmi lesquels ma vieille connaissance Drasecke et un certain jeune homme appelé Weisheimer, que Liszt avait envoyé un jour me voir. à Zurich. Tausig apparut également, mais s'exclut de la plupart de nos réunions libres et faciles pour entretenir une liaison avec une jeune femme. Liszt me donna comme compagne Emilie Genast pour une ou deux courtes excursions, arrangement auquel je ne trouvai aucun défaut, car elle était spirituelle et très intelligente. J'ai également fait la connaissance de Damrosch, violoniste et musicien. Ce fut un grand plaisir de revoir ma vieille amie Alwine Frommann, venue malgré ses relations quelque peu tendues avec Liszt ; et quand Blandine et Ollivier arrivèrent de Paris et devinrent mes voisins sur l'Altenburg, les journées qui étaient autrefois animées, devinrent maintenant bruyantes et joyeuses. Bulow, qui avait été choisi pour diriger la Symphonie Faust de Liszt, me paraissait le plus fou de tous. Son activité était extraordinaire. Il avait appris la partition entière par cœur et nous a offert une interprétation inhabituellement précise, intelligente et pleine d'entrain avec un orchestre composé de tout sauf d'une sélection de musiciens allemands. Après cette symphonie, c'est la musique de Prométhée qui a eu le plus grand succès, tandis que j'ai été particulièrement touché par le chant par Emilie Genast d'un cycle de chansons composé par Bulow et intitulé Die Entsagende. Il n'y avait pas grand-chose d'autre de plaisant au concert du festival, à l'exception d'une cantate Das Grab im Busento de Weisheimer, et un scandale régulier éclatait à propos de la « Marche allemande » de Drasecke. Pour une raison obscure, Liszt adopta une attitude de défi et de protection à l'égard de cette étrange composition, écrite apparemment par moquerie par un homme de grand talent dans d'autres directions. Liszt insista pour que Bulow dirige la marche , et finalement Hans la réussit, même par cœur ; mais tout cela s'est terminé par la scène incroyable suivante. L'accueil joyeux réservé aux propres œuvres de Liszt ne l'avait pas incité une seule fois à se montrer au public, mais lorsque la marche de Drasecke, qui concluait le programme, fut finalement rejetée par le public dans une irrésistible vague de mauvaise humeur, Liszt entra en scène. -boîte et, étendant les mains, il applaudit vigoureusement et cria « Bravo ». Une véritable bataille s'engage entre Liszt, dont le visage est rouge de colère, et le public. Blandine, qui était assise à côté de moi, était, comme moi, hors d'elle devant ce comportement outrageusement provocateur de son père, et il nous a fallu longtemps avant de pouvoir nous ressaisir après l'incident. Il y avait peu d'explications à tirer de Liszt. Nous ne l'avons entendu qu'à quelques reprises s'adresser, avec un mépris furieux, au public « pour qui la marche était de loin trop belle ». J'ai entendu dire d'un autre côté qu'il s'agissait d'une forme de vengeance contre le public régulier de Weimar, mais c'était une manière étrange de la détruire, car ils n'étaient pas représentés à cette occasion. Liszt pensait que c'était une bonne occasion de venger Corneille, dont l'opéra Le Barbier de Bagdad avait été sifflé par le public de Weimar lorsque Liszt l'avait dirigé en personne quelque temps auparavant. En outre, je voyais bien sûr que Liszt avait beaucoup à porter dans d'autres directions. Il m'avoua qu'il avait essayé d'amener le grand-duc de Weimar à me montrer une distinction particulière. Il voulait d'abord qu'il m'invite avec lui à dîner à la cour, mais comme le duc hésitait à recevoir une personne encore exilée du royaume de Saxe en tant que réfugié politique, Liszt pensa qu'il pourrait au moins m'offrir l'Ordre. du Faucon Blanc. Cela lui fut également refusé, et comme ses efforts à la cour avaient été si infructueux, il s'efforçait de faire en sorte que les citadins de la Résidence fassent leur part en célébrant ma présence. Une procession aux flambeaux fut donc organisée, mais quand j'en ai entendu parler, j'ai pris toutes les peines possibles pour contrecarrer le plan et j'ai réussi. Mais je ne devais pas m'en sortir sans aucune ovation. Un après-midi, Justizrath Gille, d'Iéna, et six étudiants se sont regroupés sous ma fenêtre et ont chanté une jolie petite chanson de chorale, pour laquelle je les ai remerciés très chaleureusement. Un contraste a été présenté par le grand banquet auquel ont participé tous les artistes musicaux. Je me suis assis entre Blandine et Ollivier, et la fête s'est transformée en une très chaleureuse ovation pour le compositeur de Tannhauser et Lohengrin, qu'ils « ont désormais accueilli en Allemagne après avoir gagné leur amour et leur estime lors de son bannissement ». Le discours de Liszt fut court mais vigoureux, et je dus répondre de manière plus détaillée à un autre orateur. Les réunions choisies qui se réunissaient à plusieurs reprises autour de la table de Liszt étaient très agréables, et je pensais à l'une d'elles à l'hôtesse absente d' Altenburg. Une fois, nous avons pris notre repas dans le jardin et j'ai eu le plaisir d'y voir mon bon ami Alwine Frommann converser intelligemment avec Ollivier, car une réconciliation avec Liszt avait eu lieu.

Le jour de la séparation approchait pour nous tous, après une semaine d'expériences très variées et passionnantes. Un heureux hasard me permit d'effectuer la plus grande partie de mon voyage prévu à Vienne en compagnie de Blandine et d'Ollivier, qui avaient décidé de rendre visite à Cosima à Reichenhall, où elle séjournait pour une « cure ». Tandis que nous disions tous au revoir à Liszt sur le quai de la gare, nous avons pensé à Bulow, qui s'était si remarquablement distingué ces derniers jours. Il était parti un jour à l'avance et nous nous épuisions à chanter ses louanges, même si j'ajoutais avec une familiarité plaisante : « Il n'était pas nécessaire qu'il épouse Cosima. Et Liszt ajouta en s'inclinant légèrement : « C'était un luxe. »

Nous, les voyageurs, Blandine et moi, tombâmes bientôt dans une humeur frivole qu'intensifiait encore la question d'Ollivier, répétée après chaque éclat de rire : « Qu'est-ce qu'il dit ? Il devait se soumettre avec bonne humeur à nos plaisanteries continuelles en allemand, même si nous répondions toujours en français à ses fréquentes demandes de tonique ou de jambon cru, qui semblaient constituer l'aliment de base de son alimentation. Il était minuit passé lorsque nous arrivâmes à Nuremberg, où nous fûmes obligés de nous arrêter pour la nuit. Au prix de beaucoup d'efforts, nous nous fîmes conduire dans une auberge et y restâmes attendre quelque temps avant que la porte ne s'ouvre. Un aubergiste gros et âgé a accédé à nos supplications pour nous donner des chambres, aussi tard soit-il, mais pour y parvenir, il a jugé nécessaire - après une longue réflexion anxieuse - de nous laisser dans le hall pendant un bon moment pendant qu'il disparaissait dans une arrière-salle. passage. Il se tenait là devant la porte d'une chambre et nous l'entendions appeler « Margarethe » d'un ton timide et amical. Il a répété le nom à plusieurs reprises en annonçant que des visiteurs étaient arrivés, et une femme lui a répondu par des jurons. Après de nombreuses instances pressantes de la part de l'aubergiste, Margarethe parut enfin, négligemment, et nous montra, après diverses confabulations mystérieuses avec l'hôte, les chambres choisies pour nous. Ce qui était étrange dans l'incident, c'est que les rires immodérés auxquels nous nous livrions tous les trois ne semblaient être remarqués ni par l'aubergiste ni par sa femme de chambre. Le lendemain, nous sommes allés visiter quelques-unes des curiosités de la ville, en dernier lieu le Germanisches Museum, qui était à cette époque dans un état si misérable qu'il méritait particulièrement le mépris de mon compagnon français. La grande collection d'instruments de torture, qui comprenait une boîte clouée, remplissait Blandine d'une horreur sympathique.

Nous arrivâmes à Munich le soir même et l'inspectâmes le lendemain (après avoir de nouveau obtenu du tonique et du jambon) avec une grande satisfaction, en particulier de la part d'Ollivier, qui pensait que le style « antique » dans lequel le roi Louis Ier avait eu le goût les musées construits contrastaient le plus favorablement avec les bâtiments dont, à son indignation, il avait plu à Louis Napoléon de remplir Paris. J'ai rencontré ici une vieille connaissance, le jeune Hornstein, que j'ai présenté à mes amis comme « le baron ». Sa silhouette comique et son comportement maladroit leur donnaient matière à gaieté, qui dégénéra en une orgie de gaieté positive lorsque «le baron» jugea nécessaire, avant de commencer notre voyage nocturne à Reichenhall, de nous emmener dans une Bier-Brauerei située à une certaine distance. , pour que nous puissions voir cet aspect de la vie munichoise. Il faisait nuit noire et il n'y avait pas de lumière, sauf un bout de bougie pour allumer « le baron », qui devait descendre lui-même chercher la bière à la cave. La bière était certainement particulièrement bonne et Hornstein répéta plusieurs fois sa descente dans la cave. Lorsque, obligés de nous dépêcher, nous nous mimes en route pour notre périlleux voyage à travers champs et fossés jusqu'à la gare, nous constatâmes que ce rafraîchissement inhabituel nous avait quelque peu étourdis. Blandine s'endormit profondément dès qu'elle monta dans la voiture, et ne se réveilla qu'au point du jour lorsque nous arrivâmes à Reichenhall. Ici, Cosima nous a rencontrés et nous a emmenés dans les chambres qui avaient été préparées pour nous.

Nous fûmes d'abord heureux de constater que l'état de santé de Cosima était beaucoup moins alarmant que nous — moi en particulier — l'avions connu auparavant. On lui avait prescrit une cure de lait caillé et nous sommes allés la voir le lendemain matin lorsqu'elle se rendait à pied à l'institution. Cosima semblait cependant accorder moins d'importance à la consommation de lait lui-même qu'aux promenades et aux séjours dans l'air splendide et vivifiant des montagnes. Ollivier et moi étions généralement exclus de la gaieté qui, ici aussi, s'installait immédiatement, comme les deux sœurs, pour assurer plus d'intimité à leurs conversations - elles riaient si incessamment qu'on pouvait les entendre de loin - s'enfermaient généralement loin de nous dans leurs chambres, et presque ma seule ressource était de converser en français avec mon ami politique. Je réussis à me faire admettre une ou deux fois chez les sœurs, pour leur annoncer entre autres choses mon intention de les adopter, puisque leur père ne leur prêtait plus attention, proposition reçue avec plus de gaieté que de confiance. J'ai déploré un jour les manières folles de Cosima auprès de Blandine, qui semblait incapable de me comprendre, jusqu'à ce qu'elle se soit persuadée que j'entendais par mon expression timidite d'un sauvage. Au bout de quelques jours, il me fallut bien songer à continuer mon voyage, si agréablement interrompu. J'ai dit au revoir dans le hall et j'ai entrevu une demande presque timide de Cosima.

J'ai d'abord descendu la vallée jusqu'à Salzbourg dans une calèche à un seul cheval. A la frontière autrichienne, j'eus une aventure avec la douane. Liszt m'avait offert à Weimar une boîte de cigares des plus précieux, cadeau du baron Sina. Comme je savais par ma visite à Venise quelles formalités incroyables rendent extrêmement difficile l'introduction de ces articles en Autriche, j'ai eu le projet de cacher les cigares seuls parmi mon linge sale et dans les poches de mes vêtements. L'officier, qui était un vieux soldat, semblait préparé à de telles précautions, et tirait adroitement les corps du délit de tous les plis de ma petite malle. J'ai essayé de le soudoyer avec un pourboire, qu'il a effectivement accepté, et j'ai été d'autant plus indigné quand, malgré cela, il m'a dénoncé aux autorités. J'ai dû payer une lourde amende, mais j'ai reçu l'autorisation de racheter les cigares. C'est ce que j'ai furieusement refusé de faire. Cependant, avec le reçu de l'amende que j'avais payée, on me rendit aussi le thaler prussien que le vieux soldat avait tranquillement caché auparavant, et quand je montai dans ma voiture pour continuer le voyage, je vis le même officier assis placidement devant son de la bière, du pain et du fromage. Il s'inclina très poliment et je lui proposai de lui rendre son thaler, mais cette fois il refusa. Depuis, je me suis souvent fâché contre moi-même de ne pas avoir demandé le nom de cet homme, car je m'accrochais à l'idée qu'il devait être un serviteur particulièrement fidèle, qualité dans laquelle j'aurais aimé l'engager moi-même plus tard.

J'ai atterri à Salzbourg, arrivé trempé par des pluies torrentielles, j'y ai passé la nuit et, le lendemain, j'ai enfin atteint mon lieu de destination : Vienne. Je proposai d'accepter l'hospitalité de Kolatschek, avec qui j'avais été ami en Suisse. Il avait depuis longtemps bénéficié d'une amnistie de l'Autriche et, lors de ma dernière visite à Vienne, m'avait fait appel et m'avait proposé d'utiliser sa maison, pour éviter les désagréments d'une auberge, au cas où je reviendrais pour un plus long séjour. rester. Pour des raisons d'économie seulement, qui étaient alors très urgentes, j'avais volontiers accepté cette offre et je me rendais maintenant directement avec mon bagage à main à la maison décrite. À ma grande surprise, je découvris aussitôt que je me trouvais dans une banlieue extrêmement isolée, pratiquement coupée de Vienne elle-même. La maison était complètement déserte, Kolatschek et sa famille étant allés dans une station d'été à Hutteldorf. Avec quelque difficulté, je déterrai une vieille servante qui semblait croire qu'elle avait été prévenue de mon arrivée par son maître. Elle m'a montré une petite chambre dans laquelle je pouvais dormir si je le voulais, mais elle n'était apparemment pas en mesure de fournir ni linge ni service d'aucune sorte. Très décontenancé par cette déception, je retournai d'abord en ville pour attendre Kolatschek dans un certain café de la Stephan's Platz, où, selon le domestique, il allait probablement se rendre à une heure précise. J'étais assis là depuis un bon moment, à me renseigner à plusieurs reprises sur l'homme que j'espérais voir, quand soudain j'ai vu Standhartner entrer. Son extrême surprise de me trouver là était intensifiée, comme il me l'a dit, par le fait qu'il n'avait jamais dans sa vie est entré dans ce café. C'était une coïncidence assez particulière qui l'avait amené là ce jour-là et à cette heure-là. Ayant été mis au courant de ma situation, il devint aussitôt furieux à l'idée que je vive dans la partie la plus déserte de Vienne alors que j'avais des affaires si urgentes dans la ville, et m'offrit aussitôt sa propre maison comme logement temporaire, comme lui et tous les autres. sa famille serait absente pendant six semaines. Une jolie nièce, qui vivait avec sa mère et sa sœur dans la même maison, devait pourvoir à tous mes besoins, y compris le petit déjeuner, etc., et je pourrais jouir de tout l'appartement avec la plus grande liberté. Il m'emmena triomphalement chez lui dans une demeure déserte, car la famille était déjà partie pour sa station d'été de Salzbourg. J'en informai Kolatschek, je fis apporter mes bagages et, pendant quelques jours, j'eus le plaisir de la compagnie et de l'hospitalité facile de Standhartner. Je compris cependant, grâce aux renseignements que m'avait donnés mon ami, que mon chemin était semé de nouvelles difficultés. Les répétitions de Tristan et Isolde, qui devaient avoir lieu au printemps à peu près à la même époque (j'étais arrivé à Vienne le 14 août), avaient été reportées sine die car Ander, le ténor, avait fait savoir qu'il s'était blessé à la voix. . En entendant cela, je conclus aussitôt que mon séjour à Vienne serait inutile ; mais je savais que personne ne pourrait me suggérer un autre endroit où je pourrais m'employer avec profit.

Ma situation était, comme je le voyais clairement maintenant, tout à fait désespérée, car tout le monde semblait m'avoir abandonné. Il y a quelques années, j'aurais pu, dans un cas similaire, me flatter que Liszt serait heureux de m'avoir à Weimar pendant le temps d'attente, mais si je retournais en Allemagne tout à l'heure, je n'aurais qu'à assister au démantèlement de la maison, à laquelle j'ai déjà fait allusion. Ma principale préoccupation était alors de trouver un refuge convivial quelque part. C'est dans ce seul but que je me tournai vers le grand-duc de Bade, qui m'avait accueilli peu auparavant avec tant de bonté et de sympathie. Je lui ai écrit une lettre suppliante, l'exhortant à réfléchir à ma situation de nécessité. Je lui fis remarquer que ce que je désirais avant tout, c'était un asile, si modeste soit-il, et je le priai de m'en procurer un à Karlsruhe ou dans les environs, en m'assurant une pension de deux mille quatre cents marks. Jugez de ma surprise en recevant une réponse, non de la main du Grand-Duc, mais seulement signée de sa main, selon laquelle si ma demande était accordée, cela signifierait probablement que j'interviendrais dans la direction du théâtre, et, tout naturellement, des discussions s'ensuivaient avec le réalisateur (mon vieil ami E. Devrient, qui se portait désormais à merveille). Comme le Grand-Duc se sentirait dans un tel cas obligé d'agir dans l'intérêt de la justice, « peut-être à mon désavantage », comme il l'a dit, il doit, après mûre réflexion, refuser à regret d'accéder à ma demande.

La princesse Meternich, qui avait soupçonné mon embarras sur ce point également lorsque j'avais quitté Paris, m'avait recommandé chaleureusement au comte Nako et à sa famille à Vienne, en me référant avec une insistance particulière à son épouse. Or, par l'intermédiaire de Standhartner, peu de temps avant son départ, j'avais fait la connaissance du jeune prince Rodolphe de Liechtenstein, connu de ses amis sous le nom de Rudi. Son médecin, avec qui il était très intime, m'avait parlé de lui de la manière la plus flatteuse comme d'un admirateur passionné de ma musique. Je le rencontrais souvent à l'heure des repas à l'Erzherzog Karl, après que Standhartner avait rejoint sa famille, et nous avions prévu une visite au comte Nako dans son domaine à Schwarzau, à une certaine distance. Le voyage s'effectua de la manière la plus confortable, en partie par chemin de fer, en compagnie de la jeune épouse du prince. Ils m'ont présenté aux Nakos à Schwarzau. Le comte s'est révélé être un homme particulièrement beau, tandis que sa femme était plutôt une gitane cultivée, dont le talent pour la peinture était attesté de manière frappante par les gigantesques copies de Van Dyck resplendissant sur les murs. Il était plus douloureux de l'entendre s'amuser au piano, où elle interprétait fidèlement la musique tzigane, ce que, disait-elle, Liszt n'avait pas réussi à faire. La musique de Lohengrin semblait les avoir tous beaucoup prévenus en ma faveur, et cette appréciation fut confirmée par d'autres magnats qui étaient en visite là-bas, parmi lesquels le comte Edmund Zichy, que j'avais connu à Venise. Je pus ainsi observer le caractère sans contrainte de l'hospitalité hongroise, sans être très édifié par les sujets de conversation, et j'eus bientôt, hélas ! me poser la question de savoir ce que j'allais obtenir de ces gens. On m'a donné une chambre convenable pour la nuit et, le lendemain, j'ai profité de bonne heure pour visiter l'enceinte magnifiquement entretenue du majestueux château, me demandant dans quelle partie du bâtiment on pourrait trouver de la place pour moi en cas de séjour plus long. visite. Mais mes remarques élogieuses sur la taille du bâtiment furent accueillies au petit-déjeuner par l'assurance qu'il était vraiment à peine assez grand pour la famille, car la jeune comtesse en particulier vivait avec beaucoup de style avec sa suite. C'était une froide matinée de septembre et nous la passâmes dehors. Mon ami Rudi semblait de mauvaise humeur. J'eus froid et je quittai bientôt le conseil d'administration du grand homme avec la conscience de m'être rarement trouvé en compagnie de gens aussi aimables sans découvrir le moindre sujet commun. Cette conscience s'est transformée en un sentiment positif de dégoût lorsque je conduisais avec plusieurs cavalieri jusqu'à la gare de Modling, car j'étais réduit au silence absolu pendant une heure de route, car à ce moment-là, ils n'avaient littéralement qu'un seul sujet de conversation. si terriblement familiers ! — à savoir les chevaux.

Je descendis à Modling pour rendre visite à Ander le ténor, m'étant invité ce jour-là avec l'intention de passer par Tristan. Il était encore très tôt par une matinée lumineuse et la journée se réchauffait progressivement. J'ai décidé de me promener dans la belle Bruhl avant de chercher Ander. Là, j'ai commandé un déjeuner dans le jardin de l'auberge magnifiquement située et j'ai profité d'une heure extrêmement rafraîchissante de solitude totale. Les oiseaux sauvages avaient déjà cessé de chanter, mais je partageais mon repas avec une armée de moineaux qui prenait des proportions alarmantes. A mesure que je les nourrissais de chapelure, ils finirent par devenir si apprivoisés qu'ils s'installèrent en essaims sur la table devant moi pour s'emparer de leur butin. Je me suis souvenu de la matinée à la taverne chez le propriétaire Homo à Montmorency. Là encore, après avoir versé de nombreuses larmes, j'ai ri aux éclats et je suis parti pour la résidence d'été d'Ander. Malheureusement, son état a confirmé l'affirmation selon laquelle la blessure à sa voix n'était pas simplement une excuse ; mais en tout cas, je me suis vite rendu compte que cet homme impuissant ne pourrait en aucun cas être à la hauteur de la tâche de jouer Tristan, le demi-dieu qu'il était, à Vienne. J'ai quand même fait de mon mieux, comme j'étais là, pour lui montrer tout Tristan dans ma propre interprétation du rôle (ce qui m'a toujours beaucoup excité), après quoi il a déclaré que cela aurait pu être écrit pour lui. J'avais prévu que Tausig et Cornelius, que j'avais de nouveau rencontrés à Vienne, viendraient ce jour-là chez Ander, et je revins avec eux le soir.

J'ai passé beaucoup de temps avec ces deux-là, qui se préoccupaient sincèrement de moi et faisaient de leur mieux pour me remonter le moral. Tausig, il est vrai, était un peu plus réservé, car il avait à cette époque des aspirations élevées. Mais lui aussi a accepté les invitations de Mme Dustmann à nous trois. Elle passa alors l'été à Hietzing, et l'on y donna plus d'une fois des dîners, ainsi que quelques répétitions vocales pour Isolde, pour laquelle sa voix semblait posséder une certaine susceptibilité spirituelle requise. Là aussi, j'ai relu le poème de Tristan, pensant toujours que la perspective de sa représentation serait possible avec de la patience et de l'enthousiasme. Car à l'heure actuelle, la patience était la qualité la plus nécessaire ; on ne pouvait certainement rien obtenir par l'enthousiasme. La voix d'Ander ne lui faisait toujours pas défaut et ne s'améliorait pas, et aucun médecin n'était prêt à fixer une limite à son mal. J'ai traversé le temps du mieux que je pouvais et j'ai eu l'idée de retraduire en allemand la nouvelle scène de Tannhauser, écrite sur un texte français pour la représentation à Paris. Cornelius dut d'abord le copier pour moi à partir de la partition originale, car celle-ci était dans un état très défectueux. J'ai accepté sa copie sans m'enquérir davantage de l'original laissé entre ses mains, et nous en verrons le résultat plus tard.

Un musicien nommé Winterberger s'est également joint à notre groupe. C'était une vieille connaissance et je le trouvai dans une position que j'enviais beaucoup. La comtesse Banfy, une vieille amie de Liszt, l'avait accueilli dans sa très agréable maison de Hietzing, et il se trouvait ainsi dans un excellent logement, vivant à l'aise et sans souci, car la gentille dame pensait qu'il était de son devoir de garder cette maison. cet homme, si indigne à d'autres égards, était pourvu de tout. Par lui, j'eus de nouveau des nouvelles de Karl Ritter, et on me dit qu'il se trouvait maintenant à Naples, où il vivait dans la maison d'un facteur de pianos, dont il devait instruire les enfants en échange d'un logement et d'une pension. Il semble que Winterberger, après avoir tout parcouru, se soit mis en route, grâce à certaines présentations de Liszt, pour chercher fortune en Hongrie. Mais les choses ne se tournèrent pas à sa satisfaction, et il bénéficiait désormais d'une compensation dans la maison de la digne comtesse. J'y ai rencontré une excellente harpiste, également membre de la famille, Fraulein Mossner. Par ordre de la comtesse, elle fut obligée de se rendre elle-même et sa harpe au jardin, où, soit avec sa harpe, soit avec sa harpe, elle avait un air des plus espiègles et avait l'air tout à fait charmante, de sorte que j'en eus une impression qui resta agréablement dans mon esprit. Malheureusement, je me suis disputé avec la jeune femme parce que je ne voulais pas composer un solo pour son instrument. À partir du moment où je refusais définitivement de satisfaire ses ambitions, elle ne me prêtait plus attention.

Parmi les relations privilégiées que j'ai faites à Vienne à cette époque difficile, il faut citer le poète Hebbel. Comme il ne me paraissait pas improbable que je doive faire de Vienne le théâtre de mes travaux pendant quelque temps, j'ai jugé souhaitable de mieux connaître les célébrités littéraires qui y vivaient. Je me suis préparé à rencontrer Hebbel en prenant beaucoup de peine à lire à l'avance ses pièces dramatiques, en faisant de mon mieux pour penser qu'elles étaient bonnes et qu'une connaissance plus étroite de l'auteur était souhaitable. La conscience de la grande faiblesse de ses poèmes ne devait pas me détourner de mon objectif, même si je me rendais compte du manque de naturel de ses conceptions et de sa forme d'expression invariablement affectée et souvent vulgaire. Je ne lui ai rendu visite qu'une seule fois et, même à ce moment-là, je n'ai pas eu une conversation particulièrement longue avec lui. Je n'ai trouvé aucune expression dans la personnalité du poète de la force excentrique qui menace d'exploser dans les figures de ses drames. Quand j'ai appris, quelques années plus tard, que Hebbel était mort d'un ramollissement des os, j'ai compris pourquoi il m'avait si désagréablement affecté. Il a parlé du monde théâtral viennois avec l'air d'un amateur qui se sent négligé mais continue de travailler de manière professionnelle. Je n'éprouvais aucune envie particulière de renouveler ma visite, surtout après son retour en mon absence, lorsqu'il laissa une carte s'annonçant comme « Hebbel, chevalier de plusieurs ordres !

Mon vieil ami Heinrich Laube était depuis longtemps directeur du Théâtre de la Cour Royale et Impériale. Lors de ma précédente visite à Vienne, il avait cru de son devoir de me présenter aux célébrités littéraires, parmi lesquelles, étant de nature pratique, il comptait principalement des journalistes et des critiques. Il a invité le Dr Hanslick à un grand dîner, pensant que je serais particulièrement intéressé à le rencontrer, et a été surpris de ne pas avoir un mot à lui dire. Les conclusions que Laube en tira l'amenèrent à prédire que j'aurais du mal à m'en sortir à Vienne si j'espérais vraiment en faire le domaine de mon travail artistique. A mon retour, cette fois, il m'accueillit simplement comme un vieil ami et me pria de dîner avec lui aussi souvent que je le voudrais. C'était un sportif passionné et il savait s'offrir le luxe d'un gibier frais à sa table. Je ne profitai cependant pas très souvent de cette invitation, car la conversation, inspirée uniquement par la routine ennuyeuse des affaires de la scène, ne m'attirait pas. Après le dîner, quelques acteurs et hommes de lettres venaient prendre un café et des cigares, assis à une grande table où la femme de Laube tenait généralement sa cour, tandis que Laube lui-même profitait de son repos et de son cigare en silence. Mme Laube avait consenti à devenir directrice de théâtre uniquement pour plaire à son mari, et se croyait obligée de faire de longs et soignés discours sur des choses auxquelles elle ne comprenait rien. Le seul plaisir que j'avais était de retrouver un aperçu de la bonté que j'avais admirée chez elle autrefois ; par exemple, quand aucun membre de la compagnie n'osait s'opposer à elle et que j'intervenais avec quelques critiques franches, elle l'acceptait généralement avec une gaieté sans réserve. Pour elle et son mari, j'avais probablement l'air d'un imbécile de bonne humeur et rien de plus, car ma conversation était généralement sur le ton de la plaisanterie, car j'étais complètement indifférent à leur sérieux. En fait, lorsque j'ai donné plus tard mes concerts à Vienne, Mme Laube a remarqué avec l' air de surprise le plus amical que j'étais un assez bon chef d'orchestre, contrairement à ce qu'elle s'attendait après avoir lu tel article de journal.

D'une part, les connaissances pratiques de Laube n'étaient pas sans importance, car il pouvait tout me dire sur le caractère des inspecteurs en chef du Théâtre de la Cour Royale et Impériale. Il apparaissait maintenant que le conseiller impérial von Raymond était un personnage des plus importants, et que le vieux comte Lanckoronski, lord grand maréchal, qui par ailleurs était extrêmement tenace quant à son autorité, ne pouvait pas se fier à lui-même pour prendre une décision dans les affaires. des finances sans consulter cet homme extrêmement compétent.

Raymond lui-même, que j'ai vite connu et considéré comme un modèle d'ignorance, a pris peur et s'est senti obligé de refuser mon consentement à ma représentation de Tristan, principalement à cause des journaux de Vienne, qui m'ont toujours critiqué et se sont moqués de ma proposition. .

Officiellement, on m'a adressé à l'actuel directeur de l'Opéra, Herr Salvi, qui avait été autrefois le maître de chant d'une dame d'honneur de la Grande-Duchesse Sophie. C'était un homme absolument incapable et ignorant, qui était obligé de prétendre devant moi que, selon l'ordre des autorités suprêmes, rien ne lui tenait plus à cœur que de favoriser l'œuvre de Tristan. En conséquence, il s'efforçait, par des expressions perpétuelles de zèle et de bonne volonté, de dissimuler l'esprit croissant de doute et d'hésitation dont même le personnel était imprégné.

J'ai découvert la situation un jour où un groupe de nos chanteurs était invité avec moi dans la maison de campagne d'un certain Herr Dumba, qui m'a été présenté comme un sympathisant des plus enthousiastes. M. Ander avait emporté avec lui la partition de Tristan, comme pour montrer qu'il ne pouvait pas s'en séparer un seul jour. Mme Dustmann en fut très en colère et accusa Ander d'essayer de m'imposer en jouant l'hypocrite ; car il savait aussi bien que quiconque qu'il ne chanterait jamais ce rôle, et que la direction n'attendait qu'une occasion d'empêcher la représentation de Tristan d'une manière ou d'une autre, pour ensuite en rejeter la faute sur ses épaules. Salvi essaya avec beaucoup de zèle d'intervenir dans ces révélations extrêmement gênantes. Il me recommanda de choisir le ténor Walter, et comme je m'y opposais en raison de mon antipathie à l'égard de cet homme, il me renvoya ensuite à certains chanteurs étrangers qu'il était tout disposé à approcher.

En fait, nous avons essayé quelques acteurs extérieurs dont le plus prometteur était un certain Signor Morini, et je me sentais vraiment si déprimé et si désireux de faire avancer mon travail à tout prix que j'ai assisté à une représentation de Luzia de Donizetti avec mon mon ami Corneille pour voir si je pouvais lui arracher un jugement favorable sur le chanteur. Corneille, qui semblait absorbé par l'écoute, tandis que je l'observais attentivement, se mit soudain en colère et s'écria : « Horrible ! horrible !' ce qui nous fit si bien rire tous les deux, que nous quittâmes bientôt le théâtre dans un état d'esprit assez joyeux.

Finalement, j'ai mené mes négociations seul avec le chef d'orchestre Heinrich Esser, car il était apparemment le seul homme honnête dans la direction. Bien qu'il ait trouvé Tristan très difficile, il y a travaillé avec beaucoup de sérieux et n'a jamais vraiment abandonné l'espoir de rendre une représentation possible, si seulement j'acceptais Walter comme ténor ; mais, malgré mon refus persistant de recourir à une telle aide, nous sommes toujours restés de bons amis. Comme lui était, comme moi, un grand marcheur, nous explorions souvent les environs de Vienne, et nos conversations au cours de ces expéditions étaient enthousiastes de ma part et tout à fait honnêtes et sérieuses de la sienne.

Tandis que ces affaires de Tristan suivaient leur cours lassant comme une maladie chronique dont il est impossible de prévoir l'issue, Standhartner revint fin septembre avec sa famille. Il me fallut donc ensuite chercher une résidence, que je choisis à l'hôtel Kaiserin Elizabeth. Grâce à mes relations cordiales avec la famille de cet ami, je suis devenu très intime non seulement avec sa femme, mais aussi avec ses trois fils et une fille issue de son premier mariage, et une fille cadette issue de son second mariage avec Standhartner. En repensant à mon ancienne résidence dans la maison de mon ami, j'ai beaucoup regretté la présence et les bons soins prodigués par sa nièce Séraphine, dont j'ai déjà parlé, ainsi que sa prévenance infatigable et sa compagnie agréable et amusante. À cause de sa silhouette gracieuse et de ses cheveux soigneusement bouclés d' enfant, je lui avais donné le nom de « La Poupée ». Désormais, je devais prendre soin de moi dans la chambre terne de l'hôtel, et mes dépenses de subsistance augmentaient considérablement. Je me souviens qu'à cette époque je n'avais reçu que vingt-cinq ou trente louis d'or pour Tannhauser de Brunswick. En revanche, Minna m'envoya de Dresde quelques feuilles de la couronne pailletée d'argent offerte par quelques-unes de ses amies en souvenir de ses noces d'argent, qu'elle avait célébrées le 24 novembre. Je ne pouvais guère m'étonner qu'elle ne manquait pas de reproches amers en m'envoyant ce cadeau ; cependant, j'ai essayé de lui inspirer l'espoir d'avoir des noces en or. Pour le moment, me voyant loger sans but dans un hôtel viennois luxueux, je faisais tout mon possible pour avoir une chance de jouer Tristan. Je me tournai d'abord vers Tichatschek à Dresde, mais je n'obtins aucune promesse de sa part. J'eus alors recours à Schnorr, avec un résultat semblable, et je fus enfin obligé de reconnaître que mes affaires allaient mal. Je ne le cachais pas dans mes communications occasionnelles avec les Wesendonck, qui, apparemment pour me remonter le moral, m'invitaient à les rencontrer à Venise, où ils allaient simplement faire un voyage d'agrément. Dieu sait quelle était mon intention alors que je partais de façon informelle en train, d'abord à Trieste, puis en bateau à vapeur (ce qui ne me convenait pas du tout) jusqu'à Venise, où je m'installai de nouveau dans ma petite chambre au Hôtel Danieli.

Mes amis, que je trouvais dans des circonstances très florissantes, semblaient se délecter des images et s'attendaient pleinement à ce que participer à leur jouissance chasserait mon « blues ». Ils ne semblaient pas vouloir réaliser ma position à Vienne. En effet, après le mauvais succès de mon entreprise de Paris, entreprise avec de si glorieuses anticipations, j'avais appris à reconnaître chez la plupart de mes amis un abandon tacitement soumis de tout espoir de succès futur.

Wesendonck, qui se promenait toujours armé de jumelles énormes et était toujours prêt à faire du tourisme, ne m'a emmené qu'une fois avec lui voir l'Académie des Arts, un bâtiment que, lors de ma précédente visite à Venise, je n'avais connu que depuis le dehors. Malgré toute mon indifférence, je dois avouer que l'Assomption de la Vierge du Titien a exercé sur moi une influence des plus sublimes, de sorte que, dès que j'en ai compris la conception, mes anciennes forces ont repris en moi, comme par un un éclair d'inspiration soudain.

Je décidai immédiatement de la composition des Meistersinger.

Après un dîner frugal avec mes anciennes connaissances Tessarin et les Wesendonck, que j'ai invités à l'Albergo San Alarco, et après avoir échangé une fois de plus des salutations amicales avec Luigia, mon ancienne servante au Palazzo Giustiniani, au grand étonnement de mes amis, je quittai brusquement Venise. J'y avais passé quatre jours mornes et j'avais maintenant pris le train pour mon ennuyeux voyage vers Vienne, en suivant la route terrestre détournée. C'est au cours de ce voyage que m'est venue à l'esprit pour la première fois la musique des Meistersinger, dont j'ai conservé le livret tel que je l'avais initialement conçu. Avec la plus grande distinction, je composai aussitôt la partie principale de l'Ouverture en do majeur.

Sous l'influence de ces dernières impressions, j'arrivai à Vienne dans un état d'esprit très joyeux. J'annonçai aussitôt mon retour à Corneille en lui envoyant une petite gondole vénitienne, que je lui avais achetée à Venise, et à laquelle j'ajoutais une canzona écrite avec des mots italiens insensés. La communication de mon projet pour la composition immédiate des Meistersinger le rendit presque fou de joie, et jusqu'à mon départ de Vienne, il resta dans un état d'excitation délirante.

J'ai exhorté mon ami à me procurer du matériel pour maîtriser le sujet des Maîtres Chanteurs. Ma première idée fut de faire une étude approfondie de la controverse de Grimm sur le Chant des Maîtres Chanteurs ; et la question suivante était de savoir comment se procurer la Chronique de Nuremberg du vieux Wagenseil. Corneille m'accompagna à la Bibliothèque Impériale, mais pour obtenir le prêt de ce livre, que nous avons eu la chance de trouver, mon ami fut obligé de rendre visite au baron Munch-Bellinghausen (Halm), visite qu'il me qualifia de très désagréable. Je restai à mon hôtel, faisant avec empressement des extraits de passages de la Chronique, que, au grand étonnement des ignorants, je m'appropriai pour mon livret.

Mais ma tâche la plus urgente était de trouver des moyens de subsistance pendant la durée de mon travail. Je m'adressai d'abord à l'éditeur de musique Schott à Mayence, à qui j'offris le Maître Chanteur s'il me faisait l'avance nécessaire. Animé du désir de subvenir à mes besoins le plus longtemps possible, je lui offris non seulement les droits littéraires, mais aussi les droits d'exécution de mon œuvre, pour la somme de vingt mille francs. Un télégramme de Schott contenant un refus absolu détruisit aussitôt tout espoir. Comme j'étais désormais obligé de penser à d'autres moyens, je décidai de me tourner vers Berlin. Bulow, qui se démenait toujours avec bonté pour moi, avait laissé entendre qu'il serait possible d'y réunir une somme d'argent considérable grâce à un concert que je dirigerais ; et comme j'avais en même temps envie de trouver un foyer parmi des amis, Berlin semblait m'appeler comme un dernier refuge. A midi, juste avant le soir de mon départ prévu, une lettre arriva de Schott, faisant suite à son télégramme de refus, qui offrait certainement une perspective plus consolante. Il m'offrit d'entreprendre immédiatement la publication de l'édition pour piano-forte de la Walkure et de m'avancer trois mille marks à déduire d'un futur compte. La joie de Corneille pour ce qu'il appelait le salut des Maîtres Chanteurs ne connaissait pas de limites. De Berlin, Bulow, très indigné et visiblement découragé, m'a écrit sur ses terribles expériences en essayant d'organiser mon concert. Herr von Hulsen a déclaré qu'il n'accepterait pas ma visite à Berlin, tandis que quant à donner un concert au grand restaurant Kroll, Bulow a constaté, après de longues délibérations, que ce serait tout à fait impraticable.

Pendant que j'étais occupé à dessiner une esquisse scénique détaillée des Maîtres Chanteurs, l'arrivée du prince et de la princesse Metternich à Vienne semblait créer en ma faveur une diversion favorable.

L'inquiétude exprimée par mes patrons parisiens à mon sujet et à mon égard était sans aucun doute réelle ; c'est pourquoi, pour me montrer reconnaissant à leur égard, je persuadai la direction de l'Opéra de me permettre d'inviter un matin leur splendide orchestre pendant quelques heures pour jouer au théâtre, en guise de répétition, quelques pièces de Tristan. L'orchestre et Mme Dustmann étaient tout à fait disposés à accéder à ma demande de la manière la plus amicale , et la princesse Metternich et quelques-unes de ses connaissances furent invitées à cette répétition. Avec l'orchestre, nous avons joué deux des principaux morceaux, à savoir le prélude du premier acte et le début du deuxième acte jusqu'au milieu, tandis que la partie chantée était soutenue par Mme Dustmann, le tout étant si brillamment joué. exécuté, je me sentais pleinement justifié de croire que j'avais créé une excellente impression. M. Ander était également apparu sur scène , mais sans connaître une seule note de la musique ni essayer de la chanter. Mes deux amis princiers, ainsi que Fraulein Couqui, la première danseuse, qui, assez singulièrement, avait assisté en catimini à la répétition, m'ont accablé de marques d'admiration enthousiastes. Ayant entendu parler de mon ardent désir de me retirer pour continuer à composer une nouvelle œuvre, les Metternich suggérèrent un jour qu'ils étaient en mesure de m'offrir une telle retraite tranquille à Paris. Le prince, qui avait maintenant entièrement aménagé sa spacieuse ambassade, pouvait mettre à ma disposition une agréable suite de chambres donnant sur un jardin tranquille, exactement comme celle que j'avais trouvée à l'ambassade de Prusse. Mon Erard était encore à Paris, et si je pouvais m'y rendre à la fin de l'année, je trouverais tout prêt pour commencer mon travail. C'est avec une joie non dissimulée que j'acceptai avec beaucoup de reconnaissance cette aimable invitation, et mon seul souci maintenant était d'arranger mes affaires de manière à pouvoir quitter Vienne et effectuer mon déménagement à Paris dans les meilleures conditions. L'accord conclu grâce à la médiation de Standhartner, selon lequel la direction me paierait une partie des honoraires stipulés pour Tristan, serait d'une grande aide à cet égard. Mais comme je ne devais toucher que mille marks, et que même cela devait être soumis à tant de clauses et de conditions qu'elles suggéraient le désir de renoncer à l'ensemble de la transaction, j'ai immédiatement rejeté l'offre. Ce fait n'a cependant pas empêché la presse, toujours en contact avec la direction du théâtre, de publier que j'avais accepté une indemnité pour l'inexécution de Tristan. Heureusement, j'ai pu protester contre cette calomnie en apportant la preuve de ce que j'avais réellement fait en la matière. Entre-temps, les négociations avec Schott s'éternisaient assez longtemps, car je n'étais pas d'accord pour le moment avec ses suggestions concernant la Walkure. J'ai accepté ma première offre d'un nouvel opéra, les Meistersinger, et j'ai finalement reçu trois mille marks en guise d'acompte pour cette œuvre. Dès que j'eus reçu le chèque, je fis mes bagages, lorsqu'un télégramme de la princesse Metternich me parvint, dans lequel elle me priait de remettre mon départ au 1er janvier. J'ai décidé de ne pas abandonner mon projet, désireux de m'éloigner de Vienne, j'ai donc décidé d'aller directement à Mayence pour poursuivre les négociations avec Schott. Mes adieux à la gare furent rendus particulièrement gais par Corneille, qui me murmura avec un enthousiasme mystérieux une strophe de « Sachs » que je lui avais communiquée. C'était le verset :

« Der Vogel der heut » chantait : Dem war der Schnabel hold gewachsen ; Ward auch den Meistern dabei bang, Gar wohl gefiel er doch Hans Sachsen.' [Note de bas de page : « L'oiseau qui chantait ce matin De lui-même avait appris son chant ; Maîtres, cette chanson peut mépriser, Car oui, Hans Sachs l'entendra chanter. (Traduction du Meistersinger, par Frederick Jameson.)— Editeur.]

A Mayence, j'ai fait la connaissance plus intime de la famille Schott, avec laquelle je n'avais eu qu'une connaissance fortuite à Paris. Le jeune musicien Weisheimer, qui commençait alors sa carrière de directeur musical au théâtre local, visitait quotidiennement leur maison. Lors d'un de nos dîners, un autre jeune homme, Stadl, avocat, a porté un toast remarquable en mon honneur dans un discours des plus éloquents et des plus étonnants. Malgré tout cela, je dus reconnaître qu'en Franz Schott j'avais affaire à un homme très singulier, et nos négociations se déroulèrent avec des difficultés extraordinaires. J'insistai avec insistance pour donner suite à ma première proposition, à savoir qu'il me fournisse pendant deux années successives les fonds nécessaires à l'exécution sereine de mon travail. Il excusa son refus en prétendant qu'il lui était pénible de conclure un marché avec un homme comme moi en achetant mon œuvre pour une certaine somme d'argent, y compris les bénéfices de mes droits d'auteur sur les représentations théâtrales ; qu'en un mot, il était éditeur de musique et ne voulait pas être autre chose. Je lui représentai qu'il lui suffirait de m'avancer en bonne et due forme la somme nécessaire et que je lui garantirais le remboursement de la proportion qui pourrait être considérée comme un paiement dû pour la propriété littéraire, sur mes futures recettes théâtrales, qui seraient ainsi soit sa sécurité.

Au bout d'un long moment, il accepta de faire des avances sur les « compositions musicales à livrer », et j'acceptai volontiers cette suggestion, insistant cependant sur le fait que je devais pouvoir compter sur un paiement global graduel de vingt mille francs. Comme, après avoir réglé ma note d'hôtel à Vienne, j'avais immédiatement besoin d'argent, Schott me donna une traite sur Paris. De cette ville, je reçus alors une lettre de la princesse Metternich, qui me laissa perplexe, dans la mesure où elle annonçait simplement la mort subite de sa mère, la comtesse Sandor, et le changement qui en résultait dans sa situation familiale. Une fois de plus, je me demandai s'il ne valait pas mieux, après tout, prendre au hasard un modeste logement à Karlsruhe ou dans les environs, qui pourrait, avec le temps, devenir une habitation paisible et permanente. En raison de mes difficultés à subvenir aux besoins de Minna, qui, selon notre accord, s'élevaient à trois mille marks par an, il me parut plus raisonnable et certainement plus économique de demander à ma femme de partager ma maison. Mais une lettre qui me parvenait à ce moment-là d'elle, et dont le contenu principal n'était rien de moins qu'une tentative de m'exciter contre mes propres amis, m'effraya de toute idée de réunion avec elle et me détermina à adhérer à mon accord de Paris. plans et restez aussi loin d'elle que possible.

Ainsi, vers la mi-décembre, je partis pour Paris, où je descendis au sinistre hôtel Voltaire, situé sur le quai du même nom, et pris une chambre très modeste avec une vue agréable. Ici, je souhaitais rester méconnu (en me préparant entre-temps à mon travail) jusqu'à ce que je puisse me présenter à la princesse Metternich au début de la nouvelle année, selon son souhait. Pour ne pas embarrasser les amis des Metternich, Pourtalès et Hatzfeld, je fis semblant de ne pas être à Paris, et ne recherchai que ceux de mes anciennes connaissances qui ne connaissaient pas ces messieurs, comme Truinet, Gasperini, Flaxland et le peintre Czermak. . Je rencontrais régulièrement Truinet et son père à l'heure du dîner à la Taverne Anglaise, où je me rendais inaperçu dans les rues au crépuscule. Un jour, en ouvrant un journal, j'y lus la nouvelle de la mort du comte Pourtalès. Ma douleur était grande, et je me sentais particulièrement désolé d'avoir, par mon singulier respect pour les Metternich, négligé de rendre visite à cet homme qui avait été pour moi un véritable ami. Je me rendis aussitôt chez le comte Hatzfeld, qui me confirma la triste nouvelle et me fit part des circonstances de cette mort subite, conséquence d'une maladie cardiaque dont le médecin n'avait découvert l'existence qu'au dernier moment. En même temps, j'appris la véritable signification des événements qui s'étaient déroulés à l'hôtel Metternich. La mort de la comtesse Sandor, dont m'avait informé la princesse Pauline, avait produit les événements suivants : le comte, qui était le célèbre fou hongrois, avait jusqu'alors, dans l'intérêt général de la famille, été strictement gardé par sa femme. comme invalide. A sa mort, la famille vivait dans la crainte des troubles les plus terribles de la part de son mari, désormais hors de contrôle, et les Metternich crurent donc nécessaire de l'emmener immédiatement à Paris et de l'y garder sous une surveillance appropriée. A cet effet, la princesse trouva que le seul appartement convenable à sa disposition était celui qui m'avait été proposé précédemment. Je compris aussitôt qu'il était inutile de songer davantage à m'établir à l'ambassade d'Autriche, et je réfléchis à l'étrange hasard qui m'avait encore une fois jeté à la dérive dans ce Paris de mauvais augure.

Au début, la seule solution qui s'offrait à moi était de rester dans mon logement bon marché de l'hôtel Voltaire jusqu'à ce que j'aie terminé le livret des Maîtres chanteurs, et de me mettre en attendant à trouver le refuge si ardemment recherché pour l'achèvement de ma nouvelle œuvre. Ce n'était pas une affaire facile ; mon nom et ma personne, que tout le monde regardait involontairement à la lumière douteuse de mon échec parisien, semblaient entourés d'un nuage de brume qui me rendait méconnaissable même à mes vieux amis. Les Ollivier parurent aussi me recevoir avec un air de méfiance ; en tout cas, ils trouvèrent très étrange de me revoir si tôt à Paris. Je fus obligé de leur expliquer les circonstances extraordinaires qui m'avaient ramené, et je leur dis que je n'envisageais pas un long séjour. En dehors de cette impression probablement trompeuse, je remarquai bientôt le grand changement qui s'était produit dans la vie familiale de la famille. La grand-mère a été alitée avec une jambe cassée, incurable à son âge. Ollivier l'avait emmenée dans son tout petit appartement pour des soins infirmiers et plus efficaces, et nous nous sommes tous retrouvés pour dîner à son chevet dans la petite pièce. Blandine avait beaucoup changé depuis l'été précédent, elle avait une expression triste et sérieuse, et je croyais qu'elle était enceinte. Emile, bien que sec et superficiel, fut le seul à me donner de bons conseils. Lorsque le Lindau m'a envoyé une lettre par l'intermédiaire de son avocat exigeant l'indemnisation que lui accordait la loi pour sa coopération imaginaire à la traduction de Tannhauser, tout ce qu'Emile a dit en lisant la lettre c'était : « Ne répondez pas », et son conseil s'est avéré aussi utile que facile à suivre, car je n'ai plus jamais entendu parler de ce sujet. Je me décidai avec tristesse à ne plus déranger Ollivier, et ce fut avec un air d'une tristesse inexprimable que Blandine et moi nous séparâmes.

Avec Czermak, en revanche, j'avais des relations sexuelles presque quotidiennes. J'avais l'habitude de le rejoindre, lui et la famille Truinet, lors d'une soirée à la Taverne Angiaise ou dans d'autres restaurants tout aussi bon marché que nous dénichions. Ensuite, nous allions généralement dans l'un des petits théâtres dont, en raison de la pression du travail, je ne m'étais pas préoccupé lors de mes précédentes visites. Le meilleur de tous était le Gymnase, où tous les morceaux étaient bons et joués par une excellente troupe. De ces pièces, une pièce en un acte particulièrement tendre et touchante intitulée Je dine chez ma Mère reste dans ma mémoire. Au Théâtre du Palais Royal, où les choses n'étaient plus aussi raffinées qu'autrefois, et aussi au Théâtre Dejazet, j'ai reconnu les prototypes de toutes les plaisanteries avec lesquelles, malgré une mauvaise élaboration et une localisation inadaptée, on divertit le public allemand. toute l'année. En outre, je dînais de temps en temps avec la famille Flaxland, qui refusait toujours de désespérer de mon succès éventuel auprès des Parisiens. Pour le moment, mon éditeur parisien continuait à publier le Fliegender Hollander ainsi que Rienzi, pour lesquels il me payait quinze cents francs à titre de petite somme, ce que je n'avais pas négocié sur la première édition.

La cause de la complaisance presque joyeuse avec laquelle je parvenais à considérer ma situation défavorable à Paris, et qui me permettait ensuite d'y revenir comme un souvenir agréable, était que mon livret des Meistersinger augmentait chaque jour son volume croissant de rimes. Comment pourrais-je m'empêcher d'être rempli de pensées facétieuses, quand, levant les yeux du journal, après avoir médité les vers et les paroles pittoresques de mes maîtres chanteurs de Nuremberg, je regardais depuis la fenêtre du troisième étage de mon hôtel les foules immenses qui passaient le long de la rue. sur les quais et sur les nombreux ponts, et jouissait d'une perspective embrassant les Tuileries, le Louvre et même l'Hôtel de Ville !

J'étais déjà bien avancé dans le premier acte lorsque le jour capital du Nouvel An 1862 arriva et je rendis ma visite longtemps retardée à la princesse Metternich. Je la trouvai très naturellement embarrassée, mais j'acceptai assez gaiement ses assurances de regret d'être obligé de retirer son invitation à cause de circonstances que je connaissais déjà, et je m'efforçai de la rassurer. Je priai aussi le comte Hatzfeld de m'informer du moment où la comtesse Pourtalès se sentirait en mesure de me recevoir.

Ainsi, pendant tout le mois de janvier, j'ai continué à travailler sur le livret des Meistersinger et je l'ai achevé en trente jours exactement. La mélodie du fragment du poème de Sachs sur la Réforme, avec lequel je fais saluer mes personnages du dernier acte à leur maître bien-aimé, m'est venue à l'esprit en me rendant à la Taverne Anglaise, en me promenant dans les galeries du Palais-Royal. Là, je trouvai Truinet qui m'attendait déjà et lui demandai de me donner un morceau de papier et un crayon pour écrire ma mélodie, que je lui fredonnais tout bas à ce moment-là. J'avais l'habitude de l'accompagner, lui et son père, sur les boulevards jusqu'à son appartement du faubourg Saint-Honoré, et ce soir-là, il ne pouvait que s'écrier : « Mais, quelle gaieté d'esprit, cher maître !

Plus mon travail approchait de sa fin, plus je devais sérieusement penser à un lieu de résidence. J'imaginais encore que quelque chose de semblable à ce que j'avais perdu lors de l'abandon de l'Altenburg par Liszt m'attendait. Je me souvenais maintenant que l'année précédente j'avais reçu une invitation des plus pressantes de Mme. Street, pour lui rendre, ainsi qu'à son père, une longue visite à Bruxelles ; sur la base de quoi j'écrivis à la dame et lui demandai si elle pouvait m'héberger pendant un certain temps sans aucune cérémonie. Elle était désolée d'être obligée de refuser mon souhait. Je me tournai ensuite vers Cosima, qui était à Berlin, avec une demande similaire, dont elle parut très alarmée, mais j'en compris parfaitement la raison lorsque, plus tard, lors d'une visite à Berlin, je vis le style des quartiers de Bulow. Il m'a paru très étrange, en revanche, que mon beau-frère Avenarius, qui, à ce que j'ai entendu dire, était très confortablement installé à Berlin, m'ait prié très instamment d'aller chez lui et de juger par moi-même si je ne pourrais pas lui rendre une longue visite. Ma sœur Cecilia m'interdisait cependant d'y emmener Minna, même si elle pensait pouvoir lui trouver un logement dans le voisinage immédiat si elle voulait visiter Berlin. Malheureusement pour elle, la pauvre Minna n'a rien trouvé de mieux que de m'écrire une lettre furieuse sur le comportement cruel de ma sœur à son égard, de sorte que la possibilité d'une reprise de nos vieilles querelles m'a immédiatement dissuadé d'accepter la proposition de mon beau-frère. . Enfin, je songeai à chercher une retraite tranquille dans le quartier de Mayence, sous la protection financière de Schott. Il m'avait parlé d'un joli domaine appartenant au jeune baron von Hornstein. Je croyais faire un honneur à ce dernier lorsque je lui ai écrit à Munich pour lui demander la permission de m'installer pendant un certain temps chez lui dans la région du Rhin, et j'ai été très perplexe lorsque j'ai reçu une réponse exprimant la terreur de ma suggestion. . Je résolus alors de me rendre immédiatement à Mayence et j'ordonnai d'y envoyer tous nos meubles et articles de maison, entreposés à Paris depuis près d'un an. Avant de quitter Paris, après avoir pris cette décision, j'ai eu la consolation de recevoir une sublime exhortation à tout affronter avec résignation. J'avais auparavant informé Mme Wesendonck de ma situation et de la principale source de mes ennuis, mais bien sûr uniquement sous la forme d'une lettre adressée à un ami sympathique ; elle me répondit en m'envoyant un petit poids-lettre en fonte qu'elle m'avait acheté à Venise. Il représentait le lion de Saint-Marc avec sa patte sur le livre, et avait pour but de m'exhorter à imiter ce lion en toutes choses. En revanche, la comtesse Pourtalès m'accorda le privilège d'une nouvelle visite chez elle. Malgré son deuil, cette dame n'a pas voulu laisser inexprimé son intérêt sincère pour moi à cause de son triste deuil ; et quand je lui ai dit ce que je faisais alors, elle a demandé à voir mon livret. Après que je lui ai assuré que, dans son état d'esprit actuel, elle ne pouvait entrer dans le caractère vif de mes maîtres chanteurs, elle m'a aimablement exprimé un grand désir de m'entendre le lire et m'a invité à passer une soirée avec elle. Elle fut la première personne à qui j'eus l'occasion de lire mon ouvrage maintenant terminé, et cela nous fit une si vive impression sur nous deux, que nous fûmes plusieurs fois obligés d'éclater de bon rire.

Le soir de mon départ, le premier février, j'invitai mes amis Gasperini, Czermak et les Truinet à un repas d'adieu dans mon hôtel. Tous étaient de bonne humeur, et ma bonne humeur rehaussait la gaieté générale, même si personne ne comprenait bien quel rapport cela pouvait avoir avec le sujet sur lequel je venais d'achever un livret et dont j'attendais tant l'exécution.

Dans mon souci de choisir une résidence convenable, qui m'était maintenant si nécessaire, je me dirigeai de nouveau vers Karlsruhe. Je fus de nouveau reçu de la manière la plus aimable par le Grand-Duc et la Duchesse, qui s'informèrent de mes projets futurs. Il s'est toutefois avéré que la résidence que je souhaitais tant ne pouvait pas me être proposée à Karlsruhe. J'ai été très frappé par le souci compatissant du Grand-Duc quant à la manière dont je pourrais faire face au coût de ma vie difficile, voire à mes frais de voyage. Je m'efforçai joyeusement de le rassurer en lui faisant part du contrat que j'avais passé avec Schott, qui s'était engagé à me fournir les fonds nécessaires sous forme d'avances sur mes Meistersinger. Cela parut le rassurer. Plus tard, j'appris d'Alwine Frommann que le Grand-Duc avait dit un jour que j'avais été un peu froid à son égard, estimant qu'il avait eu la gentillesse de mettre sa bourse à ma disposition. Mais je n'en avais certainement pas conscience. La seule question soulevée au cours de notre discussion était de savoir si je devais retourner à Karlsruhe pour y répéter un de mes opéras, peut-être Lohengrin, et le diriger en personne.

Quoi qu'il en soit, je partis pour Mayence, que j'atteignis le 4 février, et trouvai toute la ville inondée. En raison de la débâcle précoce des glaces, le Rhin avait débordé dans des proportions inhabituelles, et je n'arrivai à la maison de Schott qu'au prix de risques considérables. Néanmoins, j'avais déjà prévu de lire les Meistersinger le soir du 5 de ce mois, et j'avais même fait promettre à Corneille de venir de Vienne, et je lui avais envoyé cent francs de Paris à cet effet. Je n'avais reçu aucune réponse de sa part, et comme j'apprenais maintenant que les inondations s'étaient étendues à tous les districts fluviaux d'Allemagne et gênaient le trafic ferroviaire, j'avais déjà cessé de compter sur lui. J'ai attendu le dernier moment et, en fait, juste au moment où l'horloge sonnait sept heures, Cornel ius est apparu. Il avait vécu toutes sortes d'aventures, avait même perdu son pardessus en chemin et était arrivé à la maison de sa sœur à moitié gelé quelques heures auparavant. La lecture de mon livret nous a tous mis d'excellente humeur, mais j'étais vraiment désolé de ne pouvoir ébranler la détermination de Cornelius à reprendre le voyage de retour le lendemain. Il voulait me faire comprendre que son seul but en venant à Mayence était pour cette seule lecture des Maîtres Chanteurs, et qu'en effet, malgré les inondations et les glaces flottantes, il partit pour Vienne le lendemain.

Comme nous l'avions déjà convenu, je me mis en quête, en compagnie de Schott, d'une résidence sur l'autre rive du Rhin. Nous avions eu Biebrich en tête ; mais comme rien de convenable ne semblait s'y présenter, nous pensâmes à Wiesbaden. Finalement, j'ai décidé de séjourner à l'Europaischer Hof à Biebrich et de continuer mes recherches à partir de là. Comme j'avais toujours eu soin de me tenir le plus loin possible du bruit de la musique, je décidai de louer un appartement petit mais très convenable dans une grande résidence d'été nouvellement construite par l'architecte Frickhofer et située près du Rhin. J'ai été obligé d'attendre l'arrivée de Paris de mes meubles et de mes effets ménagers pour pouvoir les mettre en ordre. Finalement, ils arrivèrent et, au prix de beaucoup de peine et de frais, furent dûment déchargés à la douane de Biebrich, où je pris possession uniquement des choses dont j'avais le plus besoin.

Je n'ai gardé à Biebrich que ce qui était absolument nécessaire, avec l'intention d'en envoyer la plus grande partie à ma femme à Dresde. J'en avais déjà informé Minna, sur quoi elle a immédiatement pensé qu'à cause de mon déballage maladroit, je perdrais la moitié des choses ou les gâcherais toutes. Environ une semaine après que je me sois installé avec mon grand Erard nouvellement arrivé, Minna est soudainement apparue à Biebrich. Au début, je n'éprouvais qu'un plaisir sincère devant son apparence saine et son énergie infatigable dans la gestion pratique des affaires, et je pensais même que la meilleure chose que je pouvais faire était de la laisser rester avec moi. Malheureusement mes bonnes résolutions n'ont pas duré longtemps, car les anciennes scènes ont vite été renouvelées. Lorsque nous allâmes à la douane, avec l'intention de séparer ses affaires des miennes, elle ne put contenir sa colère de ce que je n'avais pas attendu son arrivée pour emporter pour mon compte les objets dont j'avais besoin pour moi. Néanmoins, elle trouva normal que je reçoive certains effets ménagers et me donna quatre jeux de couteaux, fourchettes et cuillères, quelques tasses et soucoupes, ainsi que des assiettes assorties. Elle se chargea ensuite de l'emballage du reste, ce qui n'était pas négligeable, et, après avoir tout réglé à sa satisfaction, partit une semaine plus tard pour Dresde.

Elle se flattait maintenant que son établissement y serait suffisamment meublé pour me recevoir, comme elle l'espérait, très prochainement. Dans cette idée, elle avait fait les démarches nécessaires à l'égard des hauts fonctionnaires du gouvernement, et ces derniers avaient réussi à obtenir du ministre une déclaration selon laquelle je pourrais maintenant adresser une requête formelle au roi pour m'accorder une amnistie, et que rien ne s'opposerait alors à mon retour à Dresde.

J'ai délibéré avec beaucoup d'hésitation sur ce que je devais faire dans cette affaire. La présence de Minna avait considérablement accru la discorde mentale née de mes récentes angoisses. Le mauvais temps, les poêles défectueux, mon ménage mal tenu et mes dépenses étonnamment lourdes, notamment pour l'établissement de Minna, tout concourait à gâcher le plaisir que j'avais pris à poursuivre le travail que j'avais commencé à l'hôtel Voltaire. Vraisemblablement pour me distraire, la famille Schott m'a invité à assister à une représentation de Rienzi à Darmstadt, avec Niemann dans le rôle titre. L'ex-ministre, Herr von Dalwigk, craignant qu'une manifestation au théâtre en ma faveur en présence du Grand-Duc ne blesse la susceptibilité de ce dernier, se présenta à moi à la gare et m'accompagna jusqu'à sa propre loge, où il J'ai intelligemment pensé qu'il pourrait jouer le rôle de me présenter au public au nom du Grand-Duc. Ainsi tout s'est passé agréablement. La représentation elle-même, dans laquelle Niemann joua l'un de ses meilleurs rôles, m'intéressa beaucoup ; J'ai également remarqué qu'ils supprimaient le plus possible l'opéra, sans doute par respect pour les goûts du Grand-Duc, afin de prolonger le ballet autant que possible en en répétant les parties les plus légères.

De cette excursion, je dus encore une fois rentrer chez moi par les glaces flottantes du Rhin. Comme j'étais encore de très mauvaise humeur, j'essayai d'introduire quelques conforts dans ma maison, et j'engageai à cet effet une servante pour préparer mon déjeuner ; mes autres repas, je les ai pris à l'Europaischer Hof.

Cependant, lorsque je me suis rendu compte que je n'arrivais pas à retrouver mon humeur au travail et que je me sentais quelque peu agité, j'ai proposé de tenir ma promesse et de rendre une autre visite au grand-duc de Bade, en lui suggérant de lui faire lire les Maîtres Chanteurs. Le Grand-Duc répondit par un télégramme très aimable signé de sa main, en réponse auquel je me rendis à Karlsruhe le 7 mars et lui lus mon manuscrit ainsi qu'à sa femme. Un salon avait été spécialement choisi pour cette lecture, dans lequel était accroché un grand tableau historique de mon vieil ami Pecht, représentant Goethe jeune homme lisant les premiers fragments de son Faust devant les ancêtres du grand-duc. Mon ouvrage reçut une très aimable attention, et à la fin de la lecture j'étais extrêmement heureux d'entendre la Grande-Duchesse me recommander particulièrement de trouver un cadre musical convenable pour l'excellente partie de Pogner, ce qui était un aveu amical de regret qu'un citoyen puisse soyez plus zélé pour les intérêts de l'art que bien des princes. Une représentation de Lohengrin, sous ma direction, fut à nouveau discutée et on me conseilla de nouer de nouveaux termes avec Eduard Devrient. Malheureusement, ce dernier m'a fait une terrible impression par sa représentation de Tannhauser au théâtre. Je fus obligé d'assister à ce spectacle assis à ses côtés, et je fus étonné de constater que ce « dramaturge », que j'avais jusqu'alors si fortement recommandé, était tombé maintenant dans les pratiques les plus vulgaires du métier de théâtre. A mon grand étonnement devant les erreurs monstrueuses commises dans la représentation, il répondit, avec une grande surprise et une certaine indignation hautaine, qu'il ne comprenait pas pourquoi je faisais tant d'histoires pour de pareilles bagatelles, car je dois bien savoir qu'au théâtre, c'était le cas. impossible de faire autrement. Néanmoins, une représentation modèle de Lohengrin fut organisée pour l'été suivant, avec la coopération de Herr Schnorr et de son épouse.

Une impression bien plus agréable m'a été faite par une pièce que j'ai vue au théâtre de Francfort, où, en passant par cette ville, j'ai vu une jolie comédie, dans laquelle le jeu délicat et tendre de Friederike Meyer, la sœur de mon chanteur viennois, Mme. Dustmann m'a impressionné plus que n'importe quel acteur allemand ne l'avait jamais fait. Je commençai alors à envisager la possibilité de me faire des amis convenables dans le quartier de Biebrich, afin de ne pas dépendre entièrement de la famille Schott ou de mon hôtelier pour la société. J'avais déjà recherché la famille Raff à Wiesbaden, où Frau Raff avait un engagement au théâtre de la cour. C'était une sœur d'Emilie Genast, avec qui j'avais entretenu des relations amicales lors de mon séjour à Weimar. Une excellente information que j'ai entendue à son sujet était que, grâce à une économie extraordinaire et à une bonne gestion, elle avait réussi à élever la position de son mari, un gaspillage insouciant, à une position florissante et prospère. Raff lui-même, qui, par ses propres récits de sa vie dissipée sous le patronage de Liszt, m'avait amené à le considérer comme un génie excentrique, m'a aussitôt désabusé de cette idée lorsque, par une connaissance plus proche, je l'ai trouvé un homme inhabituellement inintéressant et insipide. , plein d'orgueil, mais sans aucun pouvoir d'avoir une vision large du monde.

Profitant de la condition prospère à laquelle il était parvenu grâce à sa femme, il considérait qu'il avait le droit de me protéger en me donnant quelques conseils amicaux sur ma situation d'alors. Il a jugé bon de me dire que je devais, dans mes compositions dramatiques, prêter plus d'attention à la réalité des choses, et pour illustrer son propos, il a montré ma partition de Tristan comme un avortement d'extravagances idéalistes.

Au cours de mes promenades à pied jusqu'à Wiesbaden, j'aimais parfois rendre visite à la femme de Raff, une femme plutôt insignifiante, mais Raff lui-même était une personne à laquelle je devenais vite parfaitement indifférent. Cependant, lorsqu'il me connut un peu mieux, il baissa le ton de ses maximes sages, et parut même un peu effrayé de mon humeur moqueuse, contre les traits dont il se savait sans défense.

Wendelin Weisheimer, que j'avais connu un peu auparavant, me rendait souvent visite à Biebrich. Il était le fils d'un riche paysan d'Osthofen et, au grand étonnement de son père, refusa d'abandonner le métier de musicien. Il tenait particulièrement à me présenter à ses parents, afin que je puisse influencer l'esprit du vieil homme en faveur du choix de son fils d'une carrière artistique. Cela m'entraîna dans des excursions dans leur quartier, et j'eus l'occasion de constater le talent du jeune Weisheimer comme chef d'orchestre lors d'une représentation de l'Orphée d'Offenbach au théâtre de Mayence, où il occupait jusqu'alors une position subalterne. J'étais horrifié que ma sympathie pour ce jeune homme me fasse descendre si bas que d'assister à une pareille abomination, et pendant longtemps je ne pus m'empêcher de laisser voir à Weisheimer le dépit que j'éprouvais.

Dans ma recherche d'un divertissement plus digne, j'ai écrit à Friedericke Meyer à Francfort et lui ai demandé de me faire savoir quand la représentation de la comédie de Calderon, Das offentliche Geheimniss, serait répétée, car la dernière fois que j'en avais vu une annonce, je il était trop tard. Elle fut très satisfaite de ma demande compatissante et m'informa que la comédie ne serait probablement pas reprise dans un avenir immédiat, mais qu'il y avait une perspective de production du Don Gutierre de Calderon. Je me rendis de nouveau à Francfort pour voir cette pièce et fis pour la première fois la connaissance personnelle de cette intéressante actrice. J'avais toutes les raisons d'être très satisfait de l'interprétation de la tragédie de Calderon, même si la talentueuse actrice qui jouait le rôle principal ne réussissait pleinement que dans les passages les plus tendres, ses ressources étant insuffisantes pour peindre les scènes les plus passionnées. Elle m'a dit qu'elle rendait très souvent visite à quelques amis à elle à Mayence, et j'ai suivi cette communication en lui exprimant le souhait qu'en le faisant elle me chercherait à Biebrich, ce à quoi elle a répondu que j'espérais peut-être à une occasion future le réalisation de mon souhait.

Une grande soirée donnée par les Schott à leurs connaissances de Mayence fut l'occasion de me lier d'amitié avec Mathilde Maier, que Mme Schott, du moins me disait-elle, avait spécialement choisie pour son « astuce » pour être ma compagne de table du dîner ; ses manières très intelligentes et sincères et son dialecte mayencieux particulier la distinguaient favorablement du reste de la société ; et cette distinction n'était accompagnée de rien d'autre. J'ai promis de lui rendre visite et j'ai ainsi fait la connaissance d'une maison idyllique comme je n'en avais jamais rencontré auparavant. Cette Mathilde, fille d'un avocat décédé en laissant derrière elle une petite fortune, vivait avec sa mère, ses deux tantes et une sœur dans une petite maison soignée, tandis que son frère, qui apprenait les affaires à Paris, était un perpétuel source d'ennuis pour elle. Mathilde, avec son bon sens pratique, s'occupait des affaires de toute la famille, apparemment à l'entière satisfaction de chacun. J'étais reçu parmi eux avec une chaleur remarquable chaque fois que, dans l'exercice de mes affaires, je venais par hasard à Mayence. Cela se produisait environ une fois par semaine, et à chaque fois j'étais obligé d'accepter leur hospitalité. Mais comme Mathilde avait un grand cercle de connaissances, entre autres un vieux monsieur de Mayence qui avait été le seul ami de Schopenhauer, je la rencontrais fréquemment chez d'autres, comme par exemple chez les Raff à Wiesbaden. De là, elle et sa vieille amie Luise Wagner m'accompagnaient souvent sur le chemin du retour, et parfois je les accompagnais plus loin sur le chemin de Mayence.

Ces rencontres étaient pleines d'impressions agréables, auxquelles contribuaient de fréquentes promenades dans le magnifique parc du château de Biebrich. La belle saison de l'année approchait maintenant, et j'étais repris du désir de travailler. Alors que du balcon de mon appartement, dans un coucher de soleil d'une grande splendeur, j'admirais le magnifique spectacle de Mayence "l'Or", avec le Rhin majestueux se déversant le long de ses bords dans une gloire de lumière, le prélude de mes Maîtres Chanteurs reprit tout à coup son présence étroitement et distinctement ressentie dans mon âme. Une fois auparavant, je l'avais vu surgir devant moi d'un lac de chagrin, comme un mirage lointain. Je me mis à écrire le prélude exactement tel qu'il apparaît aujourd'hui dans la partition, c'est- à-dire contenant les grandes lignes des thèmes principaux de tout le drame. J'ai immédiatement continué la composition, dans l'intention de permettre aux scènes restantes de se succéder en temps voulu. Comme j'étais de bonne humeur, j'ai pensé que j'aimerais rendre visite au duc de Nassau. C'était mon voisin, et je l'avais si souvent rencontré lors de mes promenades solitaires dans le parc, que je considérais qu'il était poli de lui rendre visite. Malheureusement, il n'y a pas grand-chose à tirer de l'entretien qui a eu lieu. C'était un homme très borné mais aimable, qui s'excusait de continuer à fumer son cigare en ma présence parce qu'il ne pouvait s'en passer, et il me décrivit alors sa préférence pour l'opéra italien, ce que j'étais tout à fait contenu qu'il doit conserver. Mais j'avais une arrière-pensée en essayant de le prévaloir en ma faveur. Au fond de son parc se dressait un minuscule château d'apparence antique au bord d'un lac. C'était devenu une sorte de ruine pittoresque et servait à l'époque d'atelier à un sculpteur. J'étais rempli d'un désir audacieux d'acquérir ce petit immeuble à moitié délabré pour le reste de ma vie ; car j'étais déjà en proie à une inquiétude alarmante quant à savoir si je serais capable de tenir dans les appartements que j'avais occupés jusqu'ici, car la plus grande partie de l'étage, sur lequel je n'occupais que deux petites chambres, avait été louée. une famille pour l'été prochain, et j'ai entendu dire qu'ils entreraient en possession, armés d'un piano. Mais je fus bientôt dissuadé de tenter de nouvelles tentatives pour inciter le duc de Nassau à adopter mon point de vue, car il me dit que ce petit château, en raison de sa situation humide, serait tout à fait insalubre.

Néanmoins, je ne me suis pas laissé décourager de me mettre au travail pour trouver une petite maison solitaire avec un jardin, dont j'aspirais encore. Dans les excursions que j'entreprenais à plusieurs reprises à cet effet, j'étais souvent accompagné non seulement de Weisheimer, mais aussi du Dr Stadl, le jeune avocat qui, chez Schott, avait proposé le charmant toast dont j'ai déjà parlé. C'était un homme extraordinaire et je ne pouvais expliquer sa nature très excitante que par le fait qu'il était un joueur passionné aux tables de roulette de Wiesbaden. C'est lui qui m'avait présenté à un autre ami, un musicien expérimenté, le Dr Schuler de Wiesbaden. Avec ces deux messieurs, je pesais maintenant toutes les possibilités d'acquérir, ou du moins de découvrir, mon petit château pour l'avenir. Une fois, nous visitâmes Bingen dans ce but, et y montâmes la célèbre vieille tour dans laquelle l'empereur Henri IV. a été emprisonné il y a longtemps. Après avoir escaladé quelque peu le rocher sur lequel était bâtie la tour, nous arrivâmes dans une pièce du quatrième étage occupant toute la place de l'édifice, avec une seule fenêtre en saillie donnant sur le Rhin.

J'ai reconnu cette pièce comme l'idéal de tout ce que j'avais imaginé comme résidence pour moi-même. Je pensais pouvoir aménager les petits appartements nécessaires dans l'appartement au moyen de rideaux et me préparer ainsi un splendide lieu de refuge pour toujours. Stadl et Schuler crurent pouvoir m'aider à réaliser mes vœux, car ils connaissaient tous deux le propriétaire de cette ruine. Peu de temps après, en effet, ils m'informèrent que le propriétaire n'avait aucune objection à me louer cette grande chambre à un loyer modique, mais en même temps ils me signalèrent l'impossibilité totale de réaliser mon projet ; personne, disaient-ils, ne pourrait ni ne voudrait me servir de serviteur là-bas, car, entre autres choses, il n'y avait pas de puits, et la seule eau que l'on pouvait obtenir provenait d'une citerne située à une profondeur effrayante au fond du donjon, et même ce n'était pas bon. Dans de telles circonstances, il n'en fallait pas plus pour me dissuader de poursuivre un projet aussi extravagant. J'ai vécu une expérience similaire avec une propriété du comte Schönborn dans le Rheingau. Mon attention avait été attirée sur cet endroit, car il était inoccupé par le propriétaire. Ici, j'ai certainement trouvé un certain nombre de pièces vides, dans lesquelles j'aurais dû pouvoir aménager quelque chose de convenable à mon usage. Après avoir obtenu de plus amples renseignements auprès de l'agent foncier qui écrivit de ma part au comte Schönborn, je dus me contenter d'un refus.

Un étrange incident survenu vers cette époque menaçait sérieusement de m'interrompre quelque peu dans le travail que j'avais commencé. Friederike Meyer a tenu sa promesse et m'a rendu visite un après-midi, au retour de son excursion habituelle à Mayence. Elle était accompagnée d'une amie. Peu de temps après son arrivée, elle fut soudainement submergée par la peur et, à la grande terreur de toutes les personnes présentes, déclara qu'elle craignait d'avoir attrapé la scarlatine. Son état devint rapidement alarmant et elle dut immédiatement trouver un logement à l'hôtel « Europaischer Hof » et faire venir un médecin. La certitude avec laquelle elle avait immédiatement reconnu les symptômes d'une maladie qui, dans la plupart des cas, ne peut être contractée que chez les enfants, ne pouvait manquer de m'impressionner étrangement. Mais mon étonnement fut accru lorsque le lendemain matin, de très bonne heure, M. von Guaita, directeur du théâtre de Francfort, qui avait entendu parler de sa maladie, rendit visite à la patiente et lui exprima son inquiétude, le intensité dont il était impossible d'attribuer entièrement à son intérêt de directeur de théâtre. Il prit immédiatement Frédérique sous sa protection et la traita avec le plus grand soin, me soulageant ainsi des inquiétudes suscitées par cette étrange affaire. J'ai passé du temps avec Herr von Guaita, discutant avec lui de la possibilité de produire un de mes opéras à Francfort. Le deuxième jour, j'étais présent lorsque la malade fut transportée à la gare par Guaita, qui témoigna envers elle ce qui me parut la plus tendre sollicitude paternelle. Peu de temps après, M. Burde (le mari de Madame Ney, une chanteuse célèbre), qui était alors acteur au théâtre de Francfort, me rendit visite. Ce monsieur, avec qui j'ai discuté entre autres choses des talents de Friederike Meyer, m'a informé qu'elle était censée être la maîtresse de Herr von Guaita, homme qui était très respecté dans la ville en raison de son rang noble, et qu'il lui avait offert une maison dans laquelle elle vivait désormais. Comme M. de Guaita ne m'avait pas fait une impression agréable, mais m'avait au contraire semblé un être étrange, cette nouvelle me remplit d'un certain inquiétude. Mes autres connaissances qui habitaient près de mon lieu de refuge à Biebrich étaient gentilles et amicales lorsque, le soir de mon anniversaire le 22 mai, j'ai reçu cette petite compagnie dans mon appartement. Mathilde Maier, avec sa sœur et son amie, ont su utiliser très habilement mon petit stock de vaisselle et, dans un certain sens, elle a fait les honneurs de la maîtresse de maison.

Mais ma tranquillité d'esprit fut bientôt troublée par un échange de lettres avec Minna, qui devenait de plus en plus insatisfaisant. Je l'avais installée à Dresde, mais je voulais lui épargner l'humiliation d'une séparation définitive d'avec moi. Conformément à cette idée, je m'étais enfin vu obligé d'adopter le plan qu'elle avait initié, en communiquant avec le ministre de la Justice de Saxe ; et j'ai finalement demandé une amnistie complète au gouvernement et j'ai reçu la permission de m'installer à Dresde. Minna se croyait désormais autorisée à prendre un grand appartement, dans lequel il serait facile d'agencer les meubles qui lui étaient attribués, en supposant qu'au bout d'un moment je partagerais la demeure avec elle, au moins périodiquement. J'ai dû essayer de répondre joyeusement à ses demandes de moyens pour réaliser ses souhaits, et surtout de lui procurer les deux mille sept cents marks dont elle avait besoin à cet effet. Plus j'agissais avec calme dans cette affaire, plus elle semblait profondément offensée par la froideur tranquille de mes lettres. Les reproches pour de prétendues blessures du passé et les récriminations de toutes sortes affluaient désormais de sa part plus rapidement que jamais. Finalement, je me tournai vers mon vieil ami Pusinelli. Par affection pour moi, il avait toujours été un fidèle assistant de mon intraitable épouse. Par son intermédiaire, je prescrivis maintenant le médicament puissant que ma sœur Clara avait recommandé il y a peu comme le meilleur remède pour le patient, et je lui demandai de faire comprendre à Minna la nécessité d'une séparation légale. Il ne semblait pas être une tâche facile pour mon pauvre ami de mettre sérieusement à exécution cette proposition, mais on lui avait demandé de le faire et il obéit. Il m'apprit qu'elle était très alarmée , mais qu'elle refusait catégoriquement de discuter d'une séparation à l'amiable, et, comme ma sœur l'avait prévu, la conduite de Minna changea maintenant d'une manière très frappante ; elle a cessé de m'ennuyer et a semblé comprendre sa position et la respecter. Pour soulager ses troubles cardiaques, Pusinelli lui avait prescrit une cure à Reichenhall. J'ai obtenu l'argent pour cela et, apparemment, elle a passé l'été dans une bonne humeur à l'endroit même où, il y a un an, j'avais rencontré Cosima en cure.

Une fois de plus, je me tournai vers mon travail, auquel j'avais toujours recours comme le meilleur moyen de me remonter le moral dès que les interruptions étaient supprimées. Une nuit, j'ai été dérangé par un événement étrange. La soirée avait été agréable et j'avais esquissé le joli thème d'Anrede de Pogner, « Das schone Fest Johannistag », etc., quand, alors que je m'assoupissais et que cet air flottait encore dans ma tête, je fus soudain réveillé par pleine conscience par un éclat de rire effréné d'une femme au-dessus de ma chambre. Ce rire, de plus en plus furieux, finit par se transformer en un horrible gémissement et un hurlement effrayant. Je sautai du lit, terrifié, pour découvrir que le son provenait de ma servante Lieschen, qui avait été attaquée de convulsions hystériques alors qu'elle était allongée dans son lit, dans la chambre au-dessus. La femme de chambre de mon hôte vint à son secours et un médecin fut appelé. Tandis que j'étais horrifié à l'idée que la jeune fille allait bientôt mourir, je ne pouvais m'empêcher de m'étonner de la curieuse tranquillité des autres personnes présentes. On m'a dit que de telles crises étaient monnaie courante chez les jeunes filles, surtout après les danses. Sans y prêter attention, je restai longtemps cloué sur place par le spectacle, avec les symptômes horribles qu'il présentait. Plusieurs fois j'ai vu ce qui ressemblait à une gaieté enfantine passer, comme le flux et le reflux de la marée, à travers toutes les différentes étapes, jusqu'aux rires les plus impudents, puis à ce qui semblait être des cris de damnés dans la torture. Quand le trouble se fut un peu calmé, je me recouchai, et une fois de plus le Johannistag de Pogner me revint à la mémoire et chassa peu à peu les impressions effrayantes que j'avais éprouvées.

Un jour, alors que je regardais le jeune Stadl à la table de jeu de Wiesbaden, je pensais qu'il ressemblait un peu à la pauvre servante. J'avais pris un café avec lui et Weisheimer dans le jardin Kur, et nous avions apprécié la compagnie l'un de l'autre lorsque Stadl disparut pour un moment. Weisheimer m'a conduit à la table de jeu pour le retrouver. J'ai rarement été témoin d'un changement d'expression plus horrible que celui qui s'imposait maintenant à l'homme en proie à la manie du jeu. Comme un démon avait possédé le pauvre Lieschen, de même maintenant un démon possédait cet homme. Comme le disent les gens, les diables « poursuivaient en lui leurs mauvais désirs ». Aucun appel, aucune remontrance humiliante ne pouvait convaincre l'homme torturé par ses défaites au jeu de faire appel à ses forces morales. En me rappelant mes propres expériences de la passion du jeu, à laquelle j'avais succombé pendant une certaine période lorsque j'étais jeune, j'en ai parlé au jeune Weisheimer et je lui ai proposé de lui montrer que je n'avais pas peur de miser sur de l'argent pur. chance, mais que je ne croyais pas en ma chance. Lorsqu'une nouvelle partie de roulette commençait, je lui disais d'une voix tranquille et sûre : « Le numéro 11 gagnera » ; et c'est ce qui s'est produit. J'ai mis de l'huile sur le feu de son étonnement face à ce coup de chance en prédisant le numéro 27 pour le prochain tour. Je me souviens certainement d'avoir été submergé par un sort tandis que je parlais, et mon numéro était en fait à nouveau victorieux. Mon jeune ami était maintenant dans un tel état d'étonnement qu'il me pressa avec véhémence de miser quelque chose sur les chiffres que j'avais prédits. Encore une fois, je ne peux m'empêcher de penser au sentiment curieux et tranquille d'être envoûté qui m'a possédé lorsque j'ai dit : "Dès que j'introduis mes propres intérêts personnels dans le jeu, mon don de prophétie disparaîtra immédiatement." Je l'éloignai alors de la table de jeu, et nous reprenâmes le chemin de Biebrich sous un beau coucher de soleil.

J'entrais alors dans des relations très douloureuses avec la pauvre Friederike Meyer. Elle m'a écrit et m'a parlé de son rétablissement et m'a demandé de lui rendre visite, car elle estimait qu'il était de son devoir de m'excuser des ennuis dans lesquels elle m'avait entraîné. Comme le court trajet jusqu'à Francfort m'aidait souvent à me divertir et à distraire mes pensées, j'exauçai volontiers ses souhaits et la trouvai en état de convalescence mais toujours faible, et manifestement préoccupée par l'effort de fortifier mon esprit contre toutes les suppositions désagréables sur elle-même. . Elle disait que M. von Guaita était pour elle comme un père anxieux, presque hypersensible. Elle m'a dit qu'elle était très jeune lorsqu'elle a quitté sa famille et qu'avec sa sœur Luise en particulier, elle avait rompu tout lien. Elle était ainsi venue sans amis à Francfort, où la protection fortuite de Herr von Guaita, un homme d'âge mûr, lui avait été très appréciée. Malheureusement, elle dut souffrir beaucoup de choses douloureuses dans le cadre de cet arrangement, car elle fut très amèrement persécutée, principalement à cause de sa réputation, par la famille de son patron, qui craignait qu'il ne veuille l'épouser. En me racontant cela, je ne pus m'empêcher d'attirer son attention sur quelques-unes des conséquences de l'antagonisme que j'avais remarqué, et j'allai jusqu'à parler de la maison qu'on disait lui avoir fait cadeau. Cela parut produire un effet extraordinaire sur Friederike, qui était encore invalide. Elle exprima le plus grand mécontentement de ces rumeurs, bien que, comme elle l'avouait, elle ait été obligée de soupçonner depuis longtemps que des calomnies de cette sorte se répandraient à son sujet ; Plus d'une fois, elle avait songé à l'opportunité de renoncer à l'étape de Francfort, et maintenant elle était plus déterminée que jamais à le faire. Je n'ai rien vu dans son comportement qui puisse ébranler ma confiance dans la véracité de son histoire ; De plus, comme Herr von Guaita devenait de plus en plus inintelligible pour moi, tant en tant qu'homme qu'à la lumière de son comportement incroyable à l'occasion de la maladie de Friederike, mon attitude à l'égard de cette jeune fille très douée était désormais inconditionnellement du côté de ses intérêts, ce qui étaient lésés par une injustice évidente. Pour faciliter sa guérison, je lui conseillai sans tarder de prendre de longues vacances pour faire un tour sur le Rhin.

Conformément aux instructions que lui avait transmises le Grand-Duc, Eduard Devrient s'adressa à moi à propos de la représentation prévue de Lohengrin à Karlsruhe sous ma direction. Le dégoût colérique et arrogant exprimé dans sa lettre devant mon désir de voir Lohengrin être produit sans « coupures », m'a admirablement exposé la profonde antipathie de cet homme que j'avais jadis si aveuglément surestimé. Il écrivit que l'une des premières choses qu'il avait faites avait été de faire faire une copie de la partition pour l'orchestre avec les « coupures » introduites par le chef d'orchestre Rietz pour la représentation de Leipzig, et qu'il serait par conséquent fastidieux de remettre tout en place. les passages que j'ai souhaité faire restaurer. Il considérait ma demande sur ce point comme simplement malveillante. Je me souvenais maintenant que la seule représentation de Lohengrin, qui avait été interrompue presque immédiatement en raison de son échec complet, était celle de Leipzig mise en scène par le chef d'orchestre Rietz. Devrient, considérant Rietz comme le successeur de Mendelssohn et le musicien le plus solide des « temps modernes », avait conclu que cette mutilation de mon œuvre était appropriée pour une production à Karlsruhe. Mais je frémis devant la lumière erronée dans laquelle j'avais si longtemps persisté à l'égard de cet homme. Je lui ai fait part brièvement de mon indignation et de ma décision de ne plus rien avoir à faire avec Lohengrin à Karlsruhe. J'ai également exprimé mon intention de présenter mes excuses au Grand-Duc en temps opportun. Peu de temps après, j'appris que Lohengrin devait être produit à Karlsruhe de la manière habituelle et que les Schnorr, nouvellement mariés, avaient été spécialement engagés pour cela. Un grand désir m'envahit enfin de faire la connaissance de Schnorr et de ses réalisations. Sans annoncer mes intentions, je me suis rendu à Karlsruhe, j'ai obtenu un billet via Kaliwoda et, sans me soucier de tout le reste, je suis allé au spectacle. Dans mes Mémoires publiés, j'ai décrit avec plus de précision les impressions que j'ai reçues à cette occasion, plus particulièrement de Schnorr. Je suis tombée amoureuse de lui tout de suite et après la représentation je lui ai envoyé un message pour qu'il vienne me voir dans ma chambre à l'hôtel et discute un peu. J'avais tellement entendu parler de son état de santé délicat que j'étais véritablement ravi de le voir entrer dans la pièce d'un pas vif et un air de joie dans les yeux. Bien qu'il fût tard dans la nuit et qu'il eût subi une tension considérable, il répondit à mon souci d'éviter toute dissipation par souci de son bien-être, en acceptant volontiers mon offre de célébrer notre nouvelle connaissance avec une bouteille de champagne. Nous passâmes la plus grande partie de la nuit dans la meilleure humeur, et parmi nos discussions celles sur le caractère de Devrient me furent particulièrement instructives. Je m'engageai à rester un jour de plus, afin de bénéficier d'une invitation à déjeuner avec Schnorr et sa femme. Comme par ce long séjour à Karlsruhe je savais que ma présence serait connue du Grand-Duc, j'en profitai le lendemain pour l'informer de mon arrivée, et il me donna rendez-vous dans l'après-midi. Après avoir parlé au déjeuner avec Mme Schnorr, en qui j'avais reconnu un talent théâtral grand et développé, et après avoir fait les découvertes les plus étonnantes sur le comportement de Devrient dans l'affaire Tristan, j'ai eu mon entretien au palais ducal. Elle a été marquée par un malaise des deux côtés. J'ai ouvertement exposé les raisons pour lesquelles je retirais ma promesse concernant la représentation de Lohengrin, ainsi que ma conviction inaltérable qu'un complot visant à interférer avec la production de Tristan initialement proposé était l'œuvre de Devrient. Comme Devrient, par son attitude ingénieuse, avait fait croire au grand-duc à son amitié profonde et véritablement sollicitude pour moi, mes communications pesaient évidemment beaucoup le grand-duc. Pourtant, il semblait impatient de supposer que l'affaire dépendait de divergences d'opinions artistiques entre moi et son directeur de théâtre, et en me disant au revoir, il exprima l'espoir de voir ces malentendus apparents céder la place à une explication satisfaisante. Je répondis avec indifférence que je ne croyais pas probable que je parvienne un jour à un accord avec Devrient. Le grand-duc laissa alors échapper une véritable indignation ; il n'avait pas pensé, dit-il, que je pouvais si facilement traiter un vieil ami avec une telle ingratitude. Pour répondre à l'acuité de ce reproche, je ne pus d'abord que présenter mes excuses de ne pas avoir exprimé ma décision avec l'emphase qu'il était en droit d'attendre, mais comme le Grand-Duc avait pris cette affaire très au sérieux et avait paru ainsi me justifier dans exprimant avec le même sérieux ma véritable opinion sur ce prétendu ami, je me devais, avec tout le sérieux dont je disposais, de l'assurer que je ne souhaitais plus avoir affaire à Devrient. Le grand-duc me dit alors avec une douceur renouvelée qu'il refusait de considérer mon assurance comme irrévocable, car il était en son pouvoir de me concilier par d'autres moyens. Je partis avec une expression de regret sérieux de ne pouvoir m'empêcher de considérer comme infructueux tout effort fait dans la direction envisagée par mon patron. Plus tard, je m'aperçus que Devrient, qui, bien entendu, était informé par le Grand-Duc de ce qui s'était passé, considérait ma conduite comme une tentative de ma part de le ruiner et de le supplanter. Le Grand-Duc n'avait pas renoncé à son désir d'organiser un concert composé de sélections de mes œuvres les plus récentes. Devrient dut ensuite m'écrire de nouveau en sa qualité officielle à ce sujet. Dans sa lettre, il a profité de l'occasion pour préciser qu'il se considérait comme victorieux des intrigues que j'avais exercées contre lui, m'assurant en même temps que son distingué patron souhaitait néanmoins donner le concert en question, comme de son point de vue élevé. De son point de vue, il savait très bien distinguer « l'art de l'artiste ». Ma réponse a été un simple refus.

J'ai eu de nombreuses conversations avec les Schnorr au cours de cet épisode et j'ai pris rendez-vous avec eux pour me rendre visite bientôt à Biebrich. J'y retournais maintenant, pour être à temps pour la visite de Bulow, dont j'avais déjà été informé. Il est arrivé début juillet pour chercher un logement pour lui et Cosima, qui l'a suivi deux jours plus tard. Nous étions extrêmement heureux de nous revoir et avons profité de l'occasion pour faire des excursions de toutes sortes, bénéfiques pour notre santé, dans l'agréable pays du Rheingau . Nous prenions régulièrement nos repas ensemble dans la salle à manger publique de l'Europaischer Hof (où les Schnorr venaient également séjourner), et nous étions généralement aussi joyeux que possible. Le soir, nous avions de la musique dans ma chambre. Alwine Frommann, en passant par Biebrich, est également venue à la lecture des Maîtres Chanteurs. Tous ceux qui étaient présents parurent frappés de surprise en entendant mon dernier livret, et surtout par la gaieté vernaculaire du style, dont je n'avais pas profité jusqu'ici. Mme Dustmann, qui avait un engagement spécial pour une représentation à Wiesbaden, me rendit également visite. Malheureusement, je remarquai chez elle une vive antipathie à l'égard de sa sœur Friederike, ce qui, entre autres, renforça ma conviction qu'il était grand temps pour Friederike de se dissocier de tout lien avec Francfort. Après avoir pu, avec le soutien de Bulow, jouer à mes amis les parties complètes de la composition des Meistersinger, j'ai parcouru la majeure partie de Tristan, et ce faisant, les Schnorr ont eu l'occasion de montrer à quel point ils avaient déjà fait eux-mêmes conscients de leur tâche. J'ai trouvé que les deux manquaient beaucoup de clarté dans l'énonciation.

L'été a amené davantage de visiteurs dans notre quartier, et parmi eux plusieurs de mes connaissances. David, le directeur du concert de Leipzig, m'a rendu visite avec son jeune élève, August Wilhelmj, fils d'un avocat de

Wiesbaden. Nous avions désormais de la musique au vrai sens du terme, et le chef d'orchestre Alois Schmitt de Schwerin a apporté une contribution étrange en interprétant ce qu'il appelait une de ses vieilles compositions sans valeur. Un soir, nous avons eu une fête bondée, les Schott se sont joints au reste de mes amis, et les deux Schnorr nous ont ravis avec une représentation de la soi-disant scène d'amour du troisième acte de Lohengrin. Nous avons tous été profondément émus par l'apparition soudaine de Rockel dans notre salle à manger commune de l'hôtel. Il avait été libéré de la prison de Waldheimer après treize ans. J'ai été stupéfait de constater qu'aucun changement radical n'avait été apporté à l'apparence de mon ancienne connaissance, à l'exception de la couleur décolorée de ses cheveux. Il me l'expliqua lui-même en observant qu'il était sorti d'une sorte de coquille dans laquelle il avait été enfermé pour sa propre conservation. Alors que nous délibérions sur le domaine d'activité dans lequel il devait maintenant se lancer, je lui conseillai de chercher un emploi utile au service d'un homme bienveillant et libéral comme le grand-duc de Bade. Il ne pensait pas réussir dans une quelconque fonction ministérielle, en raison de son manque de connaissances juridiques ; d'autre part, il était éminemment qualifié pour entreprendre la direction d'une maison de correction, car il avait non seulement obtenu les renseignements les plus précis à ce sujet, mais en même temps avait noté les réformes nécessaires. Il se rendit au concours de tir allemand qui se déroulait à Francfort. Là, en reconnaissance de son martyre et de sa conduite inébranlable, il reçut une ovation flatteuse et resta quelque temps à Francfort et dans ses environs.

Casar Willig, un peintre qui avait reçu une commande d'Otto Wesendonck pour peindre mon portrait à ses frais, m'inquiétait, moi et mes amis intimes, à cette époque. Malheureusement, le peintre n'a absolument pas réussi à me représenter fidèlement. Bien que Cosima ait été présente à presque toutes les séances et ait fait de son mieux pour mettre l'artiste sur la bonne voie, j'ai finalement dû m'asseoir pour un profil précis, pour lui permettre de produire tout ce qui pouvait être le moins du monde possible. reconnaissable à sa ressemblance. Après avoir accompli cette tâche à sa satisfaction, il m'en a peint un autre exemplaire en signe de gratitude. Je l'envoyai immédiatement à Minna à Dresde, par qui il fut finalement envoyé à ma sœur Louisa. C'était un tableau horrible, et j'y ai été confronté une fois par la suite, lorsqu'il a été exposé par l'artiste à Francfort.

Je fis un soir une agréable excursion avec les Bulow et les Schnorr à Bingen et profitai de l'occasion pour passer à Rudesheim pour ramener Friederike Meyer, qui y passait ses vacances. Je l'ai présentée à mes amis et Cosima s'est particulièrement intéressée amicalement à cette femme aux dons hors du commun. Notre gaieté, alors que nous étions assis autour d'un verre de vin en plein air, était accrue par le fait que nous étions abordés à l'improviste par un voyageur qui s'approchait respectueusement d'une table éloignée ; il tint son verre rempli et me salua aussitôt poliment et avec la plus grande chaleur. Il était originaire de Berlin et était un grand passionné de mon travail. Il parlait non seulement pour lui-même, mais aussi au nom de deux de ses amis, qui nous rejoignirent à notre table ; et notre bonne humeur nous conduisit finalement au champagne. Une soirée splendide avec un magnifique lever de lune a influencé la joie de nos esprits alors que nous rentrions chez nous tard dans la soirée après cette délicieuse excursion. Lorsque nous avons visité Schlangenbad (où séjournait Alwine Frommann) dans la même bonne humeur, notre humour téméraire nous a incités à faire une excursion encore plus longue à Rolandseck. Nous fîmes notre première halte à Remagen, où nous visitâmes la belle église, dans laquelle un jeune moine prêchait devant une foule immense, et nous déjeunâmes ensuite dans un jardin au bord du Rhin. Nous restâmes cette nuit-là à Rolandseck, et le lendemain matin nous remontâmes le Drachenfels. A l'occasion de cette ascension, se produisit une aventure qui eut une joyeuse suite. Au retour, après être descendu du train à la gare et avoir traversé le Rhin, j'ai raté ma trousse à lettres contenant un billet de deux cents marks ; il était sorti de la poche de mon pardessus. Deux messieurs qui nous avaient rejoints en provenance du Drachenfels nous proposèrent aussitôt de revenir sur leurs pas, entreprise un peu ardue, pour retrouver l'objet perdu. Au bout de quelques heures, ils revinrent et me remirent la trousse aux lettres avec son contenu intact. Deux tailleurs de pierre travaillant au sommet de la montagne l'avaient trouvé. Ils le restituèrent aussitôt, et les honnêtes gens reçurent une belle récompense. L'heureuse issue de cette aventure devait bien sûr être célébrée par un bon dîner accompagné du meilleur vin. L'histoire n'a été achevée pour moi que longtemps après. En 1873, alors que j'entrais dans un restaurant de Cologne, l'hôte se présenta à moi comme étant l'homme qui, onze ans auparavant, nous avait accueillis à l'auberge du Rhin et avait changé pour moi ce billet de deux cents marks. . Il m'a ensuite raconté ce qui était arrivé à cette note. Un Anglais, à qui il avait raconté le même jour l'aventure du billet, lui proposa de l'acheter au double de sa valeur. L'hôte a refusé une telle transaction, mais a permis à l'Anglais d'avoir la note sur la promesse de ce dernier d'offrir du champagne à toutes les personnes présentes à ce moment-là. La promesse a été tenue à la lettre.

Une invitation à Osthofen de la famille Weisheimer fut à l'origine d'une excursion moins satisfaisante que celle décrite ci-dessus. Nous y passâmes une nuit après avoir été contraints la veille de participer à toute heure aux ébats d'un mariage paysan tout simplement interminable. Cosima a été la seule à avoir réussi à rester de bonne humeur tout au long des débats. Je l'ai soutenue au mieux de mes capacités. Mais la dépression de Bülow, qui s'était aggravée les jours précédents, s'approfondissait de plus en plus, s'aggravait à chaque incident possible, jusqu'à se transformer finalement en une explosion de fureur. Nous avons essayé de nous consoler en pensant qu'un pareil fléau ne pourrait plus jamais nous incomber. Le lendemain, alors que je préparais mon départ et que je réfléchissais à d'autres sources d'insatisfaction liées à ma position, Cosima incita Hans à poursuivre le voyage jusqu'à Worms dans l'espoir de trouver quelque chose de rafraîchissant et de réconfortant dans une visite à l'ancienne cathédrale. là, et de là ils me suivirent plus tard jusqu'à Biebrich.

Une petite aventure que nous avons vécue à la table de jeu de Wiesbaden reste encore gravée dans ma mémoire. J'avais reçu, ces derniers jours, une redevance de vingt louis d'or du théâtre pour un opéra. Ne sachant que faire d'une si petite somme (comme ma situation, dans l'ensemble, allait de mal en pis), j'ai osé demander à Cosima de risquer la moitié de la somme à la roulette dans notre intérêt commun. J'ai observé avec étonnement comment, sans même la moindre connaissance du jeu, elle misait une pièce d'or après l'autre sur la table, les jetant de telle sorte qu'elles ne couvraient jamais définitivement un chiffre ou une couleur particulière. Il disparaissait ainsi peu à peu derrière le râteau du croupier. J'ai été alarmé et je me suis précipité vers une autre table dans l'espoir de contrecarrer l'effet des efforts non guidés et malavisés de Cosima. Dans cette entreprise très économique, la chance me fut si précieuse, que je récupérai aussitôt les dix louis d'or que ma belle amie avait perdus à l'autre table. Cela nous a vite mis dans une très bonne humeur. Moins réjouissante que cette aventure fut notre visite à une représentation de Lohengrin à Wiesbaden. Après que nous eussions été assez satisfaits et mis d'assez bonne humeur par le premier acte, la représentation s'est transformée, à mesure qu'elle se déroulait, en un courant de fausses déclarations exaspérantes, tel que je n'aurais jamais cru possible. Furieux, je quittai le théâtre avant la fin, tandis que Hans, poussé par le rappel des convenances de Cosima (bien qu'ils fussent tous deux aussi furieux que moi), endura le martyre d'assister à la fin du spectacle.

Une autre fois, j'appris que les Metternich étaient arrivés à leur château Johannisberg. Toujours préoccupé de mon principal souci d'obtenir un domicile paisible où conclure les Meistersinger, je gardai un œil sur ce château, généralement inoccupé, et annonçai mon intention de rendre visite au prince. Une invitation suivit bientôt et les Bulow m'accompagnèrent à la gare. Je ne pouvais manquer d'être satisfait de l'accueil amical que m'ont réservé mes clients. Eux aussi avaient réfléchi à la question de me trouver un lieu de repos temporaire au château de Johannisberg et ont trouvé qu'ils pourraient me donner un petit appartement dans la maison du gardien du château pour mon seul usage, seulement ils ont retiré mon attention à la difficulté d'obtenir ma planche. Le prince s'était cependant occupé plus activement d'une autre affaire, celle de me créer un poste permanent à Vienne. Il me dit que lors de son prochain séjour à Vienne, il aurait une discussion de mes affaires avec le ministre Schmerling, qu'il jugeait plus approprié de consulter sur une telle question. C'était un homme qui me comprendrait, et peut-être serait-il capable de me découvrir une position convenable dans le sens le plus élevé du terme, et d'éveiller l'intérêt de l'Empereur à mon égard. Si je retournais à Vienne, je devais simplement rendre visite à Schmerling, et il me recevrait naturellement en raison de la présentation du prince. A la suite d'une invitation à la cour ducale, les Metternich s'étaient rendus sans perdre de temps à Wiesbaden, où je les accompagnais, et retrouvai les Bulow.

Schnorr nous avait quittés après un séjour de quinze jours, et maintenant le moment était venu aussi pour les Bulow de partir. Je les ai accompagnés jusqu'à Francfort, où nous avons passé encore deux jours ensemble pour assister à une représentation du Tasse de Goethe. Le poème symphonique de Liszt, Le Tasse, devait précéder la pièce. C'est avec une étrange émotion que nous avons assisté à cette performance. Friederike Meyer dans le rôle de la princesse et Herr Schneider dans le rôle du Tasse nous ont beaucoup séduits, mais Hans ne pouvait pas se remettre de l'exécution honteuse de l'œuvre de Liszt par le chef d'orchestre Ignaz Lachner. Avant d'aller au théâtre, Friedrike nous a offert un déjeuner au restaurant du Jardin Botanique. Finalement, le mystérieux Herr von Guaita nous y rejoignit également. Nous remarquâmes maintenant avec étonnement que toute conversation ultérieure se déroulait entre eux comme un duologue qui nous était tout à fait inintelligible. Tout ce que nous pouvions distinguer, c'était la jalousie furieuse de M. von Guaita et la défense pleine d'esprit et méprisante de Friederike. Mais l'homme excité est devenu plus calme lorsqu'il m'a suggéré d'organiser une représentation de Lohengrin à Francfort sous ma propre direction. J'étais favorablement disposé à cette suggestion, car j'y voyais l'occasion d'une nouvelle rencontre avec les Bulow et les Schnorr. Les Bulow ont promis de venir et j'ai invité les Schnorr à faire partie du casting . Cette fois, nous pouvions nous quitter joyeusement, même si la mauvaise humeur croissante et souvent excessive du pauvre Hans m'avait arraché bien des soupirs involontaires. Il semblait être en perpétuel tourment. D'un autre côté, Cosima semblait avoir perdu la timidité qu'elle avait manifestée à mon égard lors de ma visite à Reichenhall l'année précédente, et une attitude très amicale avait pris la place. Pendant que je chantais « L'Abschied de Wotan » à mes amis, j'ai remarqué sur le visage de Cosima la même expression que celle que j'avais vue, à mon grand étonnement, à Zurich en une occasion similaire, seule l'extase de celle-ci se transfigurait en quelque chose de plus élevé. Tout ce qui s'y rapportait était enveloppé de silence et de mystère, mais la croyance qu'elle m'appartenait devenait une telle certitude dans mon esprit, que lorsque j'étais sous l'influence d'une excitation plus que ordinaire, ma conduite trahissait la gaieté la plus téméraire. Alors que j'accompagnais Cosima à l'hôtel à travers une place publique, je lui ai soudain proposé de s'asseoir dans une brouette vide qui se trouvait dans la rue, afin que je puisse la conduire jusqu'à l'hôtel. Elle acquiesça instantanément. Mon étonnement fut si grand, que je sentis tout mon courage m'abandonner et que je ne pus mener à bien mon projet insensé.

De retour à Biebrich, je me trouvai immédiatement confronté à de graves difficultés, car Schott, après m'avoir tenu quelque temps en haleine, refusait désormais définitivement de me verser d'autres subsides. Les avances que j'avais déjà reçues de mon éditeur avaient, il est vrai, jusqu'à tout récemment, servi à couvrir toutes mes dépenses depuis mon départ de Vienne, y compris le déménagement de ma femme à Dresde et ma propre migration à Biebrich via Paris, où j'ai dû satisfaire plus d'un créancier caché. Mais malgré ces difficultés initiales, qui, je suppose, ont coûté environ la moitié de l'argent que je devais avoir pour les Meistersinger par accord, j'avais espéré terminer mon travail en paix avec le reste de la somme stipulée. Mais depuis lors, Schott m'avait rebuté avec de vaines promesses sur une date fixe pour régler les comptes avec le libraire. J'étais déjà dans une situation très difficile, et maintenant tout semblait dépendre de ma capacité à remettre rapidement un acte complet des Maîtres Chanteurs à Schott. J'en étais à la scène où Pogner s'apprête à présenter Walther von Stolzing aux maîtres chanteurs , lorsque, vers le milieu du mois d'août, alors que Bulow était encore là, il se produisit un accident qui, bien que léger en soi, me rendit incapable d'écrire. pendant deux mois entiers.

Mon hôte maussade gardait enchaîné un bouledogue nommé Léo et le négligeait si cruellement que cela excitait ma constante sympathie. J'ai donc essayé un jour de le débarrasser de la vermine, et je lui ai tenu moi-même la tête, afin que le domestique qui le faisait ne soit pas effrayé. Bien que le chien ait appris à me faire entièrement confiance, il s'est moqué de moi une fois involontairement et m'a mordu – apparemment très légèrement – à l'articulation supérieure de mon pouce droit. Aucune blessure n'était visible, mais il fut vite évident que le périoste était devenu enflammé à cause de la contusion. Comme la douleur augmentait de plus en plus avec l'utilisation du pouce, on m'a ordonné de ne pas écrire jusqu'à ce que ma main soit complètement guérie. Si mon sort n'était pas aussi terrible que le prétendaient les journaux – qui annonçaient que j'avais été mordu par un chien enragé –, il n'en était pas moins propice à une réflexion sérieuse sur la fragilité humaine. Pour accomplir ma tâche, j'avais donc besoin non seulement d'un esprit sain et de bonnes idées, quelle que soit la compétence requise, mais aussi d'un pouce sain pour écrire, car mon travail n'était pas un livret que je pouvais dicter, mais une musique que personne ne pouvait dicter. mais moi-même pourrais écrire.

Sur le conseil de Raff, qui estimait qu'un volume de mes chansons valait mille francs, je décidai d'offrir à mon éditeur, à titre de compensation temporaire, cinq poèmes de mon amie Frau Wesendonck que j'avais mis en musique (constitués principalement de études pour Tristan dont je m'occupais à l'époque), pour qu'il ait au moins quelque chose sur le marché. Les chansons furent acceptées et publiées, mais elles ne semblaient avoir produit aucun effet adoucissant sur l'humeur de Schott. J'ai dû conclure qu'il agissait à l'instigation de quelqu'un d'autre et je me suis rendu à Kissingen (où il séjournait pour sa « remède ») afin d'aller au fond des choses et d'orienter mes prochaines actions en conséquence. Un entretien avec lui m'a été obstinément refusé, et Mme Schott, postée devant sa porte dans le rôle d'ange gardien, m'a informé qu'une grave crise de foie l'empêchait de me voir. Je réalisais maintenant ma position à son égard. Pour le moment, j'ai fait appel au jeune Weisheimer pour obtenir de l'argent, qu'il m'a donné très volontiers, soutenu comme il l'était par un père riche, et je me suis ensuite mis au travail pour réfléchir à ce que je pourrais faire ensuite. Je ne pouvais plus compter sur Schott et, par conséquent, j'avais perdu toute perspective d'interprétation sans opposition des Meistersinger.

C'est à ce moment-là que j'ai été très surpris de recevoir une nouvelle invitation officielle à Vienne pour la représentation de Tristan à l'Opéra, où j'ai été informé que tous les obstacles avaient été levés, car Ander avait complètement retrouvé sa voix. J'ai été véritablement étonné d'entendre cela et, après une enquête plus approfondie, je suis parvenu à l'élucidation suivante sur les transactions qui s'étaient déroulées en mon nom à Vienne pendant l'intervalle. Avant mon départ, la dernière fois, Mme Luise Dustmann, qui semblait prendre un réel plaisir dans le rôle d'Isolde, avait tenté de lever le véritable obstacle à mon entreprise en me persuadant d'aller à une soirée où elle avait l'intention de présenter encore une fois au Dr Hanslick. Elle savait que si ce monsieur ne pouvait pas être amené à mes côtés, rien ne pourrait être accompli à Vienne. Comme j'étais de bonne humeur ce soir-là, il me fut facile de traiter Hanslick comme une connaissance superficielle, jusqu'à ce qu'il m'entraîne à part pour une conversation intime et m'assura, avec des sanglots et des larmes, qu'il ne supporterait plus d'être mal compris de ma part. Il ne fallait pas imputer ce qu'il y avait d'extraordinaire dans son jugement à mon égard, non à une quelconque intention malveillante, mais uniquement à l'étroitesse d'esprit d'un individu qui ne désirait rien de plus ardent que d'apprendre de moi comment élargir les limites. de ses connaissances. Tout cela a été dit avec un tel élan d'émotion que je n'ai pu que calmer sa douleur et lui promettre ma sympathie sans réserve pour son œuvre future. Juste avant de quitter Vienne, j'appris que Hanslick s'était lancé dans des éloges sans mesure de moi-même et de mon amabilité. Ce changement avait tellement affecté à la fois les chanteurs de l'Opéra et aussi le conseiller Raymond (le conseiller du Lord High Steward) qu'à la fin, travaillant de haut en bas, les Viennois considérèrent comme un point d'honneur que Tristan se produise à leur ville. D'où ma convocation !

J'appris en même temps du jeune Weisheimer, qui s'était rendu à Leipzig, qu'il était sûr de pouvoir y organiser un bon concert si je pouvais l'aider en dirigeant mon nouveau prélude aux Meistersinger ainsi que l'Ouverture de Tannhauser. Il croyait que cela ferait une telle sensation que la vente probable de tous les billets lui permettrait de mettre à ma disposition une somme non négligeable, après déduction des simples dépenses. En outre, je ne pouvais guère revenir sur ma promesse faite à M. von Guaita concernant une représentation de Lohengrin à Francfort, bien que les Schnorr aient été obligés de refuser d'y participer. Après avoir pesé toutes ces offres, je décidai de laisser les Meistersinger de côté et d'essayer de gagner suffisamment d'argent grâce à des entreprises à l'étranger pour me permettre, au printemps suivant, de reprendre et de terminer sur place mon travail interrompu, sans être affecté par les humeurs de Schott. J'ai donc décidé à tout prix de conserver la maison de Biebrich, qui me plaisait beaucoup. Minna, de son côté, m'avait pressé d'envoyer une partie des meubles que j'avais gardés pour compléter son propre établissement à Dresde, à savoir mon lit et quelques autres choses auxquelles j'étais habitué, « de sorte que lorsque je Je suis allée la voir, dit-elle, je trouverais tout en ordre. Je ne voulais pas agir contrairement à la fiction établie qui devait lui faciliter la séparation ; Je lui ai donc envoyé ce qu'elle voulait et j'ai acheté de nouveaux meubles pour ma maison du Rhin avec l'aide d'un fabricant de Wiesbaden, qui m'a accordé un crédit assez long.

Fin septembre, je suis parti une semaine à Francfort pour reprendre les répétitions de Lohengrin. Là encore, j'ai vécu la même expérience que j'avais si souvent vécue auparavant. A peine entra-je en contact avec les membres de la compagnie d'opéra que j'éprouvais le désir de renoncer sur-le-champ à l'entreprise ; alors la consternation générale et les supplications pour que je persévère provoquèrent une réaction sous l'influence de laquelle je résistai jusqu'à ce que je m'intéresse enfin à certaines choses pour elles-mêmes, et sans aucune considération pour les misérables chanteurs. Ce qui m'a plu, c'est l'effet d'une exécution sans restriction, l'emploi de tempi corrects et d'une mise en scène correcte. Pourtant, je suppose que Friederike Meyer était la seule à avoir pleinement conscience de ces effets. L'habituelle «animation» du public ne faisait pas défaut, mais on m'a dit plus tard que les représentations ultérieures avaient diminué, de sorte que l'opéra avait dû être réduit à l'ancienne manière pour continuer. (Ils étaient dirigés par Herr Ignaz Lachner de Francfort, un homme intelligent et élégant, mais un chef d'orchestre misérable et confus.)

J'étais d'autant plus abattu par l'effet de tout cela que même les Bulow n'avaient pas réussi à me rendre la visite attendue. Cosima, comme j'en étais informé, m'avait croisé en toute hâte alors qu'elle se rendait à Paris pour offrir pendant une courte période son soutien à sa grand-mère, qui souffrait d'une maladie fastidieuse, et qui venait de recevoir un coup très douloureux de la nouvelle. de la mort de Blandine après son accouchement, qui avait eu lieu à Saint-Tropez.

Je m'enfermai maintenant quelque temps dans ma maison de Biebrich, le temps étant soudain devenu froid, et je précipitai mon pouce pour se montrer capable d'écrire l'instrumentation de certains extraits pour un concert immédiat des Meistersinger, qui était maintenant terminé. . J'ai immédiatement envoyé le prélude à Weisheimer pour qu'il soit copié à Leipzig, et j'ai également mis en musique la Versammlung dor Meistersinger et l'Anrede de Pogner pour orchestre.

À la fin du mois d'octobre, j'étais enfin prêt à partir pour mon voyage à Leipzig, au cours duquel je fus étrangement amené à entrer de nouveau dans la Wartburg. J'étais descendu quelques minutes à Eisenach, et le train commençait à peine à avancer tandis que j'essayais de le rattraper en toute hâte. J'ai couru involontairement après le train en voie de disparition en criant au gardien, mais naturellement sans pouvoir l'arrêter. Une foule considérable, qui s'était rassemblée à la gare pour assister au départ d'un prince, éclata alors de grands éclats de rire, et quand je leur dis : « Je suppose que vous êtes heureux que cela m'arrive ? ils ont répondu : « Oui, c'était très drôle. » C'est sur cet incident que j'ai fondé mon axiome selon lequel on ne peut plaire au public allemand que par ses malheurs, ne serait-ce que par rien d'autre. Comme il n'y avait pas d'autre train pour Leipzig pendant cinq heures, j'ai télégraphié à mon beau-frère Hermann Brockhaus (à qui j'avais demandé de m'héberger) pour lui faire part de mon retard et j'ai laissé un homme qui se présentait comme guide pour me persuader de visiter la Wartburg. J'y vis la restauration partielle faite par le Grand-Duc, ainsi que la salle contenant les tableaux de Schwind, qui m'étaient tout à fait indifférents. Je me dirigeai alors vers le restaurant de cette place-spectacle d'Eisenach, et j'y trouvai plusieurs femmes occupées à tricoter des bas. Le grand-duc de Weimar m'a assuré quelque temps après que Tannhauser jouissait d'une grande popularité dans toute la Thuringe jusqu'au plus petit paysan, mais ni l'hôte ni mon guide ne semblaient rien savoir de cela. Cependant, j'ai signé le livre d'or de mon nom complet et j'y ai décrit l'accueil agréable que j'avais reçu à la gare, même si je n'ai jamais entendu dire que personne l'ait remarqué.

Hermann Brockhaus, qui avait vieilli et grossi, me fit un accueil des plus joyeux lorsque j'arrivai tard dans la nuit à Leipzig. Il m'a emmené chez lui, où j'ai retrouvé Ottilie et sa famille, et s'est installé confortablement. Nous avions beaucoup de choses à dire, et la manière remarquablement bon enfant de mon beau-frère d'entrer dans notre conversation nous maintenait souvent fascinés jusqu'à toutes les heures de la matinée. Mes relations avec Weisheimer, un jeune compositeur assez inconnu, ont suscité quelques réserves. Son programme de concert était en effet rempli d'un grand nombre de ses propres compositions, dont un poème symphonique qui vient de s'achever, intitulé Der Ritter Toggenburg. J'aurais probablement protesté contre la réalisation de ce programme dans son intégralité si j'avais assisté aux répétitions dans un état d'esprit serein, mais il se trouve que les heures que j'ai passées dans la salle de concert se sont révélées parmi les plus intimes et les plus agréables. souvenirs de ma vie, car c'est là que j'ai retrouvé les Bulow. Hans semblait avoir estimé qu'il était de son devoir de se joindre à moi pour célébrer les débuts de Weisheimer, sa contribution étant un nouveau concerto pour pianoforte de Liszt. Pénétrer dans la vieille salle familière du Gewandhaus de Leipzig suffisait en soi à me provoquer un malaise sentiment de dépression, qui était accru par l'accueil que me faisait les membres de l'orchestre - dont j'étais parfaitement conscient de l'éloignement - et avec lesquels j'avais me présenter comme un parfait inconnu. Mais je me sentis soudain transporté lorsque je découvris Cosima assise dans un coin de la salle, profondément en deuil et très pâle, mais qui me souriait gaiement. Elle était revenue peu auparavant de Paris, où sa grand-mère gisait désormais désespérément alitée, pleine de chagrin de la mort inexplicablement soudaine de sa sœur, et elle semblait maintenant, même à mes yeux, quitter un autre monde pour m'approcher. Nos émotions étaient si véritablement profondes et sincères que seul un abandon inconditionnel au plaisir de se revoir pourrait combler le gouffre. Tous les incidents de la répétition nous affectaient comme un spectacle de lanternes magiques d'un caractère particulièrement animé, que nous regardions comme de joyeux enfants. Hans, qui était également d'humeur joyeuse – car nous semblions tous embarqués dans une aventure chimérique – attira mon attention sur Brendel, qui était assis non loin de nous, et semblait s'attendre à ce que je le reconnaisse. Je trouvai amusant de prolonger ce suspens ainsi occasionné, en feignant de ne pas le connaître, ce qui, à ce qu'il paraît, le pauvre homme fut très offensé. Rappelant mon comportement injuste à cette occasion, j'ai donc tenu à faire spécialement allusion aux services de Brendel lorsque je parlais en public quelque temps après sur le Judaïsme en Musique, en guise d'expiation, pour ainsi dire, à cet homme, décédé entre-temps. . L'arrivée d'Alexander Ritter avec ma nièce Franziska a contribué à nous animer. Ma nièce, en effet, trouvait un divertissement et une excitation constants dans l'énormité des compositions de Weisheimer, tandis que Ritter, qui connaissait le texte de mon Meistersinger, décrivait une mélodie très inintelligible donnée aux basses de Ritter Toggenburg comme « le mode gourmand solitaire ». [Note de bas de page : Meistersinger (version anglaise), acte 1, scène ii.] Notre bonne humeur aurait pu nous faire défaut à la fin, cependant, si nous n'avions pas été rafraîchis et remontés par l'heureux effet que produit le prélude des Meistersinger (qui avait enfin été répété avec succès) et la glorieuse interprétation par Bulow de la nouvelle œuvre de Liszt fut produite. Le concert lui-même a donné une dernière touche fantomatique à une aventure que nous attendions avec tant de bonheur jusque-là. À la grande horreur de Weisheimer, le public de Leipzig resta en masse à l'écart, apparemment en réponse à un signe des dirigeants des concerts réguliers par abonnement. Je n'ai jamais vu d'endroit aussi vide dans une occasion de ce genre ; outre les membres de ma famille, parmi lesquels ma sœur Ottilie se distinguait avec une casquette très excentrique, il n'y avait personne d'autre que quelques visiteurs venus en ville pour la circonstance, occupant un ou deux bancs. J'ai particulièrement remarqué mes amis de Weimar, le chef d'orchestre Lassen, le conseiller Franz Muller, l'indéfectible Richard Pohl et Justizrath Gille, qui s'étaient tous noblement présentés. J'ai également reconnu avec surprise le vieux conseiller Kustner, l'ancien directeur du Théâtre de la Cour de Berlin, et j'ai dû répondre aimablement à son salut et à son étonnement devant le vide incompréhensible de la salle. Les habitants de Leipzig étaient représentés uniquement par des amis spéciaux de ma famille, qui n'allaient jamais à un concert de la manière habituelle, parmi lesquels mon ami dévoué, le Dr Lothar Muller, le fils du Dr Moritz Muller, un allopathe que j'avais très bien connu dans ma première jeunesse. Au milieu de la salle, il n'y avait que la fiancée du concertiste et sa mère. A peu de distance, et face à cette dame, je m'assis à côté de Cosima pendant que le concert se déroulait. Ma famille, nous observant de loin, était offensée par les rires presque incessants qui nous envahissaient, car eux-mêmes étaient au plus profond de la dépression.

Quant au prélude des Meistersinger, son exécution réussie a si bien affecté les quelques amis qui formaient le public que nous avons dû le répéter sur-le-champ, à la satisfaction même de l'orchestre. En fait, leur méfiance artificiellement entretenue à mon égard, qui avait été comme une couche de glace, semblait maintenant avoir fondu, car lorsque j'ai terminé le concert avec l'ouverture de Tannhauser, l'orchestre a célébré mon rappel avec un formidable panache d'instruments. Cela ravit au-delà de toute mesure ma sœur Ottilie, car elle affirmait qu'un tel honneur n'avait jamais été accordé auparavant, sauf à Jenny Lind. Mon ami Weisheimer, qui avait vraiment fatigué tout le monde de la manière la plus inconsidérée, développa ensuite à mon égard un sentiment d'insatisfaction qui datait de cette époque. Il se devait de s'avouer qu'il aurait fait bien mieux sans mes brillantes pièces orchestrales, auquel cas il aurait pu offrir au public un concert à meilleur prix, composé exclusivement de ses propres œuvres. Dans l'état actuel des choses, il a dû en supporter les coûts – à la grande déception de son père – et aussi surmonter l'humiliation inutile de ne pouvoir me rapporter aucun bénéfice.

Mon beau-frère ne devait pas être dissuadé par ces impressions douloureuses de célébrer les festivités domestiques, qui avaient été organisées d'avance pour célébrer mes triomphes attendus. Les Bulow furent également invités à l'un des banquets, et il y eut une soirée au cours de laquelle je lus les Meistersinger devant un groupe imposant de professeurs, ce qui fut très apprécié. Je renouai également avec le professeur Weiss, qui m'intéressa beaucoup, car je me souvenais de lui dès ma jeunesse comme ami de mon oncle. Il s'est dit particulièrement surpris par mon habileté à lire à haute voix.

Les Bulow étaient malheureusement rentrés à Berlin. Nous nous étions revus par une journée très froide dans la rue (dans des conditions désagréables, car ils faisaient des visites de service), mais la dépression générale qui s'était installée sur nous semblait plus perceptible, pendant notre court départ, que le bien passager. -humour de ces derniers jours. Mes amis étaient bien conscients de l'état terrible et totalement désespéré dans lequel je me trouvais. J'avais été assez idiot pour compter sur les bénéfices du concert de Leipzig pour subvenir au moins aux besoins du moment, et j'étais, en premier lieu, mis dans la situation délicate de ne pouvoir payer mon propriétaire à temps (le loyer de la maison à Biebrich étant attendu). Mais j'étais prêt à tout miser pour garder cet asile encore un an, et j'avais affaire à une créature obstinée et colérique que je croyais devoir payer d'avance pour m'assurer de la place. Comme je venais à ce moment-là de fournir également à Minna sa pension trimestrielle, l'argent que le Regierungsrath Müller m'avait envoyé du grand-duc me paraissait en effet une aubaine du ciel. Car après avoir complètement abandonné Schott, je m'étais, dans ma détresse, tourné vers cette vieille connaissance et l'avais supplié d'expliquer ma situation au Grand-Duc et de l'inciter à m'envoyer de l'aide, qui pourrait être considérée comme un paiement d'avance pour mes nouveaux opéras. . En réponse à cela, j'ai reçu la somme surprenante et inattendue de mille cinq cents marks par l'intermédiaire de Muller. Ce n'est que quelque temps après que j'expliquai cette générosité par l'hypothèse que le comportement aimable du grand-duc à mon égard était une tentative délibérée de faire impression sur son ami Liszt, qu'il voulait à tout prix ramener à Weimar. Il ne s'était certainement pas trompé en comptant sur l'excellent effet que sa générosité contraignante à mon égard aurait sur notre ami commun.

J'étais donc en mesure d'aller à Dresde quelques jours de suite, pour renouveler mes provisions pour Minna, et en même temps lui faire l'honneur d'une des visites jugées nécessaires pour la soutenir dans sa situation difficile. Minna me conduisit de la gare à l'appartement qu'elle avait pris et meublé dans la Walpurgisstrasse, rue qui n'était pas encore construite au moment où je quittai Dresde. Comme à son habitude, elle avait aménagé sa maison avec beaucoup de goût et dans le but évident de me mettre à l'aise. Je fus accueilli sur le seuil par une petite natte brodée du mot Salve, et je reconnus tout de suite notre salon parisien aux rideaux de soie rouge et aux meubles. Je devais avoir une chambre majestueuse, un bureau extrêmement confortable de l'autre côté, ainsi que le salon à ma disposition, tandis qu'elle s'installerait dans une petite pièce avec des niches donnant sur la cour. Le bureau était orné du magnifique bureau en acajou qui avait été réalisé à l'origine pour ma maison lorsque j'étais chef d'orchestre à Dresde. Il avait été acheté par la famille Ritter, après ma fuite de cette ville, et présenté à Kummer, le gendre, à qui Minna l'avait loué temporairement, me laissant la possibilité de le racheter pour cent quatre-vingts. Des marques. Comme je n'en montrais aucune envie, son humeur est devenue plus sombre. Opprimée par l'embarras effrayant qu'elle éprouvait à se trouver seule avec moi, elle avait invité ma sœur Clara à venir lui rendre visite de Chemnitz et partageait maintenant avec elle la petite chambre dont elle disposait . Clara s'est montrée extraordinairement sage et sympathique, en cette occasion comme autrefois. Bien sûr, elle plaignait Minna et tenait à l'aider dans cette période difficile, mais toujours dans le but de la renforcer dans la conviction que notre séparation était inévitable. Une connaissance exacte de ma position extrêmement embarrassante semblait désormais nécessaire. Mes difficultés financières étaient si écrasantes que la seule excuse pour en parler à Minna était de faire taire ses soupçons inquiets à mon égard. Je parvins cependant à éviter toute explication avec elle, d'autant plus facilement que mes rencontres avec Fritz Brockhaus et sa famille (y compris la fille mariée Clara Kessinger), les Pusinelli, le vieux Heine et enfin les deux Schnorr, fournissaient un prétexte pour notre passage la plupart du temps en compagnie des autres.

J'ai rempli mes matinées en téléphonant et c'est au moment de partir rendre hommage et remercier le ministre Bar pour mon amnistie que j'ai parcouru à nouveau les rues familières de Dresde. Ma première impression fut celle d'un ennui et d'un vide extraordinaires, car je les avais vu pour la dernière fois remplis de barricades, dans un état fantastique dans lequel ils semblaient si inhabituellement intéressants. Je n'ai pas vu un seul visage familier sur le chemin. Même le gantier, que j'avais toujours fréquenté et dont j'avais maintenant l'occasion de revoir la boutique, ne semblait pas me connaître, jusqu'à ce qu'un vieil homme se précipite vers moi de l'autre côté de la rue et me salue avec une grande excitation et les larmes aux yeux. Il s'est avéré qu'il s'agissait de Karl Kummer de l'orchestre de la cour (beaucoup plus âgé), le hautboïste le plus inspiré que j'aie jamais rencontré. Je l'avais pris presque tendrement dans mon cœur à cause de son jeu, et nous nous embrassâmes joyeusement. Je lui ai demandé s'il jouait encore aussi bien de son instrument qu'avant, sur quoi il m'a assuré que depuis que j'avais quitté son hautbois, il ne lui avait pas donné de réelles satisfactions et qu'il y avait longtemps qu'il n'avait pas été mis à la retraite. En réponse à mes questions, il m'a dit que tous mes anciens musiciens militaires, y compris Dietz, le grand contrebassiste, étaient soit morts, soit à la retraite. Parmi ceux qui sont morts, notre directeur Luttichau et le chef d'orchestre Reissiger, Lipinsky était rentré en Pologne depuis longtemps, Schubert, le chef, était inapte au travail, et tout me paraissait triste et étrange. Le ministre Bar m'a fait part des graves scrupules qu'il éprouvait encore quant à l'amnistie qui m'avait été accordée. Il avait certes osé le signer lui-même, mais il était toujours troublé à l'idée que ma grande popularité en tant que compositeur d'opéra me permettrait de faire facilement des démonstrations fâcheuses. Je le réconfortai aussitôt en lui promettant de ne rester que quelques jours et de ne pas aller au théâtre, sur quoi il me congédia avec un profond soupir et un visage extrêmement grave.

L'accueil que je reçus de la part de M. von Beust fut très différent et, avec une élégance souriante, il laissa entendre par sa conversation que je n'étais peut-être pas si innocent après tout que je semblais maintenant le croire moi-même. Il a attiré mon attention sur une de mes lettres qui avait été trouvée à ce moment-là dans la poche de Rockel. C'était nouveau pour moi, et je lui fis volontiers entendre que je me sentais obligé de considérer l'amnistie qui m'était accordée comme un pardon pour mes imprudences passées, et nous nous séparâmes avec les plus vives manifestations d'amitié.

Nous avons invité un soir des amis dans le salon de Minna, où j'ai relu les Maîtres Chanteurs à ceux qui ne le connaissaient pas. Après que Minna eut reçu assez d'argent pour tenir un certain temps, elle me raccompagna à la gare le quatrième jour ; mais elle était remplie de pressentiments si effrayants de ne plus me revoir, que ses adieux se firent dans une angoisse positive.

A Leipzig, je logeai une journée dans une auberge. J'y ai rencontré Alexander Ritter et nous avons passé une agréable soirée ensemble autour d'un punch. La raison qui m'avait poussé à faire ce court séjour était l'assurance qui m'avait été donnée que si je donnais moi-même un concert, celui-ci ne ferait pas partie des séries régulières. J'avais pesé cette information en fonction de l'argent indispensable qu'elle pourrait rapporter, mais je réalisais maintenant que l'entreprise ne reposait sur aucune sécurité. Je retournai en toute hâte à Biebrich, où je devais mettre de l'ordre dans mes affaires domestiques. À mon grand mécontentement, je trouvai mon propriétaire d'une humeur plus insupportable que jamais. Il semblait incapable d'oublier que je lui avais reproché le traitement qu'il avait réservé au chien, ainsi qu'à ma servante, que j'avais été obligé de protéger contre lui lorsqu'elle avait eu une histoire d'amour avec un tailleur. Malgré le paiement et les promesses reçus, il est resté maussade et a insisté sur le fait qu'il devrait emménager dans ma partie de la maison en raison de sa santé au printemps prochain. Ainsi, pendant que je l'obligeais, en payant une avance, à laisser mes biens ménagers intacts jusqu'à Pâques au moins jusqu'à Pâques, j'essayais de trouver une maison convenable pour l'année suivante, visitant divers endroits du Rheingau sous la direction du Dr Schuler et de Mathilde. Maier. Je n'y parvins cependant pas, le temps étant si court, mais mes amis me promirent de chercher inlassablement ce que je voulais.

A Mayence, j'ai retrouvé Friederike Meyer. Sa situation à Francfort semblait devenir de plus en plus difficile. Lorsqu'elle apprit que j'avais repoussé le directeur de M. von Guaita, envoyé à Biebrich avec ordre de me payer quinze louis d'or pour diriger Lohengrin, elle soutint fermement mon action. Quant à elle, elle avait rompu complètement avec ce monsieur, insistant pour être libérée de son contrat, et elle allait maintenant prendre un engagement spécial au Burgtheater. Elle gagna encore une fois ma sympathie par sa conduite et sa détermination, que je devais considérer comme une réfutation puissante des calomnies portées contre elle. Comme j'étais moi aussi en train de partir pour Vienne, elle était heureuse de pouvoir faire une partie du voyage en ma compagnie. Elle me proposa de m'arrêter une journée à Nuremberg, où je pourrais venir la chercher pour la suite du voyage. C'est ce que nous avons fait et sommes arrivés ensemble à Vienne, où mon ami est allé à l'hôtel Munsch, tandis que j'ai choisi le Kaiserin Elizabeth, où je me sentais désormais chez moi. C'était le 15 novembre. Je suis immédiatement allé voir le chef d'orchestre Esser et j'ai entendu de sa bouche que Tristan était vraiment étudié vigoureusement. Avec Mme Dustmann, en revanche, j'ai été immédiatement impliqué dans des désaccords très désagréables à cause de mes relations avec sa sœur Friederike, qu'il était facile de mal comprendre. Il était impossible de lui faire voir où en étaient réellement les choses. A ses yeux, sa sœur était engagée dans une liaison et avait été rejetée par sa famille, de sorte que son arrivée à Vienne était compromettante pour eux. En outre, l'état de Friederike me causa bientôt la plus grande inquiétude. Elle s'était engagée à se produire trois fois au Burgtheater, sans considérer qu'à ce moment-là, elle n'aurait probablement pas une bonne performance sur scène, notamment devant le public viennois. Sa grave maladie, dont la guérison avait été accompagnée des circonstances les plus excitantes, l'avait défigurée et rendue très maigre. Elle était également devenue presque entièrement chauve, mais persistait néanmoins dans sa grande objection au port d'une perruque. L'hostilité de sa sœur avait éloigné ses collègues du théâtre et, à cause de tout cela, ainsi qu'à cause de son choix malheureux de rôle, son apparition fut un échec. Il ne pouvait être question qu'elle soit engagée dans ce théâtre. Même si sa faiblesse augmentait et qu'elle souffrait d'insomnie constante, elle essayait toujours, dans sa magnanimité et sa honte, de me cacher l'embarras de sa situation. Elle se rendit dans une auberge moins chère, le « Stadt Frankfurt », où elle comptait attendre et voir le résultat en épargnant autant que possible ses nerfs. Elle ne semblait pas gênée quant à l'argent, mais, à ma demande, elle consulta Standhartner, qui ne semblait pas savoir comment l'aider beaucoup. Comme l'exercice en plein air avait été fortement recommandé et comme le temps était actuellement très froid (de fin novembre à début décembre), j'ai eu l'idée de lui conseiller d'aller à Venise pour un séjour prolongé. Une fois de plus, les moyens ne semblaient pas manquer et elle suivit mes conseils. Un matin glacial, je l'accompagnai à la gare, et là, pour le moment, je la laissai, comme je l'espérais, à un sort plus clément. Elle avait avec elle une fidèle servante , et j'eus bientôt la satisfaction de recevoir de Venise des récits rassurants, surtout sur sa santé.

Même si mes relations avec elle m'avaient apporté des complications gênantes, je conservais mes anciennes relations viennoises. Un curieux incident s'est produit au tout début de ma visite. Je devais lire à haute voix les Meistersinger à la famille Standhartner, comme je l'avais fait partout ailleurs. Comme le Dr Hanslick était désormais censé être bien disposé à mon égard, il a été jugé judicieux de l'inviter également. Nous avons remarqué qu'au fur et à mesure de la lecture, le dangereux critique devenait de plus en plus pâle et déprimé, et chacun faisait remarquer qu'il était impossible de le persuader de rester à la fin, mais qu'il prenait congé sur-le-champ d'une manière indubitable. manière vexée. Mes amis étaient tous d'accord pour penser que Hanslick considérait l'ensemble du livret comme un pamphlet dirigé contre lui-même et qu'il avait ressenti une invitation à la lecture comme une insulte. Et sans aucun doute, l'attitude du critique à mon égard a subi un changement très remarquable à partir de cette soirée. Il est devenu résolument hostile, avec des conséquences qui nous ont immédiatement semblé évidentes.

Cornelius et Tausig étaient de nouveau venus me voir, mais j'ai dû évacuer mon ressentiment contre eux deux à cause de la véritable mauvaise humeur que leur comportement m'avait provoquée l'été précédent. Cela s'était produit alors que je m'attendais à ce que les Bulow et les Schnorr restent ensemble avec moi à Biebrich, et mon vif intérêt pour ces deux jeunes amis, Cornelius et Tausig, m'a amené à les inviter également. Je reçus immédiatement l'acceptation de Cornelius et fus d'autant plus surpris de recevoir une lettre de Genève, où Tausig (qui semblait tout à coup avoir des fonds à sa disposition) l'avait emmené pour une excursion d'été - sans doute d'une importance plus importante et plus importante. nature plus agréable. Sans le moindre regret de ne pouvoir me rencontrer cet été-là, ils m'annoncèrent simplement qu'« un glorieux cigare venait d'être fumé à ma santé ». Et maintenant, lorsque je les ai retrouvés à Vienne, je n'ai pu m'empêcher de leur signaler le caractère insultant de leur comportement ; mais ils semblaient incapables de comprendre comment je pouvais m'opposer à ce qu'ils préfèrent le beau voyage en Suisse romande plutôt que de me rendre visite à Biebrich. J'étais évidemment un tyran pour eux. En plus de cela, je trouvais suspecte la curieuse conduite de Tausig à mon hôtel. On m'a dit qu'il prenait ses repas dans le restaurant du rez-de-chaussée, après quoi il montait au quatrième étage pour rendre de longues visites à la comtesse Krockow. Lorsque je l'en ai interrogé et que j'ai appris que la dame en question était également une amie de Cosima, j'ai exprimé ma surprise qu'il ne me présente pas. Il continuait à éluder cette suggestion par des phrases singulièrement vagues, et quand j'osais le taquiner en supposant une histoire d'amour, il me disait qu'il ne pouvait être question d'une telle chose, puisque la dame était vieille. Je le laissai donc tranquille, mais l'étonnement que me causait alors son comportement particulier s'intensifia quelques années plus tard lorsque j'appris enfin à très bien connaître la comtesse Krockow et que je fus assuré de son profond intérêt pour moi. Il semblait qu'à cette époque elle n'avait rien souhaité de plus que de faire ma connaissance, mais que Tausig avait toujours refusé de trouver une opportunité et avait prétexté que je ne me souciais pas de la société des femmes.

Mais nous avons finalement repris nos habitudes animées et sociables lorsque j'ai commencé sérieusement à réaliser mon projet de donner des concerts à Vienne. Bien que les répétitions de piano des principales parties solistes de Tristan eussent été assidûment mises en œuvre — je les avais laissées au chef d'orchestre Esser, qui les prit en main avec zèle —, ma méfiance quant à la réussite réelle de ces études restait intacte, et le point qui Je doutais que ce ne soit pas tant les capacités des chanteurs que leur bonne volonté. De plus, le comportement absurde de Mme Dustmann m'a dégoûté du fait de ma fréquente assistance aux répétitions. D'un autre côté, j'espère désormais faire bonne impression, rien que pour la nouveauté, en présentant des sélections de mes propres œuvres encore inconnues du public viennois. De cette façon, je pouvais montrer à mes ennemis secrets qu'il y avait d'autres moyens qui s'offraient à moi pour présenter au public mes compositions les plus récentes que la scène, où ils pouvaient si facilement m'arrêter. Pour tous les détails pratiques de la représentation, Tausig s'est révélé particulièrement utile. Nous avons convenu de louer le Théâtre de la Vienne pour trois soirées, l'idée étant de donner un concert fin décembre et de répéter l'expérience deux fois à une semaine d'intervalle. La première chose a été de copier les parties orchestrales des sections que j'avais découpées dans mes partitions pour le concert. Il y avait deux sélections de Rheingold et deux de la Walkure et des Meistersinger, mais j'ai gardé pour le moment le prélude de Tristan, afin de ne pas heurter la représentation de l'œuvre entière à l'Opéra, qui était encore annoncée. Cornelius et Tausig, accompagnés de quelques copistes adjoints, se mirent alors au travail, qui ne pouvait être réalisé que par des lecteurs de partitions expérimentés, s'il devait être exécuté correctement. Ils furent rejoints par Weisheimer, arrivé à Vienne, ayant finalement décidé de venir au concert. Tausig me mentionna également Brahms, le recommandant comme un « très bon garçon » qui, bien qu'il fût lui-même si célèbre, reprendrait volontiers une partie de leur travail, et une sélection parmi les Maîtres Chanteurs lui fut donc attribuée. En effet, le comportement de Brahms s'est révélé modeste et bon enfant, mais il a fait preuve de peu de vivacité et a souvent été à peine remarqué lors de nos réunions. J'ai également revu Friedrich Uhl, une vieille connaissance qui éditait actuellement avec Julius Frobel, sous les auspices de Schmerling, un journal politique intitulé Der Botschafter. Il mit son journal à ma disposition et me fit lui remettre le premier acte du livret des Maîtres chanteurs pour son feuilleton. Sur ce, mes amis ont choisi de penser que Hanslick devenait de plus en plus venimeux.

Alors que mes compagnons et moi étions accablés par les préparatifs du concert, arriva un jour un certain Herr Moritz, que Bulow m'avait présenté à Paris comme un personnage ridicule. Son comportement maladroit et importun et les messages idiots – évidemment de sa propre invention – qu'il m'apportait de Bülow me poussèrent finalement à lui montrer la porte avec beaucoup d'emphase, car moi aussi j'étais emporté par le vif agacement de Tausig face à cet acte très officieux. intrus. Il en rendit compte à Cosima d'une manière si insultante envers Bulow qu'elle crut nécessaire en retour de m'exprimer par écrit son intense indignation face à mon comportement inconsidéré envers mes meilleurs amis. J'ai été tellement surpris et abasourdi par cet événement étrange et inexplicable que j'ai remis la lettre de Cosima à Tausig sans commentaire, en lui demandant simplement. que faire face à de telles absurdités. Il entreprit aussitôt de montrer à Cosima l'incident sous un jour correct et de dissiper le malentendu, et j'eus bientôt le plaisir d'apprendre qu'il avait réussi.

Nous en étions maintenant au point de répéter pour le concert. L'Opéra Royal m'avait fourni les chanteurs nécessaires pour les pièces de Rheingold, de la Walkure et de Siegfried (« Schmiede-Lieder »), ainsi que pour Anrède de Pogner des Meistersinger. Pour les trois demoiselles rhénanes, je n'ai eu qu'à m'en remettre à des amateurs. Le directeur du concert Hellmesberger m'a été d'une grande aide dans ce domaine comme dans tout autre domaine, et son jeu excellent et ses démonstrations enthousiastes à la tête de l'orchestre n'ont jamais fait défaut en aucune circonstance. Après les assourdissantes répétitions préliminaires dans une petite salle de musique de l'Opéra, qui avaient rendu Corneille perplexe par le grand bruit qu'elles faisaient, nous arrivâmes sur la scène elle-même. Outre les frais de location du lieu, j'ai dû supporter les frais de l'agrandissement nécessaire de l'orchestre. La salle, bordée tout autour de décors de théâtre, était encore extraordinairement défavorable au son. Mais je n'avais guère envie de prendre le risque de fournir moi-même un mur et un plafond acoustiques. Bien que la première représentation, le 26 décembre, ait attiré un large public, elle ne m'a rapporté que des dépenses outrageusement lourdes et une grande détresse face à l'effet lamentable de l'orchestre dû à la mauvaise acoustique. Malgré les sombres perspectives, j'ai décidé de prendre à ma charge les frais de construction d'un écran sonore, afin d'accentuer l'effet des deux concerts suivants, alors que je me flattais de pouvoir compter sur le succès des efforts qui étaient faits pour susciter intérêt dans les plus hautes sphères.

Mon ami le prince de Liechtenstein pensait que cela n'était pas impossible et pensait pouvoir intéresser la cour impériale par l'intermédiaire de la comtesse Zamoiska, une des dames d'honneur, et il m'accompagna un jour dans les interminables couloirs du château impérial. une visite à cette dame. J'ai appris ensuite que Mme. Kalergis avait également travaillé ici pour moi, mais elle n'avait apparemment réussi qu'à conquérir la jeune impératrice, car elle seule était présente à la représentation, et sans aucune suite. Mais lors du deuxième concert, j'ai dû endurer toutes sortes de désillusions. Malgré tous les avertissements, je l'avais fixé au Nouvel An 1863. La salle était extrêmement mal remplie, et ma seule satisfaction était de savoir qu'en améliorant les propriétés acoustiques du lieu, l'orchestre sonnait extrêmement bien. . En conséquence, l'accueil des différentes pièces fut si favorable que lors du troisième concert, le 8 janvier, j'ai pu me produire devant une salle bondée et j'ai ainsi obtenu un témoignage très gratifiant du bon goût musical du public viennois. Le prélude, loin d'être surprenant, de l'Anrède de Pogner des Meistersinger a été repris avec enthousiasme, bien que le chanteur se soit déjà levé pour la partie suivante. En ce moment, je vis par hasard dans une des loges un présage des plus réconfortants pour ma situation actuelle ; car j'ai reconnu Mme. Kalergis, qui venait d'arriver pour un séjour prolongé à Vienne, où j'imaginais avec tendresse qu'elle était poussée par l'idée de m'aider ici aussi. Comme elle aussi était en bons termes avec Standhartner, elle entra immédiatement en consultation avec lui sur la manière dont je pourrais être aidé à sortir de la situation critique dans laquelle je me trouvais une fois de plus à cause des frais de mes concerts. Elle a avoué à notre ami commun qu'elle n'avait aucun moyen à sa disposition et qu'elle ne pourrait faire face à nos dépenses extraordinaires qu'en contractant de nouvelles dettes. Il fallait donc s'assurer des mécènes plus riches, parmi lesquels elle citait la baronne von Stockhausen, l'épouse de l'ambassadeur de Hanovre. Cette dame, qui était une grande amie de Standhartner, fut très bonne pour moi et me gagna la sympathie de lady Bloomfield et de son mari, l'ambassadeur d'Angleterre. Une soirée fut donnée dans la maison de cette dernière, et chez Mme von Stockhausen il y eut aussi plusieurs assemblées nocturnes. Un jour, Standhartner m'a apporté mille marks en guise d'acompte pour mes dépenses, disant qu'ils provenaient d'un donateur anonyme. Pendant ce temps Mme. Kalergis avait réussi à me procurer deux mille marks, qui furent également mis à ma disposition, par l'intermédiaire de Standhartner, pour d'autres besoins. Mais tous ses efforts pour intéresser la cour en ma faveur restèrent entièrement infructueux, malgré son intimité avec la comtesse Zamoiska ; car malheureusement un membre de cette famille Konneritz de Saxe, qui se présentait partout pour ma déconfiture, s'était présenté ici aussi comme ambassadeur. Il réussit à réprimer toute inclination qu'aurait pu avoir à mon égard la toute-puissante archiduchesse Sophie, en prétendant que, de son temps, j'avais incendié le château du roi de Saxe.

Mais ma patronne, toujours intrépide, s'efforça de m'aider de toutes les manières imaginables qu'exigeaient mes nécessités. Afin de satisfaire mon désir le plus ardent d'un foyer paisible où je pourrais rester quelque temps, elle réussit à sécuriser la maison de l'attaché anglais, un fils du célèbre Bulwer

Lytton, qui avait été rappelé, mais qui conservait son établissement pour un certain temps encore. C'est ainsi que par elle je fus présenté à ce jeune homme extrêmement aimable. J'ai dîné avec lui un soir, en compagnie de Cornelius et de Mme. Kalergis, et après le dîner il commença à leur lire mon Gotterdammerung. Il me semblait cependant que je n'avais pas obtenu une audience très attentive, et quand je m'en aperçus, je m'arrêtai et me retirai avec Cornélius. Nous avons trouvé qu'il faisait très froid en rentrant chez nous, et les chambres de Bulwer semblent également avoir été insuffisamment chauffées, de sorte que nous nous sommes réfugiés dans un restaurant pour boire un verre de punch chaud. L'incident est resté gravé dans ma mémoire, car ici, pour la première fois, j'ai vu Corneille avec un humour incontrôlable et excentrique. Pendant que nous prenions ainsi notre plaisir, le Mien . Kalergis a utilisé son influence – ainsi j'en ai été informé par la suite – en tant qu'avocate extrêmement puissante et irrésistible pour inspirer à Bulwer un intérêt certain pour mon sort. Elle y réussit si bien qu'il mit inconditionnellement sa maison à ma disposition pendant neuf mois. Cependant, en y réfléchissant plus profondément, je ne voyais pas quel avantage cela me procurerait, étant donné que je n'avais plus aucune chance de gagner à Vienne un revenu pour ma subsistance.

D'un autre côté, mes projets furent décidés par une offre qui me parvint de Saint-Pétersbourg d'y diriger au mois de mars deux concerts pour la Société Philharmonique, moyennant un cachet de deux mille roubles d'argent. Pour cela aussi, je dus remercier Mme. Kalergis, qui m'a conseillé avec insistance d'accepter l'invitation, m'offrant en même temps la perspective d'augmenter encore mes recettes en donnant un concert supplémentaire pour mon propre compte, dont on pouvait attendre des résultats matériels très importants. La seule chose qui aurait pu me décider à décliner cette invitation aurait été l'assurance que mon Tristan serait représenté à Vienne dans les prochains mois ; mais une nouvelle indisposition de la part du ténor Ander avait une fois de plus arrêté nos préparatifs, et d'ailleurs j'avais complètement perdu toute confiance dans les promesses qui m'avaient attiré de nouveau à Vienne. L'effet de ma visite au ministre Schmerling immédiatement après mon retour à Vienne y avait certainement contribué. Cet homme avait été bien étonné que je parlais d'une recommandation du prince Metternich, car celui-ci, déclarait le ministre, ne lui avait jamais parlé de moi. Il m'assura néanmoins très poliment qu'il n'avait pas besoin d'une telle recommandation pour l'intéresser à un homme de mon mérite. C'est pourquoi, lorsque j'évoquai l'idée suggérée par la bonté du prince Metternich, selon laquelle l'empereur pourrait m'attribuer une position spéciale à Vienne, il s'empressa de m'informer qu'il était complètement impuissant à influencer aucune des décisions de l'empereur. Cet aveu de M. von Schmerling contribuait certainement à expliquer le comportement du prince Metternich, et j'en concluais que celui-ci avait préféré une tentative de gagner le grand chambellan pour une réanimation sérieuse de Tristan plutôt qu'un effort infructueux auprès du ministre.

Ces perspectives étant donc repoussées dans un avenir incertain , j'acceptai maintenant la proposition de Saint-Pétersbourg, mais je cherchai avant tout les moyens de fournir les fonds nécessaires. Pour cela, je me suis appuyé sur un concert qu'Heinrich Porges m'avait déjà organisé à Prague. En conséquence, au début de février, je partis pour cette ville et j'avais toutes les raisons d'être satisfait de l'accueil qui y était réservé. Le jeune Forges, fervent partisan de Liszt et de moi-même, me plaisait beaucoup, non seulement personnellement, mais par son enthousiasme évident. Le concert a eu lieu dans la salle de l'île Sophia et a été couronné d'un grand succès. Outre une symphonie de Beethoven, plusieurs sélections de mes œuvres les plus récentes furent données, et lorsque le lendemain Porges me versa environ deux mille marks, avec la réserve de quelques petits paiements supplémentaires, je lui assurai en riant que c'était le premier argent que j'avais jamais reçu. gagné par mes propres efforts. Il me fit également des présentations très agréables à plusieurs jeunes gens extrêmement dévoués et intelligents, appartenant aux partis allemand et tchèque, et parmi eux à un professeur de mathématiques appelé Lieblein et à un auteur nommé Musiol. C'est avec un certain intérêt pathétique qu'après tant d'années, j'ai découvert ici une amie de ma première jeunesse, nommée Marie Lowe, qui avait renoncé au chant et s'était mise à la harpe et qui était maintenant engagée pour jouer de cet instrument dans le orchestre, en quelle qualité elle a assisté à mon concert. A l'occasion de la première représentation de Tannhauser à Prague, elle m'en avait fait un rapport très enthousiaste. Son admiration s'intensifia alors et pendant de nombreuses années elle resta tendrement attachée à moi. Bien satisfait donc, et rempli d'espoir nouvellement éveillé. Je retournai précipitamment à Vienne afin de mettre les arrangements pour Tristan sur des bases aussi solides que possible. Il s'est avéré possible d'organiser une autre répétition de pianoforte en ma présence pour les deux premiers actes, et j'ai été étonné de l'interprétation vraiment passable du ténor, tandis que de la part de Mme Dustmann, je ne pouvais refuser mes plus sincères félicitations pour son admirable exécution de son rôle difficile. . Il a donc été décidé que mon œuvre serait réalisée un peu après Pâques, ce qui correspondrait très bien à la date prévue de mon retour de Russie.

L'espoir de pouvoir désormais compter sur un revenu important m'a décidé à reprendre mon ancienne idée de m'installer définitivement dans le calme et la tranquillité de Biebrich. Comme il me restait encore du temps avant de devoir partir pour la Russie, je retournai sur le Rhin pour y arranger les choses le plus rapidement possible. J'ai de nouveau logé chez Frickhofer et, en compagnie de Mathilde Maier et de son amie Luise Wagner, j'ai parcouru le Rheingau à nouveau à la recherche d'une maison convenable. Ne trouvant pas ce que je cherchais, je conclus finalement un traité avec Frickhofer pour la construction d'une petite maison sur un terrain que je proposais d'acheter à proximité de sa villa. Le Dr Schuler, l'homme qui m'avait été présenté par le jeune Stadl, devait prendre l'affaire en main, car il possédait à la fois une expérience juridique et commerciale. Des devis furent établis, et la question de savoir si l'entreprise pourrait ou non commencer au printemps suivant dépendait entièrement du montant de mes recettes russes. Comme de toute façon j'avais dû renoncer à Pâques à ma chambre chez Frickhofer, j'ai enlevé tous mes meubles et je les ai envoyés emballés chez le marchand de meubles de Wiesbaden, à qui j'étais encore redevable de la plus grande partie.

Ainsi, de bonne humeur, je me rendis d'abord à Berlin, où je rendis immédiatement visite à Bulow. Cosima, qui attendait un accouchement précoce, parut ravie de me revoir et insista pour m'accompagner immédiatement à l'école de musique, où nous retrouverions Hans. J'entrai dans une longue salle au fond de laquelle Bulow donnait une leçon de musique. Tandis que je restais quelque temps silencieux sur le seuil de la porte, il poussa une exclamation de colère d'avoir été dérangé, pour ensuite éclater d'un rire joyeux en reconnaissant de qui il s'agissait. Notre repas de midi fut animé, et de très bonne humeur je partis seul avec Cosima pour une promenade dans une belle voiture (appartenant à l'Hôtel de Russie), dont la doublure et les coussins de satin gris nous procuraient un plaisir sans fin. Bulow semblait troublé à l'idée que je voyais sa femme dans un état de grossesse avancée, car j'avais un jour exprimé mon aversion face à un tel spectacle en parlant d'une autre femme de notre connaissance. Cela nous mettait de bonne humeur de pouvoir le rassurer dans cette affaire, car rien ne pouvait me mettre hors de sympathie pour Cosima. Alors, partageant mes espérances et se réjouissant chaleureusement du tournant de ma fortune, ces deux amis m'accompagnèrent à la gare de Königsbourg et m'accompagnèrent dans mon long voyage nocturne.

A Königsburg, j'ai dû attendre une demi-journée et une nuit. Comme je n'avais aucune envie de revoir mes repaires dans un lieu qui m'avait été autrefois si fatal, je passais mon temps tranquillement dans la chambre d' un hôtel dont je n'essayais même pas de fixer la position, et tôt le matin J'ai continué ma route vers la frontière russe. Avec certains souvenirs inquiets de mon ancien passage illégal de cette frontière, j'ai soigneusement scruté les visages de mes compagnons de voyage pendant les longues heures de voyage. Parmi eux, j'ai été particulièrement frappé par l'un d'entre eux, un noble de Livland d'origine allemande, qui, sur le ton le plus hautain des conservateurs allemands, a proclamé son dégoût face à l'émancipation des serfs par le tsar. Il voulait que je comprenne clairement que tout effort des Russes pour obtenir leur liberté ne recevrait qu'un soutien limité de la part des nobles allemands installés parmi eux. Mais alors que nous approchions de Saint-

Pétersbourg, j'ai eu vraiment peur de trouver notre train soudainement arrêté et examiné par la police. Ils recherchaient apparemment diverses personnes soupçonnées de complicité dans la dernière insurrection polonaise qui venait d'éclater. Non loin de la capitale même, les sièges vides de notre voiture étaient remplis par plusieurs personnes dont les hautes casquettes de fourrure russe éveillaient mes soupçons, qui ne furent pas apaisés par l'attention particulière que leurs porteurs m'accordaient. Mais soudain le visage de l'un d'eux s'éclaira, et il se tourna impulsivement vers moi et me salua comme l'homme que lui et plusieurs autres musiciens de l'orchestre impérial étaient venus exprès pour rencontrer. C'étaient tous des Allemands et, à notre arrivée à la gare de Saint-Pétersbourg, ils me présentèrent avec joie à un autre contingent important de l'orchestre, dirigé par le comité de la Société Philharmonique. On m'avait recommandé comme résidence convenable une pension allemande sur la Perspective Newsky. Là, je fus reçu très gracieusement et de manière flatteuse par Frau Kunst, épouse d'un marchand allemand, dans un salon dont les fenêtres donnaient sur la rue large et animée, et où je fus très bien servi. Je dînais en commun avec les autres pensionnaires et visiteurs, et j'invitais souvent à table Alexandre Seroff, que j'avais autrefois connu à Lucerne. Il m'avait rendu visite dès mon arrivée et j'appris qu'il occupait un très mauvais poste de censeur des journaux allemands. Sa personne portait des signes de négligence et de mauvaise santé, et prouvait qu'il avait mené une dure lutte pour l'existence ; mais il gagna rapidement mon respect par la grande indépendance et la véracité de ses opinions, grâce auxquelles, combinées à une excellente compréhension, j'appris bientôt qu'il s'était acquis une réputation de critique des plus influents et des plus redoutés. Je l'ai mieux compris plus tard, lorsqu'on m'a proposé d'utiliser mon influence auprès de Seroff pour apaiser l'amertume de sa persécution contre Anton Rubinstein, qui à ce moment-là était quelque peu offensant avec condescendance. Lorsque je lui en ai parlé, il m'a expliqué les raisons pour lesquelles il croyait pernicieuse l'influence de Rubinstein en Russie, sur quoi je l'ai prié, au moins pour mon bien, de lui tenir un peu la main, car je ne le souhaitais pas, pendant mon bref séjour. à Saint-Pétersbourg, pour se faire passer pour le rival de Rubinstein. A cela il répondit avec toute la violence d'un homme malade : « Je le hais et je ne peux faire aucune concession. Avec moi, au contraire, il entra dans l'entente la plus intime, car il avait une si parfaite appréciation de moi et de mon art que nos relations devinrent presque de simples plaisanteries, car sur tous les points sérieux nous étions entièrement d'accord. Rien ne pouvait égaler le soin avec lequel il cherchait à m'aider à chaque occasion. Il a fourni la traduction nécessaire en russe, tant des chansons contenues dans les sélections tirées de mes opéras que de mon programme explicatif des concerts. Il fit également preuve du plus grand jugement dans le choix des chanteurs qui me convenaient le mieux, et pour cela il parut trouver une abondante récompense en assistant aux répétitions et aux représentations. Son visage radieux rayonnait partout sur moi d'encouragement et d'inspiration nouvelle. J'étais extrêmement satisfait de l'orchestre que je parvenais à réunir autour de moi dans la grande et belle salle de la Société des Nobles. Il comprenait cent vingt musiciens choisis parmi les orchestres impériaux, qui étaient pour la plupart d'excellents musiciens, habituellement employés à accompagner les opéras et les ballets italiens. Ils semblaient maintenant ravis de pouvoir respirer plus librement en s'occupant ainsi d'une musique plus noble selon une méthode de direction que j'avais singulièrement faite mienne.

Après le grand succès de mon premier concert, des avances me furent faites dans les milieux auxquels, comme je pouvais très bien le comprendre, j'avais été secrètement mais influentment recommandé par Mme. Kalergis. Avec une grande circonspection, ma protectrice invisible avait préparé le terrain pour ma présentation à la grande-duchesse Hélène. J'ai été chargé, en premier lieu, de faire usage d'une recommandation de Standhartner au Dr Arneth, le médecin privé de la Grande-Duchesse, qu'il avait connu à Vienne, afin d'être présenté par son intermédiaire à Fraulein von Rhaden, sa personne la plus confidentielle. dame d'honneur. J'aurais dû me contenter de la connaissance de cette seule dame, car j'ai appris à connaître en elle une femme d'une grande culture, d'une grande intelligence et d'une noble allure, dont je sentais l'intérêt toujours croissant pour moi mêlé d'une certaine timidité. , apparemment concerné principalement par la Grande-Duchesse. Elle m'a donné l'impression qu'elle sentait que quelque chose de plus important devait arriver pour moi que ce à quoi elle pouvait s'attendre, d'après l'esprit et le caractère de sa maîtresse. Je ne fus cependant pas amené à présenter immédiatement mes respects à la Grande-Duchesse, mais reçus tout d'abord une invitation à une soirée dans l'appartement de la dame d'honneur, au cours de laquelle, entre autres, la Grande-Duchesse elle-même devait être présent. Ici Anton Rubinstein fit les honneurs musicaux, et après que l'hôtesse me l'eut présenté, elle osa me présenter elle-même à la Grande-Duchesse. La cérémonie se passa plutôt bien et, peu après, je reçus une invitation directe à une soirée amicale de thé chez la Grande-Duchesse. Ici, outre Fraulein von Rhaden, j'ai rencontré la dame la plus proche d'elle, Fraulein von Stahl, ainsi qu'un vieux monsieur sympathique, qui m'a été présenté comme le général von Brebern, pendant de nombreuses années l'un des plus proches de la Grande-Duchesse. amis. Fraulein von Rhaden paraissait avoir fait des efforts extraordinaires en ma faveur, ce qui conduisit pour le moment la Grande-Duchesse à exprimer le souhait que je lui fasse mieux connaître le texte de mon Anneau du Nibelungen. Comme je n'avais aucun exemplaire de l'ouvrage avec moi, bien que Weber de Leipzig aurait dû à ce moment-là avoir fini de l'imprimer, ils ont insisté pour que je lui télégraphie immédiatement à Leipzig pour envoyer les feuilles terminées dans les plus brefs délais au siège de la Grande-Duchesse. adresse. Pendant ce temps, mes clients devaient se contenter de m'entendre lire les Maîtres Chanteurs. À cette lecture fut également incitée à venir la grande-duchesse Marie, une fille très majestueuse et toujours belle du tsar Nicolas, connue pour la passion dont elle avait fait preuve tout au long de sa vie. Quant à l'impression produite sur cette dame par mon poème, Fraulein von Rhaden me dit seulement qu'elle avait été sérieusement alarmée que Hans Sachs ne finisse par épouser Eva.

Au bout de quelques jours, les épreuves volantes de mon ouvrage sur les Nibelungen arrivèrent dûment, et les intimes de la Grande-Duchesse se réunirent à quatre goûters pour m'entendre le lire et l'écouter avec une attention sympathique. Le général von Brebern était présent à toutes ces cérémonies, mais seulement, comme le disait Fraulein von Rhaden, « pour rougir comme une rose » dans un profond sommeil, habitude qui était toujours un sujet de réjouissance pour Fraulein von Stahl, une femme très vive et très belle. quand chaque nuit j'accompagnais les deux dames de la cour depuis les salons spacieux le long des couloirs et des escaliers sans fin jusqu'à leurs appartements éloignés.

La seule autre personne dans le grand monde que j'ai appris à connaître ici était le comte Wilohorsky, qui occupait une position de confiance élevée à la cour impériale et était principalement estimé comme un mécène de la musique et se considérait comme un violoncelliste distingué. Le vieux monsieur paraissait bien disposé à mon égard et tout à fait satisfait de mes performances musicales. En effet, il m'a assuré qu'il avait d'abord appris à comprendre la Huitième Symphonie (en fa majeur) de Beethoven grâce à mon interprétation. Il considérait également qu'il avait bien saisi mon ouverture aux Maîtres Chanteurs, et dit que la Grande-Duchesse Marie était touchée parce qu'elle avait trouvé cette pièce incompréhensible, mais s'était exprimée ravie de l'ouverture à Tristan, qu'il ne parvenait lui-même à comprendre que par le l'exercice de toutes ses connaissances musicales. Quand j'en ai parlé à Seroff, il s'est exclamé avec enthousiasme : « Ah, cette bête de comte ! Cette femme sait ce qu'est l'amour !

Le comte a organisé un splendide dîner en mon honneur, au cours duquel Anton Rubinstein et Mme. Abaza était présent. Alors que je suppliais Rubinstein de jouer quelque chose après le dîner, Mme. Abaza insistait pour chanter ses chansons persanes, ce qui semblait beaucoup ennuyer le compositeur, car il savait très bien qu'il avait produit une œuvre bien plus belle. Néanmoins, tant la composition que son exécution me donnèrent une opinion très favorable des talents des deux artistes. Par l'intermédiaire de ce chanteur, qui avait d'abord eu un engagement professionnel dans la maison de la grande-duchesse, et qui était maintenant marié à un noble et riche gentilhomme russe, j'obtins l'entrée dans la maison de M. Abaza, qui me reçut en grande cérémonie. Vers la même époque, un certain baron Vittinghof s'était également fait connaître auprès de moi comme un passionné de musique et m'avait honoré d'une invitation chez lui, où j'ai rencontré une fois de plus Ingeborg Stark, la belle pianiste suédoise et compositrice de sonates, que j'avais connu autrefois à Paris. Elle m'étonna par l'éclat de rire impertinent avec lequel elle accompagnait l'exécution d'une des compositions du Baron. En revanche, elle prit un air plus sérieux lorsqu'elle m'annonça qu'elle était fiancée à Hans von Bronsart.

Rubinstein, avec qui j'échangeais des visites amicales, se comporta de manière très honorable, même si, comme je m'y attendais, il se sentit quelque peu blessé par moi. Il m'a dit qu'il envisageait de démissionner de son poste à Saint-Pétersbourg, car cela lui était rendu difficile par l'antagonisme de Seroff. Il fut également jugé opportun de me présenter aux milieux commerciaux de Saint-Pétersbourg, en vue de mon prochain concert-bénéfice, et en conséquence une visite fut organisée pour un concert dans la salle de la Guilde des Marchands. Ici, j'ai été accueilli dans l'escalier par un Russe ivre, qui s'est présenté comme le chef d'orchestre. Avec une petite sélection de musiciens impériaux et d'autres, il dirigea les ouvertures de Tell de Rossini et d'Obéron de Weber, dans lesquelles les timbales étaient remplacées par un petit tambour militaire, ce qui produisit un effet merveilleux, en particulier dans la belle partie de transfiguration de l'Ouverture d'Obéron.

Bien que j'étais admirablement équipé pour mes propres concerts en ce qui concerne l'orchestre, j'avais cependant beaucoup de peine à me procurer les chanteurs requis. La soprano était très-passablement représentée par Mlle. Blanchi; mais pour les parties de ténor, j'ai dû m'adresser à un M. Setoff, qui, bien que possédant beaucoup de courage, avait très peu de voix. Mais il a réussi à m'aider à travers les « Schmiede-Lieder » de Siegfried, car sa présence donnait au moins une apparence de chant, tandis que l'orchestre assumait seul la réalité effective. A la fin de mes deux concerts pour la Société Philharmonique, je me mis sérieusement à travailler à mon propre concert, qui devait avoir lieu à l'Opéra Impérial, dont les arrangements matériels me furent aidés par un musicien à la retraite. Cet homme passait souvent des heures avec Seroff dans mes chambres bien chauffées sans quitter son énorme manteau de fourrure, et comme son incapacité nous causait bien des ennuis, nous convenions qu'il était comme « le mouton déguisé en loup ». Le concert, cependant, a réussi au-delà de toutes mes espérances, et je ne crois pas avoir jamais été reçu par un public avec autant d'enthousiasme qu'à cette occasion. En effet, leur salutation lors de ma première apparition fut si longue et si bruyante que je me sentis très touché, ce qui est rare chez moi. À cet abandon sauvage du public contribuait naturellement le dévouement ardent de mon orchestre, tandis que mes cent vingt musiciens renouvelaient sans cesse les acclamations frénétiques, procédé qui paraissait tout à fait nouveau à Saint-Pétersbourg. De la part de certains d'entre eux, j'ai entendu des exclamations telles que : « Nous devons admettre que nous n'avons jamais su ce qu'est la musique jusqu'à présent.

Le chef d'orchestre Schuberth, qui, avec une certaine condescendance, m'avait conseillé en matière d'affaires, profita de cette tournure favorable des affaires pour me demander ma coopération lors d'un concert qui serait donné prochainement pour son propre bénéfice. Même si je savais parfaitement qu'il comptait ainsi tirer de ma poche un beau profit dans le sien, néanmoins, sur le conseil de mes amis, j'ai jugé préférable d'accéder à sa demande, même si c'était à contre-courant. Ainsi, une semaine plus tard, j'ai répété les points les plus populaires de mon programme devant un public tout aussi nombreux et avec le même succès, mais cette fois les belles recettes de trois mille roubles étaient destinées à un homme invalide qui, en guise de représailles pour cet empiétement sur mon la même année, les droits humains ont été soudainement convoqués dans un autre monde.

Pour contrebalancer cela, j'avais désormais la perspective de nouveaux succès artistiques et matériels grâce à un contrat conclu avec le général Lwoff, le directeur du théâtre de Moscou. Je devais donner trois concerts au Grand Théâtre, dont je devais avoir la moitié des recettes, garanties dans chaque cas à un minimum de mille roubles. J'y suis arrivé souffrant d'un rhume, misérable et mal à l'aise, dans un temps mêlé de gel et de dégel, et j'ai été hébergé dans une pension allemande mal située. Mes arrangements préliminaires ont été pris avec le directeur, qui, malgré les ordres qui lui pendaient au cou, avait l'air d'une personne très insignifiante, et la difficile sélection des morceaux vocaux a dû être arrangée avec un ténor russe et une dame italienne à la retraite. chanteur. Après avoir réglé ces problèmes, je me lançai dans les répétitions orchestrales. C'est ici que j'ai rencontré pour la première fois le jeune Rubinstein, le frère d'Anton Nicolas, qui, en tant que directeur de la Société musicale russe, était la principale autorité dans sa profession à Moscou ; son attitude à mon égard était toujours caractérisée par la modestie et la considération. L'orchestre était composé de la centaine de musiciens qui fournissaient à la maison impériale des opéras et des ballets italiens. C'était, dans l'ensemble, bien inférieur à celui de Saint-Pétersbourg, mais parmi eux je trouvai un petit nombre d'excellents musiciens de quatuor, tous dévoués à moi. Parmi eux se trouvait une de mes anciennes connaissances à Riga, le violoncelliste von Lutzau, qui avait à cette époque une grande réputation de farceur. Mais j'étais particulièrement content d'un certain Herr Albrecht, violoniste, frère d'Albrecht, qui faisait partie du groupe dont les bonnets de fourrure russes m'avaient tant effrayé alors que j'allais à Saint-Pétersbourg. Mais même ces hommes ne parvenaient pas à dissiper mon sentiment qu'en traitant avec cet orchestre de Moscou, j'avais descendu dans l'échelle artistique. Je me donnai beaucoup de peine sans en tirer aucune satisfaction compensatrice, et ma bile n'était pas peu agitée par le ténor russe, qui venait aux répétitions en chemise rouge, pour montrer son aversion patriotique pour ma musique, et chantait le "Schmiede -Lieder' de Siegfried dans le style fade acquis aux Italiens. Le matin même du premier concert, j'ai été obligé de l'annuler et de me déclarer malade, avec un gros rhume fiévreux. Dans la neige fondante et la neige qui inondaient les rues de Moscou, il semble avoir été impossible d'annoncer ce fait au public, et j'ai entendu dire que des troubles furieux se produisaient lorsque de nombreux équipages splendides arrivaient pour une course infructueuse et devaient être refoulés. Après trois jours de repos, j'insistai pour donner dans les six jours les trois concerts pour lesquels je m'étais engagé, effort auquel me poussait le désir d'en finir avec une entreprise qui ne me paraissait pas digne de moi. Quoique le Grand Théâtre fût à chaque fois rempli d'un public brillant comme je n'en avais jamais vu auparavant, cependant, d'après les calculs du directeur impérial, les recettes n'excédaient pas le montant de la garantie. Mais j'en étais content, compte tenu de l'accueil magnifique réservé à mes efforts et surtout de l'enthousiasme fervent de l'orchestre, qui s'exprimait ici comme à Saint-Pétersbourg. Une députation de membres de l'orchestre me pria de donner un quatrième concert et, devant mon refus, ils essayèrent de me persuader de rester pour une autre « répétition », mais celle-ci aussi je dus refuser avec un sourire. Cependant, l'orchestre m'a honoré d'un banquet au cours duquel, après que N. Rubinstein eut prononcé un discours très enthousiaste et approprié, qui fut salué par des applaudissements chaleureux et tumultueux, un membre de la troupe me souleva sur ses épaules et me transporta autour de la salle. salle; sur quoi il y eut un grand cri, et chacun voulut me rendre le même aimable service. Les membres de l'orchestre me remirent à cette occasion une tabatière en or sur laquelle étaient gravés les mots « Doch Einer kam », tirés de la chanson de Siegmund dans la Walkure. J'ai répondu au compliment en présentant à l'orchestre une grande photo de moi, sur laquelle j'ai écrit les mots « Keiner ging », tirés de la même chanson.

En plus de ces cercles musicaux, j'ai également fait la connaissance du prince Odoiewsky, grâce à une introduction et une forte recommandation de Mme. Kalergis. Elle m'avait dit que je rencontrerais dans le Prince un des hommes les plus nobles, qui me comprendrait parfaitement. Après un voyage très pénible de plusieurs heures, j'atteignis sa modeste demeure et fus reçu avec une simplicité patriarcale lors du dîner familial de midi, mais j'ai trouvé extrêmement difficile de lui transmettre des détails sur moi et mes projets. Quant aux impressions que je pourrais recueillir de lui-même, il semblait compter sur l'effet produit par la contemplation d'un grand instrument ressemblant à un orgue, qu'il avait fait dessiner et ériger dans l'une de ses principales pièces. Malheureusement, il n'y avait personne pour y jouer ; mais je ne pouvais m'empêcher de penser qu'il devait être destiné à une forme spécialement conçue de culte divin, qu'il y célébrait le dimanche pour le bénéfice de sa maison, de ses parents et de ses connaissances. Toujours soucieux de ma bienveillante patronne, j'essayai de donner au génial prince une idée de ma position et de mes aspirations. Avec une émotion apparente, il s'écria : « J'ai ce qu'il vous faut ; parlez un Wolffsohn. Après une enquête plus approfondie, j'appris que l'esprit gardien qui m'était ainsi recommandé n'était pas un banquier, mais un juif russe qui écrivait des romans.

Tous ces événements semblaient justifier la conclusion que mes recettes, surtout si j'y incluais ce que je pouvais encore tirer de Saint-Pétersbourg, suffiraient amplement à réaliser mon projet de construire une maison à Biebrich. J'envoyai donc un télégramme à mon agent autorisé à Wiesbaden, de Moscou, et je repartis de là après un séjour de dix jours seulement. J'envoyai aussi mille roubles à Minna, qui se plaignait de ce que ses dépenses pour s'installer à Dresde étaient très lourdes.

Mais malheureusement, en arrivant à Saint-Pétersbourg, je rencontrai de sérieuses déceptions. Tout le monde me conseilla de renoncer à donner mon deuxième concert le lundi de Pâques, date que j'avais fixée, car c'était l'usage général dans la société russe de réserver ce jour à des réunions privées. D'un autre côté, je ne pouvais pas refuser de donner un concert, le troisième jour après la date annoncée pour moi, en faveur des prisonniers pour dettes de Saint-Pétersbourg, étant donné que ce concert devait être donné à la demande urgente. de la Grande-Duchesse Hélène elle-même. Dans cette dernière fonction, tout Saint-Pétersbourg était déjà intéressé pour son propre crédit, car il était sous le patronage le plus distingué ; de sorte que, bien que chaque place fût vendue à l'avance pour cette fonction, je dus me contenter d'une salle très vide au Casino des Nobles et de bénéfices qui, heureusement, couvraient au moins les dépenses. En revanche, le concert des débiteurs s'est déroulé avec le plus grand succès et le général Suwarof, gouverneur de la ville, un homme d'une beauté saisissante, m'a remis une corne à boire en argent très joliment ouvragée en guise d'offrande de remerciement de la part des débiteurs emprisonnés. .

Je me mis maintenant à rendre mes visites d'adieu, dont une à Fraulein von Rhaden, qui se distinguait par la chaleur de sa sympathie et de son intérêt. Pour me dédommager de la perte des recettes sur lesquelles je comptais, la Grande-Duchesse m'envoya par l'intermédiaire de cette dame la somme de mille roubles, accompagnée de la promesse que, jusqu'à ce que ma situation s'améliore, elle renouvellerait ce don chaque année. En découvrant cet intérêt amical, je ne pus m'empêcher de regretter que la liaison ainsi formée ne fût pas susceptible d'avoir des résultats plus stables et plus profitables. J'ai adressé une pétition par l'intermédiaire de Fraulein von Rhaden à la Grande-Duchesse, la priant pour qu'elle me permette de venir à Saint-Pétersbourg quelques mois chaque année, pour mettre mes talents à sa disposition, tant pour des concerts que pour des représentations théâtrales, en échange de dont elle n'aurait qu'à me verser un salaire annuel convenable. A cela, j'ai reçu une réponse évasive. La veille de mon départ, j'informai mon aimable tuteur de mon projet de m'établir à Biebrich et, ce faisant, je ne cachais pas ma crainte qu'après avoir dépensé ici l'argent que j'avais gagné pour réaliser mon projet de construction, mon état ne se détériore. c'est à peu près le même qu'autrefois, une crainte qui m'a fait me demander s'il ne vaudrait pas mieux l'abandonner complètement. Sur quoi j'ai reçu la réponse pleine d'entrain : « Construisez et espérez ! Au dernier moment avant de commencer, je lui ai répondu de la même manière avec gratitude et lui ai dit que je savais maintenant quoi faire. Ainsi, à la fin du mois d'avril, je partis, emportant avec moi les meilleurs vœux de Seroff et des membres enthousiastes de l'orchestre, et je parcourus le désert russe sans faire escale à Riga, où j'avais été invité à donner un concert. La route longue et pénible m'a finalement amené à la gare frontière de Wirballen, où je reçus un télégramme de Fraulein von Rhaden : « Pas trop téméraire. C'était en référence à quelques lignes que je lui avais laissées, et cela en disait assez pour raviver mes doutes quant à l'opportunité de réaliser mes projets de construction de maison.

J'atteignis Berlin sans plus tarder et me dirigeai aussitôt vers la maison de Bulow. Au cours des derniers mois, je n'avais eu aucune nouvelle de l'état de Cosima, et c'est donc avec une certaine appréhension que je me suis tenu à la porte, par laquelle la servante ne semblait pas disposée à me laisser passer, disant que « sa maîtresse n'était pas Bien.' « Est-elle gravement malade ? » demandai-je, et recevant une réponse évasive et souriante, je réalisai aussitôt avec joie la véritable situation et me hâtai d'entrer pour saluer Cosima. Elle avait été délivrée depuis longtemps de sa fille Blandine et était maintenant sur le point de se rétablir complètement. Ce n'est que face aux visiteurs occasionnels qu'elle restait à l'écart. Tout paraissait bien, et Hans était assez gai, d'autant plus qu'il me croyait désormais libéré de tout souci pour quelque temps encore, grâce au succès de mon voyage en Russie. Mais je ne pourrais pas considérer cette hypothèse comme justifiée, à moins que mon souhait d'être invité chaque année quelques mois à Saint-Pétersbourg pour y exercer une activité renouvelée ne rencontre une réponse immédiate. Sur ce point, j'ai été éclairé par une lettre plus détaillée de Mme von Rhaden, faisant suite au télégramme ci-dessus, dans laquelle elle me disait de ne sous aucun prétexte me fier à cette invitation. Cette déclaration distincte m'obligea à calculer très sérieusement le solde de mes recettes russes, et après avoir déduit les frais d'hôtel et de voyage, l'argent envoyé à Minna et certains paiements au marchand de meubles de Wiesbaden, je trouvai que j'avais à peine plus de douze il reste mille marks. Le projet d'acheter un terrain et de construire une maison a donc dû être abandonné. Mais l'excellente santé et la bonne humeur de Cosima dissipèrent toute pensée inquiète pour le présent. Nous repartîmes dans une voiture splendide, et dans la plus extravagante des bonnes humeurs, par les avenues du Tiergarten, dînâmes à cœur joie à l'Hôtel de Russie, et décidâmes que les mauvais temps avaient fui pour toujours.

Pour l'instant, mes plans étaient dirigés vers Vienne. J'avais appris récemment que Tristan avait de nouveau été abandonné, cette fois à cause de l'indisposition de Frau Dustmann. Afin de pouvoir m'occuper plus directement de cette affaire importante, et aussi parce que je n'avais noué avec aucune autre ville allemande de liens artistiques aussi intimes qu'avec Vienne, je me suis accroché à cette ville comme au lieu le plus approprié pour m'établir. Tausig, que j'y rencontrais alors en excellente santé et en excellente santé, me confirma entièrement dans cette opinion, et la renforça encore en entreprenant de me trouver précisément dans les environs de Vienne l'habitation agréable et tranquille que j'avais envisagée, et Par l'intermédiaire de son propre propriétaire, il a réussi à obtenir quelque chose exactement à mon goût. Dans ce qui avait été l'agréable demeure du vieux baron von Rackowitz à Penzing, on m'offrit le logement le plus charmant pour un loyer annuel de deux mille quatre cents marks. Je pourrais avoir toute la partie haute de la maison et l'usage exclusif d'un jardin ombragé et assez grand. J'ai trouvé chez le gouvernant Franz Mrazek un homme très serviable, que j'ai immédiatement pris à mon service avec sa femme Anna, une femme extrêmement douée et serviable. Pendant de nombreuses années, au milieu de fortunes toujours changeantes, ce couple m'est resté fidèle. Je devais maintenant commencer à dépenser de l'argent pour rendre mon asile tant désiré et confortable, tant pour le repos que pour le travail. Le reste de mes effets personnels, y compris mon grand Erard, fut expédié de Biebrich, ainsi que les nouveaux meubles que j'avais cru nécessaire d'acheter. Le 12 mai, par un beau temps printanier, je pris possession de mon agréable maison et perdis pendant un certain temps beaucoup de temps en soins passionnants liés à l'aménagement de mes confortables appartements. C'est à cette époque que mes premières relations avec Phillip Haas and Sons furent établies, ce qui était destiné, avec le temps, à me donner quelque motif d'inquiétude. Pour le moment, tous les efforts déployés pour un domicile associé à tant d'espérances ne faisaient que me mettre de bonne humeur. Le piano à queue est arrivé en temps voulu, et avec l'ajout de diverses gravures d'après Raphaël, qui m'étaient tombées en partage dans la division Biebrich, mon salon de musique était complètement meublé en vue du 22 mai, jour de la célébration de mon cinquantième anniversaire. . En l'honneur de l'occasion, la Société Chorale des Marchands m'a donné une sérénade nocturne avec des illuminations de lanternes chinoises, à laquelle une députation d'étudiants s'est également jointe et m'a accueilli avec un discours enthousiaste. J'avais fait provision de vin, et tout se passa à merveille. La Mrazeka s'occupait assez bien de mon ménage et, grâce aux talents culinaires d'Anna, j'ai pu inviter Tausig et Cornelius à dîner avec moi assez fréquemment.

Mais je me retrouvais bientôt de nouveau dans de gros ennuis, à cause de Minna, qui me reprochait amèrement tout ce que je faisais. Ayant décidé de ne plus lui répondre, j'écrivis cette fois à sa fille Nathalie, qui ignorait encore leur relation, en la renvoyant à ma décision de l'année précédente. En revanche, le fait que j'avais cruellement besoin à l'instant de quelques attentions et soins de femme dans la gestion du ménage m'est apparu clairement lorsque j'ai exprimé à Mathilde Maier de Mayence le vœu naïf qu'elle vienne fournir le carence.

J'avais certes pensé que ma bonne amie était assez sensée pour interpréter correctement ce que je voulais dire sans me sentir rougir, et j'avais très probablement raison, mais je n'avais pas suffisamment tenu compte de sa mère et de son entourage bourgeois en général. Elle semble avoir été plongée dans le plus grand enthousiasme par ma proposition, tandis que son amie Louise Wagner a finalement été si puissamment influencée qu'elle m'a conseillé franchement, avec une astuce et une précision simples, d'obtenir d'abord une séparation légale d'avec ma femme, après quoi tout le reste serait facilement arrangé. Gravement choqué, je retirai aussitôt mon offre, comme ayant été faite sans délibération, et m'efforçai autant que possible d'apaiser l'excitation ainsi produite. D'un autre côté, le sort inexplicable de Friederike Meyer me causait encore beaucoup d'inquiétude involontaire. Après qu'elle eut passé plusieurs mois de l'hiver précédent à Venise, apparemment pour son bénéfice, je lui avais écrit de Saint-Pétersbourg en lui proposant de me rencontrer chez les Bulow à Berlin. J'avais mûrement réfléchi à l'intérêt bienveillant que Cosima avait conçu pour elle, en vue de discuter des mesures que nous pourrions prendre pour mettre de l'ordre dans la situation manifestement désorganisée de notre amie. Elle ne s'est cependant pas présentée, mais m'a écrit pour m'informer qu'elle s'était installée chez une amie à Coburg, car son état de santé très délicat gênait sérieusement sa carrière théâtrale et qu'elle s'efforçait de subvenir à ses besoins par des moyens occasionnels. apparitions au petit théâtre là-bas. Il était évident que, pour bien des raisons, je ne pouvais pas lui adresser une invitation comme celle adressée à Mathilde Maier, même si elle exprima un violent désir de me revoir pour peu de temps, m'assurant qu'après elle me laisserait à jamais en paix. . Je ne pouvais que considérer comme inutile et risqué d'accéder à ce souhait à ce moment-là, même si j'avais gardé l'idée en réserve pour l'avenir. Au cours de l'été, elle répéta la même demande à plusieurs endroits, jusqu'à ce que, comme j'étais engagé à la fin de l'automne pour un concert à Karlsruhe, je fixai enfin l'heure et le lieu pour la réunion souhaitée. Depuis lors, je n'ai plus reçu la moindre communication de cette amie si singulière et si séduisante, et comme d'ailleurs je ne savais pas où elle était, je considérais notre liaison comme rompue. Ce n'est que bien des années plus tard que le secret de sa position, certainement très difficile, me fut révélé, et des faits exposés alors, je ne pus que conclure qu'elle hésitait à me dire la vérité concernant ses liens avec Herr von Guaita. Il semblait que cet homme avait des droits beaucoup plus sérieux sur elle que je ne l'avais soupçonné, et elle avait apparemment été contrainte par les nécessités de sa situation d'accepter sa protection, car il était le seul ami qui lui restait, alors que son dévouement était indéniablement authentique. . J'ai entendu dire qu'elle vivait alors complètement retirée de la scène et du monde dans un petit domaine au bord du Rhin avec ses deux enfants, étant, croyait-on, secrètement mariée à M. von Guaita.

Mais mes préparatifs minutieux et élaborés pour une période de travail tranquille n'avaient pas encore été couronnés de succès. Un cambriolage dans la maison, qui m'a volé la tabatière en or offerte par les musiciens de Moscou, a ravivé mon ancien désir d'avoir un chien. Mon aimable vieux propriétaire me remit donc un vieux chien quelque peu négligé, nommé Pohl, un des animaux les plus affectueux et les plus excellents qui se soient jamais attachés à moi. En sa compagnie, j'entreprenais chaque jour de longues excursions à pied, pour lesquelles le voisinage très agréable offrait d'admirables possibilités. Néanmoins, j'étais encore assez seul, car Tausig était resté longtemps alité à cause d'une grave maladie, tandis que Cornelius souffrait d'une blessure au pied, conséquence d'une descente imprudente d'un omnibus lors d'une visite à Penzing. Pendant ce temps, j'étais en relations amicales constantes avec Standhartner et sa famille. Fritz, le frère cadet de Heinrich Porges, avait également commencé à me rendre visite. C'était un médecin qui venait de s'installer, un type vraiment sympathique, dont ma connaissance datait de la sérénade du Merchants' Glee Club, dont il avait été l'initiateur.

J'étais maintenant convaincu qu'il n'y avait plus aucune chance de faire jouer Tristan à l'Opéra, car j'avais découvert que le malaise de Mme Dustmann n'était qu'une feinte, la perte totale de la voix de M. Ander ayant été la véritable cause de la dernière interruption. Le bon vieux chef d'orchestre Esser s'est efforcé de me persuader de confier le rôle de Tristan à un autre ténor du théâtre nommé Walter, mais l'idée même de lui m'était si odieuse que je ne pouvais même pas me résoudre à l'entendre dans Lohengrin. J'ai donc laissé l'affaire sombrer dans l'oubli et me suis concentré exclusivement sur la reprise des contacts avec les Maîtres Chanteurs. Je me mis d'abord à l'instrumentation de la partie achevée du premier acte, dont je n'avais encore arrangé que des fragments détachés. Mais à mesure que l'été approchait, la vieille inquiétude quant à ma subsistance future commença à envahir toutes mes pensées et toutes mes sensations présentes. Il était clair que, si je voulais remplir toutes mes responsabilités, notamment à l'égard de Minna, il me faudrait bientôt songer à entreprendre à nouveau quelque entreprise lucrative.

C'est donc à propos qu'une invitation tout à fait inattendue de la direction du Théâtre National de Buda-Pesth me parvint pour y donner deux concerts, suite à quoi je me rendis fin juillet dans la capitale hongroise et fus reçu par le directeur Radnodfay. J'y rencontrai un violoniste vraiment très talentueux, nommé Remenyi, qui fut autrefois un protégé de Liszt et qui me témoigna une admiration sans bornes, déclarant même que l'invitation qui m'avait été faite avait été entièrement de son initiative. Bien qu'il n'y ait aucune perspective de gains importants ici, puisque je m'étais déclaré content d'accepter mille marks pour chacun des deux concerts, j'avais des raisons d'être satisfait à la fois de leur succès et du grand intérêt manifesté par le public. Dans cette ville, où l'opposition magyare à l'Autriche était encore la plus forte, j'ai fait la connaissance de quelques jeunes gens extrêmement doués et d'apparence distinguée, parmi lesquels M. Rosti, dont je garde un agréable souvenir. Ils m'ont organisé une fête vraiment idyllique, sous la forme d'un festin, organisé par quelques intimes sur une île du Danube, où nous nous sommes réunis sous un chêne centenaire, comme pour une cérémonie patriarcale. Un jeune avocat, dont j'ai malheureusement oublié le nom, s'était chargé de porter le toast de la soirée, et me remplit d'étonnement et d'émotion profonde, non seulement par le feu de son discours, mais encore par le sérieux vraiment noble de ses idées. qu'il basait sur une parfaite connaissance de tous mes travaux et entreprises. Nous sommes rentrés chez nous en descendant le Danube dans les petits bateaux du Rowing Club, dont mes hôtes étaient membres, et en route nous avons dû faire face à un ouragan qui a précipité le puissant fleuve dans le tumulte le plus sauvage. Il n'y avait qu'une seule dame dans notre groupe, la comtesse Bethlen-Gabor, qui était assise avec moi dans un bateau étroit. Rosti et un de ses amis qui possédaient les rames étaient préoccupés uniquement par la crainte que notre bateau ne frémisse contre l'un des radeaux de bois vers lesquels le flot nous entraînait, et ils s'efforçaient donc de les éviter de leur mieux ; alors que je ne voyais pas d'autre moyen de s'échapper, surtout pour la dame assise à côté de moi, que de monter à bord d'un de ces mêmes radeaux. Pour ce faire (contre le gré de nos deux rameurs), je saisis d'une main un piquet en saillie sur un radeau que nous dépassions et je retins fermement notre petit bateau, et, tandis que les deux rameurs criaient que l'Ellida allait être perdue, rapidement Nous avons hissé la dame du canot sur le radeau que nous avons traversé jusqu'au rivage, laissant calmement nos amis sauver l'Ellida du mieux qu'ils pouvaient. Nous avons ensuite continué notre chemin le long de la berge à travers une terrible tempête de pluie, mais sur un terrain sûr et sûr, en direction de la ville. Ma conduite en présence de ce danger ne manqua pas d'augmenter le respect que mes amis me tenaient, comme le prouva un banquet donné dans un jardin public auquel assistaient un grand nombre de mes admirateurs. Ici, ils m'ont traité à la manière hongroise. Un énorme groupe de musiciens gitans s'est formé et m'a accueilli avec la marche Rakoczy à mon approche, tandis que les invités rassemblés se joignaient à eux aux cris impétueux de « Eljen ! Il y eut aussi des discours enflammés avec des allusions élogieuses à mon égard et à mon influence qui s'étendirent partout en Allemagne. Les parties introductives de ces discours étaient toujours en hongrois et visaient à excuser le fait que le discours principal serait prononcé en allemand pour le bien de leur invité. Ici, j'ai remarqué qu'ils ne parlaient jamais de moi comme de « Richard Wagner », mais comme de « Wagner Richard ».

Même les plus hauts responsables militaires n'ont pas tardé à m'offrir leurs hommages, par l'intermédiaire du maréchal Coronini. Le comte m'a invité à une représentation des fanfares militaires au château d'Ofen, où j'ai été gracieusement reçu par lui et sa famille, offert des glaces, puis conduit jusqu'à un balcon d'où j'ai écouté un concert donné par les fanfares massées. L'effet de toutes ces manifestations était extrêmement rafraîchissant, et je regrettais presque de devoir quitter l'atmosphère rajeunissante de Buda-Pesth et de retourner dans mon asile viennois ennuyeux et moisi.

Au début du mois d'août, sur le chemin du retour, j'ai fait une partie du chemin avec M. von Seebach, l'aimable ambassadeur de Saxe, que j'avais connu à Paris. Il se plaignait des pertes énormes qu'il avait subies du fait de la difficulté d'administrer les domaines sud-russes qu'il avait acquis par mariage et dont il revenait tout juste. En revanche, j'ai pu le rassurer sur ma propre position, ce qui semblait lui procurer un réel plaisir.

Les petites recettes de mes concerts à Buda-Pesth, dont d'ailleurs je n'avais pu emporter que la moitié, n'étaient pas de nature à me procurer un soulagement efficace pour l'avenir. Ayant désormais tout misé sur ce que j'espérais être un établissement stable, la première question était de savoir comment garantir au mieux un salaire, qui devait au moins être certain, mais pas nécessairement trop élevé. En attendant, je ne me croyais pas obligé d'abandonner mes relations avec Saint-Pétersbourg, ni les projets que j'y avais fondés. Je n'ai pas non plus complètement méfié les assurances de Remenyi, qui se vantait d'avoir une grande influence auprès des magnats magyars, et m'a assuré que ce ne serait pas une grande affaire d'obtenir une pension à Buda-Pesth, telle que j'avais pensé obtenir à Saint-Pétersbourg. Saint-Pétersbourg et impliquant des obligations similaires. Il me rendit en effet visite peu après mon retour à Penzing, accompagné de son fils adoptif, le jeune Plotenyi, dont la beauté et l'amabilité extraordinaires me firent une impression très favorable. Quant au père lui-même, bien qu'il ait gagné ma chaleureuse approbation par sa brillante interprétation de la marche de Rakoczy au violon, je me suis vite rendu compte que ses promesses radieuses avaient plutôt pour but de créer sur moi une impression immédiate que d'assurer un résultat permanent. Conformément à son propre désir, je le perdis bientôt complètement de vue.

Tout en étant obligé de m'occuper des projets de tournées de concerts, je pouvais entre-temps profiter de l'ombre agréable de mon jardin pendant la chaleur intense et je faisais chaque soir de longues promenades avec mon fidèle chien Pohl, le plus rafraîchissant d'entre eux. en passant par la ferme laitière de St. Veit, où l'on pouvait trouver du lait délicieux. Mon petit cercle social se limitait encore à Cornelius et à Tausig, qui recouvra enfin la santé, bien qu'il disparut de ma vue pendant quelque temps en raison de ses relations avec de riches officiers autrichiens. Mais j'étais souvent accompagné dans mes excursions par le jeune Porges, et pendant un certain temps par l'aîné aussi. Ma nièce Ottilie Brockhaus, qui vivait avec la famille de l'ami de sa mère Heinrich Laube, me faisait également plaisir de temps en temps avec une visite.

Mais chaque fois que je me mettais sérieusement au travail, j'étais de nouveau aiguillonné par une appréhension inquiète quant aux moyens de subsistance. Comme un autre voyage en Russie était hors de question avant Pâques suivante, seules les villes allemandes pouvaient me servir pour le moment. De bien des côtés, comme par exemple de Darmstadt, je reçus des réponses défavorables ; et depuis Karlsruhe, où je m'étais adressé directement au grand-duc, la réponse était indéfinie. Mais le coup le plus dur porté à ma confiance fut un refus direct en réponse à la demande que j'avais enfin faite à Saint-Pétersbourg, dont l'acceptation m'aurait assuré un salaire régulier. Cette fois, l'excuse avancée était que la révolution polonaise de cet été-là avait paralysé l'esprit d'entreprise artistique.

Des nouvelles plus agréables sont cependant venues de Moscou, où l'on laisse entrevoir quelques bons concerts pour l'année à venir. Je repensai ensuite à une suggestion très sensée que m'avait faite au sujet de Kieff le chanteur Setoff, qui pensait qu'il y avait là une perspective d'engagement très lucratif. J'entrai en correspondance à ce sujet et je fus de nouveau reporté jusqu'à Pâques suivante, lorsque toute la petite noblesse russe se rassembla à Kieff. C'étaient là autant de projets d'avenir qui, si je les avais ensuite examinés en détail à ce moment-là, auraient suffi à me priver de toute tranquillité d'esprit pour mon travail. En tout cas, il y avait un long intervalle pendant lequel je devais subvenir non seulement à mes besoins, mais aussi à Minna. Toute perspective d'obtenir un poste à Vienne devait être abordée avec la plus grande prudence, de sorte qu'à l'approche de l'automne, il ne me restait plus qu'à réunir de l'argent par emprunt, affaire dans laquelle Tausig pouvait m'aider, car il possédait des connaissances extraordinaires. expérience en la matière .

Je ne pouvais m'empêcher de me demander si je devrais renoncer à mon établissement de Penzing, mais, d'un autre côté, quelle alternative m'était offerte ? Chaque fois que j'étais pris du désir de composer, ces soucis s'imposaient dans mon esprit, jusqu'à ce que, voyant qu'il ne s'agissait que de remettre les choses à plus tard, je fus poussé à me lancer dans l'étude de la Geschichte des Alterthums de Dunker. . Finalement, ma correspondance sur les concerts engloutit tout mon temps. J'ai d'abord demandé à Heinrich Porges de voir ce qu'il pourrait organiser à Prague. Il offrait également une perspective raisonnable d'un concert à Lowenberg, comptant sur les dispositions favorables du prince de Hohenzollern, qui y demeurait. On m'a également conseillé de postuler auprès de Hans von Bronsart, qui était à cette époque chef d'orchestre d'une société orchestrale privée à Dresde. Il répondit loyalement à ma proposition et nous fixâmes entre nous la date et le programme d'un concert que je dirigerais à Dresde. Comme le grand-duc de Bade avait également mis à ma disposition son théâtre de Karlsruhe pour un concert qui devait être donné en novembre, je pensais avoir fait assez dans ce sens pour pouvoir me lancer dans autre chose. J'ai donc écrit un article assez long pour le journal Der Botschafter d'Uhl-Frobel sur le Grand Opéra impérial de Vienne, dans lequel je proposais une réforme en profondeur de cette institution très mal gérée. L'excellence de cet article fut aussitôt reconnue de tous côtés, même par la presse ; et il me semble que j'ai fait quelque impression dans les plus hautes sphères administratives, car j'ai appris peu après par mon ami Rudolf Liechtenstein que des avances timides lui avaient été faites en vue de l'amener à accepter le poste de directeur, auquel il y avait certainement l'idée de me proposer de devenir chef d'orchestre du Grand Opéra. Parmi les raisons qui ont fait échouer cette proposition, il y avait la crainte, m'a informé Liechtenstein, que sous sa direction, les gens n'entendraient que des « opéras de Wagner ».

En fin de compte, ce fut un soulagement d'échapper aux angoisses de ma position en commençant ma tournée de concerts. Je suis d'abord allé à Prague, au début du mois de novembre, pour retenter ma chance en matière de grosses recettes. Malheureusement, cette fois, Heinrich Porges n'avait pas pu prendre les dispositions en main, et ses adjoints, qui étaient des maîtres d'école très occupés, n'étaient pas du tout ses égaux pour cette tâche. Les dépenses augmentèrent tandis que les recettes diminuèrent, car ils n'avaient pas osé demander des prix aussi élevés qu'auparavant. J'ai voulu remédier à cette lacune par un second concert quelques jours plus tard, et j'ai insisté sur ce point, bien que mes amis m'en aient dissuadé instamment et, comme l'événement l'a prouvé, ils avaient tout à fait raison. Cette fois, les recettes couvraient à peine les frais, et comme j'avais été obligé d'envoyer les bénéfices du premier concert pour racheter une vieille facture à Vienne, je n'avais d'autre moyen de payer mes frais d'hôtel et mon voyage de retour qu'en acceptant le proposition d'un banquier, qui se faisait passer pour un mécène, pour m'aider à me sortir de mon embarras.

Dans l'humeur apaisée provoquée par ces événements, j'ai poursuivi mon voyage vers Karlsruhe, via Nuremberg et Stuttgart, dans des conditions misérables, un froid intense et des retards constants. A Karlsruhe, je fus immédiatement entouré de divers amis venus là-bas en entendant parler de mon projet. Richard Pohl de Baden, qui ne m'a jamais fait défaut, Mathilde Maier, Frau Betty Schott, l'épouse de mon éditeur ; même Raff de Wiesbaden et Emilie Genast étaient présents, ainsi que Karl Eckert, récemment nommé chef d'orchestre à Stuttgart. Les ennuis commencèrent aussitôt avec les chanteurs de mon premier concert, fixé au 14 novembre, car le baryton Hauser, qui devait chanter "Wotan's Farewell" et "Cobbler Song" de Hans Sachs, était malade et dut être remplacé par un chanteur sans voix. chanteur de vaudeville bien entraîné. Pour Eduard Devrient, cela ne change rien. Mes relations avec lui étaient strictement officielles, mais il exécuta certainement très correctement mes instructions pour l'arrangement de l'orchestre. Au point de vue orchestral, le concert se passa si bien que le Grand-Duc, qui me reçut très gracieusement dans sa loge, désira une répétition dans une semaine. J'ai opposé de sérieuses objections à cette proposition, ayant appris par expérience que la forte fréquentation de ces concerts, notamment à des prix spéciaux, s'expliquait principalement par la curiosité des auditeurs, qui venaient souvent de loin ; tandis que le nombre de véritables étudiants en art, dont l'intérêt était principalement pour la musique, était faible. Mais le Grand-Duc insista, voulant donner à sa belle-mère, la reine Augusta, dont l'arrivée était attendue d'ici quelques jours, le plaisir d'entendre ma production. J'aurais dû trouver terriblement ennuyeux de devoir passer du temps dans la solitude de mon hôtel de Karlsruhe, mais j'ai reçu une aimable invitation à Baden-Baden de Mme. Kalergis, qui venait de devenir Mme. Moukhanoff, et était parti vivre là-bas. À mon grand plaisir, elle faisait partie de ceux qui étaient venus assister au concert et elle était maintenant à la gare pour me rencontrer à mon arrivée. J'ai senti que je devais refuser son escorte proposée dans la ville, ne me considérant pas suffisamment élégant dans mon « chapeau de brigand », mais avec l'assurance : « Nous portons tous ces chapeaux de brigand ici », elle m'a pris le bras, et ainsi nous J'arrivai à la villa de Pauline Viardot, où nous devions dîner, la maison de mon amie n'étant pas encore tout à fait prête. Assis auprès de mon ancienne connaissance, je fus maintenant présenté au poète russe Tourguenieff. Mme. Moukhanoff me présenta à son mari avec quelque hésitation, se demandant ce que je penserais de son mariage. Soutenue par ses compagnes, qui étaient toutes des gens du monde, elle s'efforçait d'entretenir une conversation assez animée pendant le temps que nous étions ensemble. Bien satisfait de l'admirable intention de mon amie et bienfaitrice, je quittai de nouveau Baden pour remplir mon temps par un petit voyage à Zurich, où j'essayai encore de prendre quelques jours de repos dans la maison de la famille Wesendonck. L'idée de m'aider ne parut même pas venir à l'esprit de mes amis, même si je les informai franchement de ma position. Je retournai donc à Karlsruhe, où, le 22 novembre, comme je l'avais prévu, je donnai mon deuxième concert dans une salle mal remplie. Mais, de l'avis du Grand-Duc et de son épouse, l'appréciation de la reine Augusta aurait dû dissiper les impressions désagréables que j'aurais pu recevoir. Je fus de nouveau convoqué à la loge royale, où je trouvai toute la cour rassemblée autour de la reine, qui portait une rose bleue sur le front en guise d'ornement. Les quelques observations complémentaires qu'elle avait à offrir furent écoutées par les membres de la cour avec une attention haletante ; mais lorsque la dame royale eut fait quelques remarques générales et fut sur le point d'entrer dans les détails, elle laissa toute démonstration ultérieure à sa fille, qui, disait-elle, en savait plus. Le lendemain, je reçus ma part des recettes, la moitié des bénéfices nets, qui s'élevaient à deux cents marks, et avec cela je m'achetai aussitôt un manteau de fourrure. La somme demandée était de deux cent vingt marks, mais lorsque je lui expliquai que mes reçus n'étaient que de deux cents marks, je parvins à faire baisser le prix des vingt marks supplémentaires. Il restait encore le don privé du grand-duc, consistant en une tabatière en or avec quinze louis d'or, pour laquelle, bien entendu, je lui ai rendu mes remerciements par écrit. J'ai ensuite dû me demander si, après la fatigue pénible des dernières semaines, j'allais ajouter à mes déceptions en tentant de donner le concert proposé à Dresde. De nombreuses considérations, pratiquement tout ce que je devais peser à l'occasion d'une visite à Dresde, m'ont poussé à avoir le courage d'écrire et de dire à Hans von Bronsart au dernier moment d'annuler tous les arrangements et de ne pas m'y attendre, décision qui, quoique cela ait dû lui causer beaucoup d'inconvénients après tous les préparatifs qu'il avait aimablement faits, il accepta de très bonne grâce.

Je voulais encore voir ce que je pouvais faire avec la maison Schott, et je me rendis de nuit à Mayence, où la famille de Mathilde Maier insista pour que je passe la journée dans leur petite maison, où je me divertis d'une manière simple et amicale. Pendant le jour et la nuit que j'ai passés ici, dans l'étroite Karthausergasse, j'ai été accueilli avec le plus grand soin et, de cet avant-poste, j'ai attaqué la maison d'édition Schott, sans toutefois obtenir beaucoup de butin. C'était parce que j'avais refusé mon consentement à une édition séparée des différentes sélections de mes nouvelles œuvres qui avaient été sélectionnées et préparées pour un usage en concert.

Comme ma seule source de profit semblait désormais être le concert à Lowenberg, je me tournai vers ce lieu ; mais, pour éviter de passer par Dresde, je fis un petit détour par Berlin, où, après avoir voyagé toute la nuit, j'arrivai très fatigué, de bonne heure le 28 novembre. Conformément à ma demande, les Bulow m'ont accueilli et ont immédiatement commencé à me pousser à interrompre mon voyage prévu en Silésie en leur accordant une journée à Berlin. Hans tenait particulièrement à ce que je sois présent à un concert qui devait être donné ce soir-là sous sa direction, ce qui me décida finalement à rester. Malgré le temps froid, maussade et maussade, nous avons discuté aussi joyeusement que possible de ma malheureuse situation. Afin d'augmenter mon capital, il fut résolu de remettre en vente la tabatière en or du grand-duc de Bade à notre bon vieil ami Weitzmann. La somme de deux cent soixante-dix marks ainsi réalisée me fut apportée à l'hôtel Brandenburg, où je dînais chez les Bulow, et constitua un ajout à mes réserves qui nous fournissait bien des plaisanteries. Comme Bulow devait achever les préparatifs de son concert, je partis seul avec Cosima sur la promenade, comme auparavant, dans une belle voiture. Cette fois, toute notre plaisanterie s'est éteinte dans le silence. Nous nous sommes regardés sans voix dans les yeux ; un désir intense d'un aveu de la vérité nous envahit et nous conduisit à un aveu — qui n'exigeait pas de mots — du malheur sans limites qui nous opprimait. Cette expérience nous a tous deux soulagés et la profonde tranquillité qui s'en est suivie nous a permis d'assister au concert dans la bonne humeur et sans gêne. En fait, j'ai pu fixer clairement mon attention sur une interprétation exquise et raffinée de la plus petite Ouverture de concert de Beethoven (en do majeur), ainsi que sur l'arrangement très astucieux par Hans de l'ouverture de Gluck pour Pâris et Hélène. Nous remarquâmes Alwine Frommann dans le public et, pendant l'entracte, nous la rencontrâmes sur le grand escalier de la salle de concert. Après que la deuxième partie eut commencé et que les escaliers furent vides, nous restâmes assis un moment sur l'une des marches, discutant gaiement avec notre vieil ami. Après le concert, nous devions dîner chez mon ami Weitzmann, dont la durée et l'abondance réduisaient nous, dont le cœur aspirait à une paix profonde, à un désespoir presque frénétique. Mais la journée touchait enfin à sa fin, et après une nuit passée sous le toit de Bulow, je continuais mon voyage. Nos adieux m'ont rappelé si vivement cette première séparation délicieusement pathétique de Cosima à Zurich, que toutes les années qui ont suivi se sont évanouies comme un rêve de désolation séparant deux jours de moments et de décisions de toute une vie. Si, la première fois, notre pressentiment de quelque chose de mystérieux et d'inexplicable nous avait obligés à nous taire, il n'en était pas moins impossible maintenant de mettre des mots sur ce que nous avouions en silence.

Je fus accueilli à l'une des gares de Silésie par le conducteur Seifriz, qui m'accompagna dans l'une des voitures du prince jusqu'à Lowenberg. Le vieux prince de Hohenzollern-Hechingen était déjà très bien disposé à mon égard en raison de sa grande amitié pour Liszt et avait d'ailleurs été pleinement informé de ma situation par Heinrich Porges, qu'il avait engagé depuis peu de temps. Il m'avait invité à donner un concert dans son petit château devant un public composé exclusivement d'invités. J'étais très confortablement logé dans des appartements au rez-de-chaussée de sa maison, où il venait fréquemment sur son fauteuil roulant depuis sa propre chambre juste en face. Ici, je pouvais non seulement me sentir à l'aise, mais aussi avoir un certain espoir. Je me mis aussitôt à répéter les morceaux que j'avais choisis dans mes opéras avec l' orchestre privé du prince, pas mal équipé, pendant lequel mon hôte était invariablement présent et semblait très satisfait. Les repas étaient tous pris en commun de manière très conviviale ; mais le jour du concert il y eut une sorte de dîner de gala, au cours duquel j'eus la surprise de rencontrer Henriette von Bissing, la sœur de Mme. Wille de Marienbad, avec qui j'avais été intime à Zurich. Comme elle possédait un domaine près de Lowenberg, elle avait également été invitée par le prince et me donnait maintenant la preuve de son dévouement fidèle et enthousiaste. À la fois intelligente et pleine d'esprit, elle est immédiatement devenue ma compagne préférée. Après que le concert se soit déroulé avec un succès raisonnable, je dus réaliser un autre souhait du prince le lendemain, en lui jouant en privé la Symphonie en ut mineur de Beethoven, en présence également de Mme von Bissing. Elle était veuve depuis quelque temps. Elle a promis de venir à Breslau lorsque j'y donnerais mon concert. Avant mon départ, le conducteur Seifriz m'apporta du prince un cachet de quatre mille deux cents marks, avec une expression de regret de ce qu'il lui était pour le moment impossible d'être plus libéral. Après toutes mes expériences précédentes, j'étais vraiment étonné et content, et c'est avec plaisir que j'ai rendu au vaillant prince mes sincères remerciements avec toute l'éloquence dont je disposais.

De là, je me suis rendu à Breslau, où le directeur du concert, Damrosch, m'avait organisé un concert. J'avais fait sa connaissance lors de ma dernière visite à Weimar et j'avais également entendu parler de lui par Liszt. Malheureusement, les conditions ici m'ont semblé extraordinairement lamentables et désespérées. Toute cette affaire avait été planifiée à l'échelle la plus mesquine, comme j'aurais d'ailleurs pu m'y attendre. Une salle de concert tout à fait horrible, qui servait habituellement de brasserie, avait été occupée. Au fond, et séparé de celui-ci par un rideau terriblement vulgaire, se trouvait un petit théâtre « Tivoli », pour lequel j'ai été obligé de procurer un plancher surélevé pour l'orchestre, et tout cela m'a tellement dégoûté que mon premier L'impulsion était de renvoyer sur-le-champ les musiciens à l'air miteux. Mon ami Damrosch, très contrarié, a dû me promettre qu'il ferait au moins neutraliser l'horrible odeur de tabac qui régnait dans les lieux. Comme il ne pouvait donner aucune garantie sur le montant des recettes, je ne fus finalement décidé à poursuivre l'entreprise que par le désir de ne pas le compromettre trop gravement. À mon grand étonnement, je trouvai presque toute la salle, en tout cas les premiers sièges, remplis de Juifs, et en fait je dus le succès que j'obtins à l'intérêt suscité par cette partie de la population, comme je l'appris le lendemain, lorsque J'ai assisté à un dîner de midi organisé en mon honneur par Damrosch, auquel encore une fois seuls des Juifs étaient présents.

Ce fut comme un rayon de lumière venu d'un monde meilleur quand, en quittant la salle de concert, j'aperçus Mme Marie von Buch, qui était venue en toute hâte avec sa grand-mère du domaine Hatzfeld pour assister à mon concert et attendait dans une chambre. compartiment embarqué digne du nom de loge, pour que je sorte après le départ du public ; la jeune dame est revenue vers moi en costume de voyage après le dîner de Damrosch et a tenté, par des assurances aimables et sympathiques, d'apaiser quelque peu mon inquiétude évidente concernant l' avenir. Je l'ai remerciée une nouvelle fois par lettre pour sa sympathie après mon retour à Vienne, à laquelle elle a répondu par une demande de contribution à son album. En souvenir des émotions qui m'avaient secoué en quittant Berlin, et aussi pour indiquer mon état d'esprit à quelqu'un digne de confiance, j'ai ajouté les mots de Calderon : « Des choses impossibles à cacher, mais impossibles à exprimer. Par là, je sentais que j'avais transmis à une personne bienveillante, quoique avec un flou heureux, une idée de la connaissance secrète qui était ma seule inspiration.

Mais les résultats de ma rencontre avec Henriette von Bissing à Breslau furent très différents. Elle m'y avait suivi et avait logé dans le même hôtel. Influencée sans doute par mon apparence maladive, elle semblait donner toute sa sympathie à mon égard et à ma situation. Je lui présentai cette dernière sans réserve, lui racontant comment, depuis les bouleversements qui suivirent mon départ de Zurich en 1858, je n'avais pu assurer les revenus réguliers nécessaires à la poursuite constante de mon métier ; et aussi de mes tentatives invariablement vaines pour mettre mes affaires dans un ordre réglé et défini. Mon amie n'a pas hésité à attribuer quelque blâme aux relations entre Mme Wesendonck et ma femme et a déclaré qu'elle sentait qu'elle avait pour mission de les concilier. Elle approuvait mon établissement à Penzing, et espérait seulement que je n'en gâcherais pas l'effet bienfaisant par des entreprises lointaines. Elle n'accepta pas mon projet de faire une tournée en Russie, l'hiver prochain, afin de gagner de l'argent pour mes nécessités absolues, et elle s'engagea elle-même à fournir sur sa propre fortune très considérable la somme non négligeable nécessaire pour me maintenir dans l'indépendance pendant quelque temps. le temps à venir. Mais elle m'expliqua que pendant un court moment encore, je devais essayer de m'en sortir, car elle aurait quelques difficultés, peut-être beaucoup, à mettre à ma disposition l'argent promis.

Très réjoui par les impressions de cette rencontre, je revins à Vienne le 9 décembre. A Lowenberg, j'avais été obligé de remettre à Vienne la plus grande partie du don du prince, une partie pour Minna et une partie pour le paiement des dettes. Même si je n'avais que peu d'argent liquide, j'étais tout à fait optimiste ; Je pouvais désormais saluer mes quelques amis avec une bonne humeur passable, et parmi eux Peter Cornelius, qui me surveillait tous les soirs. Heinrich Porges et Gustav Schonaich nous rejoignant parfois, nous fondâmes un petit cercle intime et nous nous rencontrâmes régulièrement. La veille de Noël, je les ai tous invités chez moi, où j'ai illuminé le sapin de Noël et j'ai offert à chacun une bagatelle appropriée. J'ai aussi eu du travail à nouveau, car Tausig m'a demandé de l'aider pour un concert qu'il devait donner dans la grande Redouten-Saal. En plus de quelques sélections de mes nouveaux opéras, j'ai également dirigé l'ouverture de Freischutz, pour ma propre satisfaction et entièrement selon ma propre interprétation. Son effet, même sur l'orchestre, fut vraiment saisissant.

Mais il ne semblait pas y avoir la moindre perspective de reconnaissance officielle de mes capacités ; J'étais et j'ai continué à être ignoré par les grands. Les communications de Mme von Biasing révélèrent peu à peu les difficultés qu'elle avait rencontrées dans l'accomplissement de sa promesse ; mais comme ils avaient encore un ton plein d'espoir, j'ai pu passer le réveillon du Nouvel An chez Standhartner dans la bonne humeur et apprécier un poème spécialement écrit par Cornelius pour l'occasion, qui était aussi humoristique que solennellement approprié.

La nouvelle année 1864 prit pour moi un aspect de gravité qui s'intensifia bientôt. Je tombai malade d'un mal douloureux et croissant dû à un refroidissement, qui exigeait souvent les soins de Standhartner. Mais j'étais encore plus sérieusement menacé par la tournure des communications de Mme von Bissing. Il semblait qu'elle ne pouvait rassembler l'argent promis qu'avec l'aide de sa famille, les Sloman, armateurs à Hambourg, et de leur part, elle se heurtait à une opposition violente, mêlée, semblait-il, à des accusations calomnieuses contre moi. Ces circonstances me bouleversèrent tellement que j'aurais voulu renoncer à toute aide de cet ami, et je recommençai à tourner sérieusement mon attention vers la Russie. Fraulein von Rhaden, à qui je m'adressai de nouveau, crut qu'elle devait vigoureusement me dissuader de toute tentative de visiter Saint-Pétersbourg, d'abord parce que, en raison des troubles militaires dans les provinces polonaises, je trouverais la route bloquée, et ensuite car, en gros, je ne devrais attirer aucune attention dans la capitale russe. D'un autre côté, une visite à Kieff, avec une chance de gagner cinq mille roubles, était considérée comme indubitablement réalisable. Gardant mes pensées fixées là-dessus, j'arrangeai avec Cornelius, qui devait m'accompagner, un plan pour traverser la mer Noire jusqu'à Odessa, et aller de là à Kieff, en vue duquel nous décidâmes tous deux de nous procurer les manteaux de fourrure indispensables à une fois. En attendant, la seule solution qui s'offrait à moi était de trouver de l'argent par de nouvelles factures à court terme, avec quoi payer toutes mes autres factures, qui étaient également à court terme. Ainsi, je me suis lancé dans un système commercial qui, conduisant à une ruine évidente et inévitable, ne pouvait être finalement résolu que par l'acceptation d'une aide rapide et efficace. Dans cette situation difficile, je fus finalement obligé de demander à mon amie une déclaration claire, non pas si elle POUVAIT m'aider immédiatement, mais si elle VOULAIT vraiment m'aider, car je ne pouvais plus éviter la ruine. Elle a dû être blessée au plus haut point par je ne sais quelle idée, que j'ignorais, avant de se résoudre à répondre sur le ton suivant : « Vous voulez savoir enfin si je VEUX ou non ? Eh bien, au nom de Dieu, NON ! Peu de temps après, je reçus de sa sœur, Mme. Wille, une explication très surprenante de sa conduite, qui semblait à l'époque parfaitement inexplicable, et qui ne s'expliquait que par la faiblesse de son caractère peu fiable.

Au milieu de toutes ces hésitations, le mois de février était terminé, et tandis que Cornelius et moi étions occupés à nos projets russes, je reçus des nouvelles de Kieff et d'Odessa qu'il ne serait pas prudent d' y tenter aucune entreprise artistique au cours de l'année en cours. A cette époque, il était devenu clair que, dans les conditions ainsi créées, je ne pouvais plus compter sur le maintien de ma position à Vienne, ni de mon établissement à Penzing. Non seulement il ne semblait y avoir aucune perspective, même temporaire, de gagner de l'argent, mais mes dettes s'étaient élevées, selon le style habituel d'une telle usure, jusqu'à une somme si élevée et avaient pris un aspect si menaçant que, à défaut d'un soulagement extraordinaire, , ma personne elle-même était en danger. Dans cette perplexité, je m'adressai avec une parfaite franchise — d'abord seulement pour obtenir un conseil — au juge de la Cour impériale provinciale, Eduard Liszt, le jeune oncle de mon vieil ami Franz. Lors de mon premier séjour à Vienne, cet homme s'était montré un ami chaleureusement dévoué, toujours prêt à m'aider. Pour régler mes dettes, il ne pouvait naturellement suggérer d'autre méthode que l'intervention de quelque riche mécène, qui réglerait avec mes créanciers. Il crut quelque temps qu'une certaine Mme. Scholler, l'épouse d'un riche marchand et l'une de mes admiratrices, non seulement possédait les moyens, mais était prête à les utiliser en mon nom. Standhartner aussi, avec qui je ne prétendais pas garder le secret, pensait pouvoir faire quelque chose pour moi de cette manière. Ainsi, pendant quelques semaines, ma situation fut à nouveau très incertaine, jusqu'à ce qu'il devienne enfin clair que mes amis ne pouvaient me procurer que les moyens de fuir vers la Suisse, ce qui était maintenant jugé absolument nécessaire, où, ayant jusqu'ici sauvé ma peau, je devrais je dois trouver de l'argent pour mes factures. Pour l'avocat Eduard Liszt, cette issue paraissait particulièrement souhaitable, car il serait alors en mesure de punir l'usure scandaleuse pratiquée contre moi.

Durant la période anxieuse des derniers mois, au cours de laquelle régnait néanmoins un courant sous-jacent d'espoir indéfini, j'avais entretenu des relations animées avec mes quelques amis. Cornelius se présentait régulièrement tous les soirs et était rejoint par O. Bach, le petit comte Laurencin et, une fois, par Rudolph Liechtenstein. Avec Corneille seul, je commençai la lecture de l'Iliade. Lorsque nous arrivâmes au catalogue des navires, je souhaitai le sauter ; mais Pierre protesta et proposa de le lire lui-même ; mais je ne sais plus si nous en sommes jamais arrivés au bout. Ma lecture personnelle consistait en La Vie de Rance de Chateaubriand, que

Tausig m'avait apporté. Entre-temps, il disparut lui-même sans laisser de trace, jusqu'à ce qu'après quelque temps il réapparaisse, fiancé à un pianiste hongrois. Pendant tout ce temps, j'étais très malade et souffrais extrêmement d'un violent catarrhe. L'idée de la mort s'empara tellement de moi que je perdis enfin toute envie de m'en débarrasser, et me mis même à léguer mes livres et mes manuscrits, dont une partie échoit au partage de Cornélius.

J'avais pris la précaution quelque temps auparavant de confier à Standhartner la garde de ce qui me restait — et maintenant, hélas ! extrêmement douteux — biens qui se trouvaient dans la maison de Penzing. Comme mes amis recommandaient de se préparer à un vol immédiat, j'avais écrit à Otto Wesendonck pour lui demander d'être emmené chez lui, car la Suisse devait être ma destination. Il a refusé catégoriquement, et je n'ai pas pu m'empêcher de lui envoyer une réponse pour prouver l'injustice de cette démarche. Il s'agissait ensuite de rendre mon absence de chez moi brève et de compter sur un retour rapide. Standhartner m'a fait aller dîner chez lui, dans son grand désir de dissimuler mon départ, et mon domestique Franz Mrazek y a également apporté ma malle. Mes adieux à Standhartner, à sa femme Anna et au bon chien Pohl ont été très déprimants. Le beau-fils de Standhartner, Karl Schonaich, et Cornelius m'accompagnèrent à la gare, l'un dans le chagrin et les larmes, l'autre enclin à la frivolité. C'est dans l'après-midi du 23 mars que je partis pour Munich, ma première halte, où j'espérais me reposer deux jours après les terribles troubles que j'avais traversés, sans attirer l'attention. J'ai séjourné au « Bayerischer Hof » et j'ai fait quelques promenades à travers la ville à mon guise. C'était le Vendredi Saint et il faisait un froid glacial. L'humeur propre de la journée semblait posséder toute la population, que je voyais aller d'une église à l'autre, vêtue du plus profond deuil. Le roi Maximilien II, tant aimé des Bavarois, était mort quelques jours auparavant, laissant pour héritier du trône un fils âgé de dix-huit ans et demi, dont l'extrême jeunesse n'empêchait pas son avènement. J'ai vu un portrait du jeune roi Louis II. dans une vitrine de magasin, et j'éprouvais l'émotion particulière que suscite la vue de la jeunesse et de la beauté placées dans une position présumée particulièrement éprouvante. Après m'être écrit une épitaphe humoristique, j'ai traversé le lac de Constance sans encombre et j'ai atteint Zurich, de nouveau réfugié en quête d'asile, où je me suis immédiatement rendu au domaine du Dr Wille à Mariafeld.

J'avais déjà écrit à la femme de mon ami pour lui demander de m'héberger quelques jours, ce qu'elle a très gentiment accepté de faire. J'avais fait très bien sa connaissance lors de mon dernier séjour à Zurich, tandis que mon amitié avec lui s'était quelque peu refroidie. Je voulais avoir le temps de trouver un logement qui me semblait convenable dans l'un des endroits bordant le lac de Zurich. Le Dr Wille lui-même n'était pas là, car il était parti à Constantinople pour un voyage d'agrément. Je n'ai eu aucune difficulté à faire comprendre ma situation à mon amie, que je trouvais très disposée à soulager. Elle a d'abord déblayé un ou deux salons dans l'ancienne maison voisine de Mme von Bissing, dont les meubles assez confortables avaient cependant été enlevés. Je voulais subvenir à mes propres besoins, mais j'ai dû céder à sa demande d'assumer cette responsabilité. Il ne manquait que des meubles, et elle osa s'adresser à Mme Wesendonck, qui lui envoya immédiatement tout ce qu'elle pouvait de son ménage, ainsi qu'un piano de campagne. La bonne femme tenait aussi à ce que je rende visite à mes anciens amis de Zurich pour éviter toute apparence de désagrément, mais j'en fus empêché par un malaise grave, accru par les pièces mal chauffées, et finalement Otto et Mathilde Wesendonck arrivèrent. chez nous à Mariafeld. L' attitude très incertaine et tendue qui se manifestait chez ces deux-là ne m'était pas tout à fait incompréhensible, mais je me comportais comme si je ne m'en apercevais pas. Mon rhume, qui me rendait incapable de chercher une maison dans les quartiers voisins, était continuellement aggravé par le mauvais temps et ma propre dépression profonde. Je passais ces affreuses journées, blottie dans mon manteau de fourrure de Karlsruhe, du matin au soir, et m'embrouillais la tête en lisant l'un après l'autre les volumes que Mme. Wille m'a envoyé dans ma retraite. J'ai lu Siebenkas de Jean Paul, le Tagebuch de Frédéric le Grand, Tauser, les romans de George Sand et de Walter Scott, et enfin Felicitas, une œuvre de la plume de ma sympathique hôtesse. Rien ne me parvint du monde extérieur, si ce n'est une lamentation passionnée de Mathilde Maier et une très agréable surprise sous forme de redevances (soixante-quinze francs) que Truinet envoya de Paris. Cela a conduit à une conversation avec Mme. Wille, à moitié en colère et à moitié avec le cynisme des condamnés, quant à ce que je pouvais faire pour obtenir une libération complète de ma misérable situation. Entre autres choses, nous avons évoqué la nécessité d'obtenir le divorce de ma femme pour contracter un mariage riche. Comme tout semblait bien et rien d'inopportun à mes yeux, j'ai effectivement écrit et demandé à ma sœur Luise Brockhaus si elle ne pouvait pas, en parlant raisonnablement avec Minna, la persuader de dépendre de son allocation annuelle fixée sans avoir à l'avenir aucun droit sur ma personne. En réponse, je reçus une lettre profondément pathétique me conseillant de penser d'abord à établir ma réputation et de me créer une position inattaquable par un nouveau travail. De cette façon, je pourrais très probablement récolter quelque bénéfice sans prendre aucune mesure insensée ; et en tout cas, je ferais bien de postuler au poste de chef d'orchestre désormais vacant à Darmstadt.

J'ai eu de très mauvaises nouvelles de Vienne. Standhartner, pour s'assurer des meubles que j'avais laissés dans la maison, les vendit à un agent viennois, avec possibilité de rachat. J'ai répondu avec une grande indignation, d'autant plus que je réalisais les effets préjudiciables de cette mesure sur mon propriétaire, à qui je devais payer un loyer dans les jours suivants. Par Mme.

Wille I réussit à mettre à ma disposition l'argent nécessaire au loyer, que je transmettais aussitôt au baron Raokowitz. Malheureusement, je constatai que Standhartner avait déjà tout réglé avec Eduard Liszt, payant le loyer avec le prix des meubles et interrompant ainsi mon retour à Vienne, ce qui, tous deux, considéraient comme une véritable ruine pour moi. Mais lorsque j'appris en même temps par Cornelius que Tausig, qui était alors en Hongrie et qui avait apposé sa signature sur une des lettres de change, se sentait empêché par moi de retourner à Vienne comme il le désirait, j'étais si sensiblement blessé que j'ai décidé de retourner sur place, quel que soit le danger. J'ai immédiatement annoncé mon intention à mes amis, mais j'ai décidé d'abord d'essayer de me procurer suffisamment d'argent pour pouvoir proposer un concordat avec mes créanciers. J'avais écrit à cet effet avec la plus grande urgence à Schott à Mayence, et je ne m'empêchais pas de lui reprocher amèrement sa conduite à mon égard. Je décidai alors de quitter Mariafeld pour Stuttgart, d'attendre le résultat de ces efforts et de les poursuivre d'un point de vue plus rapproché. Mais j'étais aussi, comme on le verra, poussé à opérer ce changement pour d'autres motifs.

Le Dr Wille était revenu et je vis tout de suite que mon séjour à Mariafeld l'alarmait. Il craignait probablement que je puisse aussi compter sur son aide. Dans une certaine confusion, occasionnée par l'attitude que j'avais adoptée en conséquence, il me fit cet aveu dans un moment d'agitation. Il était, dit-il, envahi par un sentiment à mon égard qui se résumait à ceci : qu'un homme voulait, après tout, être quelque chose de plus qu'un chiffre dans sa propre maison, où, s'il y a quelque part, il n'est pas agréable de servir. comme un simple repoussoir pour quelqu'un d'autre. Ce sentiment était tout simplement excusable, pensait-il, chez un homme qui, bien qu'il puisse raisonnablement supposer qu'il avait une certaine importance parmi ses semblables, avait été mis en contact étroit avec un autre auquel il se sentait d'une manière étrangement subordonné. Mme. Wille, prévoyant l'état d'esprit de son mari, s'était entendue avec la famille Wesendonck pour me fournir cent francs par mois pendant mon séjour à Mariafeld. Quand j'en ai eu connaissance, je n'ai pu faire qu'annoncer à Mme Wesendonck mon départ immédiat de Suisse, et lui demander de la manière la plus aimable possible de se considérer soulagée de toute inquiétude à mon égard, car j'avais réglé mes affaires tout à fait conformément aux mes souhaits. J'appris plus tard qu'elle avait renvoyé cette lettre, qu'elle considérait peut-être comme compromettante, à Mme. Wille non ouvert.

Mon prochain déplacement était d'aller à Stuttgart le 30 avril. Je savais que Karl Eckert y avait été installé depuis quelque temps comme chef d'orchestre au Royal Court Theatre, et j'avais des raisons de croire que cet homme bon enfant était sans préjugés et bien disposé à mon égard, à en juger par son comportement admirable lorsqu'il avait été directeur du Royal Court Theatre.

l'opéra de Vienne, et aussi par l'enthousiasme qu'il a montré en venant à mon concert à Karlsruhe l'année précédente. Je n'attendais rien d'autre de sa part qu'un peu d'aide pour chercher un logement tranquille pour l'été prochain à Cannstadt ou dans un endroit similaire près de Stuttgart. Je voulais avant tout terminer le premier acte des Meistersinger avec toute la célérité possible, afin d'envoyer enfin à Schott une partie du manuscrit. Je lui avais dit que j'allais le lui envoyer presque immédiatement lorsque je l'aurais attaqué au sujet des avances qui m'avaient été si longtemps refusées. J'avais alors l'intention de réunir les moyens de faire face à mes obligations à Vienne, tout en vivant dans une retraite complète et, comme je l'espérais, dans la clandestinité. Eckert m'a accueilli très gentiment. Sa femme, l'une des plus grandes beautés de Vienne, avait, dans son désir fantastique d'épouser un artiste, renoncé à un poste très lucratif, mais elle était encore assez riche pour que le chef d'orchestre puisse vivre confortablement et faire preuve d'hospitalité, et l'impression que j'avais maintenant était très agréable. Eckert se sentit absolument obligé de m'emmener voir le baron von Gall, le directeur du théâtre de la cour, qui fit une allusion judicieuse et aimable à ma situation difficile en Allemagne, où tout me resterait probablement fermé aussi longtemps que les ambassadeurs saxons et des agents, dispersés partout, pouvaient tenter de me nuire par toutes sortes de soupçons. Après m'avoir mieux connu, il s'estimait autorisé à agir en ma faveur par l'intermédiaire du tribunal de Wurtemberg. Comme je parlais de ces sujets assez tard, le 3 mai au soir, chez les Eckert, une carte de monsieur portant l'inscription « Secrétaire du roi de Bavière » me fut remise. J'ai été désagréablement surpris que ma présence à Stuttgart soit connue des voyageurs de passage, et j'ai fait savoir que je n'y étais pas, après quoi je me suis retiré à mon hôtel, pour ensuite être de nouveau informé par le propriétaire qu'un monsieur de Munich désirait me voir. pour des affaires urgentes. Je pris rendez-vous pour le matin à dix heures et passai une nuit troublée dans l'attente constante du malheur. J'ai reçu dans ma chambre M. Pfistermeister, secrétaire particulier de SM le Roi de Bavière. Il m'exprima d'abord un grand plaisir de m'avoir enfin retrouvé, grâce à quelques indications heureuses, après m'avoir vainement cherché à Vienne et même à Mariafeld sur le lac de Zurich. Il fut chargé pour moi d'un billet du jeune roi de Bavière, accompagné d'un portrait et d'une bague en cadeau. Dans des paroles qui, bien que peu nombreuses, pénétrèrent jusqu'au plus profond de mon être, le jeune monarque avoua sa grande partialité pour mon travail et annonça sa ferme résolution de me garder près de lui comme son ami, afin que j'échappe à tout coup malin de colère. destin. M. Pfistermeister m'informa en même temps qu'il était chargé de me conduire immédiatement à Munich pour voir le roi, et me demanda la permission d'informer son maître par télégramme que je viendrais le lendemain. Je fus invité à dîner chez les Eckert, mais Herr Pfistermeister fut obligé de refuser de m'accompagner. Mes amis, auxquels s'était joint le jeune

Weisheimer d'Osthofen, furent tout naturellement étonnés et ravis de la nouvelle que je leur apportais. Pendant que nous étions à table, Eckert fut informé par télégramme de la mort de Meyerbeer à Paris, et Weisheimer éclata d'un rire grossier à la pensée que le maître de l'opéra, qui m'avait fait tant de mal, n'avait pas, par une étrange coïncidence, vécu jusqu'à ce jour. . M. von Gall est également apparu et a dû admettre avec une amicale surprise que je n'avais certainement plus besoin de ses bons services. Il avait déjà commandé Lohengrin et me paya sur-le-champ la somme stipulée. A cinq heures de l'après-midi, je rencontrai Herr Pfistermeister à la gare pour voyager avec lui à Munich, où ma visite au roi était annoncée pour le lendemain matin.

Le même jour, j'avais reçu les avertissements les plus urgents contre mon retour à Vienne. Mais ma vie ne devait plus connaître ces alarmes ; la route dangereuse sur laquelle le destin m'appelait à de si grandes fins n'était pas destinée à être exempte de troubles et d'angoisses d'une sorte inconnue jusqu'alors, mais je ne devais plus jamais ressentir le poids des difficultés quotidiennes de l'existence sous la protection de mon exalté ami.